G. W. F. Hegel Werke in zwanzig Bänden
Enzyklopädie der philosophischen Wissenschaften im Grundrisse (1830)
Dritter Teil Die Philosophie des Geistes Mit den mündlichen Zusätzen

黑格尔著作集

第 *10* 卷

哲学科学百科全书 Ⅲ
精神哲学

杨祖陶　译

人 民 出 版 社

Georg Wilhelm Friedrich Hegel Werke in zwanzig Bänden
10
Enzyklopädie der philosophischen Wissenschaften im Grundrisse (1830)
Dritter Teil Die Philosophie des Geistes Mit den mündlichen Zusätzen

Auf der Grundlage der Werke von 1832-1845 neu edierte Ausgabe
Redaktion Eva Moldenhauer und Karl Markus Michel
Suhrkamp Verlag Frankfurt am Main 1969

"十二五"国家重点图书出版规划项目

黑格尔著作集（二十卷，理论著作版）

总　序

张世英

　　这套黑格尔文集的中文版，其所根据的版本是二十卷本的"理论著作版"（Theorie-Werkausgabe），即《格·威·弗·黑格尔二十卷著作集》（*G.W.F.Hegel Werke in zwanzig Bänden*），由莫尔登豪尔（E.Moldenhauer）和米歇尔（K.M.Michel）重新整理旧的版本，于 20 世纪 60 年代末开始出版。这个版本，虽不及 1968 年以来陆续出版的历史批判版《黑格尔全集》那样篇幅更大，包括了未曾公开发表过的黑格尔手稿和各种讲课记录以及辨析、重新校勘之类的更具学术研究性的内容，但仍然是当前德国大学科研和教学中被广泛使用的、可靠的黑格尔原著。我这里不拟对黑格尔文集的各种版本作溯源性的考察，只想就黑格尔哲学思想在当今的现实意义作点简单的论述。

　　黑格尔是德国古典唯心主义之集大成者，他结束了西方传统形而上学的旧时代。黑格尔去世后，西方现当代哲学家大多对黑格尔哲学采取批评的态度，但正如他们当中一些人所说的那样，现当代哲学离不开黑格尔，甚至其中许多伟大的东西都源于黑格尔。在中国，自 20 世纪初就有些学者致力于黑格尔哲学的介绍、翻译与评论。1949 年中华人民共和国成立到 1976 年所谓"文化大革命"结束，大家所广为传播的观点是把黑格尔哲学看成是马克思主义的三个来源之一，一方面批判黑格尔哲学，一方面又强调吸取其"合理内核"，黑格尔是当时最受重视的西方哲学家。1976 年以来，哲学界由重视西方古典哲学转而注意西方现当代哲学的介绍与评论，黑格尔哲学更多地遭到批评，其总体地位远不如从前了，但不少学者对黑格尔哲学的兴趣与研究却比以前更加深沉、更多创新。黑格尔无论在西方还是在中国,其名声的浮沉,其思想影响的起伏,正说明他的哲学在人类思想史上所占的历史地位时刻不容忽视,即使是在它遭到反对的时候。他的哲学体系之庞大,著述之宏富,思想内容之广博和深邃,在中西哲学史上都是罕见的;黑格尔特别熟悉人类思想史,他的哲学像一片汪洋大海,融会了前人几乎全部的思想精华。尽管他个人文笔之晦涩增加了我们对他的哲学作整体把握的难度,特别是对于不懂德文的中国读者来说,这种难度当然要更大一些。但只要我们耐心琢磨,仔细玩味,这气象万千的世界必能给我们提供各式各样的启迪和收益。

一、黑格尔哲学是一种既重视现实又超越现实的哲学

一般都批评黑格尔哲学过于重抽象的概念体系,有脱离现实之弊。我以为对于这个问题,应作全面的、辩证的分析和思考。

黑格尔一方面强调概念的先在性和纯粹性,一方面又非常重视概念的具体性和现实性。

黑格尔明确表示,无时间性的"纯粹概念"不能脱离有时间性的人类历史。西方现当代人文主义思想家们一般都继承了黑格尔思想的这一方面而主张人与世界的交融合一。只不过,他同时又承认和允许有一个无时间性的逻辑概念的王国,这就始终会面临一个有时间性的环节(认识过程、历史过程)如何与无时间性的环节(纯粹概念)统一起来的问题,或者用黑格尔《自然哲学》中的话语来说,也就是有时间性的"持久性"与无时间性的"永恒性"之间的鸿沟如何填平的问题。无论黑格尔怎样强调认识和历史的"持久性"多么漫长、曲折,最终还是回避不了如何由"持久性"一跃而到"永恒性"、如何由现实的具体事物一跃而到抽象的逻辑概念的问题。黑格尔由于把抽象的"永恒性"的"纯粹概念"奉为哲学的最终领域,用普遍概念的王国压制了在时间中具有"持久性"的现实世界,

他的哲学被西方现当代哲学家贬称为"概念哲学"或"传统形而上学"的集大成者。但无论如何,黑格尔哲学既是传统形而上学的顶峰,又蕴涵和预示了传统形而上学的倾覆和现当代哲学的某些重要思想,这就是黑格尔哲学中所包含的重视具体性和现实性的方面。

黑格尔早年就很重视现实和实践,但他之重视现实,远非安于现实,而是与改造现实的理想紧密结合在一起的,为此,他早在1800年的而立之年,就明确表示,要"从人类的低级需求","推进到科学"(1800年11月2日黑格尔致谢林的信,*BRIEFE VON UND AN HEGEL*, Verlag Von Felix Meiner , Hamburg, Band 1,s.59)。他所谓要"推进到科学"的宏愿,就是要把实践提高到科学理论(黑格尔的"科学"一词远非专指自然科学,而是指系统的哲学理论的意思)的高度,以指导实践,改造现实。黑格尔在1816年10月于海德堡大学讲授哲学史课程的开讲词里说过这样一些话:一段时间以来,人们过多地忙碌于现实利益和日常生活琐事,"因而使得人们没有自由的心情去理会那较高的内心生活和较纯洁的精神活动","阻遏了我们深切地和热诚地去从事哲学工作,分散了我们对于哲学的普遍注意"。现在形势变了,"我们可以希望……除了政治的和其他与日常现实相联系的兴趣之外,科学、自由合理的精神世界也要重新兴盛起来"。为了反对先前轻视哲学的"浅薄空疏"之风,我们应该"把哲学从它所陷入的孤寂境地中拯救出来",以便在"更美丽的时代里",让人的心灵"超脱日常的兴趣",而"虚心接受那真的、永恒的和神圣的事物,并以虚心接受的态度去观察并把握那最高的东西"(黑格尔:《哲学史讲演录》,生活·读书·新知三联书店1956年版第1—3页)。黑格尔所建立的庞大的哲学体系,其目的显然是要为改造现实提供理论的、哲学的根据。黑格尔的这些话是差不多两百年以前讲的,但对我们今天仍有很大的启发意义。针对当前人们过分沉溺于低级的现实欲求之风,我们的哲学也要既面对现实,又超越现实。"超越"不是抛弃,而是既包含又高出之意。

二、黑格尔哲学是一种揭示人的自由本质、以追求 自由为人生最高目标的哲学

黑格尔哲学体系包括三大部分:逻辑学、自然哲学和精神哲学。在1949年中华人民共和国成立到改革开放以前的大约30年里,我们的学界一般都只注重逻辑学,这是受了列宁《哲学笔记》以评述逻辑学为主的思想影响的缘故。其实,黑格尔虽然把逻辑学看成是讲事物的"灵魂"的哲学,而自然哲学和精神哲学不过是"应用逻辑学",但这只是就逻辑学所讲的"逻辑概念"比起自然现象和人的精神现象来是"逻辑上在先"而言,离开了自然现象和精神现象的"纯粹概念",必然失去其为灵魂的意义,而成为无血无肉、无所依附的幽灵,不具现实性,而只是单纯的可能性。

黑格尔明确承认"自然在时间上是最先的东西"的事实,但正因为自然的这种时间上的先在性,而使它具有一种与人的精神相对立的外在性。人的精神性的本质在于克服自然的外在性、对立性,使之包含、融化于自身之内,充实其自身,这也就是人的自由(独立自主的主体性)本质。黑格尔认为,精神的最高、最大特征是自由。所谓自由,不是任性。"自由正是精神在其他物中即在其自身中,是精神自己依赖自己,是精神自己规定自己"(黑格尔:《逻辑学》,人民出版社2002年版,第72页)。所以精神乃是克服分离性、对立性和外在性,达到对立面的统一;在精神中,主体即是客体,客体即是主体,主体没有外在客体的束缚和限制。精神所追求的目标是通过一系列大大小小的主客对立统一的阶段而达到的最高的对立统一体,这是一种最高的自由境界。黑格尔由此而认为精神哲学是"最具体的,因而是最高的"(*G. W. F. Hegel Werke in zwanzig Bänden* 10, s.9)。也就是说,关于人生的学问——"精神哲学"是最具体的、最高的学问(比起逻辑学和自然哲学来)。黑格尔哲学体系所讲的这一系列大大小小对立统一的阶段,体现了人生为实现自我、达到最终的主客对立统一

的最高自由之境所经历的漫长曲折的战斗历程，这对于我们中国传统哲学把主体——自我湮没于原始的、朴素的、浑沌的"天人合一"的"一体"（自然界的整体和封建等级制的社会群体）之中而忽视精神性自我的自由本质的思想传统来说，应能起到冲击的作用。

三、"辩证的否定性"是"创新的源泉和动力"

黑格尔认为克服对立以达到统一即自由之境的动力是"否定性"。这种"否定性"不是简单抛弃、消灭对立面和旧事物，而是保持又超越对立面和旧事物，他称之为"思辨的否定"或"辩证的否定"。这种否定是"创新的源泉和动力"，是精神性自我"前进的灵魂"。一般都大讲而特讲的黑格尔辩证法，其最核心的实质就在于此种否定性。没有否定性，就没有前进的动力，就不能实现人的自由本质。我以为，我们今天讲弘扬中华传统文化，就用得着黑格尔辩证哲学中的否定性概念。辩证法"喜新"，但并不"厌旧"，它所强调的是在旧的基础上对旧事物进行改造、提高，从而获得前进。中华文化要振兴、前进，就得讲辩证哲学，就得有"否定性"的动力。

2013 年 8 月 27 日于北京北郊静林湾

目　　录

---

① 目录中凡加"［　］"的,均为译者增补。——译者

1

译 者 导 言

一、黑格尔"精神哲学"的问世

黑格尔的"精神哲学"作为其《哲学科学百科全书纲要》(简称《哲学全书》)继"逻辑学"、"自然哲学"之后的第三个、也是最后一个组成部分,它的诞生和成长是和《哲学全书》同步的。《哲学全书》初版于1817年,修订再版于1827年。新版对第一版,无论在篇幅与内容上,都作了较大的修改:从原来的288页增加为534页,新增添了100节(§)之多。因此,这个版本一问世,就被学术界公认为黑格尔的一部新著,并被誉为德国哲学的骄傲。在黑格尔逝世前一年,即1830年出版了该书的第三版,对第二版又作了某些改进和少量增添,但总的说来与第二版没有太大的差别。现在通行的《哲学全书》都是按第三版刊印的。黑格尔逝世后,后人在编订其全集时,又将学生听课笔记整理成为"附释"排在《哲学全书》的有关正文之后,在"哲学体系"的总名之下,将《哲学全书》的三个组成部分分别作为独立的一卷刊出,这就是我们现在一般看到的《逻辑学》(即《小逻辑》)、《自然哲学》和《精神哲学》。从黑格尔对《哲学全书》的反复修订上,我们看到了这位伟大哲学家对自己的著作在理论的内容和表达上永不休止的琢磨切磋、精益求精的大师风范和科学精神。正如他在《逻辑学》(即《大逻辑》)的再版序言中提到柏拉图七次修改他关于国家的著作的故事时所说的那样:"一本属于现代世界的著作,所要研究的是更深的原理、更难的对象和范围更广的材料,就应该让作者有自由的闲

1

暇作七十七遍的修改才好。"①

　　上面说的只不过是包括"精神哲学"在内的《哲学全书》的诞生和成长的历史,至于说到它诞生前的孕育发展,那么从 1800 年黑格尔留下的"体系残篇"②算起,直到 1817 年《哲学全书》正式出版为止,就有长达 17 年的历史。在这期间他对体系的构建进行了反复的尝试,写出了一系列他未予发表的书稿,它们是《哲学全书》,而尤其是"精神哲学"孕育发展道路上的重大标志。《1800 年体系残篇》表明黑格尔已经从用建立新宗教和运用所谓实践哲学改造现实的思想转向于思辨哲学,即对社会生活和实践哲学作出系统的哲学理论说明的倾向③,这一倾向在同年 11 月 2 日致谢林的信中有了明确的表达:"我不能满足于开始于人类低级需要的科学教育,我必须攀登科学的高峰。我必须把青年时代的理想变为反思的形式,也就是化为一个体系。"④1802 年关于自然法的论文提出了"精神高于自然"的原则,而同年冬的《伦理体系》书稿则把人的活动的诸方面综合为一个整体,实际上是通过伦理概念及其各个成分的相互结合表达了精神哲学的三个主要方面——主观精神、客观精神和它们指向的绝对精神。⑤ 接着他又写出了三个"体系草稿"。1.《自然哲学和精神哲学》(1803—1804):精神哲学须以自然哲学为基础,它包含"意识的本质"和"精神的实存形式"两部分。2.《逻辑学、形而上学和自然哲学》(1804—1805)⑥:逻辑学应先行于自然哲学,形而上学中讨论了属于主观精神的理论自我或意识、实践自我,并以单独一节讨论了他初次提出的"绝对精神"。3.《自然哲学和精神哲学》(1805—1806):精神哲学部分讨

---

　　① [德]黑格尔:《逻辑学》上卷,杨一之译,商务印书馆 1974 年版,第 21 页。
　　② 见贺麟译《黑格尔早期著作集》上卷,商务印书馆 1997 年版,第 471—480 页。
　　③ 参见张慎关于《黑格尔手稿两章》的"译后记",《德国哲学》第 9 辑,北京大学出版社 1991 年版,第 246 页。
　　④ 苗力田译《黑格尔书信百封》,上海人民出版社 1981 年版,第 58 页。
　　⑤ 参见《张颐论黑格尔》,四川大学出版社 2000 年版,第 25 页。
　　⑥ [德]黑格尔:《耶拿体系 1804—1805:逻辑学和形而上学》,杨祖陶译,人民出版社 2012 年版。

论了属于主观精神的理智和意志,属于客观精神的财产和契约、等级和国家等,属于绝对精神的艺术、宗教和哲学。正是在这样的背景和基础上,大约是 1805 年他形成了自己哲学体系的新概念:以精神现象学作为体系的导言和由逻辑学、自然哲学和精神哲学组成的体系。而 1807 年黑格尔生前发表的第一部巨著《精神现象学》就已经包含有后来的精神哲学的从主观精神发展到客观精神再到绝对精神的主要线索和主要轮廓。① 1808—1816 年黑格尔在任纽伦堡文科中学校长期内,一方面致力于写作为其体系奠定本体论、认识论和方法论的基础的逻辑学,其结果就是在 1812 年—1816 年分三卷出版的《逻辑学》(《大逻辑》)。另一方面则提出了"哲学百科全书"的概念,并于 1810 年—1811 年写成了给高年级学生讲授"哲学的百科全书"的纲要,总共有 208 节。这个纲要正式把哲学区分为逻辑学、自然哲学和精神哲学三个主要部分,认为逻辑学研究"抽象的理念"或"在自己本身中的永恒的、单纯的本质",自然是"理念的外在定在"或"外化的本质",精神则是"自知的理念"或"本质从外化回到自身"。② 精神哲学被规定为包含这样三部分:"在其概念中的精神,一般心理学"、"精神的实在化"(法、道德、国家)、"精神在艺术、宗教、哲学中的圆满完成",这显然就是后来的主观精神、客观精神和绝对精神三个部分。特别值得注意的是,"在其概念中的精神",即主观精神把"在其自然定在中的"精神作为人类学的对象而置于以意识为对象的精神现象学之前,而把以"就其自身内部活动的诸规定而言的精神"为对象的心理学作为继精神现象学之后的第三部分。③ 这样一来,人类学一方面成了精神现象学的前提,另一方面又成了把自然哲学和精神哲学联结起来的有机环节,从而使逻辑学、自然哲学、精神哲学成了一环扣一环的圆圈。因此,1810—1812 年的这个纲要标志着后来包括精神哲学在内的《哲学全书》

---

① 见贺麟:"《精神现象学》译者导言",《精神现象学》上卷,商务印书馆 1981 年版,第 23、30 页。

② [德]黑格尔:《哲学入门》,见《黑格尔全集》第 3 卷,格洛克纳本,第 170 页。

③ 同上书,第 200 页。

已从最初的胚胎发育成长为即将呱呱坠地的胎儿了。正是这样，就在黑格尔就任海德堡大学教授开设"哲学百科全书"的次年，即1817年，《哲学科学百科全书纲要》就问世了。

从上述《哲学全书》孕育发展的全过程我们可以看到：创建一种能够从理论上说明人的全部生活的精神哲学体系，对于整个黑格尔哲学体系的形成来说，既是它的动因，也是它所趋向的目标。黑格尔在创建这种精神哲学上所花的工夫和精力，绝不比创建逻辑学、本体论、认识论和方法论统一的逻辑学体系更少，甚至在某种程度上还要更多。在这里我们就更没有必要提到自然哲学的创建了。我们知道，在黑格尔哲学体系中，逻辑学是继承发展康德的先验逻辑和先验辩证论的成果，自然哲学是继承发展谢林的自然哲学的成果。唯有精神哲学是黑格尔自己的独创。这一伟大的创造当然不是轻而易举、一朝一夕、一蹴而就的事，而是经过长期艰苦卓绝的研究和思考，探索出人类生活各个领域的发展线索，以及所有这些线索所从属的人的精神本质，即自由本质发展的总线索的结果。要做到这点，没有富于创造性的天才，没有百科全书式的渊博知识是不可能的。正因为如此，所以黑格尔《精神哲学》开章明义第一句话就是："关于精神的知识是最具体的，因而是最高和最难的"。[①] 我们可以说，抓住了"精神哲学"这个黑格尔的真正天才的创造，就抓住了黑格尔哲学，不了解它，也就丢掉了黑格尔哲学。下面我们就来看看黑格尔关于精神哲学的对象、任务和方法的规定。

二、黑格尔精神哲学的对象、任务和方法

为什么精神哲学是最高最难的？这需要进一步从精神哲学的对象、任务和方法的特点来理解。而这正是黑格尔《精神哲学》的绪论中所讨论的主要问题。

---

① 见本书，第9页。指本书边码，下同。——译者

我们知道,黑格尔把哲学的对象规定为理念,即自身绝对自相同一的思维,并根据这种思维同时表现为,为了成为自为的而使自己与自己本身相对立、并在这个他物中只是存在于它自身中的这种活动的特点,而把哲学划分为逻辑学、自然哲学和精神哲学。逻辑学研究自在自为的,即在其自身内的理念,也就是抽象的理念自身;自然哲学研究他在的,即外在化的理念;精神哲学则研究由他在或外在返回自身的,即自为存在着和向自在自为生成着的理念,也就是体现为人的精神、在人的精神里实现着和实现了自我认识的理念。由此可见,精神哲学所研究的这个理念,既不是抽象的、仅仅内在的、没有实在性的、其普遍必然的有效性尚待证实的理念,也不是在外在化的形式里仅仅自在地或潜在地存在的理念,而是内在性与外在性统一的、自为的、自知着的现实的理念,因而是理念的最具体最发展的形态。所以,在黑格尔看来,人的精神虽然以自然为直接的前提,因而也以逻辑的理念为最初的前提,但是它作为逻辑理念与自然这两个各有其片面性的东西的统一的理念,又是逻辑理念和自然的根据和真理,是它们所追求的目标和这目标的实现。精神哲学的对象在哲学中的这种崇高地位,也就是它成为一门最高的哲学科学的根本原因。而这也是它之所以是一门最困难的哲学学科的根源所在。

问题在于,在黑格尔那里,不仅达到了主体和客体的绝对同一的绝对精神是理念的实现,而且个人的、有限的精神,即主观精神也必须理解为理念的一种实现。为此,就必须进一步把握精神之所以成为精神、之所以不同于自然的根本规定性——观念性。

黑格尔明确指出"必须把观念性,就是说,理念的异在的扬弃、理念从它的他物向自身的回复和回复到了自身,称为精神概念的与众不同的规定性。"①换言之,扬弃外在事物的外在性,使外在东西回复到内在性,即精神本身,从而成为一种精神性的、观念性的东西,这就是精神的观念性。精神的这种观念性黑格尔也称之为精神的自相(自身)同一性,因为

---

① 见本书,第18页。

它实际上是理念的本性 ——自相同一的理性为了展示自己的内容成为自为的,就使自己与自己对立并通过扬弃这个对立而把自己重新建立为经过对立和对立的扬弃的中介的自相同一——的模写或映现。而因此黑格尔就强调"必须把精神理解为永恒理念的一种模写"。① 黑格尔也把精神的观念性称之为精神的绝对否定性:精神使自己与自己对立是精神的第一个自否定,精神扬弃这对立而回到自相同一,这是对第一个否定的否定,这个否定之否定就是绝对的否定,实际上是一种保存自己、发展自己的肯定。因此,黑格尔所说的精神的观念性也就是精神所特有的那种产生和发展自己的主体性和能动性。由此可见,精神的这种观念化或同化外在事物的活动是精神之为精神的根本性活动,可以说,精神的一切活动都无非是这种观念化或同化的不同方式。精神之成为精神,精神之所以是精神,精神之区别于自然,就在于它里面所实现的这种对外在性的扬弃和克服的观念化或同化的活动。

从精神的观念性出发,来更仔细地考察精神,那就可以"发现精神的最初的和最简单的规定就是:精神是自我。"②自我是一个完全简单的、普遍的东西,因为我们每个人都是自我。但自我又是一个自身内有区别的东西。因为自我就是自我意识,就是把自己本身与自己对置起来,使自己成为自己的对象,并从这种起初还是抽象的不具体的区别回复到与自身的统一,从而意识到作为对象的自我就是作为主体的自我。自我在其自相区别中的这种在自己本身中存在,就是自我的观念性。但这种观念性只有在自我与它面对的无限多样材料——外在东西的关系中才得到证实,就是说,当自我抓住这个材料时,它就被自我的普遍性所同化或观念化,而得到一种精神的定在。这就是个人的有限的主观精神通过其表象活动所实现的对外在事物的观念化。黑格尔认为这样的观念化是具有片面性的不完善的观念化,因为这种观念化是以一种外在的方式进行的,在

---

① 见本书,第9页。
② 见本书,第21页。

这里是某种外在材料与我们的活动相对立,它对我们加之于它的观念化是漠不关心的,只是完全被动地经受着观念化。只有在哲学思维中,精神才完成了对事物的观念化,因为精神认识到了构成事物的共同原则的永恒理念在事物中呈现自己的种种确定的方式,从而认识到了精神观念化事物的活动和包含在事物中的永恒理念本身对事物的扬弃活动是完全同一的。这样精神就使自己成为完全把握了自身的现实的理念,并因而成了绝对精神。

从精神特有的观念性,黑格尔认为,我们就可以看到精神的实体或本质从形式上看就是自由,即"对于他物的不依赖性,自己与自己本身相联系"①。精神的自由不是一种在他物之外,而是在他物之内争得的对于他物的不依赖性,就是说自由之成为现实,不是由于逃避他物,而是由于克服、即扬弃他物。任何个人精神的自我在面临外界事物时,都能超出其简单的自相同一或自相联系而在自身里建立起一种现实的区别,即一个跟简单自我不同的、对立的、矛盾的、否定它的他物。这个他物对于精神不仅是可能的,而且是必要的,是它所能够忍受的。因为它知道,这个在它之内的他物是它设定起来的,因而也是它能够重新加以扬弃,使之成为它的他物(即"我的某某表象"),就是说,它在这个他物里仍然保持着它自己,即依然是自己与自己本身相联系的。这就证实了它的观念性,表明了它是自由的。所以,黑格尔强调,他物、否定、矛盾、分裂和它们包含的痛苦的可能性都属于精神的本性。但是,黑格尔也指出,精神能够重新扬弃它自身内任何一个他物或规定的自由只是形式的自由,是任意;而不是真正的自由;然而精神的这种重新扬弃和支配它自身的任何内容的力量却是精神的真正自由的基础和可能性。为了使精神的自由成为现实的或实在的,个人精神就必须超出其自身而进入自身以外的他物,进入人与人的关系,通过实践的活动去实现自己的自由。首先是从实际上扬弃外物,使之成为己有、使自己的自由具有实在性;同时那些怀有彼此不同、甚至互

① 见本书,第26页。

7

相矛盾冲突的追求的个人,为了实现自己的自由和目的也不能不在活动中限制自己的自由和彼此限制,这就进入了有法的、道德的、国家组织的状态,也就是一个由精神所创造和继续创造着的适合于其本质和概念的自由的外在世界。不过在这个世界里主观精神的自由还是作为现存的必然性出现的,这就是客观精神。这样,精神的自由就还没有完全实现,精神所达到的这种客观的或外化的状态还是受到其客观性和外在性的限制的。精神只有前进到认识了世界的万事万物都只不过是它自身的表现或显示时,即成为主客体绝对同一的绝对精神时,精神的自由才得了完全的实现。

从上所述,我们可以看到,正如精神不是自然产生的现成东西,而是它自己的产物一样,精神的现实的自由也不是精神内在的现成东西,而是通过精神的活动正在产生着的东西,所以,精神必须看作是"它自己的自由的产生者"。①

黑格尔进一步从精神的观念性推论出精神的规定性是"显示",并明确指出它并不是一个什么新的、第二个规定,而只不过是观念性这个规定的进一步的发展,因为如前所述理念由于其异在的扬弃而从异在回到自身,就成为了自为的理念即显示出(展示出或表现出)了自己的内容的、自知的理念,这就是自为存在的精神或精神本身。由此可见,显示是精神本身的规定。不过,精神的显示有其自身的特点。首先精神并不显示某种不同于它自身的他物,而是显示自身,即它自己的内容或内在本质;其次,精神不仅是向他物显示着的东西,而且更根本地是向自己本身显示着的东西。总起来说,精神是对自己显示自身。这种情况无论对于作为简单自我的精神或面对多样性的外在材料而言的精神都是有效的。简单自我由于使自己本身成为不同于自己的他物、即对象,通过扬弃这个对象而意识到或知道自己是以自己为对象的现实的自我。精神面对无限的外部事物,就在自己内部建立起区别,即某种不同于精神的他物,但是通过对

①　见本书,第27页。

这个他物的扬弃,那保持在他物里的它的内在本质就在他物里明显地显示出来了,从而使这他物成了与精神相一致符合的定在而对精神自己显示出来了。既然精神是对自己显示自身,所以通过显示并不是显示出一个与精神的形式不同的内容,而是显示出精神表达着其全部内容的形式,因而这形式也就是精神自己的内容,形式和内容在精神那里是同一的。基于这点,黑格尔就认为,显示自身属于、甚至就是精神的本性,精神只有就它显示自己本身而言才存在,才是现实的。这样,我们就必须说,现实性就在于精神的显示,也就是属于精神的概念的,精神的内在本质没有显示出来就只是一种可能的东西,精神将其内在本质在他物中显示出来,就是可能的东西成为了现实的东西。所以精神本身就体现着可能性和现实性的统一。不过,在有限精神那里,精神的概念或本质还没有达到绝对的实现,只有绝对精神才是精神的概念或本质、即可能性和现实性的绝对统一。

由此出发,黑格尔指出,精神自身的显示有三种形式。首先,逻辑理念、即自在存在着的精神的显示方式是向自然的直接过渡,这就是自然的生成。理念作为沉睡在自然的外在性里的自在存在的精神,扬弃着与其内在性相矛盾的自然的外在性,创造出一个与理念的内在性相适合的定在,这就是有自我意识的、觉醒了的、自为存在的精神,即人的有限精神,从而出现了精神显示的第二种形式,即有限精神显示的方式。这时,精神把自己和自然对立起来,使之成为自己的对象,对之进行观念化,使对象成为体现着它的内在本质而对它自己显示了出来,从而就成为意识到了、即知道了自己的本质的自为的精神。有限精神就在一次接着一次的观念化对象、使自己的本质在对象中显示出来、对自己显示自己本身的过程中,从一种特殊的精神形态转变为另一种特殊的精神形态,从而一次又一次地加深和提高了对自身的认识。但是,在这种显示中,精神不可能完全显示它自身、即它的本质自身,因为精神始终与自然处在一种外在的联系中,它作为这种关系的一方就始终受到对方的限制。用黑格尔的话说,这时精神还没有完全地或绝对地扬弃它的"在自己本身外存在",因为它还没有认识到它与隐藏在自然之内的、沉睡着的、自在存在的精神、即理念的统一。而精神的这种外在性或限制性是被绝对的知——精神显示的第三种形式和最高的形式扬弃了。绝对的知就是绝对精神对自身的知,也就是绝对精神对自己绝对地显示自身。在这里,沉睡在自然里的自在存在的精神和它之外的觉醒了的自为存在的精神二元分离消失而是同一的了,绝对精神因而领悟到了是它自己在设定着存在和产生着它的他物,即自然和有限精神。这样的精神就是"绝对地显示着自己的、有自我意识的、无限创造的精神"①,即其概念(可能性)和现实性绝对统一的绝对精神。从有限精神的显示的不完善形式进到绝对精神的显示的完善的或最高形式是一个世界历史的过程。在这里产生了精神试图绝对地显示自身的艺术直观的、宗教表象的和哲学思维的形式和每一种形式从一种特殊形态到另一种特殊形态的转化和发展,而绝对的知这种精神显示的最高形式是只有在哲学思维形态的一系列发展的终结处才出现的。

总起来说,作为黑格尔精神哲学的对象的人的精神是一个很复杂的东西。一方面人的精神是以自然为前提、与有机的身体内在的联系在一起的。"人心不同,各如其面",人的精神千差万别,人的精神的活动更是五光十色,不仅彼此不同,甚至彼此矛盾、相互冲突。可是,另一方面,"人同此心,心同此理",人的精神的这个共同的本质,在黑格尔看来,就是我们在上面所看到的他所详加规定了的精神的概念。从黑格尔的规定来看,人的精神不是静止不动的,而是一个绝对不静止的东西,精神本身就是一种产生自己、实现自己、认识自己的"纯粹活动"。这种活动不是由于什么外力的推动,而是由于精神作为"从他在或异在向自身返回的理念"的观念性本性。这就是:它既是简单的自相同一的东西,又同时是自相区别而有区别的东西,正是这种简单的同一性和区别的矛盾,或者说,它的这种不安静的本性推动它去实现自己,即扬弃区别、扬弃不同于它自身的他物而重建自相同一性,或在他物里自己与自己联系或映现自

①　见本书,第31页。

10

身,也就是回到自身,从而使自己原来只以可能性形式存在于自身内的东西实现了出来。精神的这种观念性表明精神的实体是自由,即精神本身是自由的,精神实现自身的过程也就是通过把与其自由本质不相适合的现实改变为与之相适合的现实而实现其自由的过程。精神的观念性也表明,精神不是在其显现前就已经存在、已经完成了的隐藏在重重现象之后的本质,而是只有通过其必然的自我显示的种种形态而才有其存在和现实性的东西。所以,精神自我实现的过程既是其自由本质实现的过程,也是其显示自身的过程。总而言之,精神不是别的什么,而是这样一种从一种特殊形态到另一种特殊形态的自我实现着、自我解放着、自我显示着的东西。

从精神的这种本质特性出发,黑格尔认为,精神哲学的任务既不同于通常流行的研究个人的特殊的能力、性格、弱点或缺点,乃至个人的独特性的所谓"自我知识"或"人性知识";也不同于康德以前的旧形而上学中的"理性心理学"和继它之后的"经验心理学"。前者撇开精神现象用一些知性范畴来讨论什么是精神本质,即灵魂是什么及其属性,后者把精神看作种种现成给予的彼此独立的力、能力或活动的集合,同样用一些知性范畴从外部把它们联系起来而称之为精神。精神哲学作为一门真正的科学,既不是抽象地推论什么精神的本质,也不是对发现的精神的现象进行外在的描述,而是要在精神活生生的发展中去认识精神的本质或概念和精神自身从一个环节到另一个环节、从一个阶段到另一个阶段、从一种形态到另一种形态的必然性,也就是它成为一个自我实现、自我认识了的有机整体的必然进展。这是一个在人类对精神的认识史上从未有人提出过的空前艰巨的任务。

在黑格尔看来,精神哲学要完成这样的任务,关键在于它所能够运用的方法只能是"按必然性自己发展着的内容的严密形式"①这种唯一的科学方法。这个方法的概念是黑格尔在《精神现象学》的序言中第一次明

①　见本书,第14页。

确提出来的:科学方法的本性是:"一方面是方法与内容分不开,另一方面是由它自己来规定自己的节奏。"①黑格尔正是用这种方法来建立精神现象学的体系的。同时,这个方法也是他建立本体论、认识论、逻辑学和方法论统一的逻辑学(大逻辑)体系的方法,正如他在《逻辑学》第一版序言中说的:哲学的科学方法"只能是在科学认识中运动着的内容的本性,同时正是内容这种自己的反思,才建立并产生内容的规定本身。"②黑格尔在《哲学全书》的逻辑学(小逻辑)中更是直截了当、简单明白地指出这个方法的实质:"方法并不是外在的形式,而是内容的灵魂和概念。"③正因为如此,所以这个方法也就是黑格尔建立《哲学全书》的体系,即由逻辑学、自然哲学、精神哲学所组成的黑格尔哲学体系本身的方法,当然也就是建立精神哲学的科学体系的方法。所以在《哲学全书》第一版序言中特别强调提醒大家注意这个对哲学及其各个组成部分进行了新的改造的方法:"这种方法如我希望的,还会被承认为惟一真正的、与内容一致的方法"。④ 不仅如此,他在《哲学全书》第二版序言中可以说是万分感慨地谈到了这种"与内容一致的方法"的重要意义,他说:对于真理的科学认识的过程是"一条极其艰难的道路",一旦义无反顾地走上这条道路,就会发现"只有方法才能够规范思想,指导思想去把握实质,并保持思想于实质中。"⑤这个方法,我们知道,就是黑格尔在其《逻辑学》(大逻辑)里所详加制定的辩证方法,而它之所以是与对象或内容一致或分不开的,正是因为它就是"内容在自身所具有的、推动内容前进的辩证法"。⑥ 我们可以说,这个方法的根本之点就在于要使我们主观思维形式(概念、判断、推论等等)的进展与我们所研究的对象或内容自身的辩证

---

① [德]黑格尔:《精神现象学》上卷,贺麟、王玖兴译,商务印书馆 1981 年版,第 39 页。

② [德]黑格尔:《逻辑学》上卷,杨一之译,商务印书馆 1974 年版,第 4 页。

③ 见黑格尔《哲学全书·第一部分·逻辑学》或《小逻辑》的§243。

④ 同上书的第一版序言。

⑤ 同上书的第二版序言。

⑥ [德]黑格尔:《逻辑学》上卷,杨一之译,商务印书馆 1974 年版,第 37 页。

进展相一致。黑格尔在《精神哲学》中在描述这个方法的特性时说："正如在一般有生命的东西那里,一切东西都已经以观念的方式包含在胚芽中,并且是由在胚芽本身而不是由一种异己的力量产生出来的;同样地,活生生的精神的一切特殊形态也必须从作为它们的胚芽的精神概念中自己发生出来。与此同时,我们为概念推动的思维始终是彻底内在于也同样为概念推动的对象之中的;我们仿佛只注视着对象的自己发展,而不要由我们主观的表象和想法的介入而改变这个发展。"①其实,黑格尔在其著作中,当谈到这个方法之应用于对象——不管是精神本身(精神哲学的对象)、自然本身(自然哲学的对象),还是纯粹思维或纯粹概念本身(逻辑学的对象)时,都曾多次以同样或近似的语言,重复了方法的这种根本的特性或要求:必须"注视"对象的自己发展,不要让主观的想法去"干扰"或"改变"它。当然,这里说的"注视"不是单纯的旁观,而是要把把握到的对象的自己发展的形式在思维的形式中恢复或者说再现出来。这的确是条极其艰难的道路。

此外,黑格尔还注意到精神发展不同于自然发展的特点而给精神哲学带来的特殊困难和由此而得出的精神哲学所有的特殊的方法论原则。这就是,精神发展的特殊阶段或规定在发展为更高级的阶段时并不倒回来作为实存而与更高级的阶段相对照地存在着,而本质上只是更高级阶段上的环节、状态或规定,从而它们本身的本性和意义就在这高级阶段里明白地表现出来了。黑格尔认为这是由于较低级的、因而也较抽象的规定身上往往显露出了较高级的东西的存在,如在感受里就显露出了更高级的精神东西,例如法的、道德的、宗教的、伦理的等等的内容或规定性。根据上述情况,黑格尔一方面反对把高级的东西归结为低级的东西。另一方面,更为重要的是,他强调在考察低级阶段时,为了使它成为从经验实存方面可觉察、可理解的,就"同时有必要想到"和"预先处理"它们作

---

① 见本书,第14页。

为环节、状态或规定而存在于其中的更为发展的高级阶段①。这就给精神发展的陈述带来了一种特殊的、然而也是不可避免的困难。例如，黑格尔说，在考察自然的觉醒时就必须谈到后来的更高的发展阶段——意识，在考察疯狂时预先谈到后来的更高发展阶段——知性。这样的情况在《精神哲学》中可以说比比皆是。而这样的"预先想到"和"预先处理"不言而喻是以对高级阶段的预先理解为前提。这一点其实黑格尔在《自然哲学》中已经针对有机生命的发展说到了："为了理解低级阶段，我们就必须认识发达的有机体。因为发达的有机体是不发达的有机体的尺度和原型；由于发达的有机体内的一切都已达到其发达的活动水平，所以很清楚，只有根据这种有机体才能认识不发达的东西。"②黑格尔在《精神哲学》中所提出来的为了理解精神发展的低级阶段就必须同时预想到和预先处理其发展的更高阶段的思想显然就是上述《自然哲学》中所提出来的方法论原则适应着精神哲学的对象的特殊性质的进一步的引申和发挥。同时，我们在这里似乎也看见了马克思所提出的著名的"人体解剖对于猴体解剖是一把钥匙"的方法论原则的某种起源。

三、黑格尔精神哲学的结构和主要内容

黑格尔根据他对精神哲学的对象、任务和方法的观点，将精神的发展分为主观精神、客观精神和这两者统一的绝对精神这样三个阶段，而《精神哲学》也就是由与此相应的三部分、即三篇组成的。主观精神指个人的精神，是"在与自己本身相联系的形式中"的精神，即只在自身内存在的、尚未与外物发生关系的精神。因而主观精神就只是一种主观自由的精神。客观精神是主观精神之表现在外部世界中的精神，即"在实在性

---

① 参见本书，第 17 页。

② ［德］黑格尔：《自然哲学》，梁志学、薛华、钱广华、沈真译，商务印书馆 1990 年版，第 581 页。

的形式中"的精神,不过这里所说的"外部世界"或"实在性的形式"指的是一个必须由精神自己来产生和已经被它产生出来了的世界,即法的、道德的、家庭的、社会的、国家政治等等的制度和组织,在这里自由是作为现存必然性出现的。绝对精神是主观精神和客观精神的统一,是"在其绝对真理中"的精神,即最终在人的哲学思维的最高阶段上实现了对自己的完全认识的、主体与客体绝对同一的、完全显示了自身的、完全达到了自由境地的精神。我们可以在合理的意义上认为,黑格尔把精神的发展分为主观精神、客观精神和绝对精神这样三个阶段是他对人类认识绝对真理的过程的阶段性所做的一种特殊的理论上的概括和表达。

主观精神学说的对象是个人意识,其任务是描述个人精神从最初的与动物意识无本质区别的所谓自然灵魂直到成长为具有理论的和实践的能力、企图使外部世界服从自己以实现其自由意志的所谓自由精神的发展过程。这个过程分为三个大的阶段:灵魂阶段、意识阶段和"在自身内规定着自己的精神"、即精神阶段;与此相应,人类学以灵魂为对象,精神现象学以意识为对象,心理学以精神为对象。主观精神部分占了《精神哲学》全书(《哲学全书》的正文加上后来增补上的"附释")的三分之二的篇幅,而其中的人类学部分就占了全书约二分之一的篇幅。造成这种状况的原因是,关于客观精神黑格尔在《哲学全书》第一版后就出版了发挥客观精神的专著《法哲学原理》(1821 年出版),由于这种情况,黑格尔在 1827 年出版的《哲学全书》第二版中特别声明,他在这一版中对这一部分"比起对其他部分来可以说的更简略些。"①讲授法哲学的口头发挥也都作为"附释"而增补进了《法哲学原理》一书,而单独讲授客观精神中的"世界历史"的部分则被后人整理为《历史哲学》出版了。至于绝对精神部分,黑格尔虽然没有本人出版的著作,但他有关这方面的大量讲授,都直接由后人整理成书,即《美学讲演录》(中译为《美学》)、《宗教哲学讲演录》和《哲学史讲演录》出版了。当然,主观精神中的精神现象学部

---

① 见本书,第 306 页。

分基本上是 1807 年出版的《精神现象学》的前面三部分即意识、自我意识和理性的简写和撮要,因此它所占篇幅就只有心理学部分的一半。这是因为黑格尔一直对当时心理学的进展和现状极不满意,他在《法哲学原理》中表示希望将来能有机会对心理学的问题"详加阐述",甚至感到有必要在改造和发展精神学即通常所称的心理学上,"来作出我的贡献,使人们对精神具有更彻底的认识"①。尽管黑格尔一直没有机会来实现他的这个夙愿,亲自出版这样的一部专著,但在《哲学全书》的新版和讲授中对它还是作了某些"详加阐述"。由于这些情况,主观精神的学说,特别是人类学以及心理学就成了《精神哲学》全书中的重头戏。

人类学的对象是灵魂。灵魂作为直接来源于自然的精神,是内在于自然中的自在的精神扬弃其外在性而进入精神的观念性的第一步。这种"自在的或直接的"精神实际上就还不是精神,或者说只不过是"自然精神"。灵魂虽然是精神的一切规定和活动的绝对基础和实体,但是它现在还只是"精神的睡眠",是"亚里士多德的那个按可能性是一切东西的被动的理性"②,是一种人畜共具的低级的模糊意识。人类学就是要考察灵魂从这种最原始的自然状态发展到摆脱了自然性的自我的过程。这个过程经历了自然灵魂、感觉灵魂和现实灵魂这样三个阶段。

自然灵魂是"在其直接的自然规定性中"的灵魂。对于它,我们只知道它仅仅存在着(是)。这是一种无区别无联系的意识状态,对于它来说,没有什么东西外在于它,一切都在它之内。外部环境对它的激动所引起的规定都表现为它自身的规定,即它自身所具有的自然的质。这个环节所包含的首先是太阳系行星的运动所引起的气候的差异、季节的变换、一日各时段的周转等对灵魂的影响和作用,灵魂所具有的质的差异是和这些差异相应的。其次是地理环境的不同所引起人的种族、乃至同一种族的各民族的性格、心理素质的差异。再者是自然赋予各个人的气质、性

---

① [德]黑格尔:《法哲学原理》,范杨、张企泰译,商务印书馆 1961 年版,第 11 页。

② 见本书,第 43 页。

格、才能之不同而使灵魂各自有别。第二环节是个人的自然、即身体的变化所引起的灵魂的相应的变化。黑格尔称之为自然的变化。这首先是年龄的从童年、青年、成年到老年的进程所引起的人的意识或心理的变化。其次是"性关系"（性的成熟）引起的心理的变化，即一个个体在另一个个体中寻求自身。最后则是"睡眠与觉醒"的"自然的变化"。自然灵魂本身如上所说是仅仅存在着的、没有区别的，而就它包含有"自然的质"和"自然的变化"而言，灵魂本身与这包含着这些内容的那个东西又是有区别的。当作为个体的灵魂把这两方面区别开来时就是觉醒，而灵魂作为无区别的存在着的状态就是睡眠。换言之，睡眠是灵魂沉没于它的无区别的统一状态，觉醒是它进入到与这种简单的统一相对立的状态。在人类学中所讲的自然觉醒只是精神模模糊糊地发现它自己本身和一个在它面前的世界一般这样的事件，而由于这种发觉自然灵魂就进入了其发展的第三个环节——感受。灵魂在自身内发现的是直接的、被给予的东西，但同时这个东西已沉入灵魂的普遍性中，就是说是一个其直接性被否定而从观念上建立起来了的东西，这就是感受；从而灵魂就在所感受的直接物里回到自己本身，在这个他物中即在自己本身中。这样一来，自然灵魂就通过感受而进入了自身发展的第二个阶段感觉灵魂。不过，就感受本身来说，它是"精神在其无意识的和无理智的个体性中模糊活动的形式"①，是"人和牲畜共有的"②，因而单凭感受是不能把人和牲畜区别开来的。

感觉灵魂是自然灵魂发展的第二个阶段。黑格尔指出，在一般用语上感受与感觉并没有什么透彻的区别。但真正说来，感受更多强调感觉活动的受动性方面，即发现一个直接给予的东西；而感觉则同时更多的指向存在于感觉活动的自身性（Selbstischkeit，又译自我性），即感觉个体所是的那个观念性或主体性：否定一切感受到的实在性，同时又把它扬弃地

---

① 见本书，第 97 页。

② 见本书，第 99 页。

保存在自己的存在里,作为对这存在的"充满"或内容,而这充满或内容则构成一个种种特殊感觉的总体———一个特殊的世界,灵魂则作为总体的中心或主体而在这个总体或特殊世界中进行感觉活动。这就是感觉灵魂。必须指出,感觉灵魂只是在与它的内部规定打交道,它自己和与它相对的那个特殊世界都还在它自身之内,只有当它后来成为客观意识时,这个特殊世界才成为在它自身之外的独立的客观世界。因此,感觉灵魂是从自然灵魂到达摆脱自然性的自我的中间阶段或过渡阶段。黑格尔称这个阶段为精神的"黑暗阶段,因为这个阶段的种种规定没有发展成为有意识的和可理解的内容。"①黑格尔的这个规定特别适合于感觉灵魂进展的第一个小阶段:"在其直接性中的感觉灵魂",或"囿于在梦中度过和预感其个体世界的灵魂"。② 直接性中的感觉灵魂由于其自身性、主体性还未真正实现出来,因而实际上表现为被动性,就是说,灵魂这时是以一种被动的方式达到对其总体、即其特殊的个体世界的感觉。而另一方面,这时的感觉灵魂与其个体世界的关系又是一种无中介的关系,这是与后来发展到意识和理智后主体与其具有客观联系的世界之间的有中介的关系截然不同的。黑格尔把那种无中介的关系称之为在其直接性中的感觉灵魂的"不可思议"的状态或关系,并认为它有两种不同的形式:"生命的形式上的主体性"和"感觉灵魂的实在的主体性"。

生命的形式上的主体性 这种主体性是形式上的,因为它是灵魂的无区别的简单性,不包含有属于客观意识、即有主客对立的意识的任何东西,而是与"客观性"或"实体性"直接同一的。这就是说,这种形式上的主体性实际上是一个未分离的实体性的灵魂统一体;而正因为如此,它本身就构成客观生命的一个环节。所以,它不是什么"不应当存在"的东西或病态的东西,而是健康人所必然有的东西。感觉灵魂的不可思议的关系的这种形式就其自身来看有三种状态:(1)自然地做梦。在做梦的状

---

① 见本书,第124页。
② 见本书,第127页。

态中人的灵魂不仅仅是充满种种孤立的特殊感觉,而且更为奇妙的是,它"更多地达到了对其完整个体的本性及其过去、现在和未来的全部范围的深入而有力的感觉。"①(2)母腹中的孩子。胎儿的灵魂还没有自身(我)(Selbst),而是在另一个与之有实存联系的个体、即母亲中找到它的自身(我)。所以,母亲就是胎儿的守护神。胎儿以母亲的灵魂为灵魂,在母亲的灵魂的直接控制、指挥下生活。这里实际上是两个个体的还未分离的灵魂统一体,因而它们两者之间的那种直接的联系,既不只是生理的,也不只是精神的,而是灵魂或心灵的联系。母亲与胎儿之间的许多不可思议的联系都是这样的心灵联系的表现,甚至某些生理现象也是以这种联系为根源。(3)个体对其守护神的关系。什么是个体的守护神?黑格尔说:"我们必须把守护神理解为人的那种在其一切情况和境遇中决定着其行动和命运的特殊性",这个特殊性是指一个人在他的"以特殊方式规定了的内心里是的那个东西。"②对此黑格尔作了这样的说明:"属于一个个体的具体存在的是他的种种基本利益、他同他人和世界一般的种种本质的和特殊的经验性关系的总和。这种整体性构成他的现实性,以至于它是内在于他,而且刚才被称之为他的守护神"。③ 由此可见,个体的"特殊的内心"、即"守护神"实际上是个体的不同于其在外部生活中进行有意识的、甚至理智的活动的我的另一个我。在遇到各种情况或境遇时,个体采取什么态度来对待和做什么或不做什么,都由其"特殊的内心"即"守护神"或另一个我以压倒的方式做出最后的决定。在这里,个体对其守护神的关系一方面同于胎儿对母亲的依赖性,另一方面又同于做梦时灵魂得到其个体世界表象的被动方式。因此,个体对其守护神的关系就是它前面那两种状态的统一:它既包含了胎儿对母亲关系中的灵魂生命中的两重性的环节,因为守护神对于个体是一个"有自身的他者";又包含了做梦中灵魂与自己本身的简单统一性的环节,因为守护神

---

① 见本书,第130页。
② 见本书,第131—132页。
③ 见本书,第133页。

与个体形成了一种不可分离的统一。

感觉灵魂的实在的主体性 这是灵魂已发展成为意识和理智后而又下沉到直接性的感觉灵魂里去的状态,即精神的更为真实的形式实存在一种更低级更抽象的形式中的状态。这种主体性之所以称为实在的,是因为在这里出现的,不是在上述形式上的主体性的诸状态中存在的未分离的实体性的灵魂统一体,而是一个现实的两重性的感觉生命中的两个方面——感觉灵魂与其个体世界中的无中介的联系和与之相反的灵魂与其有客观联系的世界之间的有中介的联系这样两个方面彼此分离,达到了相互独立的实存。这两方面分离或破裂的可能性虽然存在于健康人中,但它本身并不构成客观生命的任何环节,因而是一种病(灵魂生命中,和身体中一样,也会有病发生)。这时,单纯灵魂的方面变得不依赖于精神-意识的权力,将精神的功能据为己有,好像就是真正的精神本身;而精神在失去对灵魂方面的支配后就控制不住自己,而下降到单纯灵魂方面的形式,从而放弃了对现实世界的有中介的联系。这种分离出现的病态是多种多样的,如梦游、各种奇异的心灵感应、千里视、各式各样的特异功能(手心或心窝识字等)。这些状态可以是"自发地"产生的,即健康人由于疾病、个人的特殊素质、或药物的作用、甚至宗教上和政治上的过度兴奋所引起。但是,黑格尔认为,值得注意的是,这些状态也可以"故意地",即人为地引起。他在这里主要指的是梅斯梅尔①以他发现的"动物磁力"治病的学说和实践所激发出来的试图用这种方法去引起和发展种种催眠状态的一切可能形式的普遍兴趣。在黑格尔看来,"动物磁力"引起的种种形式的催眠状态与前面讲的那些自发产生的状态并没有什么不同,只不过它们是由一个个体(催眠师)以特殊方式使另一个个体(被催眠者)的灵魂生命中上述本来结合在一起的两个方面达到彼此分离和破裂而有意地造成的。这时被催眠者(他也必须是具有特殊素质的人)的灵魂就下降成为无需中介而进行感觉活动的"在其直接性中的

①　见本书,第152页关于梅斯梅尔的译者注。

感觉灵魂",而催眠师的有自我意识的理性则是控制和指挥这个灵魂的主体、即守护神。不过,被催眠人的感觉灵魂在受这个保护神的控制和指挥的同时又还要跟它自身的保护神打交道,这就引起了催眠状态中种种混乱甚至矛盾的现象。黑格尔在对"感觉灵魂的实在的主体性"的讨论中,无论对自发产生的或故意引起的前述种种奇异心理现象,都进行了大量的分析和描述。但是,他的观点始终是很明确的:(1)所有这些现象都是一种病态,是精神本身之堕落到通常意识之下的表现,批判那种认为在这些状态中能够得到比理性思维所能达到的更优越的东西和对永恒事物的启示的观点。(2)可是与此同时也反对一味否定这类不可思议的现象的真实存在,而力图对它们做出科学的和哲学的说明。他一方面指出它们的生理基础,另一方面更重要的是指出它们与灵魂方面的东西、即"直接性中的感觉灵魂"的本质联系,并广征博引早期人类历史中(特别是在宗教活动中)的种种事实作为旁证。(3)他认为正视和认真说明"动物磁力"现象对于考察和研究精神的自然方面、即灵魂方面有重要意义,有助于摆脱不真实的知性的精神观而向思辨的、即辩证的精神观前进。

自身(我)感觉是感觉灵魂进展的第二个小阶段。在此,"直接性中的感觉灵魂"(它是一个种种特殊感觉的总体)作为个体把它自身和它的各种特殊感觉和感受的总体区别开来。相对于这些特殊的感觉,它自身就是能感觉的主体,而它所感觉到的特殊感觉,由于它们是"观念性"形式中的东西,则是主体的特殊规定性。这样,主体与它所感觉到的特殊感觉就合而为一体。这样沉没在特殊感觉中的主体就是自身(我)感觉,而自身(我)感觉也只能是在特殊感觉中。对此我们可以引用黑格尔这样一句话来说明:"我在这个立场(指感觉灵魂的立场——引者)上感受到什么,我就是什么,我是什么,我就感受到什么。"①这种自身(我)感觉是灵魂摆脱其自然性、包括身体的形体性的纠缠而提高到抽象的自我(即自己与自己联系的主体性)所必经的阶段。虽然如此,如果一个有理智

---

① 见本书,第119页。

的人一旦以他直接感觉到的特殊感觉作为他自己的规定性（以为他感受到什么，他就是什么），那么这个人就一定会被认为是有病了，不正常了，也就是发疯了。由于这个原因，黑格尔在"自身（我）感觉"这部分里以极大的篇幅所讨论的正是"疯狂"问题，他甚至把感觉灵魂发展的这个阶段干脆称为"疯狂阶段"。

已经发展成为理智意识的主体，与上述作为自身（我）感觉的主体不同，它是按照它作为处于一定地位的个体与有内在秩序的外部世界的联系来安排和保持自己的意识的主体。在它的意识中它对外界事物的任何特殊感觉都是被安排到合适的位置而有其从属关系的，用黑格尔的话说，它的意识是"系统化了的总体性"。但这个主体同时是"自身（我）感觉的自然的自身"，意即自身（我）感觉是作为这个主体的一个构成环节而存在它里面的。因此这样的理智意识的主体就可能下降到坚持其自身（我）感觉的特殊性的地步，从而陷入其"系统化了的总体性"意识和这总体性中僵化了的和与其他东西无联系的特殊性的矛盾，或其独立自由的主体性和在自身（我）感觉中固定不变的特殊性的矛盾中，这就是一种病——一种同身体的东西和精神的东西分不开的精神病，即疯狂。

黑格尔首先阐述了他对疯狂的观点。（1）疯狂不是理性的完全丧失。在疯狂中人的理性的、具体的自我下降而为被动的、抽象的自我，从而就失去了对其诸规定的整体的控制力，失去了把来到灵魂里的东西放到正确的位置上和在其每个特殊表象中都清楚地意识到自己的能力，结果它就在自己的某个特殊的表象上着了迷，反而让自己成了单纯主观表象的俘虏，坚持它是客观事物，从而陷入疯狂。所以，疯狂"只是那还现存理性中的错乱、矛盾"①是"精神在它自身内的错乱和不幸"②。因此，黑格尔认为，疯狂并非理性的抽象的丧失，这也是真正的精神的治疗所必须坚持的观点。（2）在疯狂中，理性的客观意识和灵魂方面的东西〔在这

① 见本书，第163页。
② 见本书，第162页。

里是指自身(我)感觉的感觉灵魂〕是直接对立的:客观意识的主体性是与外部世界的客体性统一的,它所坚持的是主体和客体的客观统一;而灵魂中的主体性是与其客体性相对立、矛盾和分裂的,这样的主体性就成为了一种形式的、空洞的、抽象的主体性,但它却又认为自己具有主体和客体统一的意义。其实它所具有有表象,无论是关于它自己还是关于外部事物的,都只是主体和客体的仅仅主观的统一,而不是它们的客观的统一,就是说,那些表象只是主观空洞的表象,而它却坚持它们是客观地出现在它面前的事物。(3)在疯狂中,理性的客观意识及其客观世界和坚持自己、以为自己本身内有其客观性的灵魂方面的感受活动,这两个方面的每一个都发展为整体、发展为人格。而且它们是同一种状态中的两个彼此对立、矛盾和分裂的人格。因此,疯人是把自己作为破裂为两个不同种类的人格的主体来对待的。(4)并非主体与客观现实的任何分裂都是疯狂,如果它知道它的主观表象不是客观事物的话。只有在这种分裂(它表现为错误、狭隘、愚蠢、空想、非罪行过失等等)达到极端时,即只有在人以为他的仅仅主观的表象是客观事物,并保持不变地反对真正的客观性时,才是疯狂。(5)把疯狂看作是灵魂发展中必然出现的阶段或形式,不能理解为每个人都必须经过这种极端的分裂状态,而是说它是精神在其发展中所必须克服的极端,而这种极端如前所述并不是在每一个人里都出现的。

其次,黑格尔按照他对疯狂的观点对疯狂进行了分类并对它们作了详尽的描述。他认为一切种类的疯狂所具有的普遍东西就是:疯狂是一种精神的内向性,即一种精神沉没在已内的存在,这种存在的特征在于,精神不再与现实有直接的联系,而是坚决与现实脱离或分裂了。据此他把疯狂分为三类或三种形式:(1)上述"普遍东西"如果始终停留在不确定性、即空洞性中,那么它就构成疯狂状态的一个特殊类别(包括痴呆、精神涣散、蠢态)。(2)那个"普遍东西"得到一个确定的内容,即与一个主观的、特殊的表象连结起来,并认为它是客观的东西(真正的傻)。第三类疯狂也是疯狂的主要形式,这就是癫狂、精神病。其特征就是:精神病患者本人知道他的意识分裂为彼此对立的状态（人格），生动地感觉到其主观表象与客观现象的分裂，并为此感到不幸，但他不能放弃这个表象，而是作出绝望的努力，要使它完全实现或消灭现实的东西，以至于伤害他人，甚至杀死亲人。

习惯是感觉灵魂进展的第三个小阶段。前一个小阶段的"自身（我）感觉"是沉没在特殊感觉里的，是和这些特殊感觉没有区别的。但是，"自身"自在地是观念性的简单的自相联系，即一种形式的普遍性。这种普遍性是必须设定在感觉生命中的、与那些感觉的特殊性不同的自为存在着的普遍性。这就是说，那个形式的普遍性成了灵魂的普遍存在，而那些感觉的特殊性也是形式的特殊性，就成了灵魂的特殊存在，属于灵魂的形体性的因素。灵魂的这种自为存在着的普遍存在还不是"自我"，而是一种抽象的、无意识的直观活动，但却是意识的基础。"习惯"就是"灵魂使自己这样地成为抽象普遍的存在，并且把种种感觉的（同时意识的）特殊东西归结为它身上的一种单纯存在着的规定"①。由于这样，就可以说，灵魂是无感觉地、无意识地在自己身上具有了这些规定并在它们里面活动。而这些规定之被放到灵魂中去的过程则表现为诸感觉规定的一种重复，习惯的产生因而表现为一种练习。黑格尔认为，习惯是精神研究或一般心理学中的一个难点，他批评了对习惯不重视和估计不足的现象。对于习惯他强调了如下几点：

（1）习惯是自身（我）感觉的机制，它不是直接自然的，而是感觉等等〔就其属于自身（我）感觉而言〕之被制作成为一种自然存在着的、机械性的东西的规定性。所以"习惯有理由被称为第二自然，称为自然，因为习惯是灵魂的一种直接的存在，称为第二自然，因为它是一种由灵魂建立起来的直接性。"②（2）人在习惯中是不自由的，因为它是一种"自然"而使人受到限制、甚至使人成为习惯的奴隶。但是，人在习惯中又是自由的，

---

① 见本书，第183页。
② 见本书，第184页。

因为通过习惯人就从受其影响的种种感受、欲望、表象等等中解放。总之，人在习惯中不是与偶然的、个别的感受、欲望、表象发生关系，而是与它自己建立起来的、为自己所有的普遍方式发生关系，因而显得是自由的。所以习惯使人自由应该是习惯的本质的方面。（3）特别通过"熟巧"的习惯，使身体从属于灵魂的要求和统治，成为灵魂的驯服而灵巧的工具，成为灵魂与外部世界联系的在其中实现其目的的中介。对于身体的这种征服和占有，是灵魂达到自由和客观意识的条件。

现实灵魂是灵魂发展的第三个、也是最后的阶段。灵魂使肉体成为自己的工具，这样一来，灵魂自己就是自为的、个别的主体，是内在的东西，而身体则是属于它的外在的东西。内在东西和外在东西的统一就是现实的灵魂。灵魂在肉体内只与自己联系，所以肉体表现的不是自己，而是灵魂，它成了灵魂的符号。人的身体作为灵魂塑造的艺术品，就成了精神最初的显现，这种显现主要是表现在面部表情、各种姿势上（如直立、步态、特别是适合于作无限多意志表现的作为"工具的工具"的手的姿势）。但是，灵魂对身体的塑造并非绝对的，就是说不是取消灵魂和身体的区别的那种塑造。身体的有机生命方面是始终不受灵魂支配的；灵魂在此感觉到了自己力量的局限，它就映现到自己内去，而把形体性（身体）作为异己的东西从自身赶出去。这样，灵魂就完成了它从存在形式的解放，而赋予自己以本质的形式，即成了"自我"。在"自我"中灵魂实现了更高类型的觉醒：它认识到了自己是主体，认识到了自己的观念性、即主体性和能动性。于是，自我作为主体就把其诸规定的自然总体作为客体同自己分割开，也就是把这个总体作为一个外在于它的世界从它自己那里排除出去，而与此同时又与这个外部世界相联系，——这就是意识。灵魂过渡到意识，对精神的考察也就从"人类学"过渡到了"精神现象学"。

精神现象学的对象是意识。黑格尔把意识规定为精神在人的经验中的显现，即精神的现象。精神是主体和客体的统一，而所谓意识则是"自我"对于离开它而存在的"独立对象"的意识。它有两个方面：一个方面是自我或主体和在它之外的对象或客体;另一方面是自我或主体对于对象或客体的认识或经验。意识在此是自相矛盾的。一方面它认为本身是空洞的形式,全部真实内容都在它之外独立存在的对象之中,它的使命就是要得到关于对象的知识。它显得是按照给予的对象的差异性而得到不同的规定,它的进一步的成长表现为其客体的规定的变化。另一方面它又认为对象就是它所知的那个样子,对象是在它之内;它对自己关于对象的知识抱有一种主观的确信(确定性)。精神作为意识的全部运动的目标就是"使它的这个现象与本质同一,是把对它自身的确定性提高成为真理。"①意识达到这个目标的运动经过了"意识本身"、"自我意识"和"理性"这样三个阶段。

意识本身的进展有三个环节:(1)感性意识,它的对象是一个完全直接存在着的、个别的东西。它对于它的对象没有别的规定,只有一般的存在(是或有),以及它是一个在它之外的个别东西。它不知道对象是什么和有什么样的特性等等。(2)知觉。意识为了知道对象是什么等等,就要运用语词(例如"桌子"等等),而语词是普遍性的和间接性的东西。这样意识就进展到了知觉,知觉的对象则是普遍性与个别性相联系的对象。(3)知性。知觉看到一些彼此并列和相继的事物,而不知其共同的本质。为此,意识进一步发展到知性,以便认识诸事物的共同本质。知性的对象是支配事物的规律或绝对的共相。它把事物看作现象,而规律、共相则是隐藏在事物背后的本质。黑格尔认为这也就是一般经验科学的观点。在知性那里,规律或共相依然是独立存在于主体之外的对象。但在黑格尔看来,规律、共相本身是思想(所谓"客观思想"),即主体自身,因而彼此独立的意识与对象之间的差别就消失了。此时意识是以自己本身、自我是以自我为对象了。这样就过渡到了自我意识,从而过渡到了人与人的关系。

自我意识,它起初只是"我=我"那样一种空洞抽象的自我意识,其自

_____

① 见本书,第 203 页。

由也只是抽象的自由,是有待于实现的东西。自我意识实现自身的进展有三个环节。(1)欲望的自我意识。直接的自我意识既是上述抽象的自我意识,又是一个与外在对象相联系的意识,因而本身是内在矛盾的。自我意识为了给自己以内容和客观性,以实现自己和证实自己,就必须克服这个矛盾。这样,它就产生了取消对象的被给予的客观性、使之与自己同一的冲动或欲望。这就是完全取消对象的外在独立性,把它消灭或消耗掉,以满足自己的欲望。但欲望和欲望的满足彼此交替,永无止境,从而自我意识就永远得不到满足,永远不能实现和证实自己。自我意识只有在别一个自我意识里才获得自己的满足,即它只有作为被别人承认的才能证实自己。因此,问题不在于消灭对方,而在于争取对方的承认。(2)承认的自我意识。这就是自我意识否定自己的直接性,即欲望的立场,使他物或对方从无自身的东西成为一个自由的客体,一个有自身性的客体,即一个别的自我。但是,自我意识总是希望自己独立自由而抹杀别的自我意识的独立自由。同样,别的自我意识也如此对待它的对方。它们之间的这种争取承认的斗争是一场生死的战斗,不过只是危险而已。因为,如果消灭对方的生命,那自己这一方也就无从得到承认了。生命和自由都同样重要。战斗的结果,一方要生命,放弃得到承认的要求;另一方则坚持对方承认自己是统治者而不惜冒生命的危险。这就形成了奴隶意识和主人意识,由此而形成了主人与奴隶的关系。作为人类现实的、客观的社会生活的国家生活就是这样开始的。主人和奴隶的关系有其同一性的方面,那就是"需要和对满足需要的关怀的共同性"①正是这种共同性使主奴关系维持下来。但是,另一方面主奴关系又有其差别性:主人在奴隶的服役中直观到自己的权势,而奴隶则在为主人的服役中、即在对物的加工改造中放弃了其意志的利己主义、外化了自身的意识并直观到自身,从而成了真正独立的有自我意识的人,且由于掌握实际支配物的力量而成了真正的主人;主人则成了依赖于奴隶的微不足道的人。所以,意识的发

———————————

① 见本书,第224页。

展、人类的进步、人类自由的开端都是通过奴隶意识实现的。正是在奴隶的劳动中造成了"智慧的开端",即向普遍的自我意识的过度。(3)普遍的自我意识,即相互承认对方为独立自由的自我意识。在这里,相互联系的有自我意识的主体,由于各自不一致的特殊的个别性的扬弃,就都使自己意识到了它们的实在的普遍性,即属于它们全体的自由。就是说,每个人都意识到了,只有别人自由,自己才自由,从而自由的意识就把它们联合起来了。普遍的自我意识作为主体与它的对方作为客体既是绝对对立的,又是绝对同一的,这种主体性与客体性的对立统一恰好就构成了自我意识所达到了的那个普遍性。这个普遍性是具体的,它统摄着彼此特殊的两个方面,而这两个特殊方面则升华而为普遍性。这样,其本性就在于坚持特殊性的自我意识,由于特殊性的扬弃,就不再是狭义上的自我意识而成为了理性。

　　理性是意识发展的最后阶段,它是意识和自我意识的统一。理性作为自为存在着的概念(即逻辑概念在意识中的现实形式),就其对象是一个外在独立的对象而言,有意识的因素,就其对象为自我而言,有自我意识的因素。正因为这样,理性的原则——主体和客体的统一起初就还有一种抽象的形式的统一的意义,即一般所谓表象与对象一致符合这种"正确性"的意义。但是,理性是自在自为地存在着的真理,理性概念的普遍性既有在意识中给予的、本身普遍的客体(这个客体渗透着和包含着自我)的意义,又有纯粹自我、即统摄着和包含着客体的纯粹形式的意义。因此,理性作为有自我意识的,确信它的规定是事物的本质规定,又是它自己的思想。这样的理性就是进行着知的真理、即精神。于是意识的发展就达到了它的目标而过渡到精神,对精神的考察也就从"精神现象学"过渡到"心理学"。

　　心理学的对象是精神。精神是主观精神前两个发展阶段灵魂和意识的统一和真理。一方面,精神和灵魂一样是一个整体,但不是灵魂那样的"单纯直接性的整体",而是一个内部有了主体和客体的区别和对立的整体。另一方面精神和意识一样是一种知,但不是意识那样的对外在独立对象的知,而是对它自身作为有了主客之分的总体的知。而这样的总体如前所述就是主体和客体的统一,也就是理性、真理,不过起初这还是自在的。所以,精神对它自身的知,就是对它自身作为主体和客体的统一、作为理性、真理的知。实际上精神的知就是要把这样的统一等等自为地建立起来,即使其从自在的成为自为的。这样,我们就看到,精神在这里是"把自己分开,一方面成为纯粹的、无限的形式,即成为无限制的知,另一方面成为与这种知同一的客体"①;所以,精神的客体及其规定都不是外来的,而是精神自己产生的。正因为如此,黑格尔认为,精神必须被认识到是"正在自知的真理"。

由此可见,精神的实存是知,这知以理性的东西为内蕴和目的,它实现其内蕴和目的的活动无非就是其内在本质的自我显示。所以,精神的活动远非意识那样的单纯接受,而是一种创造的活动,既创造出与自己的内容相同一的形式,也创造出与形式相同一的内容。尽管在主观精神的范围内,它的产物还缺少直接现实性的形式。这种创造活动也就是精神的能动性和观念性的集中表现。

但是,精神作为继意识而起的一个阶段,起初也必然给予自己以直接性的形式。在其直接性中的精神还不是真正的精神,其实存与其本质还不相一致。它受到其直接性的限制,还以为内容与对象是外部给予的。但这只是外表而已。精神必然、而且必须扬弃这种限制它的、与它自己本身相矛盾的直接性、因而扬弃那种外表,而向着自己本身解放自己,从而证实自己是从自己的知中发展出全部内容和客体的,也证明了自己是"绝对的自己决定自己",即是自由的,而且是对一切外在于精神的东西的无限否定性和从自身内产生一切实在性的观念性,也就是说,表明自己是真正的精神。

因此,黑格尔认为,"心理学考察的是精神本身的能力或普遍的活动

---

① 见本书,第230页。

方式——直观、表象、记忆等等,欲望等等"①,而对于它们的考察既要撇开其经验性的内容,也不是把它们作为灵魂的自然规定或意识的独立存在的对象来考察。在这里,精神的这些能力或普遍活动方式是作为精神扬弃其直接性或主观性的形式、朝着它自己本身解放自己的一些阶段、也就是精神对它本身的知的一些阶段出现的。黑格尔认为这必须看作是对精神及其不同活动方式的唯一合理的考察方式。

由于精神的活动是一种创造或产生的活动和精神赋予自己的直接性形式这两个方面,精神的产物的内容就既是自在的存在着的,而从自由来看又是精神自己的。所以,精神在其开端中的规定就有两重规定性——存在着的东西的规定性和它自己的东西的规定性。按前一种规定性精神发现某物是自己存在着的,而按后一种规定性则确定某物只是它自己的。因此,精神朝着它自己本身解放的道路,也即精神扬弃一切外在性和异己性而使自己成为主观性和客观性的具体统一的发展进程就有这样三个阶段:理论精神、实践精神和自由精神。

理论精神或理智,在这里占主导的是"知"的冲动,即对知识的追求,所以理智的活动就是认识。理智即理论精神一般认为不像意志即实践精神那样是主动的,而是被动的接受客体。黑格尔批评了这种看法,认为这只是表面现象。当然,理智还是在直接性中的精神,它首先"发现"一个给予的现存的内容,但是理智的任务却是使这个表面上外来的客体失去其给予的、个别的、偶然的形状而把它建立为它自己的东西,即使之成为主观的、普遍的、必然的理性东西,因而表明自己是主动的和能动的。理智的发展经过了直观、表象和思维三个小阶段。

直观是与一个直接个别客体相联系的、材料性质的阶段。这里所说的直观不是感性意识的直观,而是具有理性内容的、结合各种规定为一个整体的直观。它似乎是被动接受到的,实际上是理智从接受直接材料的感受开始,通过注意和使主观感受外化为存在于空间和时间里的东西这

①　见本书,第229页。

样的能动活动才确立起来的。这样的直观因而是一个主观性和客观性的统一体。但它只是认识的开始,必须前进到表象阶段,其内容才得以展开出来。

表象是回想起来的直观。它是理智从对客体的个别性的关系回到自己内部并使它与普遍性相联系的阶段,亦即理智把直观中的直接东西变为主体内部的东西,使之成为意象而尚未达到思想的阶段。这个阶段有三个环节,(1)回想,这就是理智把原先在外部时空中的东西(感觉内容)放到主体的内部时空中去,把直观中的东西变为内心的意象,从而使它摆脱了原先的直观性、个别性而被纳入了自我的普遍性之中。意象是易于消逝的,但并非消失于无,而是保存在理智的"黑暗的矿井"之内,随时可以被呼唤出来。(2)想象力,一般说来是意象的规定者,或者说是理智支配表象的力量。想象力自身的开展有三种形式。首先是唤起意象,使之进入定在,这是再生的想象力。其次是使这些唤起的意象彼此联系起来,并以这种方式把它们提升为普遍表象,或者说,使再生的内容从属于理智与自身同一的统一性,从而有一个普遍的表象充当诸意象的联想性联系,这是联想的想象力。再次是理智使它的普遍表象与意象的特殊东西相同一,因而赋予普遍表象一种形象的定在,这就是创造的或产生的想象力,黑格尔也称之为幻想力。由于所创造出来的这种感性的定在具有象征和符号的双重形式,所以这种想象力就区分为用象征表现的幻想力和创造符号的幻想力。前一种幻想力主要与文学艺术有关,表现为理智自由地支配和联结其表象和意象的贮藏来想象它所特有的内容。黑格尔又将这种幻想力区别为象征性的、寓意的和诗意的想象力。但是,最主要的、也是最重要的是:黑格尔用了相当大的篇幅对"创造符号的幻想力"进行了专门的讨论。符号不同于象征。象征是这样的直观,它自己的规定性本质上就是作为象征所要表述的内容。符号则是这样的直观,它代表一种完全不同于它自己的内容,"它是一个其中放进和保存了外来灵魂的金字塔"①就是

---

① 见本书,第270页。

说,理智清除了直观特有的内容,而给予它另一个内容作为意义和灵魂。这样,理智在使用直观上,比起在象征那里,就有了更大的自由和支配权。所以,黑格尔认为,"符号必须被宣布为某种伟大的东西"①在此,黑格尔比较详细地讨论了作为"发声的符号"的话语和话语系统——语言,声音语言和书面语言,象形文字和字母文字及其优劣等等问题,这是在黑格尔的其他著作里少见的。黑格尔认为,理智创造符号的活动,特别是创造了发声的符号即语词,理智就从想象力过渡到了只与符号有关的记忆。

记忆是表象阶段的第三个环节。语词或名称作为理智所产生的直观及其意义的联系起初是转瞬即逝的,这时意义(表象)作为内在东西与直观作为外在东西的联系的本身就是外在的。这种外在性的内在化(回想)就是记忆。这种内在化活动经历了三个环节。(1)保持名称的记忆。语词或名称进入意识就和它的意义结合为一体,因此通过名称就回想到它的意义,即与之客观联系在一起的表象。人不能离开语词的意义来记忆。(2)再现的记忆。当理智理解事物的名称时,就使名称进一步内在化为无意象的简单的表象,我们在这名称里就拥有和认识事物,而无须直观和意象。所以,我们正是用名称进行思维。(3)机械的记忆,理智更进一步深入自身,扬弃名称的意义和名称的区别,从而使名称(语词)成为无意义(即无意象和表象)的语词而把它们在理智本身中联系起来,这就是机械的记忆活动,即通常所说的死记硬背。黑格尔认为,理智能撇开意义而背诵语词是精神发展中的一大进步,因为它们构成了从表象到利用纯粹语词进行理解活动的思维的过渡环节。

思维是理智,即理论精神进展的最后阶段。思维是它前面的两个阶段直观和表象的统一,是扬弃了两者的纯粹思维。理智作为纯粹思维是真正普遍的东西,这个普遍的东西既是它自身,又是作为直接存在的东西,它统摄着它的对方、即存在。理智因而是思维着的认识。它自身是普遍物,它的产物、即思想就是事情或实质,而这样的思想就是理智的思维

---

① 见本书,第269页。

的内容和对象。因此理智或纯粹思维既是主体和客体的主观的统一，也是它们的客观的统一，因而是思维与存在的真正统一，是现实的自知的真理。但是作为纯粹思维的理智起初同样是形式的，因为那内在化为思想的表象还是一个给予的内容，它只是"发现"了这个内容或对象，是被这个内容或对象规定的。为了达到对象或内容是它自己产生的，即它是在认识它自身这个目标，理智经历了知性、判断、推论三个环节。（1）知性。知性把对象分裂为形式与内容，普遍东西与特殊东西、空洞的"自在"与从外加到"自在"身上的规定性，内容与形式彼此漠不相干。而在作为理性思维的理智来说，对象是自在自为规定了的，是内容与形式的同一，普遍东西和特殊东西的统一，所以在理性思维或用概念进行的认识里，内容是从自己本身产生出它的形式的。虽然如此，知性仍然是理性思维的一个必要环节，其活动主要在于抽象，即把偶然东西与本质东西分离开。（2）判断。知性把结合在对象中的抽象规定分开，使它们与对象分离；而作为理性思维的理智则将这些抽象规定联系起来，把对象看作关系的总体。但是，这个对象依然还是被给予的，为他物所制约的，因而关于对象的概念是以无概念的外在必然性出现的，就还不是对对象的真正概念式的把握。（3）推论。在这里，普遍东西被认识到是它自己本身特殊化并从特殊化而进到个别化，这样普遍东西、即概念就是以特殊和个别为构成环节的真正的或具体的普遍东西。这样的普遍东西就不再是外在于内容（特殊和个别）的形式，而是从自己本身产生出内容的形式，即对象自己本身的发展着的概念。这样才达到了对对象的概念式的把握或理解。所以，纯粹思维在这里只是寻求和发现了自己本身，而对象之不同于思维只不过是由于它具有存在的形式。于是理智就在这种与对象同一的思维中达到了它的目标：它已成了现实的自知的真理，即现实地认识着自己本身的理性。而知道自己是内容的决定者的理智就是意志。这就从理论精神过渡到实践精神去了。

实践精神或意志是精神发展的第二个阶段。既然知道自己是内容的决定者的理智就是意志，所以理智或思维和意志是不可分的，没有思维任何意志都不可能。意志是一种知道自己是在给自己做出决定和通过自己来实现自己的活动或能力。这样,作为意志的精神、即实践精神就进入了现实性或实在性领域,而作为认识的精神、即理论精神则是站立在概念的普遍性的基地上。意志的自我决定起初只是形式上的,因而它只是形式上自由的。形式的意志只有提高成为与发展了的理性相同一的、思维着的意志,才能使自由成为它的规定性,即成为它的内容和目的,从而成为现实的自由意志。现在,意志的目的是使它由以出发的主观的兴趣和目的客观化。它经历了三个环节:(1)实践的感觉。在这里意志只是形式上决定自己,实际上是"发现"自己为一个给予的东西所决定,这个东西就内容而言是直接个别的、自然的、偶然的和主观的。这就是意志的被动性方面。实践的感觉就是感觉的意志要求它为外来影响所决定的状态与它按其本性应当是的自决状态相一致符合。一致符合的才有价值,就是适意,不一致符合的就是不适意。(2)冲动和任意。上述实践感觉的适合性是碰巧被动得到的,因此它对于意志的自我决定是不适合的。意志必须前进到亲自产生出那种符合,即应当主动地、能动地去改变对象使之与意志的自我决定相一致符合,从而使自己满意。这就是冲动和倾向。冲动是与热情和兴趣联系在一起的。把个人的全部主观性都投入到一个特殊的决定中去,这就是热情;而这内容是推动主体去行动、去实现它的,这就是兴趣。黑格尔批评了轻视和否定冲动、热情和兴趣的观点,认为没有一个伟大的事情是可以没有它们而完成的。意志站在对各种倾向进行选择的立场上就是任意。任意只是主观的和偶然的。冲动和任意所得到的满足是特殊的,意志又会用另一种冲动和倾向或另一种满足来代替它,从而意志永远得不到满足,就要进一步去追求普遍的满足——幸福。(3)幸福。在任意选择中已有反思的作用,而幸福则是通过反思所产生的普遍满足的表象。这个表象是自相矛盾的:一方面它把种种冲动都看作消极的,为了普遍满足必须放弃和牺牲一切冲动,而另一方面所谓幸福又只有在冲动中才有其肯定的内容,而究竟应放在那些冲动里,起最后决定作用的还是主观的感觉和愿望,也即任意。所以幸福的内容是抽象的普遍性,只是应当存在而已。真正具体的普遍性是意志自身的普遍性,即其自我决定本身,也就是自由。当意志不是以其自我决定的某种特殊的内容,而是以这自我决定本身,即自由为对象时,这样的意志就是现实的自由的意志,从而就过渡到了自由精神。

自由精神是精神发展的最后阶段。自由精神作为现实的自由意志,是理论精神和和实践精神的统一,因为意志以自由这个普遍规定为其对象和目的,只有在它思维自己,知道它的这个普遍规定——自由的概念,因而是自由理智的意志的时候才可能。当个人知道自由是人的本质、目的、对象和使命,并决心以自己的行动来实现这个本质时,他的精神就超出了主观精神的范围而进入了客观精神的范围。黑格尔就以此结束了他关于主观精神的考察,而转入考察客观精神和绝对精神。

正如我们一开始就讲过的,主观精神部分是黑格尔《精神哲学》的重中之重的重头戏,加上黑格尔又别无其他著作来系统地发挥其人类学和心理学的观点,特别是其中的难点和要点。因此,在这个"译者导言"中对主观精神部分,特别是人类学以及心理学作了比较详细的阐述,希望有助于读者解开难点、抓住要点、掌握其发展线索和基本内容。客观精神和绝对精神这两部分黑格尔本来就写得比主观精神部分简略(就《哲学全书》而论,这两部分所占篇幅之和与主观精神的篇幅相当)。这是由于他已有《法哲学原理》比较详尽地阐明了客观精神的学说,而他关于美学、宗教哲学和哲学史的多次讲授则是对绝对精神最详尽最深入的阐发(即后来整理成书的有关讲演录),而这本来就是《哲学全书》作为"纲要"有待他口头详细发挥的应有之义。因此,在这个"译者导言"里也就没有必要对这两部分作出像对主观精神部分那样详细的阐述,而是只需简单地勾勒出其发展线索。

客观精神。主观精神发展的最高点是现实的自由意志,而自由意志要实现就必须进入外部世界,进入社会。而在社会中自由的实现意味着要克服个别人的任意,即意志要受到限制。这种限制是通过自由意志本身所建立起来的法和道德的规范、社会的法规和组织、国家的法律和各种制度等等来实现的。所以黑格尔说,"法是自由的定在"①,就是说,法是自由的实际存在。所以,黑格尔就把客观精神的学说称为法哲学。客观精神的目标就是要在外部世界里实现自由,使现实世界成为它所创造的自由关系的世界,而法就是自由意志建立起来的人与人之间的现实的自由关系。客观精神的发展有三个阶段:(1)抽象的法,即自由意志通过所有权(财产)、即对外物的占有实现自己,而这样一来,意志就始终要受到外物的限制。(2)道德,即自由在主体的内心的实现,表现为对主体的人格、客观行为的善恶评价。这样的评价仅凭"良心"即善恶的主观信念是不够的,而应有客观的根据,这就过渡到伦理。(3)伦理,伦理作为抽象法和道德、即自由的外在实现和内心实现的统一,本身是一个精神性的、活生生的、有机的整体,黑格尔称之为伦理实体。在这个实体中,人、人与人之间的关系都要受到它的法则的约束和调整,但人也在实体中才真正成为自由的。伦理实体的进展经历三个环节:家庭、市民社会和国家,客观精神通过国家作为个体彼此间的关系——国际法而进入世界历史。在这里客观精神作为世界精神经历了从低级到高级的发展。但在世界历史中,客观精神还是有限的,因为它依然受到外在性的限制,自由还不是完全的。这就要进到绝对精神。

绝对精神。主观精神是精神在个人内心里的发展,其片面性和有限性也就在于这种内在性;客观精神是精神在社会和国家及其历史形态中的发展,其片面性和有限性也就在于这种外在性和不自觉性。主观精神和客观精神的对立统一就是绝对精神。绝对精神除以自身为对象和自觉地显示自身以外,没有别的目的和活动,所以它是自由的、无限的、绝对的精神。在这里精神(主体)才认识到它自己(客体),才认识到主体即客体,客体即主体,从而实现了主体和客体的绝对同一。绝对精神自我认识、自我显示的历程有三个阶段。(1)艺术,即以感性事物的具体形象的直观形式来认识或显示自己;(2)宗教,即以象征性的表象思维来认识或

---

① [德]黑格尔:《法哲学原理》,范杨、张企泰译,商务印书馆1961年版,第36页。

显示自己;(3)哲学,即以概念、纯粹思维的形式来认识或显示自己,而这
是惟一适合于绝对精神自身的形式,或者说,这就是绝对精神自身显示的
形式。所以,绝对精神正是在哲学中达到了对自身的完全认识,达到了完
全的显示自身。但这是哲学的长期历史发展的结果,这个结果在黑格尔
心目中应该就是他自己的、继承和发展了哲学史的全部成果的哲学。正
是由于这个原因,黑格尔是以阐明他自己的哲学体系的理念(哲学是逻
辑理念、自然和人的精神三个环节彼此联系、相互中介、首尾贯穿的圆
圈)来结束他对"哲学"、也是对全部精神哲学、甚至是对其整个哲学体系
的阐述的。

四、黑格尔精神哲学的意义

黑格尔的精神哲学是建立在他的客观唯心主义基础上的。这就是他
以所谓永恒的、无人身的纯思维、即理念作为他全部哲学的出发点。他把
自然和人的精神的千差万别的现象看作这个永恒理念为了认识自己而外
化自己和扬弃外化回到自身的外部表现。由于黑格尔哲学固有的这种唯
心主义思辨的"原罪"(马克思语),他就不仅给自然和人的精神蒙上了层
层的面纱,而且还往往为了其体系的需要而以虚构的联系代替应当去发
现的事物之间的真实联系。但是,黑格尔的唯心主义是辩证的唯心主义,
他把辩证法和唯心主义结合起来了。因此就在他上述的唯心主义出发点
中,同时也就在西方哲学史上第一次提出了把整个自然的、历史的和精神
的世界看作一个不断运动、变化、转变和发展的过程的观点,和企图揭示
这种运动和发展的内在联系的任务,并在这方面作出了空前的贡献。这
是他的伟大功绩,也是他留给后人加以进一步发展和推广的遗产。① 这
也是我们对黑格尔精神哲学进行研究和评价应有的出发点。

---

① 见恩格斯:《反杜林论》,《马克思恩格斯选集》第 2 卷,人民出版社 1995 年版,第
362 页。

黑格尔的精神哲学作为主观精神、客观精神和绝对精神构成的总体，可以从不同的角度去看它，但从最根本上看，这个总体是黑格尔关于人的学说。① 原因很简单，因为黑格尔精神哲学的对象不是无人身的精神，而是与人的身体有机联系在一起的人的精神。西方哲学史上，人很早就是哲学思考的对象。普罗塔哥拉提出的"人是万物的尺度"就是一例。而苏格拉底更是把阿波罗的神谕"认识你自己"作为哲学所应思考的首要问题提了出来。但只是从文艺复兴时期起人的问题才突出了出来。理性派把人看作互相对立的精神实体和物质实体的二元结合而陷入了困境，经验派、特别是机械唯物主义则干脆把人看作是机器。因此卢梭不无原因地发出了这样的感叹：人最少研究、最无知的就是人自己。他认为，把人和动物区别开来的，与其说是理智，不如说是人的"自由主动者的资格"②，即人的自由意志。卢梭的这个思想启发了康德。在康德那里，人的问题成了他思考的中心。他在其"三大批判"和《单纯理性范围内的宗教》等著作中回答了人能够认识什么、人应当做什么和人可以希望什么这三个问题之后，又提出了与之相联系的一个总问题：人是什么。他在《实用人类学》中对此的回答是：人是这样一种地球生物，他能够通过自己的创造行动使自己从"天赋有理性能力的动物"成为一个现实的"理性的动物"，而这是在人类的世代延续中，通过社会中的劳动和社会的、政治的、法的制度和整个文化的进步实现的。③ 康德的这个思想为他的后继者解决人是什么的问题指明了唯一正确的方向和广阔的视野。但是，只是经过费希特和谢林，直到黑格尔精神哲学才建立起来系统的关于人的学说。在黑格尔看来，主观精神是一个从最初只有自然的质、自然的变化和被动的感受能力到最后发展成为具有理论能力和实践能力的自由精神、即自由意志的过程，其中的任何一个环节，无论是自然层面的或是精

---

① 见张世英：《论黑格尔的精神哲学》，上海人民出版社1986年版，第226—279页。

② ［法］卢梭：《论人类不平等的起源和基础》，商务印书馆1979年版，第82、83页。

③ 参见杨祖陶：《康德黑格尔哲学研究》，武汉大学出版社2001年版，第174—175页。

神层面的,哪怕是这个过程的顶点——自由意志或所有这些环节的总和都不能看作就是现实的人,因为这只是现实的人的一个片面、即其主观精神方面,那样来看的人还只是抽象的、片面的人。自由意志的实现或人之成为现实的人是在外部世界、即所谓客观精神的发展中,也就是在人与人的法的、经济的、政治的等等的关系中,在所有这些关系的历史发展中,而所有这些社会关系就构成人的现实性,现实的人是在历史中行动着的人。但是,在黑格尔看来,人之为人还不止于此。真正的人是在社会历史中行动而同时发挥思维的主观能动性"回顾"自己的本质——自由的实现过程、认识自己本身及其和宇宙(绝对精神)的同一性、从而达到无限制的、绝对的、完全的自由境地的人。黑格尔关于人的学说是以其唯心主义的神秘形式出现的,经过费尔巴哈的否定才使人的问题凸显了出来,因为费尔巴哈提出了要以感性的现实的人为哲学的出发点。黑格尔关于人的学说在马克思和恩格斯的著作中得到批判的继承和发展。在我们今天,认真研究黑格尔精神哲学对于正确理解和发展马克思与恩格斯关于人的理论有很现实的意义。同时,由于黑格尔的精神哲学是现代西方哲学中许多人学理论得以产生的源头、土壤和背景,所以对它的认真研究对于正确理解和评价这些人学理论也是很有必要的。

黑格尔的精神哲学作为主观精神、客观精神、绝对精神的总体也是他关于人类认识绝对真理的认识论思想:人的主观精神只有作为社会的人在社会历史的发展中,即只有透过客观精神而与之结合起来,才能达到绝对真理,而这种认识也经历了从感性直观的形式(艺术)到表象思维的形式(宗教)再到纯粹思维的漫长历程。但是,黑格尔的严格意义下的认识论研究是在其主观精神的学说中。

我们知道,近代西方哲学才开始把对认识的研究提到首位,而康德对于人类认识能力的批判研究则标志着认识论研究走上了成为一门独立哲学学科的道路。黑格尔作为康德哲学的后继者,在充分肯定其功绩的同时,也指出了必须予以克服的缺点。这就是说,康德的批判离开了认识的实际发展过程,把认识主体(先验自我意识)、各种认识能力(感性、知性、理性等），作为现成给予的来研究。这个缺点黑格尔讽刺之为"不下水学游泳"。黑格尔的逻辑学作为本体论、认识论、辩证法（方法论）和逻辑学的统一，无疑也就是黑格尔克服康德"不下水学游泳"的认识论著作。但是，在这里认识是就概念是主客同一的纯概念的自己运动来研究的，就是说，在这里研究的是认识的逻辑形式或逻辑规定。当然《逻辑学》以《精神现象学》为前提，即纯概念的到达是人的经验认识、即主体和客体统一的长期发展的结果。但《精神现象学》仅限于从"意识"开始的运动，对"意识"的前提即自我是如何来的却未涉及，而对于认识的知性阶段的后续发展、即更高级的理性认识阶段则只限于点到其原则为止，未作应有的发挥。而黑格尔关于主观精神的学说则系统地研究和阐述了人的认识的主观条件、能力和发展过程：（1）在人类学中探讨了从只有被动感受能力、主客未分的自然灵魂经过感觉灵魂和现实灵魂而发展到纯粹自我、从而有了主客之分的过程。自我是认识得以开始的主观条件，它是灵魂在其发展过程中克服可能的"病态"和"极端"、经过反复的练习（习惯）而最后产生的。（2）有了主客之分，才有主体对客体（外部世界）的认识、才有精神的"现象学"的运动，即从直接的感性确定性到经验科学的经验认识的发展。（3）为了达到对事情的本质和全体的认识就必须上升到黑格尔主观精神学说中的"心理学"所研究的理性认识（黑格尔称为用概念进行的认识或概念式的理解或把握）。这就是从具有理性内容的直观开始，经过表象阶段的分离和深入（回想、想象力、记忆）而达到主客统一的纯思维，而这纯思维又是和实践精神、即意志的能力或活动同一而不可分的。在黑格尔看来，人的各种认识能力都是作为认识、意识或精神自身发展的阶段出现的，是从自然、物质到精神的飞跃所产生的精神所固有的、然而还是潜在的"观念性"向其现实形态的发展和完善化。在这整个过程中，每一个阶段都是以往阶段发展的结果，但它们并不是抛弃了过去的阶段，而是将其内容扬弃地保存在自身之中，是这些内容的发展和提高；它们本身也不是绝对的、故步自封的，而是在自身内包含着向更新更高的阶段发展的动因和萌芽，因而是走向新阶段的开始。人的认识能力和认识过程就是这样一个由内在矛盾而环环相生、层层递进、从量变到质变的否定之否定的过程。当然,黑格尔由于他受到的各种限制,加上他的唯心主义出发点,他的主观精神学说中的认识论思想也有一些在现代看来已经过时的或纯属虚构的东西。但是它所蕴含和体现的宏伟的辩证法观点在今天依然保持着它的力量的价值,是我们为了真正理解和发展马克思主义认识论所必须加以认真研究的。现代西方哲学在认识的某些个别环节上(如语言、意向性等)有了更深入的研究和发现,但也往往由于把认识过程的一些环节或方面夸大为全体而陷入困境。为了摆脱这种困境,以不同的方式和途径回到黑格尔认识论的辩证法,"与黑格尔同在"(伽达默尔语)就几乎是不可避免的了。

黑格尔把主观精神的学说称为"一般心理学",他的意思大概是说,主观精神的学说(包括人类学、精神现象学和心理学)不是对人的心理现象作经验科学的研究和描述,而是做哲学的研究。他因此而从实体和主体、主体和客体、思维和存在的对立同一的哲学观点的高度来考察人的一切心理现象。但是,黑格尔也并不因此而忽视心理现象的生理基础,相反地,他对此十分重视,他甚至谈到应当有一门"生理心理学"的问题(心理学的进展完全证实了黑格尔的科学预见——笔者)。黑格尔从此出发,把从自然灵魂到自由精神的整个发展过程都看作心理学研究的对象。黑格尔的这种意义上的心理学其实是亚里士多德的《论灵魂》等著作所开启的心理学在近代发展的一个里程碑。在黑格尔之后,随着20世纪中期开始的心理科学、神经科学、人工智能科学等等交叉与综合性质学科的发展,在对心理、精神、意识的研究中出现了一些新材料和新观点,从而对心理现象的研究提出了新问题,产生了各种派别的现代西方心灵哲学①。从总体上看,现代西方心灵哲学几乎涵盖了黑格尔主观精神学说的主要

---

① 心灵哲学的英文为 Philosophy of Mind。黑格尔的"精神哲学"(Philosophie des Geistes),英译本也译为 Philosophy of Mind。但黑格尔"精神哲学"包括主观精神、客观精神、绝对精神三个部分。现代西方心灵哲学的内容大致相当于黑格尔"精神哲学"的主观精神部分。

内容。特别值得提出的是,黑格尔把对千里视、心灵感应等等特异心理现象的考察作为其主观精神学说的对象,而对这类现象的哲学思考也是现代西方心灵哲学研究的"主要问题"之一①,但是,现代西方心灵哲学似还处在对构成其内容的各个问题和方面做分别独立研究的过程中,这些问题或方面之间的内在联系和系统联系还需要做进一步的研究和阐明。而为了做到这一点,在我看来,现代西方心灵哲学的进展恐怕难以避免和绕过黑格尔的主观精神学说,而是需要对它进行一番"再回顾"和"再考察"。

至于说到黑格尔关于客观精神和绝对精神的学说,我曾经认为:"在西方哲学史上,黑格尔第一个把主体与客体、思维与存在、自由与必然的关系追溯到人类现实的社会生活和历史活动的本质,把这些历来被当作抽象的哲学问题的对立范畴的同一理解为活生生的人类活动,到客观的人类文化生活、政治经济关系和意识形态变迁中去寻找其答案——这是黑格尔的一个巨大贡献。"②黑格尔由此而创造出来的伟大而永放光芒的成果,我只消引证恩格斯的一段论述就够了。恩格斯指出"黑格尔的体系包括了以前任何体系所不可比拟的广大领域","阐发了现在还令人惊奇的丰富思想。精神现象学……逻辑学、自然哲学、精神哲学,而精神哲学又分成各个历史部门来研究,如历史哲学、法哲学、宗教哲学、哲学史、美学等,——在所有这些不同的历史领域中,黑格尔都力求找出并指明贯穿这些领域的发展线索;同时,因为他不仅是一个富于创造性的天才,而且是一个百科全书式的学识渊博的人物。……人们只要不是无谓地停留在它们(指黑格尔建构体系的'强制性的结构'——引者)面前,而是深入到大厦里面去,那就会发现无数的珍宝,这些珍宝就是在今天也还保持充分的价值。"③

---

① 参见高新民:《现代西方心灵哲学》,武汉出版社 1994 年版,第 8 页。

② 杨祖陶:《德国古典哲学逻辑进程》,武汉大学出版社 2003 年修订版,第 289 页。

③ 恩格斯:《费尔巴哈和德国古典哲学的终结》,见《马克思恩格斯选集》第 4 卷,人民出版社 1995 年版,第 219 页。

　　黑格尔的哲学体系以精神现象学为导言,以逻辑学、自然哲学和精神哲学为主干,是一个不可分割的严密整体,缺其一就不能真正理解黑格尔哲学。我国早已先后翻译出版了黑格尔的《精神现象学》《小逻辑》《逻辑学》和《自然哲学》,唯独《精神哲学》的中译本至今尚付阙如,这不能不说是我国黑格尔哲学研究中的一大缺陷和遗憾。我们知道,精神哲学在黑格尔哲学体系中处于双重地位。一方面它和自然哲学一样都属于黑格尔所说的"应用逻辑学",即应用逻辑学的原理和方法来阐述精神的本质及其各个方面的联系和发展;另一方面它作为关于人、人的精神的本质、即自由的哲学学科,又是黑格尔哲学体系中最高、最具体、最难的部分。它既是对逻辑学的真理性的一种证实,也是逻辑学的一种具体化和发展。黑格尔的精神哲学既是我们全面理解黑格尔哲学体系的不可缺失的重要环节,也是我们深入把握黑格尔有关历史、美学、宗教、哲学等讲演录的纲,尤其是我们了解黑格尔主观精神学说的惟一专著。黑格尔精神哲学所蕴藏着的无数"珍宝"是人类哲学思维的共同财富,光彩夺目,永不减色。我现在推出的这个中译本,希望对于推动黑格尔哲学、特别是其精神哲学的研究发挥应有的作用。必须指出的是,我的译文无疑受到自身水平的限制,疏漏、不当、甚至错误之处都在所难免,恳请专家和读者批评指正。

五、《精神哲学》中译本的由来和依据

　　现在的这个《精神哲学》中译本的前身,是由我首译、人民出版社2006 年 2 月出版的《精神哲学——哲学全书·第三部分》第 1 版,所根据的是格洛克纳本《黑格尔全集》第 10 卷《哲学体系·第三部分·精神哲学》,(G.W.F.Hegel, Sämtiche Werke, zehnter Band, System der Philosophie. Dritter Teil. Die Philosophie des Geistes. hrsg. von Hermann Glockner, Fr. Frommanns Verlag (H.Kurtz), Stuttgart, 1929)。在翻译过程中还参考了尼科林和珀格勒本的黑格尔《哲学科学百科全书纲要》(G.W.F.Hegel,

Enzyklopädie der philosophischen Wissenschaften（1830），hrsg. von Friedhelm Nicolin und Utto Pöggeler，Verlag von Felix Meiner，Hamburg，1975）。此外，还参考了华莱士和米勒的英译本（Hegel's Philosophy of Mind，part three of the encyclopedia of the philosophical sciences（1830），translated by William Wallace，together with the Zusätze in Boumann's text（1845），translated by A.V.Miller，Oxford University Press Inc. New York，1971），以及苏联科学院哲学所的俄译本《黑格尔全集》第 3 卷《哲学科学百科全书·第三部分·精神哲学》（Акадмия наук СССР，институт философии，Гегель Сочинения，том Ⅲ，Энциклопедия философских наук，часть третья，Философия духа，Москва，1956）。

必须指出的是，这个中文首译本是我的老师、著名教育家、哲学家和黑格尔哲学专家贺麟先生托付给我的一项任务。这要追溯到 1962 年。那时在北京成立了由贺麟先生主持的"黑格尔全集编辑委员会"，贺麟先生也推荐我为该委员会委员。1962 年春，贺先生来函要我翻译黑格尔的《精神哲学》，并寄来了格洛克纳本《精神哲学》的德文原著，我立即欣然命笔着手翻译。译事进展颇为顺利，精神哲学的"绪论"和"主观精神"具有绪论性质的开头一节都译出了初稿，可是译事进程却为"四清运动"和历时十载的"文化大革命"打断了。这以后，由于各种难以逾越的主客观原因及任务的变更，本应继续完成的全书的翻译工作就一再被搁置，直到 2004 年我主导的康德三大批判著作新译的合作工程结束后，我才马不停蹄地集中时间与精力完成《精神哲学》的首译，向贺麟先生交出这个迟到了 40 年的中文译本，以此告慰先生在天之灵。

现应我的学长、北京大学著名西方哲学专家张世英先生之约，根据"理论著作版"（以下简称"理论版"）20 卷本《黑格尔著作集》第 10 卷——莫尔登豪尔和米歇尔编辑的《哲学全书第三部分精神哲学及附释》（G.W.F.Hegel，Werke 10，Enzyklopädie der philosophischen Wissenschaften im Grundrisse〈1830〉. Dritter Teil. Die Philosophie des Geistes Mit den mündlichen Zusätzen，Redaktion E.Mordenhauer und K.Michel，Suhrkamp

Verlag Frankfurt am Main 1970）进行改译。虽然两种版本大同小异，并无实质性的差别，但改译工作并不是一件轻松的事，数月来，我只能以理论版为准逐字逐句地对原来的译文（时时参照格洛克纳本原文）进行修改，连一个标点符号也不放过。我本着作为一个译者应有的严肃认真的态度，趁此机会也对原有全部译文有所疏漏、不当和刊误之处依据理论版进行了全面的修订和校改。结果就是，修改后的书稿俨然在一定程度上称得上是一个新的重译本了。这个"新"译本形象的呈现，可以说是对译者高龄持续艰辛劳动的一种值得庆幸的、慰藉内心的回报。

理论版的《精神哲学》的编辑工作是在 1832—1845 年出版的 19 卷"友人版"《黑格尔全集》的基础上进行的。后来格洛克纳于 1927—1940 年运用照相技术重印了"友人版"，并进行了重新编辑和增补其他黑格尔著作，出版了 26 卷本"纪念版"《黑格尔全集》，之所以称这为"纪念版"，是因为适逢黑格尔百年诞辰。理论版《黑格尔著作集》出版于 1970—1971 年。在此之前，还有多种《黑格尔全集》问世。如"拉松版"《黑格尔全集》（1913 — 1940）；荷夫迈斯主编的"新批判版"《黑格尔全集》（1952—1955）；莱茵—威斯特伦科学院编的 22 卷本"历史批判版"《黑格尔著作集》（1968 年起陆续出版，1971 年前只出版了两卷黑格尔早期著作）。可见，黑格尔著作的出版在德国是一个经久不衰的学术事业。理论版《黑格尔著作集》的编辑工作就是在这样的背景和基础上进行的。

在我深入改译的工作中，随处可见的是理论版《精神哲学》这一卷中编者以脚注的方式注明了以上各种版本在黑格尔原文的某些字句上的差异之点，供读者和研究者参考。特别值得注意的是，编者以［……］的方式对原文所做的一些极为重要的增补。例如：在谈到精神发展的主观精神阶段时，黑格尔说："innerhalb seiner（指'在与自己本身相联系的形式中'这个范围内）ihm die ideelle Totalität der Idee［wird］，d.i. daβ das，was sein Begriffist，für ihn wird……"。如果不增补［wird］，那么此句只能勉强译为："在它的这个形式的范围内，对于它（指精神）来说理念的观念的总体，就是说那个是它的概念的东西成为为它的，"意思就不够明确。

增补上［wird］之后，此句就可译为："在它的这个形式的范围内，它［获得］理念的观念的总体，就是说那个是它的概念的东西成为为它的，"这样一来，意思就完全清楚和确定了。由此可见，编者的校订和必要的增补，对读者和研究者所具有的意义了。

为了便于查对德文本，在《精神哲学》中译本书页的外侧注明了所据理论版第 10 卷的页码。全书最后附上了我手工制作的人名与术语索引（选项主要参考英译本），并按照汉语拼音排序，以便于读者和研究者查找。

最后，我要特别提出的是，张伟珍编审从《精神哲学》中文首译本到现在的改译本伴随我走过了 10 年。对她无微不至的格外周到的关心与支持，辛劳与智慧，我在此要致以由衷的敬意与谢忱。

2014 年 5 月 25 日

于武汉大学

绪　　论

§.377①

关于精神的知识是最具体的,因而是最高和最难的。认识你自己②这个绝对诫命的含义,无论从它本身来看,或就其在历史上被宣告出来时来看,都不只是一种对于个人的特殊的能力、性格、倾向和弱点的自我知识,而是对于人的真实方面如同自在自为的真实方面一样的,即对于人作为精神的本质自身的知识。精神哲学的含义也很少是同样致力于探究别人的特性、激情、弱点这些所谓人心深处的所谓人性知识,——这类知识部分地只有在对普遍东西,即对人,因而本质上是对精神的知识的前提下才有意义,部分地它从事于研究精神东西的偶然的、无关紧要的、不真实的种种实存,而不深入到实体性东西,即精神本身。

〔附释〕　对于精神的哲学认识的困难在于:我们在这里必须处理的已经不再是比较抽象的、简单的逻辑理念,而是理念在它自身实现的过程中所达到的最具体的、最发展的形态。甚至有限的或主观的精神——不只是绝对的精神——都得理解为理念的一种实现。对于精神的考察,只

---

① 黑格尔的《哲学全书》划分为:导论§.1—18;第一部分逻辑学§.19—244;第二部分自然哲学§.245—376;第三部分精神哲学§.377—577。以下正文中,凡黑格尔在(　)内指明要参考的节数,均可按此划分在相应的著作或中译本中找到,不再一一注明。——译者

② 这是古希腊德尔菲神谕所阿波罗神的一条神谕(诫命),见本节附释中的相关解释。黑格尔在讲到"苏格拉底实践了这条诫命",使"认识你自己成为希腊人的格言"时指出:"在德尔菲的神谕中,阿波罗……的最高的诫命是:认识你自己。这并不是对人的独特的特殊性的认识;认识你自己,这乃是精神的法则。"(《哲学史讲演录》第2卷,中译本,第96页)。——译者

有当这种考察是在其活生生的发展中来认识精神的概念的时候,也就是说,只有在把精神理解为永恒理念的一种模写的时候,才真正是哲学的考察。但认识自己的概念是属于精神的本性的。因此,德尔菲的阿波罗向希腊人发出的认识自己的要求,并没有某个异己力量从外面向人类精神提出的一个诫命的意义;相反地,那督促着认识自己的神无非是精神自己10的绝对的法则。所以精神的一切行动只是对于它自身的一种把握,而最真实的科学的目的只是:精神在一切天上和地上的事物中认识它自身。对于精神来说根本不存在任何彻头彻尾别的东西。甚至东方人都没有完全沉入他所崇拜的对象之中;希腊人虽则第一次把他们当作神性事物摆到自己对面的那个东西明白地理解为精神,可是,即使是希腊人,无论在哲学或宗教中,也都没有达到对精神的绝对无限性的认识;因而人类精神和神性事物的关系在希腊人那里还不是一种绝对自由的关系。只有基督教由于神化身为人和圣灵亲临虔信教会团体的教义,才使人意识到一种与无限东西的完全自由的关系,并从而使得从精神的绝对无限性上去概念式地认识精神成为可能。

从今以后只有这样的认识才配称为哲学的考察。在通常流行的意义上研究个人特有的弱点和缺点的那种自我知识,只是对于个别人——不是对于哲学——才是有兴趣的和重要的,甚至对个别人来说,这种知识越少从事于认识人的普遍智性的和道德的本性,越是忽视职责,即意志的真实内容而堕落成为一种个人在其珍爱的种种特性里沾沾自喜地反复咏味,其价值就越发微不足道。——这些话也适用于那同样把注意力集中到个别人物的种种独特性的所谓人性知识。这种知识对于生活诚然是有用的和必要的,特别是在占统治的不是法律和伦理,而是个人的执拗、脾气和专横的恶劣政治状况下,——在人物的性格不是以事物的本性为依据,反而是通过狡猾地利用别人的特性来保持自己,并企图这样地来达到自己偶然目的的阴谋诡计的领域内。这种人性知识不能从观察偶然的细节提高到理解伟大人物的性格,而唯有通过这些性格人的真实本性才在十足的纯粹性中被察看到,就这点而论,这种知识对哲学来说就始终是无关紧要的。——甚至这种知识对于科学是有害的,如果它——就像在所谓对历史的实用主义的探究中已经发生过的情况那样——,由于认不清世界历史个人的实体性性格和不理解伟大的事业只有通过伟大的性格才能完成,就作出据信是巧妙的尝试,试图从那些英雄们的偶然的特性、从他们那些被信以为真的渺小意图、爱好和激情中推导出最伟大的历史事件;由于这样的处理,神圣天意支配的历史就堕落成为一场无意义的活动和种种偶然事变的游戏。

§. 378

灵魂学或所谓理性心理学,作为抽象的知性形而上学,在绪论[第一部分,§.34]①中已经提到过了。经验心理学以具体的精神为其对象,而自从科学复兴后观察和经验成了认识具体事物的主要基础以来,经验心理学也是以同样的方式进行的,这样一来,一方面,上述形而上学的东西被拒斥在这门经验科学之外,而不曾在自身内获得任何具体的规定和内容;另一方面,这门经验科学则以关于力、各种不同的活动等的通常形而上学为依据,而从中排斥了思辨的考察。——因此,亚里士多德论灵魂的著作及其关于灵魂的各种特殊的方面和状态的讨论,就一直是关于这个对象的具有思辨兴趣的最优秀的甚或唯一的作品。精神哲学的主要目的只能是把概念重新引入到对精神的认识中去,与此同时也重新揭示上述亚里士多德著作的意义。

〔附释〕 正如上节所讨论的那种只注意精神的非本质的、个别的、经验的现象的考察一样,那与之正好相反只研究抽象的普遍规定,只研究臆想的无现象的本质,即精神的自身的所谓理性心理学或灵魂学也是被排斥于真正思辨哲学之外的,因为真正的思辨哲学既不可以把对象作为被给予的从表象那里来接受,也不能用单纯的知性范畴来规定对象,就像

---

① 这里指的是《哲学全书·第一部分·逻辑学》的绪论中的§.34,见该书中译本或《小逻辑》的"思想对客观性的第一种态度:形而上学"部分,特别是§.34。——译者

理性心理学在提出精神或灵魂是否是单纯的、非物质的、实体等问题时所作的那样。在这些提问中精神被看作是一个物，因为在这里那些范畴按照一般知性的方式被认作是静止的、固定不变的；于是这些范畴就不能表达精神的本性。精神不是一个静止的东西，而宁可是绝对不静止的东西、纯粹的活动、一切不变的知性规定的否定或观念性，——不是抽象单纯的，而是一个在其单纯性中同时自己与自己本身相区别着的东西；不是一个在其显现以前就已经完成了的、躲藏在重重现象之后的本质，而是只有通过其必然自我显示的种种确定的形态才真正是现实的，而且不是（如理性心理学臆想的那样）一个只与身体处于外在联系中的灵魂物，而是由于概念的统一性而与身体内在地联结在一起的。

　　站在只注意精神的偶然个别性的观察和只研究精神的无现象的本质的灵魂学的中间的是意在观察和描述各种特殊精神能力的经验心理学。但经验心理学也没有达到个别东西和普遍东西的真正联结，没有达到认识精神的具体普遍的本性或概念，因而同样没有任何权利要求真正思辨哲学的称号。就像从表象那里接受一般精神那样，经验心理学也把精神的各种特殊能力（它把精神肢解成这些特殊能力）当作被给予的从表象那里接受下来，并不通过从精神的概念里推导出这些特殊性这样来证明在精神里必然地正好存在着这些能力而不是别的能力。——与这种形式的缺点必然联系在一起的就是使内容失去精神。如果说在已叙述过的两种考察方式里，一方把个别东西、另一方把普遍东西认作某种本身固定不变的东西，那么，在经验心理学里，那些在它看来精神分解成的特殊化形式，则被认作是一些在其局限性中一成不变的东西，这样一来，精神就成了一个各种独立的力的单纯聚集体，其中的每一个力都只是与别的力处于交互作用中，因而是处于外部的联系之中。因为，虽然这种心理学也要求不同的精神的力之间必须产生出来一种和谐的联系——这是在这个论题上一个经常出现的，但同样是不确定的流行话语，就像通常说的完满性一样——，所以这个要求表示的只是精神的一种应有的统一，而不是精神的本源的统一，而更没有认识到精神的概念，即精神的自在存在着的统一继续进展所达到的那种特殊化是一种必然的和合乎理性的特殊化;因此这种和谐的联系始终是一个以毫无意义的陈词滥调自夸的空洞表象,它没有得到任何力量来对付那些被预设为独立的精神的力。

§.379

对精神的活生生的统一的自我感觉自发地反对把精神分裂为种种不同的、设想为相互独立的能力、力,或者结果都是一样,设想为种种不同的、彼此独立的活动。而立即呈现出来的诸对立,如精神的自由和精神的被决定性之间的对立、再如灵魂的自由发生作用和外在于灵魂的形体性之间的差别,以及又立即呈现出来的双方的密切联系,却更多地导致在这里去进行概念式理解的需要。特别是现代动物磁力的现象,甚至在经验中已经使灵魂的实体的统一性和灵魂的观念性的力量成为明显的事实,由此一切僵硬的知性的区别就都[被]①置于混乱之中,而一种思辨的考察对于解决这些矛盾来说就被指明为直接必要的了。

〔**附释**〕　所有那些在前面两节里叙述的有限的精神观受到来自两个方面的排挤:一方面是一般哲学在现代所经历的巨大变革,另一方面是甚至来自经验方面的冒犯有限思维的动物磁力现象。——说到前一方面,那么哲学已经超越了自沃尔夫②以来即已成为普遍的单纯反思思维的有限考察方式——也超越了费希特式的安于所谓意识的事实——而提高到了把精神理解为知着自己本身的、现实的理念,提高到了在自己本身内区别着和从其区别向与自己的统一回复着的活生生的精神的概念,哲学因而就不仅仅克服了有限的精神观里占支配的单纯个别、单纯特殊、单

①　理论版编者增补。——译者
②　沃尔夫(Wolff,Christian,1679—1754),德国哲学家、启蒙思想家、第一个用德语讲授和论述哲学的学者。他直接继承了莱布尼茨的哲学,抛弃了莱布尼茨哲学中的有价值的辩证法因素,将其通俗化、系统化为一个彻头彻尾的形而上学的唯心主义体系,即在当时德国乃至欧洲大陆各大学讲坛占统治地位的"莱布尼茨—沃尔夫哲学体系",直到康德才发起了对它的批判,从而开始了德国哲学革命,产生了从康德经过费希特、谢林直到黑格尔的德国古典唯心主义辩证法的哲学。——译者

14

纯普遍的抽象概念并将它们降低成为作为它们的真理的概念的诸环节，而且还极力主张不是对发现的材料作外在的描述，而是按必然性自己发展着的内容的严密形式才是唯一科学的方法。如果说在各门经验科学中，材料作为通过经验给予的东西是从外面接受来的，同时是按照一个已经确定不移的普遍原则来予以整理并使之有了外在的联系的，那么与此相反，思辨的思维则必须在诸对象的绝对必然性中来阐明自己对象中的每一个对象以及这些对象的发展。这件事是借助于从产生着和实现着自己本身的普遍概念或逻辑理念中推导出每一个特殊概念来实现的。因此，哲学必须把精神理解为永恒理念的一种必然的发展和让那构成精神科学各个特殊部分的东西纯然从精神的概念中自己展开出来。正如在一般有生命的东西那里，一切东西都已经以观念的方式包含在胚芽中，并且是由这胚芽本身而不是由一种异己的力量产生出来的，同样活生生的精神的一切特殊形态也必须从作为它们的胚芽的精神概念中自己发生出来。与此同时，我们为概念推动的思维始终是彻底内在于也同样为概念推动的对象之中的；我们仿佛只注视着对象的自己发展，而不要由于我们主观的表象和想法的介入而改变这个发展。概念为了自己的实现并不需要任何外面的推动力；它固有的、包含简单性和区别的矛盾于自身内的、因而是不安静的本性推动它去实现自己，去把在它自身里面仅仅以观念的方式，就是说，把以无区别性的矛盾的形式存在的区别展开为一种现实的区别和通过扬弃它的作为一种缺陷、一种片面性的简单性，而使自己现实地成为它起初只包含着其可能性的那个全体。

概念在其发展的终结阶段，正如在其发展的开始和进展中一样，都是不依我们的任意为转移的。在单纯推理的考察方式里，终结当然或多或少看来是任意的；相反地，在哲学的科学里，概念本身由于它给予自己一个与它完全相应的现实而为它的自己发展设立某种界限。在有生命的东西那里我们已经看到了概念的这种自我限制。植物的胚芽——这就是感性地存在的概念——以某种与它等同的现实，即种子的产生结束它的发展。精神的情况也是同样的；当精神的概念已经完满地实现了自己时，或者这么说也是一样,当精神完满地意识到了它的概念时,精神的发展也就达到自己发展的目标。但是,这种开端与终结的自行集中为一,——这种概念在其实现过程里达到自己本身,在精神那里比在单纯有生命的东西那里,是以更为完善的形态表现出来的;因为在单纯有生命的东西那里被产生出来的种子和产生它的种子并不是同一的,相反地,在认识着自己本身的精神那里被产生的和产生它的是同一个东西。

只有我们在上述精神概念的自我实现过程中去考察精神时,我们才是在精神的真理中去认识精神(因为真理正是指概念与其现实的一致符合)。精神在其直接性中还不是真实的,还没有使它的概念成为它的对象性的东西,还没有把在它里面以直接方式存在的东西改造为一个它所建立起来的东西,还没有把精神的现实改组为一个适合于它的概念的现实。精神的整个发展过程无非是它自己本身提高为真理的过程,而所谓灵魂的种种力除去是这个提高过程的各个阶段以外,没有任何别的意义。通过这种自我区别,通过这种自我改造和通过它的区别回复到它的概念的统一,精神就既是一个真实的东西,又是一个活生生的东西,有机的东西,系统的东西,而且只有通过对精神的本性的这种认识,关于精神的科学也才是真实的,活生生的,有机的,系统的,——这些谓语是不能给予理性心理学或经验心理学的,因为理性心理学使精神成了一个与它的实现过程分离的、僵死的本质,而经验心理学则通过把活生生的精神分裂为一种不是为概念所产生和集中起来的种种独立的力的多样性而杀死了这个活生生的精神。

如已指出过的,动物磁力有助于排除不真实的、有限的、仅仅知性的精神观。动物磁力的不可思议的状态特别是在对精神的自然方面的考察上起了这种作用。如果说精神的其他状态和自然规定以及精神的诸意识活动至少在外表上可以为知性所把握,而知性是能够了解在它自身里和在有限事物里起支配作用的外在因果联系,——所谓事物的自然进程,那么与此相反,知性表现得连仅仅相信动物磁力的现象都不胜任,因为在这些现象中,精神的那种按照知性的意见完全固定不变地为地点和时间以

16

及知性的因果联系所制约的状态失去了它的意义和在感性的定在本身内部出现了在知性看来始终是某种奇迹的精神对相互分开的东西及其外在联系的超越。尽管这的确会是很愚蠢的:在动物磁力现象中看到精神甚至对其用概念进行理解的理性的某种超越,并指望从这种状态得到比哲学所给予的更为高级的关于永恒事物的启示,——尽管磁力状态必须相反地被宣布为一种病态和精神本身之堕落到了通常意识水平之下,因为精神在这种状态中放弃了它的那种在确定的区别活动里运行并把自己与自然界对立起来的思维——,可是另一方面,动物磁力现象中精神对于空间与时间的限制和一切有限联系的那种明显可见的摆脱却是某种与哲学有着一种亲属关系的东西和是这样的东西,由于它以一种不可争辩的事实最粗暴地抗拒着知性的怀疑论,就使得从通常的心理学向思辨哲学的用概念进行的认识活动前进成为必要,而唯独在思辨哲学看来动物磁力才不是不可理解的奇迹。

§. 380

精神的具体的本性给考察带来特殊的困难,这就是:精神概念发展的特殊阶段和规定并留下来作为特殊的实存而与精神的更为发展的形态相对照地同时继续存在,如外部自然界里的情形那样,在那里物质与运动有其作为太阳系的自由的实存,感官的种种规定也倒回来作为物体的种种特性,甚至更为自由地作为种种元素而实存,等等。与此相反,精神的诸规定和诸阶段本质上只是更高级的发展诸阶段上的种种环节、状态、规定。这种情况的发生是由于较高级的东西在较低级的、较抽象的规定那里已经表现出是经验性地存在的了,例如,在感受里显露出有作为内容或规定性的一切更高级的精神东西。因此,肤浅地看来,上述内容,即一切宗教的、伦理的等等精神东西,从本质上看似乎可能在仅仅作为一种抽象形式的感受里有其处所和甚至其根源,而且似乎可能有必要把这个内容的种种规定看作是感受的特殊种类。可是,在考察较低级的阶段时,为了使它们成为按照其经验的实存可以觉察的,就同时有必要想到它们只不过是作为形式而存在于其中的那些较高级的阶段,并且有必要以这种方式预先处理一个后来在发展过程中才呈现出来的内容(例如,在考察自然的觉醒时预先谈到意识,在考察疯狂时预先谈到知性,等等)。

精神的概念

§.381

对我们来说,精神以自然为它的前提,而精神则是自然的真理,因而是自然的绝对第一性的东西。在这个真理中自然消逝了,而精神则表明自己是达到了其自为存在的理念,这个理念的客体和主体都是概念。这个同一性是绝对的否定性,因为在自然里概念有其完善的、外在的客观性,但是它的这个外在化被扬弃了,而概念则在这种扬弃中成了与自己同一的。因此,概念只有作为从自然的回复,才同时是这个同一性。

〔附释〕 在§.379的附释里已经这样地陈述了精神的概念:精神是知着自己本身的现实的理念。哲学必须像证明它的一切其余的概念一样证明这个概念是必然的,就是说,认识到它是普遍概念或逻辑理念发展的 18 结果。但是,在这个发展过程中,不仅逻辑理念,而且外部自然都是先行于精神的。因为包含在简单的逻辑理念里的认识只是我们所思维的认识的概念,并不是本身自为地存在的认识,并不是现实的精神,而只是它的可能性。现实的精神只有在关于精神的科学里才是我们的对象,这个现实的精神是以外部自然为其最接近的前提,而以逻辑理念为其最初的前提的。因此,自然哲学——而逻辑学则是间接地——必须以对精神概念的必然性的证明为其最后结果。精神哲学在自己这方面则必须通过精神概念的发展和实现来证实这个概念。因此,我们在开始考察精神时以保证的方式关于精神所讲的东西,只有通过全部哲学才能予以科学的证明。我们在这里一开始所能够做的无非是为表象说明精神的概念。

为了规定这个概念,我们有必要陈述理念借以成为精神的规定性。

但是一切规定性都只有与另一个规定性相对比才是规定性;与一般精神的规定性相对比的首先是自然的规定性;因而前者只能同后者一起同时被了解。必须把观念性,就是说,理念的异在的扬弃、理念从它的他物向自身的回复和回复到了自身,称为精神概念的与众不同的规定性,相反地,对于逻辑理念来说区别之点是直接的、简单的在自己内存在,而对于自然来说区别之点则是理念的在自己外存在。我们在这里不能更详尽地发挥§.379的附释中关于逻辑理念所附带讲过的那些东西;在这里说明被称为外部自然的特征的那种东西是更为必要些,因为精神,如已指出的,对自然有其最接近的关系。

外部自然与精神一样也是合乎理性的、神圣的,是理念的一种展示。但是,理念在自然里出现在相互外在的要素中,不只是外在于精神,——而正因为外在于精神、外在于构成精神的本质的自在自为存在着的内在性——所以也是外在于自己本身的。这个关于自然的概念已经为希腊人说出来了,而且这个在希腊人那里十分流行的自然概念是与我们关于自然的通常表象完全一致符合的。我们知道,自然的东西是有空间性和时间性的,在自然里这个东西和另一个东西并存,这个东西和另一个东西相
19 续,——简言之,一切自然的东西都是相互外在,以至无穷;再者,我们知道,物质这个自然的一切存在着的形态的普遍基础,不只是抵抗我们,在我们的精神之外持存,而且把自己分开反对自己本身,把自己分离为具体的点,分离为物质的原子,而物质就是由物质的原子组合成的。自然的概念自己展开成为的区别或多或少都是彼此独立的实存;这些实存由于它们的原始的统一虽然是相互联系的,以至于任何实存没有别的实存就不能被理解,但是对于这些实存来说这种联系在或高或低的程度上都是一种外在的联系。因此,我们有理由说,自然里不是自由而是必然性在统治;因为必然性在其严格意义上正是彼此独立的实存之间的一种仅仅内在的,因而也是仅仅外在的联系。例如,光和元素就是作为相互独立出现的;又如诸行星虽然为太阳所吸引,却不顾它们对中心的这种关系而仍然具有独立于太阳和彼此独立的外观,这个矛盾通过行星绕日的运动表现

出来了。——诚然,在有生命的东西那里实现了某种比在无生命的东西中占统治的较高级的必然性。在植物里面已经显示出某种流溢到圆周去的中心,某种诸区别的集中,某种从内向外的自己发展,某种区别着自己本身和从其萌芽中的区别里自我产生着的统一,因而已经显示出我们归之于冲动的某种东西;但是这种统一依然是一种不完全的统一,因为植物的分化过程是植物性主体的一种走到自己之外,植物的每一部分都是完整的植物,是同一植物的一种重复,因而各个部分没有完全彻底地从属于主体的统一。——动物有机体显示了一种更为完全的对外在性的克服;在动物有机体里,不仅每一部分产生别的部分,是别的部分的原因和结果、手段和目的,因而本身同时是它的他物,而且全体都为它的统一性所渗透,以至于在全体中没有什么东西作为独立的出现,每一规定性都同时是一观念的规定,动物在每一规定性里依然是同一个普遍,所以在动物的身体上相互外在就表现出它的完全非真实性了。由于这种在规定性中的在自己内存在,由于这种在其外在性中和从其外在性中直接在自己内映现的存在,动物就是自为地存在着的主体性并且具有感受性;感受性正是动物的统一性在其一切部分中的无所不在,这些部分把每一个印象直接传达给一个全体,而这个全体就在动物里开始成为自为的。这种现象的内在性在于:动物之被决定是由于自己本身,是从内、而不是仅仅由外部来决定的,就是说,动物具有冲动和本能。动物的主体性包含着一个矛盾和通过这个矛盾的扬弃来保存自己的冲动;这样的自我保存是有生命的东西的特权,而在更高的程度上则是精神的特权。有感受的东西是被规定的,具有一个内容,并因而在自身内具有某种区别;这个区别起初还是一个完全想象中的、简单的、在感受的统一中扬弃了的区别;这个扬弃了的、在统一里持续存在的区别是一个矛盾,这个矛盾通过区别把自己建立为区别而被扬弃了。因此,动物就从其简单的自相联系而被推入到与外部自然的对立中去了。由于这个对立动物陷入了一个新的矛盾;因为区别现在是以某种与概念的统一相矛盾的方式建立起来的;因而这个区别同样必须予以扬弃,就像起先无区别的统一一样。这个区别的扬弃是这

20

样实现的:动物消耗外部自然里为它指定的东西并通过这被消耗的东西而保存自己。这样一来,由于动物面对的他物的消灭,原始的、简单的自相联系和包含在其中的矛盾又重新被设立起来。为了真正解决这个矛盾就需要动物与之发生关系的他物和动物本身是相同的。这种情况发生在性关系里;在这里两性的每一方在对方里都不感受到一种异己的外在性,而是感受到自己本身或双方共同的类。性关系因而是有生命的自然的最高点;自然在这个阶段上最充分地摆脱了外在的必然性,因为相互联系的有区别的实存不再是彼此外在的,而是拥有它们的统一的感受性。可是,动物的灵魂还是不自由的,因为它永远是作为一个带有感受或激动的规定性的,即作为束缚在一个规定性上的灵魂出现的;对于动物来说,类只在个别性的形式中。动物只感受类,而不知道类;在动物里,灵魂还不是为灵魂的,普遍本身还不是为普遍的。通过交媾过程里发生的性别的特殊性的扬弃,动物并没有达到类的产生;通过这个过程所产生出来的又只

21　是一个个别的东西。这样,自然甚至在其超越有限性的顶峰也仍然一再地重新陷入有限性,并按这种方式表现为一个不断的循环。即使是由于个别性与类的矛盾所必然导致的死亡——由于它只是对个别性的空洞的否定,甚至是以直接个别性的形式出现的对个别性的消灭性的否定,而不是对个别性的保存性的否定——它也就同样没有产生自在自为存在着的普遍性或自在自为普遍的个别性,即以自己本身为对象的主体性。所以,即使在自然自己提高到的最完善的形象里,在动物的生命里,概念也没有达到一种与其灵魂样的本质相同的现实,没有达到对其定在的外在性和有限性的完全克服。这种情况在精神里才发生,精神正是通过在它里面得到实现的对外在性和有限性的克服而把自己本身同自然区分开来,所以这种区分不只是关于精神的本质的一种外在反思的行为。

　　属于精神概念的这种对外在性的扬弃,就是我们曾称之为精神的观念性的东西。精神的一切活动都无非是外在东西回复到内在性的各种不同的方式,而这内在性就是精神本身,并且只有通过这种回复,通过这种外在东西的观念化或同化,精神才成为而且是精神。——如果我们稍

微更仔细地考察精神,那我们就发现精神的最初的和最简单的规定就是:精神是自我。自我是一个完全简单的东西、普遍的东西。当我们说自我时,我们想到的大致是一个个别的东西;但因为每个人都是自我,从而我们只是说出了某种完全普遍的东西。自我的普遍性使得它能够从一切事物、甚至从它的生命抽象出来。但是,精神不仅是这种同光一样的抽象简单的东西,从前把灵魂的单纯性同身体的复合性对立起来谈论时,精神就曾经被看作是这样的东西;相反地,精神是一个不顾其简单性而自身内有区别的东西,因为自我把自己本身与自己对置起来,使自己成为自己的对象,并从这个起初诚然是抽象的、还不具体的区别回复到与自身的统一。自我在其自相区别中的这种在自己本身中存在,就是自我的无限性或观念性。但这种观念性只有在自我与它面对的无限多样材料的关系中才得到证实。当自我抓住这个材料时,它就为自我的普遍性所毒化和理想化,而失去了它的孤立的、独立的持存并得到一种精神的定在。因此,精神很少为其表象的无限多样性而被从其简单性、从其自内存在拖入到一种空 22 间性的相互外在中去,结果反而是精神的简单的自身清澈明亮地贯穿于那种多样性而不容许它得到任何独立的持存。

但是,精神不满足于作为有限的精神凭借其表象活动将事物移置到自己的内在性范围里来,并因而以一种本身仍属外在的方式使它们失去外在性,相反地,精神作为宗教的意识穿过事物表面上的绝对独立性,一直达到神在事物内核里起作用的、把一切事物集中起来的、唯一的、无限的威力和作为哲学的思维通过认识到构成事物的共同原则的永恒理念在事物中呈现自己的种种确定的方式而完成了对事物的观念化。通过这种认识,精神已经在有限精神中活动着的观念论①的本性就达到其完善的、最具体的形态,精神就使自己成为完满地把握住自己本身的现实的理念,并因而成为绝对精神。在有限精神里观念性已经具有一种向自己开端回

---

① 观念论(Idealismus),通常译为唯心主义,亦译理想主义。黑格尔把"观念性"(Idealität)看作精神的与众不同的规定性,所以也就把精神的特有的本性称为"观念论的本性"(Idealistische Natur)。——译者

复的运动的意义,精神通过这种运动就从它的无区别性,作为第一个肯
定,前进到一个他物,即对上述肯定的否定,并借助于对这个否定的否定
回复到自己本身,从而表明自己是绝对的否定性,是对它自身的无限的肯
定;按照有限精神的这种本性,我们就必须首先在其与自然的直接统一中
来考察它,然后在其与自然的对立中来考察它,最后在其与自然的那种将
这对立作为一个扬弃了的包含在自身内并为这对立所中介了的统一中来
考察它。由于这样的理解,有限精神就被认识到是总体,是理念,更确切
地说是自为存在着的、从上述对立向自己本身回复着的现实的理念。但
是,这种回复在有限精神里仅仅开始,它在绝对精神里才得到完成;因为
理念在绝对精神里才把握住自己——既不只是在概念或主观性的片面的
形式中,也不只是在客观性或现实性中的同样片面的形式中,而是在它的
这些有区别的环节的完满的统一中,即在它的绝对真理中。

　　以上我们关于精神的本性的论述,只有通过哲学才能证明和已被证
明,而不需要通过我们普通的意识来证实。但是,就我们的非哲学意识在
23 它这方面需要一个对所发挥的精神概念的说明而言,那就可以提醒它,基
督教神学也是把神,即真理了解为精神的,而且不是把它看作一个静止的
东西,一个永远保持为空洞的千篇一律的东西,而是把它看作这样一个东
西:它必然进入自己与自己本身区分开、设定自己的他物的过程,而且只
有通过这个他物和对这个他物的保存性的扬弃,而不是通过对这个他物
的离弃,才达到它自身。众所周知,神学是以表象的方式这样来表达这个
过程的:神,即圣父(这个单纯普遍的东西,在自身内存在着的东西)在扬
弃其孤独性时创造了自然(在自己本身外的东西,在自身外存在着的东
西),产生了一个圣子(它的另一个自我),而且凭借自己无限的爱在这个
他者中直观自己本身,在其中认识到自己的模样,并在这个他者中回复到
与自身的统一;这个统一不再是抽象的、直接的,而是具体的、为区别所中
介了的统一:从圣父和圣子出发的、在基督教的团体里达到其完满的现实
性和真理性的圣灵,神必须被认识到是圣灵,如果神应当在其绝对真理性
中来理解,——如果神应当理解为自在自为存在着的现实的理念,和不

是要么只在单纯的概念、抽象的在自身内存在的形式中来理解,要么在同样不真实的形式,即某种与其概念不相一致符合的个别的、现实的形式中来理解,而是应当在其概念和其现实性的完全一致符合中来理解的话。

关于外部自然和一般精神的与众不同的规定性就说这么多。通过所阐明的区别也同时点出了自然和精神所处的相互关系。由于这种关系往往被误解,在此对它作某些说明是适宜的。我们曾经说过:精神否定自然的外在性,使自然与之化为一体,并由此而观念化自然。这种观念化在有限的、把自然设定在自己之外的精神里具有一种片面的形态;在这里,某种外在的材料与我们意志的和我们思维的活动相对立,这材料对于我们加之于它的变化漠不关心,完全被动地经受着它由此而得到的观念化。——但是,在产生着世界历史的精神那里则发生着另外一种情况。在这种情形下,站在一方的不再是一种外在于对象的活动,站在另一方的不再是一种单纯被动的对象,而是精神的活动指向一个自己本身能动的对象,——指向一个这样的对象,它本身经过艰苦努力达到了那应当由精神的活动产生出来的东西,所以在活动中和在对象中存在着同一个内容。[24]例如,曾经作为亚历山大和凯撒的活动对象而受到他们影响的那个民族和时代,是能够通过自己本身作出那些人物所能成就的事业的;正如时代给自己创造了那些英雄人物一样,时代也同样是由那些英雄人物创造出来的;正如那些英雄们是他们的时代和民族的精神的工具一样,反过来说,他们的民族也同样充当了那些英雄们实现他们事业的工具。——哲学思维的精神对待外部自然的方式是和刚才描述的这种关系相同的。即是说,哲学的思维认识到:自然不仅为我们观念化,自然不是一种对于自然本身、对于自然的概念来说完全不可克服的东西,相反地,包含在自然内部的永恒的理念,或者这样说是一样的,在自然的内核里劳作着的、自在存在着的精神本身在实行着对于相互外在性的观念化、扬弃,因为精神的这种定在的形式是与精神的本质的内在性相矛盾的。因此,哲学在某种程度上只需注视自然本身是怎样扬弃它的外在性,怎样把在自己本身外的东西纳回到理念的中心,或者说,怎样使这个中心在外在东西里显露出来,怎样把隐藏在自然里的概念从外在性的覆盖下解放出来并因而克服外在必然性的。这个从必然性向自由的过渡不是一个简单的过渡,而是一个许多环节的顺序进展的过程,对于这些环节的阐述就构成自然哲学。在相互外在性扬弃的最高阶段上——在感受里——被囚禁在自然里的自在存在着的精神开始达到自为存在,并因而开始达到自由。由于这个本身还为个别性和外在性的形式,因而为不自由所累的自为存在,自然就被驱使超越自身继续向着精神本身前进,即向凭借思维而以普遍性的形式自为存在着的、现实自由的精神前进。

　　但是,从我们直到目前为止的阐释已经可见:精神从自然产生不能了解为,好像自然是绝对直接的东西,第一性的东西,本源的设定者,而精神则相反地似乎只是一个为自然所设定的东西;其实自然是被精神设定的,而精神则是绝对第一性的东西。自在自为存在着的精神并不是自然的单纯的结果,而事实上是它自己的结果;精神从它为自己造成的前提,从逻辑理念和外部自然中把自己本身产生出来,而且既是前者又是后者的真
25 理,即是说,是那仅仅在自身内和那仅仅在自身外存在着的精神的真实形态。精神好像由一个他物所中介的这种假相,被精神本身扬弃了,因为精神可以说是绝对地不知恩,它扬弃那个仿佛作为它的中介的东西,使之沦为附庸,将其贬低为某种只有凭借精神才存在的东西,并按这种方式使自己成为完全独立的。——以上所述已包含有这样的意思,即自然向精神的过渡并不是一种向什么绝对他物的过渡,而只不过是自然里在自己之外存在着的精神之到达自己本身而已。但同样地,自然和精神的确定的区别并没有由于这个过渡而被取消,因为精神并非按自然的方式从自然诞生。如果在§.222中已经说过,那种单纯直接的、个别的生命力的死亡是精神的诞生,那么这种诞生不能从肉体上、而只能从精神上来了解,不能了解为一种自然的诞生,而只能了解为概念的一种发展,概念把没有达到类的恰当的实现、反而在死亡里表明自己是与这种实现相违背的否定力量的那种类的片面性和与之相反的、束缚在个别性之上的那

种动物定在的片面性,都扬弃在自在自为普遍的个别性里或者同样地扬弃在以普遍的方式自为地存在着的普遍东西里,这个普遍东西就是精神。

自然本身在其自我深化中没有达到这种自为存在,没有达到它自身的意识;动物,这个深化的最完善的形式,只显示出某种从一个个别的、填满动物的整个灵魂的感受向另一个同样在动物里独占统治的个别感受过渡的无精神的辩证法;只有人才超越感受的个别性而提高到了思想的普遍性,提高到了关于自己本身的知,提高到了对它的主体性、它的自我的把握,——一句话,只有人才是思维着的精神,并因此,更确切地说唯独因此才在本质上区别于自然。凡属于自然本身的东西都在精神那里了结了;精神虽然在自己本身中具有自然的全部内容,但种种自然规定是以一种完全不同于它们在外部自然里的方式存在于精神身上的。

§. 382

因此,精神的本质从形式上看就是自由,即概念的作为自身同一性的绝对否定性。依据这个形式的规定,精神能够从一切外在东西和它自己的外在性、它的定在本身抽象出来;它能够忍受对其个体的直接性的否定,忍受无限的痛苦,就是说,能够在这种否定性中肯定地保持自己,而且能够自为地是同一的。这种可能性是精神自身内抽象的、自为存在着的普遍性。

〔**附释**〕 精神的实体是自由,就是说,对于他物的不依赖性,自己与自己本身相联系。精神是自为存在着的、以自己本身为对象的实现了的概念。精神的真理和自由就在于这个在它里面存在着的概念和客观性的统一。真理使精神,如基督已说过的那样,自由;自由使精神真实。但是,精神的自由不单是一种在他物之外,而且是一种在他物之内争得的对于他物的不依赖性,——精神的自由之成为现实不是由于逃避他物,而是由于克服他物。精神能够从其抽象的自为存在着的普遍性、从其简单的自相联系里走出来,在它自身里建立起一个确定的、现实的区别,建立起一

26

个不同于简单的自我的他物,因而建立起一个否定物;而这种与他物的联系对于精神不仅是可能的,而且是必要的,因为精神通过他物并通过扬弃他物才做到了证实自己是而且实际上是它按照它的概念应当是的那种东西,即对外在东西的观念性,从其异在向自身回复的理念,或者更抽象地加以表达,区别着自己本身和在其区别中仍在自身内存在着并自为地存在着的普遍东西。他物、否定、矛盾、分裂因而是属于精神的本性的。在这种分裂中包含着痛苦的可能性。因此,痛苦并不是从外面来到精神那里的,就像人们在提出痛苦是怎样来到世界中这个问题时所曾想象的那样。与痛苦一样,恶,自在自为存在着的无限的精神之否定物,同样不是从外面来到精神那里的;相反地,恶无非是立于其个别性的顶峰的精神。因此,精神甚至在它的这个最高度的分裂中,在跟其自在存在着的伦理本性的根源的这种强行分离中,在这个与自己本身的最全面的矛盾中,精神仍然始终是与自己同一,并因而是自由的。属于外部自然的东西都由于矛盾而毁灭;例如,如果赋予黄金以一种特殊的不同于它所有的比重,它作为黄金就必然消失。可是,精神却有力量在矛盾中,因而在痛苦中(既超越邪恶也超越祸害)保持自己。所以,普通逻辑搞错了,因为它以为精神是某种从自己那里完全排斥矛盾的东西。其实一切意识都包含着某种统一和某种分离,因此都包含着某种矛盾;例如,房子的表象就是某种与我的自我完全相矛盾的、却仍然为自我所忍受的东西。但是,矛盾为精神所忍受,是因为精神自身内没有任何一个规定,精神会不知道它是精神所设定的,因而也是精神所能够重新加以扬弃的。这种支配存在于精神里的全部内容的权力,构成精神的自由的基础。但是,在其直接性里的精神只不过自在地、按照概念或可能性,而不是按照现实性是自由的;因此,现实的自由并不是某种直接在精神里存在着的东西,而是某种通过精神的活动正在产生着的东西。所以我们在科学里必须把精神看作是它自己的自由的产生者。精神概念的全部发展只不过是展示精神从其一切与概念不相符合的定在形式里的自我解放;这样一种解放的实现是由于这些形式被改造成为一个与精神的概念完全适合的现实。

§.383

这个普遍性也就是精神的定在。作为自为地存在着的普遍东西是自己特殊化着的和在这特殊化里是与自己的同一性。精神的规定性因而是显示。精神并不是任何一个规定性或这样一种内容，其表现或外在性只会是与之不同的形式，所以精神并不显示某个东西，相反地，它的规定性和内容就是这显示本身。因此，精神的可能性直接是无限的绝对的现实性。

〔附释〕 我们在前面曾把精神的与众不同的规定性规定为观念性，即对理念的异在的扬弃。如果我们现在在上面 §.383 里把"显示"陈述为精神的规定性，那么这绝不是精神的新的、第二个规定，而只是先前讨论过的那个规定的一种发展而已。因为逻辑理念或自在存在着的精神由于其异在的扬弃而成为自为的，就是说，成为对自己显示出来的。因此，自为存在着的精神或精神本身——不同于不知道自己本身的、只对我们显示的、倾注在自然界的相互外在性里的自在存在着的精神——因而是不只向某个他物而且也向自己本身显示着的东西，或者，这样说结果都是一样，在它自己的要素而不是在某种异己的材料里完成着其显示的东西。这个规定属于精神本身；因此它对于精神来说，不仅就精神单纯与自己相联系而以自己本身为对象的自我而言，而且就精神从其抽象的自为存在着的普遍性里走出来而在自己本身中建立起某种确定的区别，即某个不同于精神的他物而言，都是有效的；因为精神在这个他物里并不消失，反倒是在这个他物里保持着自己和实现着自己，把自己的内在本质在他物里明显地显示出来，使他物成为一个与它相符合的定在，因而通过这种对他物，即对确定的、现实的区别的扬弃就达到了具体的自为存在，就达到了确定的成为对自己显示出来。因此，精神在他物里只显示自己本身，自己固有的本性；而这个本性即在于自身显示。因而对自己显示自身本身就是精神的内容，而绝不只是从外面加到其内容上去的形式；因此，精神通过它的显示并不是显示出一个与它的形式不同的内容，而是显示出它

28

的表达着其全部内容的形式,也就是显示的精神的自身显示。内容和形式在精神那里因而是相互同一的。尽管,人们通常把显示设想为某种空洞的形式,还必须从外面把某个内容加到这个形式上去,而与此同时内容则被了解为某种在自身内存在着的东西,某种把自己保持在自身内的东西,而形式则相反地被了解为内容与他物相联系的外在方式。但是,在思辨逻辑里却证明了:内容事实上不只是一个在自身内存在着的东西,而且是一个通过自己本身与他物建立着联系的东西,正如反过来说,事实上形式必须理解为不仅是一个不独立的东西,外在于内容的东西,而反倒是必须理解为这样的东西:它使内容成为内容,成为一个在自身内存在着的东西,成为一个区别于他物的东西。因而,真正的内容在自己本身内包含着形式,而真正的形式则是它自己的内容。而我们必须认识到精神是这种真实的内容和这种真实的形式。——为了给表象说明这个存在于精神里面的内容和形式的统一,显示和被显示的东西的统一,可以提出基督教的

29　教义。基督教说,神通过基督、他亲生的儿子显示自己。表象首先这样来了解这个教条:好像基督只不过是这种显示的工具,好像按这种方式被显示出来的东西是某种不同于显示者的他物。但是那个教条事实上倒是有这个意思:神显示出了,他的本性即在于有一个儿子,就是说,区别开自己,有限化自己,然而在它的区别里仍然在自己本身里,在儿子里直观自己本身和显示自己本身,并通过这个与儿子的统一,通过这个在他物里的自为存在而是绝对的精神,所以儿子并不是显示的单纯的工具,而本身即是显示的内容。

　　正如精神体现出形式和内容的统一一样,精神也体现出可能性和现实性的统一。一般说来,我们把可能的东西理解为某种仍然内在的东西,即某种尚未达到表现出来、显示出来的东西。不过现在我们已经看出,精神本身只有就它对自己显示自己本身而言才存在。因此,那正在于精神的显示的现实性是属于精神的概念的。在有限精神里精神的概念当然还没有达到它的绝对的实现;可是绝对精神则是精神的现实性和概念或可能性的绝对的统一。

§. 384

显示,作为抽象的理念的显示是向自然的直接过渡,即自然的生成,作为本身自由的精神的显示是设定自然为它的世界;这一设定作为映现同时是预先设定世界为独立的自然。在概念的范围内,显示是把自然创建为它的存在,精神在这种存在里给自己产生出其自由的肯定和真理。

〔说明〕 绝对是精神;这是绝对的最高定义。——我们可以说,发现这个定义和理解其内容与意义,曾经是一切教养和哲学的绝对旨趣,一切宗教和科学都曾经力求达到这点;唯独根据这种冲动才能理解世界历史。——精神这个词和对精神的表象是早已发现了的,而基督教的内容就在于让人觉察到神是精神。对于这个在这里被给予表象的和自在地是本质的东西,在其要素即概念中加以把握,这就是哲学的任务,只要概念和自由不是哲学的对象和哲学的灵魂,这个任务就不会真实地和内在地得到解决。

〔附释〕 显示自己是属于一般精神的一个规定;但显示自己有三种不同的形式。第一种方式,即自在存在着的精神或逻辑的理念显示的方式,在于理念向外在的、孤立的定在的直接性的转变。这种转变就是自然的生成。自然也是一个被设定的东西;不过其被设定的存在具有直接性的形式,即外在于理念的存在的形式。这种形式是与设定着自己本身的、从自己的前提中产生着自己本身的理念的内在性相矛盾的。因此,理念或在自然里沉睡着的、自在存在着的精神,扬弃自然的外在性、孤立性和直接性,给自己创造一个适合于它的内在性和普遍性的定在,并由此成为在自身内映现的、自为存在着的、有自我意识的、觉醒了的精神,或精神本身。——就这样有了精神的显示的第二种形式。在这个阶段上,精神已不再倾注在自然的相互外在性里,它把自己作为自为存在着的东西、向自己显示的东西,与无意识的、既遮蔽又显示着精神的自然对立起来,使自然成为自己的对象,反思它,把它的外在性纳回到自己的内在性里,观念化它,并这样地在自己的对象里成为自为的。但是,精神的这个第一个自

30

21

为存在本身还是某种直接的、抽象的、非绝对的东西；通过这个自为存在，精神的在自己本身外存在还没有绝对地被扬弃。觉醒着的精神在此还没有认识到它与隐藏在自然里的自在存在着的精神的统一，因而还与自然处在外在的联系中，还不是作为一切的一切，而只是作为关系的一方出现，虽然觉醒着的精神在其对他物的关系里也在自身内映现，并因而是自我意识，但它还是让意识与自我意识的这个统一作为一个如此外在的、空虚的、表面的统一存在，以至于自我意识和意识也还同时是相互外在地分离开的和精神不顾其在自己本身内的存在而同时仍然不是在自己本身内，而是在某个他物内，而它与在他物中起作用的自在存在着的精神的统一则还没有成为为它的。精神在这里把自然设定为一个自身内映现了的东西，设定为它的世界，使自然失去与它对立的他物的形式，使同它对峙的他物成为一个为它所设定的东西；但同时这个他物依然还是一个不依赖于它的东西，一个直接存在的东西，即不是精神所设定的东西，而只是精神所预设的东西，因而是这样一个其被设定先行于反思的思维的东西。从这个观点来看，自然之由精神所设定的存在就不是绝对的，而只是一种在反思的意识里实现的被设定的存在；自然因而就还没有被理解为只是凭借无限的精神才持存的，还没有被理解为这个精神的创造物。因此，精神于此就还在自然上有一种限制，并且正是由于这种限制而是有限的精神。——这种限制现在被绝对的知扬弃了，绝对的知是精神的显示的第三种形式和最高的形式。在这个阶段上，一方面独立的自然或倾注在相互外在性中的精神和另一方面刚刚开始成为自为、但尚未理解它与前一种精神的统一的精神之间的二元论消失了。绝对精神领悟到了是它自己在设定着存在，是它自己在产生着它的他物，即自然和有限精神，所以这个他物就失去了任何与它对立的独立性的外观，完全中止其为精神的一种限制，而且只是作为手段出现，精神借助于这个手段达到绝对的自为存在，达到它的自在存在和它的自为存在、它的概念和它的现实性的绝对统一。

　　绝对的最高定义是：绝对不仅一般地是精神，而且是绝对地显示着自己的、有自我意识的、无限创造的精神,我们在上面正是把这样的精神称作显示的第三种形式的。就像在科学里我们是从前面所描述的精神显示的不完善形式前进到精神显示的最高形式一样,世界历史也展示出一系列对于永恒的见解,只有在这个系列的终结才出现绝对精神的概念。东方的宗教,犹太教也如此,还始终停留在关于神和精神的抽象概念上;甚至那只想了解神—圣父的启蒙也是这样做的;因为神—圣父本身是某种封闭在自身内的东西,抽象的东西,因而还不是精神的神,还不是真正的神。在希腊的宗教里,神诚然已经开始以确定的方式显示出来。对于希腊诸神的描绘已经以美,即提升到精神东西的自然作为法则了。美的东西并不依然是一个抽象的观念东西,相反地,美的东西在其观念性里也同时是完全确定的和个体化的。可是希腊诸神首先只是被描绘给感性直观或也给表象的,它们还没有在思想里被把握。但感性的要素只能把精神的总体性表现为某种相互外在性,表现为种种个体精神形象的一个圈子;因此,把一切这些形象集中起来的那个统一性,依然是某种与诸神对立的、完全不确定的、异己的力量。只有通过基督教,神自己本身内有区别的唯一本性、神圣精神的总体性才以统一性的形式被显示出来。哲学必须把以表象的方式提供出来的内容提高为概念的形式或绝对的知的形式,而绝对的知正如我们说过的那样是那个内容的最高的显示。

32

划　　分

§.385

精神的发展有三个阶段:精神

Ⅰ.存在在与自己本身相联系的形式中,在它的这个形式的范围内,它[获得]①理念的观念的总体,就是说那个是它的概念的东西成为为它

---

① 理论版编者增补。——译者

的,而且在它看来,它的存在就是在自己内存在,即自由地存在,——这就是主观精神。

Ⅱ.[存在]①在实在性的形式中,即在作为一个必须由它来产生和已被它产生出来的世界中,在这个世界里自由是作为现存的必然性出现的,——这就是客观精神。

Ⅲ.[存在]②在精神的客观性与它的观念性或它的概念的自在自为存在着的和永恒地产生着自己的统一中,即精神在其绝对的真理中,——这就是绝对精神。

〔附释〕　精神始终是理念;不过在起初它只是理念的概念或在其不确定性中的、在实在性的最抽象的方式中的理念,就是说,在存在的方式中的理念。在开始的时候,我们只有关于精神的全然普遍的、未发展的规定,还没有精神的特殊东西;只有当我们从其一过渡到其他时,我们才得到这个特殊东西,因为特殊东西包含其一和其他;但是在开始时我们恰好还没有作出这个过渡。精神的实在性因而在起初还是一个全然普遍的、没有特殊化的实在性;这个实在性的发展只有通过全部精神哲学才得以完成。可是,这个全然抽象的、直接的实在性就是自然性、非精神性。由于这个理由,儿童就还是受自然性的束缚,只具有自然的冲动,他还不是按照现实性、而只是按照可能性来说是有精神的人。精神概念的最初的实在性之所以必须认作是最不适合于精神的,正是因为它还是一个抽象的、直接的、属于自然性的实在性,而真正的实在性却必须被规定为概念的诸发展了的环节的总体,概念则始终是这些环节的灵魂、统一。精神的概念必然进展到其实在性的这种发展,因为它起初具有的直接性的、不确定性的形式,是一种与它相矛盾的形式;那仿佛直接存在于精神里的东西,并不是一个真正直接的东西,而是一个自在地被设定的东西、间接的东西。由于这个矛盾,精神就被迫去扬弃它预先假定自己本身是的那个

---

①　理论版编者增补。——译者
②　同上。——译者

直接东西、他物。通过这种扬弃，精神才达到它自身，它才作为精神出现。因此，人们不能从精神本身开始，而必须从精神的最不相适合的实在性开始。精神诚然一开始就已经是精神，不过它还不知道它是这个。并不是精神本身一开始就已经把握了它的概念，而只是我们这些考察精神的人认识到它的概念。精神达到知道它是什么，这就是精神的实现。精神本质上只是它关于自己本身所知道的东西。精神起初只不过自在地是精神；它成为自为的过程就是它实现的过程。但是，精神成为自为，只是由于精神特殊化自己、规定自己，或者说，使自己成为自己的前提，成为它自己的他物，起初把自己与这个他物作为与自己的直接性联系起来，再把这个他物作为他物予以扬弃。只要精神处在作为与他物相联系的自相联系中，它就仅仅是主观的精神，来源于自然的精神，而且首先本身即是自然精神。但是，主观精神的全部活动都旨在把自己理解作自己本身，证明自己是其直接实在性的观念性。如果主观精神使自己达到了自为存在，那么它就不再只是主观的精神，而是客观的精神。主观精神由于它与某个他物相联系就还是不自由的，或者这样说是一样的，主观精神仅仅自在地是自由的，而在客观精神里，自由、精神关于自己作为自由精神的知获得了定在。客观精神是人①，作为这样的人，在所有权里有其自由的一种实在性；因为在所有权里物被设定为它所是的东西，即被设定为一个不独立的东西和被设定为这样一个东西：它本质上只不过意味着是某个人的自由意志的实在性，并因而对于任何别的人来说是不可侵犯的东西。在这里我们看见一个知道自己是自由的主观东西，而且同时看见这个自由的某种外在实在性；因此精神在这里达到自为存在，精神的客观性得到应有的重视。这样一来，精神就从单纯主观性的形式走出来了。但是，那在所有权里还是不完善的、还是形式的自由的完全实现，客观精神概念的实在化的完成，只有在国家里才达到，精神在国家里把它的自由发展成为一个

34

① 人（Person）指在法的意义上的人，与在自然意义上的人（Mensch）不完全相同，见黑格尔：《法哲学原理》，中译本，第46页。——译者

由它设定的世界,成为伦理的世界。可是精神也必须越过这个阶段。精神的这个客观性的缺点在于它只是一个被设定的客观性。世界必须被精神再次自由地释放出来,为精神所设定的东西必须同时被理解为一种直接存在着的东西。这件事是在精神的第三个阶段,在绝对精神的、即艺术、宗教和哲学的观点里实现的。

§.386

精神学说的前两部分处理有限精神。精神是无限的理念,而有限性在这里具有概念和实在性不相称的含义,不过这种含义受到这样的限定:有限性是精神内部的映现,——是一种映像,精神自在地设定这样一种映像作为自己的限制,以便通过对这个限制的扬弃而自为地拥有和知道作为自己的本质的自由,就是说,以便是绝对地显示了的。这种活动有不同的阶段,有限精神的命运就是在这些作为映像的不同阶段上逗留和经历这些不同的阶段,而这些不同阶段就是精神解放的诸阶段,就这解放的绝对真理而言,发现一个作为预先假定的世界,产生一个作为精神所建立起来的东西的世界,从和在这个世界里获得解放,所有这些阶段都是同一码事,——映像纯化自己为这样一个真理的无限的形式,即纯化自己为对这样一个真理的知。

35　　〔说明〕　知性在涉及到精神和理性时特别把有限性的规定固定下来;坚持有限性的观点为最终的观点,这不仅被认为是知性的事情,而且也被认为是道德和宗教的事务;相反地,企图超出有限性观点,则被认为是思维的狂妄,甚至是思维的疯狂。——但是,把有限的东西变成全然固定的东西、绝对的东西,这种思维的谦虚其实才是德行中最坏的,而且停顿在本身不包含其根据的东西之上,这也是认识中最不彻底的。有限性的规定早在逻辑学中适当的地方[第一部分§.94]①阐明和解释过了;逻辑学针对有限性的更为确定的、然而终究是简单的思维形式,正如哲学的

---

①　理论版编者增补。见《哲学全书·第一部分·逻辑学》§.94及下一节。——译者

其余部分针对有限性的具体形式一样,它们都不过是指出:有限的东西不是什么,即不是真实东西,而纯粹只是一个过渡和超出自身而已。——迄今各个领域的这种有限东西是它由于一个他物并在一个他物中消逝这样的辩证法;但是精神、概念和自在永恒的东西,它本身就是自己本身内这种使无效的东西成为无效、使空虚的东西成为空虚的活动。——上面提到的那种谦虚就是坚持这种空虚的东西,即有限的东西,而与真理对立,从而自身就是空虚的东西。这种空虚性在精神自身的发展中将表明自己是精神的极端深陷在其主观性里和最内在的矛盾,并因是转折点,表明自己是恶。

〔附释〕　主观精神和客观精神都还是有限精神。不过有必要知道精神的有限性具有什么样的意义。人们通常把有限性设想为绝对的限制,——设想为某种固定不变的质,在拿去这个质后精神就不再是精神;就像自然事物的本质是拴在某种确定的质上一样,例如,黄金不能同它的特殊的比重分离,这种或那种动物不能没有爪,没有切齿等等。但是,精神的有限性事实上不可以看作某种固定不变的规定,而必须被认识到是一个单纯的环节;因为,如我们早先说过的那样,精神本质上是观念性形式中的理念,就是说,是有限事物的否定性形式中的理念。因而有限事物在精神里只具有一个被扬弃的东西的意义,而不具有一个存在着的东西的意义。精神的真正的质因而不如说是真实的无限性,即那种不是片面地与有限事物对立,而是把有限事物作为一个环节包含在自身内的无限性。因此,说有有限的精神是毫无意义的。精神作为精神并不是有限的,它在自身内有有限性,只不过是作为一种必须被扬弃的和已被扬弃了的有限性而已。关于无需在这里予以更仔细解释的有限性的真正规定必须指出下面这点:有限东西是一种与自己的概念不相符合的实在性。如太阳是一个有限东西,因为太阳没有他物是不能设想的,——因为不仅太阳本身、而且整个太阳系都属于太阳的实在性的概念。甚至整个太阳系都是一个有限东西,因为在太阳系里每一个天体对另一个天体都具有独立性的外观,因此这全部的实在性还是与自己的概念不相符合,还没有体现

36

出作为概念的本质的同一种观念性来。只有精神的实在性本身才是观念性,因而只有在精神里才出现概念和实在性的绝对统一,因而出现真实的无限性。我们知道一个限制,这已经是我们超出这个限制的证明,已经是我们的不受限制性的证明。自然事物之所以是有限的,正因为它们的限制不是为它们本身、而是为我们这些把它们予以相互比较的人存在的。我们由于接受一个他物到我们意识里来而使我们自己成为一个有限东西。但是,正由于我们知道这个他物,我们就超出了这个限制。只有无知的人是受限制的,因为他不知道他的限制;相反地,谁知道限制,谁就知道它不是他的知的一种限制,而是一个已知的东西,一个服从于他的知的东西。只有未知的东西会是知的一种限制;相反地,已知的限制并不是知的限制;因此,知道自己的限制就是知道自己的不受限制性。但是,如果我们宣称精神是不受限制的、真实无限的,那么这并不是要说,在精神里面

37 完全没有限制;相反地,我们必须认识到,精神必然规定自己,因而必然有限化自己,必然限制自己。可是,知性把这种有限性看作某种僵硬的有限性,——把限制与无限性的区别看作某种绝对固定不变的区别,并因而断言,精神要么是受限制的,要么是不受限制的,这就错了。有限性,予以真实地理解,如已说过的,是包含在无限性中的,限制是包含在不受限制的东西中的。因此,精神既是无限的,又是有限的,同时它既不仅仅是这一个,也不仅仅是那一个;精神在它的有限化里始终是无限的,因为它在自身中扬弃着有限性;在精神里面没有什么是一个固定不变的东西,一个存在着的东西,相反地,一切都只不过是一个观念的东西,一个仅仅显现着的东西。所以,神,因为它是精神,就必定规定自己,在自身内设定有限性,(否则神就会只是一个僵死的、空洞的抽象);不过,因为神通过其自我规定而给予自己的实在性是一种与它完全一致的实在性,神就不因那种实在性而成为一个有限东西。因此,限制并不存在在神和精神里,相反地,它只是被精神设定,以便被扬弃。精神仿佛只能暂时地停留在某种有限性里;它由于其观念性而超越于这种有限性,它知道限制并不是什么固定不变的限制。精神因而就超出这个限制,使自己从它那里解放出来,而

这种解放并不像知性所认为的那样是某种从未完成过的解放,某种永远只有无止境地加以追求的解放,而是精神从这个无止境过程里挣脱出来,绝对地从限制、从它的他物里解放出来,并因而达到绝对的自为存在,使自己成为真正无限的。

第一篇　主　观　精　神

§.387

在其观念性里发展着的精神,是作为认识着的精神。但认识在这里不单是理解为作为逻辑理念的理念的规定性(§.223),而是理解为具体的精神促使自己去进行的认识。

主观精神是:

A.自在的或直接的;这样它就是灵魂或自然精神,——人类学的对象。

B.自为的或间接的,还作为在自己内和在他物内的同一的映现;在关系或特殊化中的精神;即意识,——精神现象学的对象。

C.在自己内规定着自己的精神,作为自为的主体,——心理学的对象。

意识在灵魂中觉醒;意识设定自己为理性,直接对自己进行着知的理性觉醒了,它通过自己的活动向着客观性、向着对自己的概念的意识解放自己。

〔说明〕　正如在一般概念中出现在概念身上的规定性是发展的进展一样,精神身上的每一个它在那里面显现出来的规定性也都是发展和继续规定的环节,是向自己的目标的前进,以便使自己成为和自为地成为它自在地是的那个东西。每个阶段在自己范围内都是这样一个过程,而每个阶段的成果[是]①:在每个阶段开始时精神曾经自在地是的那个东

---

① 理论版编者增补。——译者

西,或者说,因此曾经是仅仅为我们[这些考察精神的人]①的那个东西,
现在则是为这个精神的(就是说,为精神在这个阶段上所具有的那个形
态的)。——心理学通常的考察方式是叙述式地陈述精神或灵魂是什 39
么,灵魂那里有什么在发生,灵魂在做什么;所以灵魂是被预先假定为完
成了的主体,这类规定只是作为种种表现出现在这个主体身上,据说根据
这些表现,灵魂是什么,——灵魂在自己内部拥有什么样的能力和力,就
被认识到了;而没有意识到,灵魂所是的那个东西的表现在概念里为灵魂
设置着灵魂曾经由之而获得了一个更为高级的规定的同样的东西。必须
把作为培养和教育的那种东西与这里所考察的进展区别开来和从其中排
除出去。前者的范围只涉及个别的主体本身,以便使普遍的精神在这些
主体中得到实存。就关于精神本身的哲学观点而言,精神自身按照其概
念被看作是自我培养着的和自我教育着的。而精神的种种表现则被看作
是它使自己向自己本身显露出来、它的[自己]②与自己结合起来的种种
环节,由于这样精神才是现实的。

〔**附释**〕 在§.385里,精神被区分为三种主要的形态——主观精
神、客观精神和绝对精神,并同时指出了从第一种形态进展到第二种形态
和从第二种形态进展到第三种形态的必然性。我们曾经把我们必须首先
考察的那个精神形态称为主观精神,因为在这里精神还在其未发展的概
念中,还没有使它的概念成为自己的对象。但是精神在它的这种主观性
里同时是客观的,具有某种直接的实在性,精神通过这种实在性的扬弃才
成为自为的,才达到自己本身,达到对其概念,即其主观性的把握。因此,
人们同样可以说,精神起初是客观的而应当成为主观的,正如反过来说,
精神起初是主观的而必须使自己成为客观的一样。因此,主观精神和客
观精神的区别不能认为是一种僵死的区别。从开端起我们就必须不把精
神了解为单纯的概念、即一个仅仅主观的东西,而必须了解为理念、即主

---

① 译者增补。——译者
② 理论版编者增补。——译者

观东西和客观东西的统一,同时从这个开端出发的每一进展都是对于精神的最初简单主观性的一种超出,都是精神的实在性或客观性中的一种
40 进步。这个发展产生出一系列的形态,这些形态虽然必须从经验上来加以陈述,不过在哲学的考察里却不可以始终外在地相互并列地放在一起,而是必须当作一个诸确定概念的必然系列的相应表现来认识,只有在它们表现这样一个概念系列的限度内,它们对于哲学思维来说才是有兴趣的。——可是现在我们首先只能保证式地陈述主观精神的各个不同形态;它们的必然性只有通过主观精神的确定的发展才会显露出来。

主观精神的三种主要形态是:1. 灵魂,2. 意识,和 3. 精神本身。精神作为灵魂具有抽象普遍性的形式,作为意识具有特殊化的形式,作为自为存在着的精神则具有个别性的形式。概念的发展就这样地体现在精神的发展中。为什么在上面这一节里,与主观精神的上述三种形态相应的科学的三个部分获得了人类学、精神现象学和心理学的名称,这从关于主观精神的科学的内容所作的进一步的临时性陈述中就会得到说明。

直接的精神必须构成我们考察的开端;但直接的精神就是自然精神,即灵魂。如果以为可以从精神的单纯概念开始,那就是一个错误;因为,如已说过的,精神始终是理念,因而是实现了的概念。不过精神的概念在开始时还不可能具有它在抽象思维里所得到的那种间接的实在性;精神的实在性虽然在开始时必须已经是某种抽象的实在性,——只有这样它的实在性才符合于精神的观念性,——但是这种实在性必然还是非间接的,还不是建立起来的实在性,因而是一种存在着的、外在于精神的实在性,一种为自然界所给予的实在性。因此,我们必须从还围于自然界的、与其形体性联系在一起的、还不是在自己本身内存在着的、还不自由的精神开始。如果我们可以这样说的话,人的这个基础就是人类学的对象。在关于主观精神的科学的这一部分里,被思考的精神概念只是在我们——考察精神的人们里面,而还不在对象本身里面;在这里,构成我们考察的对象的是精神的仅仅单纯存在着的概念,是还没有把握自己的概念的、还在自己外存在着的精神。

在人类学里,第一个东西是质上确定的、束缚在自己种种自然规定上的灵魂(例如,种族的区别就属于此)。灵魂从这种与其自然性的合而为一中走出来进入与自然性的对立和斗争之中(属于这方面的有疯狂和梦游症的状态)。随着这种斗争而来的是灵魂对于其形体性的胜利,是这种形体性之降低为并完全降低成了灵魂的某种符号,即成了灵魂的体现。这样一来灵魂的观念性就在其形体性中显露出来,而精神的这种实在性就以一种本身却还是形体的方式在观念上建立起来了。

在精神现象学里,灵魂现在通过对自己形体性的否定而提高为纯粹的、观念的与自己的统一,成为意识,成为自我,自为地与自己的他物相对立。但是精神的这第一个自为存在还为精神来自的他物所制约。自我还是完全空虚的,是一个绝对抽象的主体性,它把直接精神的全部内容都设定在自己之外,并把这内容当作一个发现的世界而与之发生关系。这样,那首先只不过曾是我们的对象的东西虽然成为精神本身的对象了,但自我还不知道站在它对面的那个东西就是自然的精神本身。因此,自我尽管是自为存在,却同时是不自为的,因为它仅仅与他物、与一个给予的东西有关系。自我的自由因而只是一种抽象的、有条件的、相对的自由。精神在这里虽然不再沉没在自然界里,而是映现在自己内和与自然界相联系,但它只是显现,只与现实有关系,而还不是现实的精神。因此,我们把考察这一精神形态的科学的那一部分称为精神现象学。但现在由于自我从它与他物的关系里走出来而在自己内映现自己,它就成为自我意识。自我在这种形态里起初只知道自己是不充实的自我,而一切具体内容则是一个他物。在这里,自我的活动在于充实其抽象主观性的空虚,使客观的东西进入自己之内,使主观的东西相反地成为客观的。自我意识由此而扬弃其主观性的片面性,它从它的特殊性、它与客观东西的对立里走出来而达到包括这两个方面的普遍性,并在自身内展示出它自己与意识的统一;因为在这里精神的内容就像在意识里那样成为一个客观的内容,而同时又像在自我意识里那样成为一个主观的内容。这个普遍的自我意识自在地,或对于我们来说,是理性;然而只有在关于主观精神的科学的第三个部分里,理性才对自己本身成为对象性的。

　　这第三部分——心理学考察精神本身,即考察这样的精神,它在对象里只与自己本身相联系,在其中只与它自身的规定打交道,把握它自己的概念。这样一来精神就达到真理;因为现在那在单纯灵魂里还是直接的、还是抽象的主观东西和客观东西的统一,通过扬弃在意识里形成的这两个规定的对立,而重新恢复为一个间接的统一,精神的理念因而就从与自己相矛盾的简单概念的形式和从同样与自己相矛盾的它的诸环节的分离中走出来而达到间接的统一,并因而达到真实的现实性。精神在这个形态里就是本身自为地存在着的理性。精神和理性处在像物体和重力、意志和自由这样的相互关系里。理性构成精神的实体性的本性;理性只不过是真理或构成精神的本质的理念的另一种表达;然而只有精神本身才知道,它的本性是理性和真理。包括主观性和客观性这两个方面的精神,现在首先把自己建立在主观性的形式中,——这样它就是理智;其次把自己建立在客观性的形式中,——这样它就是意志。那最初本身也还不充实的理智通过下面的途径扬弃其不适合于精神概念的主观性形式:它按照理性的绝对尺度来衡量与自己对立的、还跟给予性和个别性纠缠在一起的客观内容,给这个内容带来合理性,使理念进入到这个内容里去,把这个内容转变为一个具体的普遍性,并这样地把这个内容接纳到自己里面去。理智因此而达到这样的地步:一方面它知的东西不是一个抽象,而是客观概念,另一方面对象则失去一个给予东西的形式并得到一个属于精神本身的内容的形象。但是,当理智意识到它是从自己本身取得内容时,它就成为只把自己本身设定为目的的实践精神,即意志,意志不像理智那样从一个外部给予的个别东西开始,而是从这样一个它知道是它的个别东西开始,然后从这个内容、即种种冲动、爱好里走出来而在自己内映现自己,使同一个内容与一个普遍东西发生关系,而最后则把自己提高为对于自在自为的普遍东西、自由、自己的概念的意愿。在达到这个目标时,精神也就同样地回复到了它的开端,即回复到了与自己的统一,正如前进到了绝对的、真正在自己内规定了的与自己的统一一样,即前进到一种这样的统一,在其中种种规定不是自然的规定,而是概念的规定。

A.
人　类　学

灵　魂

§. 388

精神成为了自然的真理。在一般理念中这个结果对于先行东西来说具有真理的或不如说是第一性东西的意义,除此之外,这个生成或过渡在概念中还具有自由判断的更为确定的意义。这个已生成了的精神因而意味着:自然自身作为不真实的东西扬弃自己,而精神则预先假定自己不再是这个以形体的个别性在自己外存在着的普遍性,而是在其具体性和总体性中的简单的普遍性,精神在这样的普遍性中是灵魂,还不是精神。

§. 389

灵魂不仅就自身说是非物质的,而且是自然界的普遍的非物质性,是自然界的简单的、观念的生命。灵魂是实体,是精神的一切特殊化和个别化的绝对基础,所以精神在灵魂中拥有其规定的全部质料,而灵魂则始终是精神的规定中遍及一切的、同一的观念性。但是,灵魂在这种还是抽象的规定中仅仅是精神的睡眠;——亚里士多德的那个按可能性是一切东西的被动的 νοῦς①。

〔说明〕　关于灵魂的非物质性问题,只有在一方面把物质设想为真实东西,另一方面把精神设想为一个东西的时候还有兴趣。但是,甚至物质在近代物理学家看来也悄悄地变稀薄了;这些物理学家遇到了不可称量的物质,如热、光等,他们也可以很容易把空间和时间归入这类物质。

---

①　希腊文:理性,音译为"奴斯"。——译者

这些不可称量的东西已失去了物质特有的重力属性,在某种意义上也就
44 失去了抵抗的能力,可是它们通常还具有一种感性的定在,即己外存在。
我们也可以把生命物质算作不可称量的东西,但它就不只缺少重力,而且
缺少其他任何让人据以把它看作物质东西的定在。实际上在生命的理念
里自然的己外存在已经自在地扬弃了,而生命的概念、即生命的实体则是
作为主体性,然而只是这样,就是实存或客体性同时还是归于自然的己外
存在。但是,作为概念的精神的实存不是直接的个别性,而是绝对的否定
性,是自由,所以概念的客体或实在性就是概念本身,因此,在作为概念的
精神中,那构成物质的基本规定的己外存在就完全挥发而成为概念的主
观的观念性,成为普遍性。精神是物质的实存着的真理,这真理就是物质
本身不具有任何真理。

　　与此相关的一个问题是灵魂和身体的协同性问题。这种协同性是当
作事实接受下来了的,问题仅仅在于必须怎样来理解它。通常对这个问
题的回答可以认为是这样的:它是不可思议的秘密。因为事实上如果预
先假定灵魂和身体是彼此绝对独立的东西,那么它们相互就是不可穿透
的,正如任何一种物质对于另外一种物质都被认为是不可穿透的和只能
存在于对方不存在的地方,即它们的空隙里一样;这就像伊壁鸠鲁给神指
定的居住地在空隙里一样,不过伊壁鸠鲁却前后一致地不把与世界的协
同性硬加在神身上。自从这种关系成为公开讨论的问题以来,所有哲学
家所作出的回答是不可以认为等于上述回答的。笛卡儿、马勒伯朗士①、
斯宾诺莎、莱布尼茨全都提出神作为这种联系,更确切地说他们是在这样
的意义上提出这点的,即灵魂的有限性和物质都只是相互对待的思想的
45 规定而不具有任何的真理,所以在那些哲学家那里神不是像常见的那样
仅仅是不可思议的东西的另一个词,而宁可说神是被理解为它们两者的
唯一真实的同一性。可是这个同一性有时过于抽象,如斯宾诺莎的同一

---

　　①　Malebranche,Nicolas(1638—1715),法国哲学家,著名的偶因论者,认为灵魂和身
体不能直接相互影响,是上帝借灵魂有某种思想的机缘(偶因)使身体作相应的运动,又借
身体有某种运动的机缘而使灵魂有相应的思想。——译者

性,有时虽然也是创造行动,如莱布尼茨的单子的单子,但只是作为判断行动,以至于[虽然]①导致了灵魂与身体的东西、物质的东西的某种区别,可是同一性却只是作为判断的系词,而没有进展到发展、进展到绝对推论的体系。

〔附释〕 我们在精神哲学的绪论中已经指出,自然界自身怎样把它的外在性和个别化、它的物质性当作不真实的东西、与内在于它里面的概念不相符合的东西予以扬弃,并由此在达到非物质性时过渡到精神。因而在上面这一节里直接精神,即灵魂就被规定为不仅就自身说是非物质的,而且被规定为自然界的普遍的非物质性,并且同时被规定为实体,被规定为思维和存在的统一。这种统一早已是东方主义的基本观点。波斯教里被看作绝对物的光,就具有精神东西的意义,也同样具有物理东西的意义。斯宾诺莎更为确定地把上述统一理解为万有的绝对基础。尽管精神退回到自身中,把自己置于其主观性的顶端,可是它仍然还是自在地在那个统一中。但精神不能停止在这种统一上;精神之达到绝对的自为存在,达到与自己完全符合的形式,只是由于它以内在的方式把在实体中还是简单的区别发展成为一个现实的区别并把这区别引回到统一;精神只有通过这条途径来摆脱它作为灵魂所处的那种睡眠状态;因为在灵魂那里,区别还裹在无区别性的、因而是无意识性的形式中。因此,斯宾诺莎哲学的缺陷正在于:在这个哲学中实体没有进展到内在的发展,——多样性的东西只是以外在的方式加到实体上去。阿那克萨哥拉的 *voῦs* 包含有这种思维和存在的统一;可是这个 *voῦs* 比起斯宾诺莎的实体来还更少 46 达到自己的发展。泛神论绝不投入到条理化和系统化中去。凡是泛神论以表象的形式出现的地方,它都是一种醉醺醺的生活,一种酒神的直观,这直观不是让宇宙的诸个别形象一环扣一环地凸现出来,而是一而再地把它们埋没到普遍东西里去,驱赶到崇高东西和大而无当的东西里去。虽然如此,这个直观却是任何健全胸怀的一个自然而然的出发点。特别

---

① 理论版编者增补。——译者

是在青年时期我们透彻地体会到了,我们周围的万物和我们自己有灵魂的生命是同整个自然界亲如手足、同情共感的,我们因而得到某种关于世界灵魂、关于精神和自然界的统一、关于自然界的非物质性的感受。

但是,当我们离开情感而前进到反思时,灵魂和物质的对立,我的主观的自我和自我的形体性的对立在我们看来就成了一种固定不变的对立,而身体和灵魂的相互联系就成了一种独立东西相互之间的作用。通常生理学的和心理学的考察不懂得克服这种对立的固定不变性。这样一来,物质作为多、即合成的东西就与自我作为完全单纯的东西、即一——这个一切表象的深渊——绝对生硬地对立起来了,而对于这个多和那个一是怎样统一起来的问题的回答也就自然而然地被宣称为是不可能的了。

这个对立的一方面,即灵魂的非物质性,我们是容易承认的;而这个对立的另一方面,即物质,对于在单纯反省思维立场上的我们来说,则止于作为一个固定不变的东西,即作为这样的东西,我们承认它,也同样承认灵魂的非物质性;这样一来,我们就把同样的存在既归之于物质的东西,也归之于非物质的东西,把这两者都认作是同样实体性的和绝对的。这种思考方式也支配着旧形而上学。旧形而上学尽管仍然坚持物质东西和非物质东西的对立是一种不可克服的对立,可是另一方面它又同样以一种无意识的方式通过下述途径取消了这个对立,这就是它使灵魂成为一个东西,因而成为某种虽然是完全抽象的、但还是立即按照感性关系规定了的东西。旧形而上学做到这点是通过它追问灵魂的所在地,——从而它就把灵魂放到空间里;同样地,通过追问灵魂的产生和消失,——从而灵魂就被放到时间里;第三通过追问灵魂的属性,因为这样灵魂就同时被看作是某种静止的东西、固定不变的东西,被看作是这些规定的联结

47 点。当莱布尼茨使灵魂跟其他一切事物一样成为单子时,他也把灵魂看作是一个东西;单子同[一个]①东西一样也是静止的东西,而灵魂和物质

_____

① 理论版编者增补。——译者

东西的全部区别按照莱布尼茨就只在于灵魂是一个比其余物质清楚些、发展些的单子，——由于这样一种观念，物质东西虽然是被提高了，但灵魂与其说是与物质东西区别开来了，倒不如说是被贬低为某种物质东西了。

思辨逻辑已经使我们超越了这种完全纯粹反省式的思考方式，因为它指出，所有这些应用于灵魂的规定——如东西、单纯性、不可分性、———在其抽象的理解上都不是真实的东西，而是向其对立面转化。但是，精神哲学则是通过阐明所有这些固定不移的知性范畴如何由于精神的观念性而在精神里被扬弃来进一步证明这类范畴的非真实性的。

至于说到所讨论的对立的另一方面，即物质，那么，如早已指出过的，外在性、个别化、复多性则被认作是物质的固定不变的规定，因而这种多的统一仅仅被宣称是一种表面的纽带，一种合成，据此一切物质东西就被宣称是可分的。必须承认，在精神那里具体的统一是本质的东西，多是某种映像，而在物质那里则是相反；当旧形而上学提出在精神那里第一性的东西是一还是多的问题时，它已经流露出对某种东西的预感。但是，物质的外在性和复多性不能由自然克服这个前提，根据我们的观点，即根据思辨哲学的观点，我们在这里早已把它作为一个无效的前提而予以拒斥了。自然哲学教导我们，自然是怎样一个阶段一个阶段地扬弃它的外在性的，物质是怎样通过重力就已驳倒了个别东西、复多东西的独立性，而这种通过重力和更多地通过不可分的、单纯的光所开始的反驳，是怎样通过动物的生命、通过有感受的东西得到完成的，因为有感受的东西向我们揭示出作为一的灵魂在其形体性的一切点上都无所不在，因而揭示出物质的相互外在是被扬弃了的。既然一切物质东西都为在自然里起作用的自在存在着的精神所扬弃，而这种扬弃是在灵魂的实体中完成的，那么灵魂就是作为全部物质东西的观念性、作为全部非物质性出现的，以至于一切称为物质的东西就被认识到是一种对于精神来说非独立的东西，尽管它用独立性来欺骗表象。

当然，灵魂与身体的对立是必然会造成的。一旦不确定的普遍的灵　48

魂规定自己、个体化自己，一旦精神正因此而变为意识——而精神是必然要前进到这一点的，——那么精神就站到它自身与它的他物相对立的立场上去了，它觉得它的他物是一个实在的东西，是一个无论对于它还是对于自己本身而言都是外部的东西，是一个物质的东西。在这种立场上灵魂和身体的协同性是否可能的问题就是一个完全自然而然的问题了。如果灵魂和身体像知性意识所主张的那样是彼此绝对对立的，那么两者之间的任何协同性都是不可能的。但现在旧形而上学承认这种协同性是一个不可否认的事实；因而问题在于绝对独立的东西、独自存在着的东西却仍然处于相互统一中的这个矛盾怎样才能得到解决。由于这样地提出问题，对于问题的解答就已是不可能的了。然而必须认识到正是这种提法是一种不允许的提法；因为实际上非物质东西对物质东西的关系并不是像特殊东西对特殊东西的关系，而是像真正统摄特殊性的普遍东西对特殊东西的关系；在其特殊化中的物质东西比起非物质东西来没有任何真理，没有任何独立性。上述那种分离的观点因而也就不能看作是最终的、绝对真实的观点。其实物质东西和非物质东西的分离只能根据两者的原始同一性的基础来说明。所以在笛卡儿、马勒伯朗士、斯宾诺莎的哲学中就回到了思维和存在、精神和物质的这样一个统一并将这个统一设置在神中。马勒伯朗士说过：我们在神中看一切事物。他把神看作思维的东西和非思维的东西之间的中介、积极的媒介物，更确切地说看作这两个方面都在其中被扬弃的内在的、贯穿一切的本质，——因此不是看作与两个本身似乎有现实性的极端相对立的某个第三者；不然的话又会产生那个第三者怎样与这两个极端会合的问题。但是，在上述哲学家们把物质东西和非物质东西的统一设置在本质上必须理解为精神的神中的时候，他们是想让人们认识到，那个统一不可以看作是具有同等意义和独立性的两个极端在那里相交在一起的某种中性的东西，因为物质东西无论对于精神还是对于自己本身绝对只有一种消极东西的意义，或者，——如柏拉图和其他古代哲学家所表述的那样——必须被描述为"它自身的他物"，而精神的本性则必须相反地认作是积极的东西、思辨的东西，因为精神完

49

全自由地穿过跟它作对的非独立的物质东西,统摄这个它的他物,不承认它的他物是真正实在的东西,而是将其观念化和降低为某种间接的东西。

　　唯物主义是与对于精神和物质的这种思辨的理解对立的,它把思维描述为物质东西的结果,从复多的东西中引申出思维的单纯性。没有什么东西比唯物主义著作中对于像思维这样一种结果应当由其产生的那些多种多样的情况和联系所做的说明更为令人不满意的了。在这样说明时完全忽视了:正如原因扬弃在结果中,手段扬弃在实现了的目的中一样,那应当以思维为其结果的东西则宁可说是被扬弃在思维中了,同时精神本身并不是由某种他物所产生,相反地,精神使自己本身从其自在存在达到自为存在,从其概念达到现实,并且使那据说是设定它的东西成为被它所设定的东西。尽管如此,我们必须肯定唯物主义中超出把两个不同世界假定为同样实体性的和真实的这种二元论并消除对原来是一个东西的这种撕裂的满怀热忱的努力。

§. 390

灵魂起初是

a. 在其直接的自然规定性中的灵魂,——仅仅存在着(是)的,即自然的灵魂;

b. 作为个体的而与它的这个直接存在建立起关系,同时在直接存在的诸规定性中是抽象独立的——感觉的灵魂;

c. 同一个直接存在作为它的形体性被塑造在它里面,而它在这个形体性中则是现实的灵魂。

〔附释〕 本节指出的人类学的第一部分包括仅仅存在着的、自然的灵魂,这一部分本身又分为三节。在第一节中我们首先必须处理精神的全然普遍的、直接的实体,处理灵魂的简单的搏动和单纯的己内活动。在这个最初的精神生命中还没有任何区别设定起来,既没有个体性对普遍性的区别,也没有灵魂对自然事物的区别。这种简单的生命借助于自然和精神得到自己的说明;它自己本身仅仅存在(是),还没有任何定在,没

50

有任何有规定的存在,没有任何特殊化,没有任何现实性。但是,正如在逻辑学中存在必然过渡到定在一样,灵魂也必然离开其无规定性而进展到规定性。前面已经指出,这种规定性最初具有自然性的形式。但是灵魂的这种自然规定性应当理解为总体性,理解为概念的模写。因此,在这里最初的东西是灵魂的那些全然普遍的质的规定。属于这类规定的特别是人类在身体上和精神上的种族差异性以及各民族在精神上的区别。

　　接下来这些彼此分开存在的普遍的特殊化或差异性就被纳回到——而这形成向第二节的过渡——灵魂的统一中去,或者,这样说是同一回事,被带到个别化去。正像光爆裂为无数量的星星一样,普遍的自然灵魂也爆裂为无数量的个体的灵魂,只不过有这样的差别,即光有一种独立于星星的持续存在的外貌,相反地,普遍的自然灵魂则唯有在个别的灵魂中才得到现实性。现在由于第一节里所考察的那些彼此分崩离析的普遍的质,如前面说过的那样,被纳回到人的个别灵魂的统一中,它们就代替外在性的形式而得到了保持着这些质的个体主体的自然变化的形象。这些同样既是精神上也是身体上的变化出现在年龄的进程中。在这里区别就不再是一种外在的区别了。而在性关系里区别就成为现实的特殊化,成为个体对自己本身的实在的对立。从此出发灵魂一般说来就同它的那些自然的质、同它的普遍的存在对立起来,而它的普遍的存在正因此而被降低为灵魂的他物,降低为一个单纯的方面,降低为一种暂时的状态,即是说,降低为睡眠的状态。这样就出现了自然的觉醒,即灵魂的自行展开。不过在人类学这里我们还用不着去考察清醒意识将要获得的充实内容,而只是就这种清醒状态是一种自然的状态而言来对它进行考察。

　　灵魂现在从这种对立的关系或实在的特殊化的关系中走出来而在第三节里回复到与自己的统一,这样的回复是由于灵魂重新取消了它的他
51 物的某种状态的固定性并把这个他物消溶在它的观念性里。这样一来,灵魂就从单纯普遍的和仅仅自在存在着的个别性进展到自为存在着的现实的个别性,并正因此而进展到感受。在这里我们首先处理的只是感受的形式。灵魂感受到什么东西,只有在人类学的第二部分里才能确定。

自己本身内的感受之扩展到预感的灵魂,构成向第二部分的过渡。

a. 自 然 灵 魂

§.391

普遍灵魂不得仿佛是世界灵魂似的被确定为一个主体;因为它只是普遍的实体,这实体只有作为个别性、主体性才有其现实的真理。所以它是作为个别的、但直接地只不过作为存在着(是)的灵魂出现的,这样的灵魂自身具备自然规定性。这些自然规定性,可以这么说,在它们的观念性后面有着自由的实存,就是说,它们是意识的种种自然对象,但灵魂本身并不把它们作为外在的对象来对待。这些规定宁可说是灵魂自己身上具有的自然的质。

〔**附释**〕 跟全部自然界的大宇宙比起来,灵魂可以描述为小宇宙,那个大宇宙就压缩在这个小宇宙里,并以此而扬弃了自己的分离性。因而,那在外部自然界中作为被允许自由离开的诸领域、作为一系列独立形象出现的同一些规定,在灵魂中就被降低为单纯的质。灵魂处在一方面是在它后面的自然界和另一方面是作为从自然精神中挣扎出来的伦理自由世界的中间。正如灵魂生命的简单规定在普遍自然生命中有其彼此外在地撕裂了的对应物一样,那种在个别人里具有某种主观东西、即某种特殊动机的形式并无意识地作为某种存在而在他之内的东西,就在国家中展开成为自由的各个不同领域的一个体系,——成为一个为有自我意识的人的理性所创造的世界。

α. 自 然 的 质

52

§.392

1. 精神在其实体、即自然灵魂中,同时参与一般行星的生活,经历着气候的差别、季节和一天时段的更替等等——这是一种在精神那里仅仅部分地达到模模糊糊的情绪的自然生活。

〔说明〕　近代关于人的宇宙的、恒星的、地球的生活谈得很多。动物本质上是生活在［与自然界的］①这种同情同感中的;它的特殊性格以及它的特殊发展在许多情况下是完全地、而永远是或多或少地与此相联系的。在人那里,人越是有文化,人的全部状况因而越是被置于自由的、精神的基础上,诸如此类的联系就越是失去意义。世界历史与太阳系内的各种公转无关,正如个别人的命运与诸行星的各种位置无关一样。——气候的差别具有某种更为永久的和更加强大有力的决定性。然而与季节和一天时段相应的,只是在包括疯狂在内的种种病态中、在有自我意识的生活遭到沮丧时才特别表现出来的那些较为脆弱的情绪。——在各民族的迷信当中,以及在那些精神自由方面较少进展而更多与自然和谐生活的民族由于智力薄弱而来的种种迷误当中,也可找到一些真实的联系和基于其上的看起来令人惊奇的对于一些情况和与之相联系的事件的预见。但是,随着精神的自由获得更加深入的理解,这些为数不多而且微不足道的、建立在与自然界共通生活基础上的易感性就消失不见了。相反地,动物和植物则始终是被束缚在那上面。

53　　〔附释〕　上节及其附释说明,普遍的自然生活也是灵魂的生活,灵魂以同情同感的方式同时参与这种普遍的自然生活。但是现在如果我们想把灵魂与全宇宙的这种共通生活作为精神科学的最高对象,那就是一个十足的错误。因为精神的活动本质上正在于使自己超越那囿于单纯自然生活的状态,把握自己的独立性,使世界从属于自己的思维,根据概念来创造这个世界。因此,在精神里面普遍的自然生活只是一个完全从属的因素,宇宙和地球的种种力量都受精神支配,它们在精神里只能引起某种无关紧要的情绪。

现在,普遍的自然生活首先是普遍太阳系的生活,其次是地球的生活,在地球的生活里太阳系的生活获得更加独特的形式。

---

①　译者增补。——译者

　　就灵魂和太阳系的关系而言,我们可以注意到,占星术把人类和个人的命运与行星的形状和位置联系起来(就像近来大体上是在精神能够从世界来说明的意义上把世界看作精神的一面镜子)。占星术的内容必须作为迷信加以抛弃;可是科学却有责任说明这样抛弃的确定的理由。这个理由一定不单是说行星离我们远并且是物体,而是说太阳系行星的生活是一种运动的生活,换句话说,是一种空间和时间是其中的决定因素的生活;因为空间和时间是运动的契机。行星运动的规律唯一地是通过空间和时间的概念来规定的;因而绝对自由的运动在行星中有其现实性。但在物理的个体东西中上述抽象运动就已经是一种完全从属的东西了;个体东西一般总是给自己本身提供其空间和时间;它的变化是由其具体的本性决定的。动物的躯体比起单纯物理的个体东西来达到了更大的独立性:它的发展有一种不依赖于行星运动的历程,它的寿命有一种不由行星所决定的尺度;它的健康及其疾病的进程都不依赖于行星;例如,间歇性的发烧就有它自己的确定的尺度;在这些疾病那里决定的因素不是作为时间的时间,而是动物的机体。而对于精神来说,空间和时间的抽象规定、自由运动的机制就全然没有任何的意义和力量;有自我意识的精神的种种规定比起彼此并列、前后相继的抽象规定来是无限地更为坚实、更为具体。精神,作为赋有形体的,虽然是在一个确定的地点和一个确定的时间内;但是它却超越于空间和时间之上。当然人的生命是为地球距太阳的一定距离所制约的;离太阳的距离更远或更近它就会不能生存下去;可是地球的位置对于人的影响也就止于此而不会更多了。

　　严格意义上的地球的状况——一年内地球绕日完成的运动,每天地球绕地轴的运动,地轴在绕日运动轨道上的倾斜——,所有这些属于地球的个性的规定虽然对人不无影响,但对精神本身是无关紧要的。因此,教会就已经正当地把对于地球的、宇宙的状况所施加于人的威力的信仰当作迷信的和非伦理的予以摒弃了。人应当把自己看作是不受自然状况约束的;但由于那种迷信他却把自己看作是自然物。因此,我们也应当把这样一些人的企图宣布为毫无价值,他们努力把地球演化中的时代同人类

历史的时代联系起来,在天文学的和甚至物理学的领域内去发现宗教及
其种种象征的起源,与此同时还忽然有了这样毫无理由和深不可测的想
法,认为一旦昼夜平分时从金牛(星)座前移到白羊(星)座,跟着阿匹斯
神牛①崇拜来了的必然是作为羔羊崇拜的基督教。——至于说到地球的
状况对人实际上施加的影响,在这里只能就其主要因素谈一谈,因为关于
这方面的特殊东西属于人和地球的自然史的范围。地球的运动变化过程
就季节和一天时段的更替而言包含有一种物理学的意义。这种更替当然
触及到人;单纯的自然精神,即灵魂对于季节和一天各时段的情调同样有
感受。但是,如果说植物完全受四季更替的束缚,甚至动物也无意识地受
55　这种更替的支配,为它所驱使本能地去交配,有些则本能地游移迁居,那
种更替在人的灵魂里并不引起任何他会毫无意志地予以服从的激动。冬
季使人倾向于回到自身之内、集中思想、家庭生活、崇拜家神。相反地,在
夏季人们特别有兴致旅行,感到自己被吸引到郊外,普通老百姓渴望朝圣
进香。可是无论是那种更为真挚的家庭生活还是这种朝圣进香和旅行都
没有什么单纯本能的东西。基督教的节日同四季的更替有联系;基督诞
生节的庆祝是在那个仿佛太阳重新升起的时刻里举行的;基督复活节则
定在初春,即自然界觉醒的期间。但是宗教东西和自然东西的联系同样
不是通过本能造成的,而是有意识地造成的。——就月相变化而言,那么
这些变化即使对于人的自然本性也只有有限的影响。这种影响在神经错
乱者那里表现出来了;但在这样的人里起支配作用的是自然力量,而不是
自由的精神。——再说一天的各个时段当然会引起灵魂的某种特有的倾
向。人的情绪早上不同于晚上。早上是严肃,精神更多地在与自己和自
然的同一性中。白天属于对立面,即工作。晚上是反思和幻想占上风。
午夜前后精神从白天的分散状态回到自身,与自己孤寂地在一起,倾向于

———————

①　阿匹斯(Apis)神牛意为埃及雄牛神,埃及名为哈匹(Hapi),Apis 为其希腊化读法。
崇拜中心在古埃及孟斐斯。在古希腊—罗马时期,对其崇拜是以一头活牛养于神庙祀之,
祭司根据其动作和叫声来观察预兆和传达神谕。一头牛死后则举行仪式以另一头牛代
之。——译者

思考。午夜以后大多的人都死过去了；人的天性这时还不想开始新的一天。一天的时段也与各民族的公共生活有一定的联系。古代人——比我们更多地——为自然所吸引，他们的民众集会是在早晨举行的；相反地，英国议会的活动则是晚上开始，有时一直继续到深夜，这是与英国人的内向性格一致的。不过上面指出的由一天各个时段引起的种种情绪受到气候的修改；例如，在热带国家人们中午感到自己更乐于休息，而不是活动。——关于气象的变化的影响可以指出下面这些。在植物和动物那里对气象现象的易感性明白地表现出来了。例如，动物预感到暴风雨和地震，即它们感到了还没有在我们面前出现的大气层的变化。同样人也从伤口感受到气压计尚未表示出来的天气变化；伤口所造成的薄弱部位容 56 许自然强制力更加明显可察。对于机体如此起决定作用的东西，对于薄弱的精神也有意义并且作为效果而被感受到。甚至整个的民族，希腊人和罗马人，都依赖他们觉得与气象变化相联系的自然现象来作他们的决定。众所周知，他们在国家事务方面不仅向祭司，而且也向动物的内脏和吞食的情况请教。例如，在关系到希腊的、甚至整个欧洲的自由，关系到击退东方专制的普拉台战役①的当天，保萨尼阿斯②整个早晨都为了牲畜祭品有好征兆而苦恼。这件事看起来是与希腊人在艺术、宗教和科学中的智慧完全矛盾的，但却是能够从希腊精神的立场来很好地说明的。现代人的特征是在所有要求在如此这般情况下有必要深思熟虑的事情中都由自己本身作出决定；平民百姓和王公大臣都同样由自己本身作出自己的决定；在我们这里主观意志截断思虑的一切理由而决定自己去行动。古代人则相反，他们还没有达到这种主体性的力量和对他们自身的这种坚强的确信，在自己的各项事务中都要求通过神谕、通过外部现象来决定自己，在外部现象中去追求弄清楚和证实自己的决

---

① 普拉台(Platää)战役即公元前 479 年雅典斯巴达联军与波斯入侵军队的战役，雅典斯巴达联军大捷，称为"解放大节"。——译者

② 保萨尼阿斯(Pausanias)，(？—约公元前 470/前 465)，斯巴达将领，在普拉台打败波斯入侵军。——译者

心和目的。现在特别就战役的情况来看,那么这里就不仅取决于伦理的意向,而且也取决于朝气勃勃的情绪,取决于对身体力量的感觉,可是在古代人那里这后一种素质比在现代人那里远为重要得多,在后者那里军队的纪律和将领的才干是主要的,与此相反,在更多地生活在与自然的统一中的古代人看来,对于决定会战贡献最多的是个别人的勇敢、永远以某种体格东西为其源泉的勇气。现在勇敢的心情是与其他自然的素质,如与地段、气氛、季节、气候的素质相联系的。但是,由于动物还更多地生活在与自然的统一中,赋有灵魂的生命的同感共鸣的情绪在动物那里就比在人那里更明显可见地表现出来了。由于这个理由希腊的统帅只有在这种情况下才去会战,即当他相信在动物身上发现了种种健康的素质,而这些素质看来容许推论到人的种种好的素质。所以,在其著名的后撤中行动得如此明智的色诺芬①,每天都进行祭献,并依照祭品的结果来决定他的军事措施。但是古代人在寻找自然东西和精神东西之间的联系上走得太远了。他们的迷信[使他们]②在动物的内脏中看到了比在其中所能看到的更多的东西。与此同时自我就放弃了自己的独立性,使自己从属于外部的情况和决定,并使这些决定成为了精神的决定。

§.393

2. 自然精神的普遍行星生活特殊化为地球的种种具体的区别,并分成为各种特殊的自然精神,这些特殊的自然精神整个说来表现出地理学上各大陆的性质,并构成种族差异性。

〔说明〕　由于地球的两极性对立,朝北的陆地比较集中,并且与海洋相比拥有优势,而朝南半球的陆地则分开地伸出成为彼此隔离的尖端,

---

①　Xenophen(约公元前403—前350以前),古希腊历史学家和政治家,苏格拉底的学生。其《远征记》记述他率领希腊万人军团从波斯返回希腊途中的事迹,很负盛名。——译者
②　译者增补。——译者

同时给各大陆的区别带来特雷维拉努斯(植物学,第二部分)①所揭示出来的关于动物和植物的某种诱发变异。

〔**附释**〕　说到人的种族差异性首先必须指出,在哲学中,一切人的种类是否来自唯一的或多数的双亲这个纯粹历史的问题,是与我们完全无关的。人们之所以重视这个问题,是因为人们相信通过源于多数双亲的假定就可以说明某一人种对其他人种在精神上的优越性,甚至指望借此证明,人们就其精神能力来说是天生如此不同,以至于一些人可以像动物一样受支配。但是,从起源绝找不出人们有权或无权享有自由和进行统治的任何理由。人自在地就是理性的;一切人的权利平等的可能性就在这里,——把人类僵死地区分为有权的和无权的之毫无价值就在这里。——人种的区别还只是一种自然的区别,即一种有关自然灵魂的区别。这种区别本身是与人们大量聚集于其上的地面的地理学的区别有关联的。地面的这些地理学的区别就是我们称之为大陆的东西。对于在地球个体的结构划分中起支配作用的必然东西的详尽研究属于地理学。——地球的主要区分就是划分为旧世界和新世界。这个区别首先是与这些大陆在世界历史中或更早些或更晚些为人知晓这点相联系的。这层意思在此对我们是无关紧要的。对于我们来说在这里重要的是构成各大陆区别性特征的规定性。就这方面而言就必须指出,美洲比起旧世界来具有更为年轻的外貌,而在其文化历史方面比起旧世界来则落后。美洲仅以两端之间一条十分狭窄的中部来表示北美洲与南美洲的一般区分。这个大陆的土著民族正在没落;旧世界则在这个大陆里得到新的发展。旧世界不同于美洲之处在于,它显得是一个分开各有特定区别的东西,即分成为三个大陆,其中之一,即非洲,从整体上看是作为一团隶属于纯粹统一性的东西,作为一座朝着海岸地区封闭的高山出现的,另一个大陆,即亚洲,则陷入高原和宽阔的河流所灌溉的大山谷的对立之中;而第

58

---

①　Gottfried Reinhold Treviranus,植物学或为自然研究者和医生写的生物界哲学,共6卷,哥廷根,1802—22。——理论版编者

三个大陆,即欧洲,由于在这里山和山谷不是像在亚洲那样相互配合成为大陆的大部分,而是常常彼此穿插,显示出非洲的那种无区别的统一和亚洲的突如其来的对立这两者的统一。这三个大陆都位于地中海周围,但不为它所隔离,而是由它联系起来。北非,直至沙漠的尽头,按其特性已属于欧洲;非洲的这一部分的居民也不是本来的非洲人,即黑人,而是与欧洲人同源的。整个近东按其特性也是属于欧洲的;本来的亚洲种族,即蒙古族,居住在远东。

在我们已尝试证明各大陆的区别并不是偶然的,而是必然的之后,我们就打算确定与上述区别相联系的人类在体格方面和精神方面的种族差
59 异性。生理学首先区分出高加索人种,埃塞俄比亚人种和蒙古人种,列入其中的还有马来人种和亚美利加人种,但它们更多的是形成具有无限不同特性的聚集体,而非有显著区别的种族。所有这些人种在体格方面的区别突出地表现在头颅和面孔的构造上。而头颅的构造必须由从外耳道到鼻根的一条水平线和从额骨到上颌骨的一条垂直线来确定。动物的头和人的头就是由这两条线构成的角来区别的;在动物那里这个角是极小的锐角。在确定种族差异性方面另一重要的、由布鲁门巴赫①作出的规定涉及颧骨凸出的大小。额的隆起和宽度在这里也有决定作用。

现在在高加索人种那里上述那个角几乎或完全是一个直角。意大利人、格鲁吉亚人和切尔克斯人②的相貌特别是这样。在后面这个种族那里,头盖骨向上呈球形,额微凸出,颧骨下陷,两颌中前齿垂直,肤白颊红,发长而柔软。

蒙古人种的特征表现在颧骨凸出,眼不圆而成狭缝,鼻塌肤黄,发短、硬、黑。

---

① Johann Friedrich Blumenbach(1752—1840),解剖学家和人类学家(颅骨学),创立了"可塑性"学说。——理论版编者

② 切尔克斯人(Cirkassier)是高加索人的一支,主要居住地在俄罗斯共和国的阿迪盖和卡拉卡伊—切尔克斯自治区和卡巴尔达—巴尔卡尔自治共和国。其他一些社区在土耳其、叙利亚,甚至在伊拉克、约旦、以色列也有些小居民集团。——译者

黑人①的头颅比蒙古人和高加索人较为狭窄,额拱而不平坦,颌伸出,齿斜立,下颌极前伸,肤色大体上为黑色,发曲而黑。

马来人种和亚美利加人种在形体构造上比起以上描述的人种来较少显著特征;马来人种的皮肤是棕色,亚美利加人种的皮肤是紫铜色。

上述各种族在精神方面有以下的区别。

黑人可以看作没有超出其不求私利和无利害的天真状态的儿童民族。他们被贩卖也让人贩卖自己,对这么做是对还是不对没有任何思考。他们的宗教有些幼稚的东西。他们抓不住他们感受到的比较高尚的东西;这种东西只不过转瞬即逝地掠过他们的头脑。他们把这个比较高尚的东西转嫁到他们最先遇见的最好的石头上,并这样地使它成为他们的物神,而当这物神不能帮助他们时,他们就抛弃它。他们在心平气和时是完全心慈无害的,而在突然发生激动时则作出可怕的残暴行为。不能否认他们接受教育的能力;他们不仅有时以极大的感激心情接受基督教,并且感动地谈到他们在长期的精神奴役后通过基督教而得到的自由,而且在海地还建立了一个以基督教为原则的国家。但他们没有表现出一种趋向文化的内心冲动。在他们的故土通行的是可怕的专制政体;在那里他们没有达到对人的人格的感觉,——在那里他们的精神始终完全沉睡般地沉陷在自身之内而没有取得任何进步,因而与非洲大陆作为一大堆坚固的、无区别的东西相称。

相反地,蒙古人超出了这种幼稚天真状态;在他们之中显露出来的特征是一种不安静的、达不到任何固定结果的移动性,这种移动性驱使他们像庞大的蝗虫群一样伸展到其他民族,接着它又让位给漫不经心的冷淡和麻木不仁的沉静,而这些又曾经是先行于那种突然爆发的。蒙古人在自己身上同样显示出以崇高东西和巨大东西为一方与极狭隘的迂腐气为另一方之间的截然对立。他们的宗教已含有被他们崇敬为神的普遍东西的表象。但是他们不能容忍这个神是不可见的神。这个神是以人的形象

_____

① 指非洲人,即非洲大部分地区的居民。——译者

存在的,或者至少是通过这个或那个人来显示自己。例如,在西藏人那里,常常是一个小孩被挑选出来作为当前的神,而如果这个神死了,僧侣们就在人群中寻找出来另一个神,而且这些神都一个接一个地享受到极度的崇敬。这个宗教的本质性东西一直延伸到印度人那里,他们也同样把一个人、即婆罗门看作是神,而把人的精神之退回到自己的暧昧的普遍性看作是神性。所以在亚细亚种族中精神当然已经开始觉醒,开始使自己与自然东西分离开。可是这种分离还不是分明的,还不是绝对的分离。精神还没有理解它自己的绝对自由,还不知道自己是自为存在着的具体普遍东西,还没有使自己的概念在思想的形式中成为自己的对象。因此精神就还实存在与它相矛盾的直接个别性的形式中。神虽然成了对象性的,但还不是以绝对自由的思想的形式,而是以某种直接实存着的有限精神的形式。与此相联系的就是在这里出现的对死者的崇拜。在这种崇拜中包含有一种对自然性的超越;因为在死者中自然性已经灭亡了;对于死者的回忆只抓住在死者中显现出来的普遍东西,并因而超越了现象的个别性。但是,普遍东西一方面始终只是作为一个完全抽象的普遍东西被抓住,另一方面则只是在一个彻头彻尾偶然的直接实存中被直观。例如,在印度人那里普遍的神就被看作是出现在整个自然、河流、山脉以及人中。因此,亚洲无论在自然方面和精神方面都表现出对立的环节,即突如其来的对立、对立规定的无中介的同时发生。精神在这里一方面与自然界分离,另一方面却又重新陷入自然性,因为精神还不是在自己本身里、而只是在自然东西里达到现实性。在精神和自然的这种同一性中真实的自由是不可能的。人在这里还不能达到对自己人格的意识,在自己的个体性里还完全没有任何价值和任何权利,——在印度人那里没有,在中国人那里也没有;中国人没有任何考虑就扔弃或者干脆弄死自己的婴儿。

在高加索人的种族那里精神才达到与自己本身的绝对统一;在这里精神进到与自然性的完全对立,掌握它自己的绝对独立性,克服从一个极端到另一个极端的来回摆动,实现自决和自己本身的发展,并因此而创造世界历史。如已指出的,蒙古人只是以一种洪水向外冲刷的活动为其特征的,这洪水像它来得那么快一样又退下去,只不过起破坏的作用,什么都没有建成,没有产生世界历史的任何进步。这种进步是通过高加索种族才实现的。

　　但是,在高加索人种族中我们必须区分开两方面,近东人和欧罗巴人,这个区别现在是和伊斯兰教徒与基督教徒的区别重合的。

　　在伊斯兰教里,犹太人的狭隘原则由于扩展为普遍性而被克服。在 62 这里神不再像在远东人那里那样被看作以直接感性的方式实存着的,而是被理解为超越于世界的一切复多性之上的唯一的无限的力量。伊斯兰教因此是这词的最严格意义上的超越性的宗教。近东人,特别是阿拉伯人的性格是与这种宗教完全一致的。这个民族在飞升到唯一的神时,对一切有限东西、一切痛苦都不在意,对自己的生命和物质财富都不吝惜;它的勇敢和慷慨好施现在都还是应该得到承认。但是近东人坚持抽象的一的精神还没有达到规定,即普遍东西的特殊化,因而没有达到具体的形态。虽然所有在远东占支配的严格的社会等级制度在这里都被消灭了,在伊斯兰教的近东人当中每一个体都是自由的;严格意义的专制政体在他们当中是不存在的。可是政治生活在这里还没有达到一种经过分化而成的有机体,即区分为特殊的权力构成。至于说到个人,那么他们虽然一方面以一种伟大的崇高精神而使自己超越于主观的、有限的目的,可是另一方面又以无节制的冲动而投入对于那些后来在他们那里缺乏任何普遍东西的目的的追逐,因为在这里还没有达到普遍东西的一种内在的特殊化。所以在这里除了最崇高的意向就还产生了最厉害的复仇欲和阴谋诡计。

　　相反地,欧罗巴人则以具体的普遍、规定着自己本身的思想为其原则和性格。基督教的上帝不单是无区别的唯一个神,而且是三位一体的神,即自身包含着区别的、成为人的、启示着自己本身的神。在这个宗教的表象里普遍东西与特殊东西、思想与定在的对立达到极端的尖锐化,但同时被引回到了统一。所以,特殊东西在这里不像在伊斯兰教里那样静止地始终被留在其直接性里;宁可说特殊东西是由思想规定的,正如倒过来说普遍东西在这里是自己发展到特殊化。因此,欧罗巴精神的原则是有自我意识的理性,这个理性信任自己,对于它来说没有什么是不可克服的障碍,因而它接触一切事物,以便在一切事物中出现在自己本身面前。欧罗巴精神把世界放在自己对面,使自己从世界解放出来,但又扬弃这种对立,把它的他物,即杂多东西纳回到自身、即它的简单性中。因此,在这里

63　占支配的是其他种族所陌生的无限的求知欲。世界对于欧罗巴人是有趣的;他要认识这个世界,要占有跟他对峙的他物,要使自己在世界的种种特殊化中看到类、规律、普遍、思想、内在的合理性。——欧罗巴精神在实践方面也正如在理论方面一样,追求那在他和外部世界之间必须予以产生的统一。他以一种保证了他对世界的统治的能力来使外部世界从属于他的目的。在这里个人在其特殊行为方面是从固定不变的原则出发的,而国家在欧洲或多或少是通过合理的制度摆脱了专制暴君的专横的那种自由的发展和实现。

　　但是,最后关于原始的亚美利加人我们必须指出:他们是一个正在消失的衰弱的种属。虽然在发现美洲的时期在它的许多地区里会遇到相当的文化;可是这种文化是不能与欧洲文化相比的,而且随着土著居民一起消失了。此外,在那里有最迟钝的未开化的人,例如佩舍雷人①和爱斯基摩人②。从前的加勒比人③几乎完全绝种了。一旦使他们熟悉了烧酒和枪支,这些未开化的人就不再存在了。在南美洲,正是克里奥尔人④从西

---

①　Pescherä,黑格尔这里说的可能是南美洲南端与火地岛之间沟通大西洋和太平洋的海峡——麦哲伦海峡中部的土著,他们在呼喊时常常发出“pescherie, pescherie!”的声音,1776 年法国航海家布干维尔(Bougainville, 1729—1811)在发现他们时就因此而称他们为“pescherä”(见布干维尔:《环球航行》,1771 年)。后来与达尔文一起出航考察的“贝格尔”号船长费茨罗伊(Fitzroy, Robert)也按布干维尔这样称呼他们,并发现他们中的成年人只有约 200 人(费茨罗伊:《“贝格尔”号的环球航行》第 2 卷,1839 年)。——译者

②　Eskimo,也称因努伊特人,西半球北极和亚北极地区土著的主要组成部分。这词的原意为“食生肉者”。最古老的爱斯基摩文化已有 3 千余年历史。——译者

③　Kareib,美洲印第安人,西班牙征服时期居住在小安的列斯群岛和邻近的南美洲沿海地带。——译者

④　Kreolen,在 16—18 世纪这个名称指生于美洲而双亲却是西班牙人的白种人,以区别于生于西班牙而迁住美洲的移民。克里奥尔人和西班牙人在法律上平等,但被排斥在教会和国家的高级机构之外。墨西哥和秘鲁独立后,他们也进入了统治阶级。——译者

班牙那里取得了独立。这会是原来的印第安人①做不到的。在巴拉圭，印第安人完全像未成年的儿童，而且也像这样的儿童一样受到耶稣会会士的对待。因此，亚美利加人显然是不能战胜欧罗巴人的。欧罗巴人将在他们在那里征服了的土地上开始一种新的文化。

§. 394

这种区别通向我们可以称之为地域精神的种种特性，这些特性表现于各民族的外部生活方式、从事的活动、身体的构造和性情，而还更多地表现于它们在智力上和道德上的性格的内在倾向和能力。

〔**说明**〕　各民族的历史回溯所及，都显示出了各特殊民族的这种类型的持久不变性。

〔**附释**〕　§. 393 的附释所描述的各种种族差异性是普遍自然精神的本质的，即为概念所规定的区别。但是自然精神并不停顿在它的这种一般区别上；精神的自然性无权声称自己是概念规定的纯正的肖像；它继续进一步地特殊化那些一般的区别，并这样地陷入地域精神或民族精神的多样性中。对于民族精神的详尽说明一方面属于人的自然史，一方面属于世界历史哲学。第一门科学描述民族性格的那些也取决于自然的素质，即身体的构造、生活方式、从事的活动以及各民族的智力和意志的特殊方向。相反地，历史哲学则以各民族的世界历史意义为其对象，就是说——如果我们就世界历史这词的最广泛的意义来理解的话——以民族性格的原始素质所达到的最高发展，以寓于民族中的自然精神上升到的最智慧的形式为其对象。这里，在哲学的人类学中，我们不能插手归那两门科学负责考察的细节。我们在这里只需就民族性格包含有民族历史由以发展的萌芽这点来对民族性格加以考察。

①　Indianer，美洲土著，许多不同语言和文化的族群。北美洲最有代表性的是易洛魁人；中美洲最著名的则是曾建立了高度玛雅文明的玛雅人；南美洲最著名的是曾建立了庞大帝国的印加人。——译者

首先可以指出，民族区别正如人的种族差异一样是一种如此牢固的区别，——以至于例如阿拉伯人今天到处还是表现得如同在最古老的时代里对他们所作的描述那样。气候的不变性，一个民族恒久居住的土地的全部性状的不变性，对于民族性格的不变性起了一份作用。一片沙漠，邻近海或远离海，——所有这些状况都可以对民族性格有影响。在这里与海的关系是特别重要的。严格意义上的非洲内陆，为紧靠海岸地带的高山所包围并因而与海,这个自由的元素,隔绝,在那里土著的精神始终没有开化,感觉不到自由的冲动,无反抗地忍受着普遍的奴隶制。可是单是离海近本身并不能使精神自由。印度人就证明了这点,他们奴隶般地服从上古以来就在他们那里存在的不准他们到大自然向他们开放的海上航行的禁令,他们
65　因而就由于专制政体而同这个广泛的自由的元素、同普遍性的这种自然的定在分离开了,显示出了无力摆脱那种在种性制度中所发生的等级划分的僵化,这种僵化会是一个出于自愿的航海的民族所不能容忍的。

但是,就民族精神的确定区别而言,那么这种区别在非洲人种那里已在很大程度上没有意义,同时在真正的亚洲人种那里也比在欧洲人那里出现得少得多,精神在欧洲人那里才从其抽象普遍性走出来到达特殊化的展开了的丰富内容。所以,我们在这里只想谈谈欧洲诸民族的内在不同的性格,而且在它们当中也只谈谈那些主要由于其历史作用而彼此不同的民族——即希腊人、罗马人和日耳曼人——,而不就它们的相互关系来说明它们的特征;这个工作我们必须留给历史哲学。相反地,在这里可以陈述的是在希腊民族内部和在欧洲那些或多或少为日耳曼元素所渗透的基督教民族当中凸显出来的种种区别。

说到希腊人,那么他们当中在其世界历史完全发展时期特别出众的那些民族——拉栖第梦人①、第比斯人②和雅典人——彼此的不同有如

---

① 　拉栖第梦人(Lacedämonier),即斯巴达人。——译者
② 　第比斯人(Thebaner),第比斯(亦译忒拜)系古希腊重要城市和强国,公元前371年后成为军事力量最强大的城邦。传说人物奥狄浦斯国王的住地,大部分古希腊悲剧的发生地。——译者

下述。在拉栖第梦人那里占优势的是伦理实体中纯正的、无区别的生活；因此在他们那里财产和家庭关系没有得到应有的重视。相反地，在第比斯人那里出现了对立的原则；在他们那里主观的东西，即内心情感的东西，就这类东西一般说来的确可以宣布为归希腊人所有而言，取得了优势。希腊的大抒情诗人品达罗斯①就是第比斯人。在第比斯人当中出现的生死与共地彼此结合在一起的青年们的友谊，也给在这个民族内占支配地位的退回到感受的内心这种情况提供了一个证明。而雅典人则体现这些对立的统一；在他们里面精神从第比斯的主观性走出来，而不沉入斯巴达的伦理生活的客观性里；国家的权利和个人的权利在雅典人那里找到了一种就希腊观点来说一般所能有的完满的结合。可是，正如雅典由于调和斯巴达的和第比斯的精神而形成了北方希腊和南方希腊的统一一样，我们在那个国家里也看到东方希腊人和西方希腊人的结合，因为柏拉图在雅典把绝对规定为理念，而在伊奥尼亚哲学中被当作绝对的自然物和构成意大利哲学的原则的全然抽象的思想则降低为理念的环节。——在这里我们必须满足于对希腊各主要民族的性格的这些提示；通过对所提示的东西的进一步发挥我们就会侵犯了世界史，特别是哲学史的领域。

　　我们在欧洲各基督教的民族那里看到民族性格的一种还要更加广泛的多样性。这些民族的天性中的基本规定是占优势的内在性，即自身坚定的主体性。这个规定主要地依照这些民族所居住的地方的位置在南或在北而有更改。在南方个体性无拘无束地在其个别性中表现出来。这对于意大利人特别是如此；在那里个体的性格只想是它本来的样子；普遍目的没有扰乱它的朴素性。这样的性格更加与女性的而不是男性的天性相适应。因此意大利的个体性是作为女性的个体性而发展到它的最高的美；那些在爱情中不幸的意大利妇女和女郎由于痛苦在一顷刻之间就死

66

---

① 品达罗斯（Pindar，公元前 518/前 552—约前 438），所写颂歌是公元前 5 世纪古希腊合唱抒情诗的高峰。——译者

去了的事并不罕见，——她们的整个天性已如此深地扎进了个体的关系里，以至于这种关系的破裂就把她们毁灭了。同这样的个体性相联系的还有意大利人的强烈的示意动作；他们的精神无保留地倾注在它的形体性里。意大利人举止优美有同样的基础。在意大利人的政治生活里也表现出那种个别性、即个体东西的优势。无论在罗马统治以前和罗马统治消失以后，对于我们来说意大利都是分裂为一群小国。我们看到，在中世纪那里许多单独的公社到处被党派所分裂，以至于这些国家的半数公民几乎永远生活于流放之中。国家的普遍利益不能胜过占优势的党派性。那些自称是唯一代表公共福利的个人，本身就首先追逐自己的私利，有时甚至是以极其暴虐的、残酷方式。无论是在这些独裁国家中，还是在那些为党派斗争所分裂的共和国中，政治权力都不能发展成为巩固的、理性的形态。只有罗马私法得到研究，被用来作为对抗个人和多数人的暴政的一道应急的堤防。

67

　　在西班牙人那里我们同样发现个体性的优势；不过这种个体性并不具有意大利的朴素性，而是已经更多地与反思联结在一起了。在这里那被提出来作为要求或理由的个体内容已经披上普遍性的形式。所以我们在西班牙人那里看到荣誉特别成了驱动的原则。个体在这里要求得到承认，但并不是在其直接个别性中，而是因为他的行为和举止与某些不变的原理相符合，这些原理按照民族的观念对于每一个正直的人来说都必定是法则。但是，既然西班牙人在其一切行动中都以那些超乎个人的脾气而又未为理智的诡辩所动摇的原理为准，他们比起意大利人来就达到了更大的坚定性，意大利人更多的是服从于一时的灵感，而且更多地生活在感受、而不是固定的观念中。这两个民族的这种区别尤其显露在宗教方面。意大利人特别不容许通过宗教的考虑来影响自己对于欢乐生活的享受。与此相反，西班牙人直到现在都以狂热的努力来坚持天主教教义的文字，而持续几百年地通过宗教法庭以非洲式的野蛮来迫害偏离这种教义文字的嫌疑分子。甚至在政治方面这两个民族也以某种与其天生性格相一致的方式而彼此区别。那早已为彼得拉克①所热切渴望的意大利的国家统一到今天还是一个梦；这个国家还始终分裂为一群互相很少关怀的国家。在西班牙则相反，如已说过的那样，在那里普遍东西达到了对个别东西的不可分割的统治，从前在这块土地上存在过的那些单独的国家已经融合为一个国家，虽然这个国家的各省还力图保持某种过大的独立性。

现在在意大利人中占优势的是感受的灵活性，在西班牙人中则是表象思维的坚定性，与此相反，法兰西人既表现出理智的坚定性，又表现出机智的灵活性。人们从来就谴责法兰西人轻浮；既好虚荣，又爱讨好。但是，由于努力讨好，他们就使它成为了社会教养上的极度文雅，并正因此而使自己以一种出色的方式超越了自然人的粗野的自私自利；因为社会教养恰好在于超越自己本身，不是忘记那个必须与之打交道的他人，而是注重他人，并对他人表示友好。法兰西人，不论他们是政治家、艺术家或学者，在他们的一切行动和工作中都表现出对于个别人和公众的最尊敬的关注。可是这种对于他人意见的重视虽然时常蜕化为不惜任何代价，甚至牺牲真理，以求讨好。饶舌者的理想也就是从这种努力中产生的。但是，法兰西人是把他们称作 esprit② 的东西看作普遍讨好的最可靠的手段的。这种 esprit 在肤浅的人那里局限于把那些相距遥远的表象相互结合起来，而在有才华的人士如孟德斯鸠和伏尔泰那里则通过对知性所分离的东西的综合而成为理性东西的出色形式；因为理性东西恰恰是以这种综合作为其本质的规定。不过理性东西的这种形式还不是用概念进行的认识活动的形式；在前面提到的那些人士那里经常出现的深刻而有才华的思想，并不是从一个普遍的思想，即从事情的概念中发展出来的，而只是像闪电一样突然抛出来的。法兰西人理智的尖锐性表现在他们口头上和文字上表达的清楚和确定上。他们的语言从属于极其严格的规则，是和他们思想的准确无误的秩序和简明扼要相适应的。因此法兰西人就

①　彼得拉克（Petrarca, Francesco, 1304—1374），意大利最早的人文主义者、诗人和作家，被称为"人文主义之父"。——译者
②　法文：机智。——译者

成为政治上和法律上表达的典范。不过,他们理智的尖锐性在他们的政治行为中也是一目了然的。他们理智的果断性在革命激情的风暴中表现出来了,他们以这种果断性顶住旧事物无数信徒的强大联盟的反对而达到了新的伦理世界秩序的创立,使新政治生活的一切必须加以发展的要素一个接着一个地在其极端的确定性和对比性中实现了出来。恰恰在他们把那些要素都推到片面性的极端、把每一个片面的政治原则都推到它们的最终结果的时候,他们就由于世界历史理性的辩证法而被导致这样一种政治状态,在那里国家生活的一切以往的片面性都似乎被取消了。

69　　我们可以把英格兰人称为理智直观的民族。他们不是在普遍性形式中,而是在个别性形式中去认识理性东西。因而他们的诗人比起他们的哲学家来地位就远为高些。在英格兰人那里个人的独创性有力地显露出来了。但是他们的独创性不是朴素的和自然的,而是来自思想和意志。在这里个体在每一方面都要以自己为依据,都只经由自己的特性去与普遍东西相联系。由于这个原因,在英格兰人那里政治自由主要具有特权的外形,即因袭的、而非从普遍思想中推导出来的权利的外形。英国的各个自治城市和郡派遣代表到议会,到处都是以特殊的特权,而不是以普遍的、前后一贯的原理为根据。虽然英格兰人以其全民族的光荣和自由为骄傲;但他们的民族骄傲主要是以在英国个人能够坚持和贯彻其特殊性这种意识为基础的。英格兰人引人注目的经商倾向是与个性的坚韧连在一起的,这种个性虽然被驱赶到普遍东西那里去了,但在其与普遍东西的关系中却坚持着自己本身。

　　通常德意志人是最后想起他们自己,这要么是出于谦虚,要么是因为我们把最好的留给最后的。我们作为深刻的、然而常常是晦涩的思想家著称;我们想理解事物的最深刻的本性和它们的必然联系;因而我们在科学中是极其系统地进行工作的;只是在这样做时我们有时就陷入了一种外在的、任意的构造的形式主义。我们的精神总体上比任何其他一个欧洲民族都更为内向。尤其是我们生活在心情和思想的内在性中。我们在行动以前,忙于在这种安静的生活、这种精神的遁世孤寂中仔细地规定那些我们打算按照它们来行动的原理。因而结果就是,我们着手行动有些迟缓,有时在需要迅速决定的那些情况下却始终是没有下决心,而想把事情真正办好的正当愿望常常完全是一事无成。因此,我们有权把这条法国谚语:le meilleur tue le bien①,应用到德意志人身上。在德意志人那里,一切应做的事情都必须通过理由被确认为合法的。但由于对一切事情都能够找到理由,这种合法化就往往成为单纯的形式主义,在这种形式主义那里"正当"的普遍思想没有得到其内在的发展,而始终是特殊东西随意从外面挤进去的一个抽象思想。这种形式主义在德意志人那里也表现在:他们有时整整几个世纪都满足于用抗议来维护某些政治权利。但是,在臣民以这种方式为自己本身做得非常之少时,他们另一方面为政府做的也少到极点。德国人生活在心情的内在性中,虽然他们总是很爱谈自己的忠诚和正直,可是往往不能使他们证明自己的这种实体性的意向,相反地,他们毫不迟疑地和在无损于他们对于自己的忠诚和正直的极好评价的情况下,运用一般国家法的规范来反对君主和国王,只不过把不为国家做点什么的厌恶之心掩盖起来。但是,虽然他们的政治精神,他们的爱国心通常都是毫无生气的,可是从很早以来他们就为一种对官方身分荣誉的非同寻常的渴望所鼓舞,并且认为职位和称号造就人,按照称号的不同就可以几乎在任何场合十分可靠地测定人的重要性和他们所应得的尊敬;德意志人由此陷入了可笑的境地,类似可笑的情况在欧洲找到的只有西班牙人对于拥有冗长姓名的癖好。

§ . 395

　　3.灵魂个别化为个体的主体。但这个主体性在这里只是作为自然规定性的个别化而加以考虑的。它是作为不一样的气质、天资、性格、相貌和家族或单个个体的其他素质与特异体质的样式。

---

　　① 法文,直译为:"最佳的杀死好的",意为不切实际地或自作聪明地追求最好的,反而把事情办糟了,大致上类似中国的谚语"画虎类犬"、"画蛇添足"或"弄巧成拙"。——译者

〔**附释**〕　我们已经看到,自然精神首先分离为人种的普遍的区别,而在民族精神里达到一种具有特殊化形式的区别。第三个阶段就是,自然精神进展到自己的个别化,并作为个体的灵魂而与自己本身相对立。可是,在这里发生的对立还不是那种属于意识之本质的对立。灵魂的个别性或个体性在人类学这里只是作为自然规定性而予以考虑。

71　　　现在,关于个体的灵魂首先必须注意,在这个范围内开始的是偶然东西的领域,因为只有普遍的东西才是必然的东西。诸个别灵魂是通过无限量的偶然改变而互相区别的。可是这种无限性属于那种单调的无限东西。因此我们不可以把人的特性估计过高。其实我们必须宣布,认为教师得仔细地依照他的每个学生的个性去研究和发展这个个性的主张,是一种空洞的无稽之谈。教师完全没有时间做这种事。孩子们的特性在家庭的范围内是被容忍的;但从入学起就开始了一种按照普遍的秩序和大家共同的规则的生活;正是在学校精神必须被引导到摆脱自己的特异性、知道和愿望普遍的东西、接受现存的普遍的文化。灵魂的这种改造——只有这种改造才称为教育。一个人越是受过教育,在他的行为举止中就越少出现某种仅仅是他特有的东西,因而某种偶然的东西。

　　　但是,现在个体的特性有不同的方面。我们按照天性、气质和性格的规定来区分它们。

　　　我们把天性与人通过自己的活动成为的那种东西对立起来,将它理解为自然的禀赋。属于这种禀赋的有才能和天才。这两个词表示个体精神从自然获得的某种确定的趋向。但天才[在视野上]①比才能更为广阔。才能只在特殊方面产生新东西,与此相反,天才创造新的类型。可是才能和天才,由于它们起初是单纯的禀赋——如果它们不该堕落、败坏或蜕化为坏的独创性的话——,那就必须按照普遍有效的方式加以发展。只有通过这种发展那种禀赋才能证实它的预先存在、它的力量和规模。

---

　　　①　英译本增补。——译者

在这种发展以前，人们可能对某种才能的存有估计错了。例如，早年忙于绘画，好像透露出有这门艺术的才能，而这种爱好还是一事无成。因此就不能认为单纯的才能，比通过自己的活动达到了对自己的概念的认识的理性——作为绝对自由的思维和意愿，有更高的价值。在哲学中单纯的天才是走不远的；在这里天才必须屈从于严格的逻辑思维的训练；只有借助这种屈从天才才在那里获得完全的自由。可是就意志而言，那么我们 72 就不能说有一种趋向于道德的天才；因为道德是某种普遍的东西，即某种应该为一切人所要求的东西，它也绝不是什么天赋的东西，而是某种在个体里应该通过个体自己的活动所产生出来的东西。天性的各种区别因而对于道德学来说完全没有重要性；这些区别只会——如果我们可以这么说的话——在精神的某种自然史中能够看到。

才能和天才的多种多样种类是通过它们在其中活动的那些不同的精神领域而相互区别的。与此相反，气质的区别则没有这种向外的联系。人们把气质了解为什么，这是很难说的。气质既不涉及到行动的伦理性质，又不涉及到在活动中成为可见的才能，最后也不涉及到总是具有一定内容的激情。因此我们最好把气质规定为个体如何工作，客观化自己，在现实中保持自己的全然普遍的方式方法。从这个规定中就可以看出，气质对于自由精神并不如人们过去所以为的那么重要。在文化高度发展的时代里行动和举止的形形色色的偶然习气消失了，而与此同时气质的种种差异性也看不见了，恰如在这样的时代里，那些在文化较不发展时代的喜剧中的褊狭人物——十足的轻浮子弟、可笑的漫不经心家伙，令人厌恶的吝啬鬼——成为很罕见的了一样。对于气质所尝试作出的各种区分都具有某种如此不确定的东西，以至于人们不知道如何把这些区分应用到个人身上去，因为被个别地描述的气质在个人那里都或多或少是结合在一起的。正如德性被区分为四种主要德性一样①，众所周知气质，也被假

---

① 黑格尔这里指的是柏拉图在其《国家篇》第四篇中提出的德性区分为智慧、勇敢、节制和正义的"四德性说"。——译者

定为有四种——胆汁质、多血质、黏液质和抑郁质①。康德关于这些气质
讲得很详细②。这些气质的主要区别的根据在于：要么人使自己沉浸在
事情之中，要么他更多地对自己的个别性感兴趣。第一种情况出现在多
血质的人和黏液质的人那里，后一种情况出现在胆汁质的人和抑郁质的
人那里。多血质的人因事而忘己，更确切地说是这样的：他由于自己草率
73 的活动性而在事情的多样性里翻来覆去；相反地，黏液质的人则持久地集
中在一件事情上。在胆汁质的人和抑郁质的人那里，如已指出的，占优势
的是对主体性的坚持；可是这两种气质的相互区别又在于：在胆汁质的人
那里活动性占优势，而在抑郁质的人那里则固定性占优势；以至于在这方
面胆汁质与多血质相应，抑郁质与黏液质相应。

　　我们已经指出，在个体的行为和活动的方式方法为普遍文化所确定
的时代里，气质的区别就失去它的重要性。与此相反，性格则始终是某种
永远把人区别开的东西。个体通过性格才达到其坚定不移的确定性。属
于性格的首先就是人用以追求其目的和利益，不让自己被人搞糊涂，并在
其一切行动中与自己本身保持一致的那种精力的外表方面。缺乏性格，
人就摆不脱他的不确定性，或者说，就会从一个方向滑落到相反的方向。
因此必须对每一个人提出要他表现出性格的要求。富有性格的人使别人
钦佩，因为别人知道他们面对的是什么样的人。但是，属于性格的，除去
外表的精力以外，其次就是意志的某种有价值的、普遍的内容。只有通过
实现伟大的目的，人才显示出一种伟大的、使他成为别人的灯塔的性格；
而他的目的必须是内在合理的，如果他的性格应当体现内容和意志的外
表活动的绝对统一并因而具有完全的真实性的话。相反地，如果意志坚

---

　　①　最早提出四气质说的是古罗马医学家加伦（Galen，129—199）。加伦认为人体健
康有赖于四种体液（血液、黏液、黑胆汁、黄胆汁）的平衡，在此基础上提出了"气质"一词，
认为根据占优势的体液的不同，人的气质可分为多血质（热情、愉快）、黏液质（动作缓慢、
情感淡漠）、抑郁质（抑郁、愁苦）和胆汁质（反应迅速、脾气急躁）这样四种。这是试图对人
类进行分型的早期理论之一，强调了气质的生理基础。——译者
　　②　《实用人类学》，第二部分，第206—263页。——理论版编者（见邓晓芒的中译
本，重庆出版社，1987年版，第190—196及以下各页。——译者）

持纯属细节的琐事,坚持无意义的东西,那么这个意志就变成了固执。固执只有性格的形式,而无性格的内容。由于固执这种对性格的拙劣模仿,人的个性就极端化到某种妨害同他人交往的地步。

出现在人的肉体性质或精神性质方面的所谓癖性则是更为个人化的特性。例如,有些人闻到他们近处的猫的气味。另外一些人非常奇特地受到某些疾病的侵袭。英格兰的雅各布一世①看见匕首就昏厥。精神上的癖性特别表现在青年人中,例如个别儿童的令人难以置信的心算的速度。此外,不仅个人、而且或多或少家族也都由于上述精神的自然规定性的种种形式而彼此不同,特别是在那些不与外人而只在彼此之间结亲的　74 家族那里是如此,例如,在波恩和许多德意志帝国城市就曾经有这样的情况。

这样,在我们叙述了个体灵魂在质方面的自然规定性的三种形式——天性、气质和性格——之后,在这里还剩下来的就是指明这种情况的合理必然性,即为什么那些自然规定性恰好有这三种而无其他的形式,以及为什么这些形式只能按照我们所遵循的次序来加以考察。我们从天性,而更确定地从才能和天才开始,因为在天性中个体灵魂的质的自然规定性具有一个仅仅存在着的东西的形式,一个直接固定的东西的形式,一个其自己本身内的区别与一个在它之外存在的区别相关的东西的形式。相反地,在气质中那个自然规定性失去了这样固定的东西的形态;因为在个体中或者是一个才能绝对地占统治,或者是多个才能彼此并列静止地、无转化地存在在个体里面,而同一个个体却能够从任何一种形式的气质过渡到另一种形式的气质,以至于在他里面没有任何一种形式的气质具有固定的存在。同时,在气质中所谈到的自然规定性的区别则脱离与在个体灵魂之外存在的东西的联系而被映现到个体灵魂的内部去了。而在性格中我们则看到,天性的固定性与各种形式气质的可变性,——天性中

---

① Jokob I,即詹姆士一世(James I,1566—1625),英国斯图亚特王朝第一代国王,1567 年起为苏格兰国王,1603 年起为英格兰国王。——译者

占统治的向外联系与灵魂的那种在诸气质规定中占支配的映现到自身内的状态结合起来了。性格的固定性不像天性的固定性，不是那样直接的、那样天生的固定性，而是一种必须通过意志加以发展的固定性。性格不是各气质的均匀的混合物，而是某种比这更多的东西。尽管不能否认性格有某种自然的基础，一些人比另一些人生来就更倾向于坚强的性格。由于这个理由，我们就有权在人类学这里谈到性格，虽然性格只是在自由精神的范围内才得到其完全的展开。

75

β. 自然的变化

§. 396

在被规定为个体的灵魂身上，种种区别都是这个体、即在这些区别中保持不变的一个主体身上的变化，并且是这个主体的发展的环节。而因为它们是一个主体中的肉体上和精神上的区别，所以对于它们的具体规定或描述就得预先了解已经形成了的精神。

这些区别是 1.年龄的自然进程，从童年，即包藏在自身内的精神开始，——经过发展了的对立，即一种自身还是主观的普遍性（理想、想象、应当、希望等等）与直接的个别性，就是说与现存的、同这些主观的普遍性不相适合的世界以及另一方面尚未独立的，本身尚未准备好的个体在其存有中对于这个世界所采取立场之间的紧张关系（青年），——走向真实的关系，即对已经存在的、完成了的世界的客观必然性和合理性的承认，个体使自己的活动在这个世界自在自为地实现着自己的劳作上得到证实和他应得的份额，由于这样他才是有所成就，才具有真实的存在和客观的价值（成年），——直到与客观性的统一的完成为止；这个统一，作为实在的，就过渡到使人麻木的习惯的无所事事，但作为观念的，则从有限的利益和外在时势的纠缠中得到解脱（老年）。

〔附释〕 既然起初完全普遍的灵魂以我们所指出的方式特殊化自己并最后确定自己为个别性、个体性，所以它就陷入与其内在的普遍性、与其实体的对立。直接的个别性和个别性中潜在存在的实体性的普遍性这两者之间的矛盾建立起个体灵魂的生命过程——通过这样一个过程就使灵魂的直接个别性成为与普遍东西相适应的,就使这个普遍东西在那个个别性中实现了出来,而这样一来灵魂与自身的那个最初简单的统一就被提高为一个由对立中介了的统一,灵魂的起初抽象的普遍性就被发展成为具体的普遍性。这个发展过程就是教育。单纯动物有生物已经自在地以它的方式表现出上述过程。可是,正如我们在前面看到过的,单纯动物有生物无力在自身内真正实现类;它的直接的、存在着的、抽象的个别性始终是永远同它的类相矛盾的,这种个别性在自身内包含它的类,它同样从自身排斥它的类。单纯有生物由于它的这种无能完满表现它的类而毁灭。类在它身上表明自己是这样一种力量,在这力量面前它必然消失。在个体的死亡中类因而只达到这样一种实现,这种实现就像单纯有生物的个别性一样是抽象的,而且始终是排斥这种个别性的,正如类始终是为有生命的个别性所排斥一样。相反地,类真正实现在精神中,即在思想这个与它同质的要素中。可是,在人类学的范围内,由于这种实现是发生在自然的、个体的精神上,它就还具有自然性的形式。因而这种实现就是在时间中进行的。这样就产生了个体本身所经历的一系列不同状态,——一个诸区别的序列,这些区别不再具有普遍自然精神的那些在不同人种和民族精神中存在的直接区别的固定性,而是表现为同一个个体身上的流动着的、一个向另一个过渡着的种种形式。

这个不同状态的序列就是年龄的系列。

这个系列从类与个体性的直接的、尚无区别的统一开始,即从直接个别性的抽象的产生开始,从个体的诞生开始,而以类压入个体性或个体性压入类结束,即以类对个别性的胜利、以对后者的抽象的否定,——以死亡结束。

那在有生物本身那里是类的东西,在精神的东西那里就是合理性;因为类已经具有属于理性东西的内在普遍性的规定。在类和理性东西的这种统一中包含有年龄进程中出现的种种精神现象与个体在这过程中发展

77 着的肉体上的变化相适应的根据。精神的东西和肉体的东西的一致在这里比起在种族差异那里是一种更为确定的一致,在后者那里我们只是与自然精神的普遍固定的区别和人的同样固定的肉体的区别打交道,相反地,在这里则必须考察个体灵魂及其形体性的确定的变化。但是,另一方面我们不能走得太远,以至于在个体的生理发展中去寻找个体精神发展的标出记号的对应物;因为在个体的精神发展中,其中特别突出的对立和必须从中产生出来的统一具有一种比在生理东西内的远为更高的意义。精神在这里通过它能够比它的形体更提早地发展而显示出它对于后者的独立性。儿童常常表现出一种赶在其躯体发育前面的精神发展。这尤其是在具有决定意义的艺术才能、特别是音乐天才方面是如此。在易于理解各种各样知识方面、特别是在数学学科中,以及在甚至关于伦理和宗教的题材的形式推理方面,这样的早熟也并不罕见。但是,必须承认,一般说来智力不会提早多年来到。几乎只有在艺术才能方面,它们的提早出现才预示着某种卓越性,相反地,好些儿童那里表现出来的一般智力的提前发展在通常情况下都不是某种在成年时期达到出类拔萃的才智的萌芽。

　　现在,自然的、人的个体的发展过程划分为一系列的过程,这些过程的差异性以个体对类的不同关系为根据,并为儿童、成人和老人的区别奠定基础。这些区别是概念的区别的体现。因此,童年是自然和谐的时期,是主体与自身和世界的和平的时期,——无对立的开端,正如老年是无对立的终结一样。那些在童年也许会出现的对立是非常乏味的。儿童生活在天真无邪之中,没有持久的痛苦,生活于父母的爱和为他们所爱的感觉中。这种个体与它的类、与一般世界的直接的、非精神的单纯统一是必须被扬弃的;个体必须前进到把自己与作为自在自为地存在着的、完成了的

78 和持存着的事情的普遍东西对立起来,在自己的独立性中把握自己。不过,起初这种独立性、这种对立是以一种片面的形态出现的,正如在儿童里面主观东西和客观东西的统一一样。青年按这样的方式来分解那在世界中实现了的理念:他把属于理念本性的实体性东西的规定——真和善

归之于自己,而相反地把偶然东西、偶性东西的规定归之于世界。停留在这种非真实的对立上是不允许的;青年不如说是必须超越这种对立而达到这样的见解:世界必须反过来被看作是实体性东西,而个体则必须相反地只被看作是一种偶性,——因此人只有在那个坚决地与他对立、独立地遵循自己轨道的世界里才能找到他的本质的工作和满足,所以他必须努力获得完成这件事情所必需的熟巧。达到了这个观点,青年人就变成了成年人。成年人,作为本身成熟的人,也把伦理的世界秩序看作是一个不是必须由他来产生的、而是一个本质上完成了的世界秩序。所以成年人从事于拥护而不是反对事物的秩序,他感到兴趣的是拥护它而非反对它,他因而就超越了青年人的片面主观性,而站到客观精神性的立场上去了。——相反地,老年则是向对世事漠不关心的回复;老年人已经安于世事,并且正由于这种失去对立的与世事的统一而放弃了积极关切地参与世事的活动。——我们现在要对这里一般性地陈述的年龄的种种区别更进一步地加以规定。

我们可以把童年区分为三个阶段或四个阶段,如果我们愿意把尚未出生的、与母亲同一的婴儿纳入我们考察的范围的话。

未出生的婴儿还完全不具有任何真正的个体性,即不具有以特殊方式与特殊客体相关的、也就是在其机体的某一特定点上吸取外部东西的这样的个体性。未出生婴儿的生活同植物的生活相似。正如植物没有自身间断的摄取营养的活动,而只有一种不断地流动着的供给营养的活动一样,婴儿最初也是通过一种持续的吸收来喂养自己,而且还不具备有节奏的呼吸。

当婴儿脱离了他在母腹中所处的植物状态而被生出的时候,他就过渡到动物的生活方式。因此,诞生是一个巨大的飞跃。通过这个飞跃,婴儿就脱离完全无对立的生活状态而进入到分离的状态,——同光和空气发生关系,并且同个别化的一般对象性发生一种越来越发展的关系,特别是同个别化的营养物发生关系。婴儿把自己构成为一个独立东西的第一个方式是呼吸,——在他的身体的一个单独的点上使空气的流动中断的

79

吸气和呼气。在婴儿诞生后,他的身体就立即表现得差不多完全是有机的;只有身体上的个别部分改变着;例如所谓 foramen ovale① 后来才合缝。婴儿身体的主要变化是生长。关于这种变化我们几乎不必要想起,在一般动物的生命那里——与植物的生命相反——生长并不是从自身走出来,并不是被向外拉出来超过自身的过程,并不是新的构成物的产生,而只是机体的一种发展,并产生一种只同强度和广度有关的单纯量的、外表的区别。同样地,我们在这里也无需详尽地说明(这在自然哲学中的有关地方已经做过了)那种为植物所缺乏而在动物机体中才实现的形体构造的完备性、即一切部分之引回到生命的否定的、简单的统一,是动物里、因而也是儿童里发生的自身感觉的根据。相反地,我们在这里必须强调,动物机体在人这里达到了其最完善的形式。甚至最高级的动物都不能显示出我们在刚生出的婴儿那里就已经看到的那种精巧组织起来的、无限可塑的身体。在初生时婴儿起初表现出比动物更大的依赖性和匮乏性。可是与此同时他的更高的本性也已经显示出来了。婴儿的需要马上就难以控制地、暴怒地、命令式地宣告自己。反之,动物是缄默的,或者只通过呻吟表达它的痛苦,而婴儿则通过大喊大叫来表达他的需要。婴儿通过这种观念性活动立即表现出内心充满了这样的确信,即他有权要求外部世界满足他的需要,——外部世界对于人的独立性是一种无效的独立性。

现在,就儿童在其生命的这第一个阶段上的精神发展而言,那么我们可以说,人从没有比在这个时期里会学习得更多的了。婴儿在这时逐渐80 地熟悉了感性事物的一切特性。外部世界在这时对于他成为某种现实的东西。他从感受前进到直观。起初婴儿只有一种光的感受,事物通过光显示于他。这种单纯的感受诱使婴儿抓远的东西像抓近的东西一样。但是婴儿通过触觉了解距离的情况。这样他就做到了目测,他总是把外物从自己那里扔出去。甚至婴儿这么大就知道外部事物在抵抗。

---

① 拉丁文:囟门,囟脑门,又叫"顶门",婴儿头顶骨未合缝的地方。——译者

从婴儿时期到童年时期的过渡必须放在婴儿对外界活动的发展中，——婴儿在达到对外界的现实性的感觉时，自己就开始成为一个现实的人，并开始感到自己是这样的人，但这样一来就过渡到在那个现实中检试一下自己的实践倾向去了。婴儿之能采取这种实践态度，是由于他长了牙齿，学会了站、走和说话。在此必须学会的第一样东西就是直立。直立是人特有的，而且只能通过他的意志才产生；人只有他愿意站立才站立；当我们不想再站立，我们立即就倒下来；站立因而是意愿站立的习惯。人通过走获得一种对外部世界的更为自由的关系；他借助于走取消了空间的相互分开性，并给自己本身提供自己的位置。语言使人能够把事物当作普遍的东西来把握，能够达到对他自己的普遍性的意识、说出"（自）我"来。这种对于自己的我性的把握是小孩精神发展中一个极为重要之点；随着这一点的到来小孩就开始从他沉没在外部世界中的状态走出来而把自己映现到自身之内去。这种正在开始的独立性起初是通过小孩学玩感性东西表现出来的。但是，小孩对其玩具所能作出的最合理的事情，就是他们打碎玩具。

当小孩从游戏过渡到认真学习，他就成为儿童。在这个时期里小孩开始变得好奇，特别是对于故事；这对于小孩们来说，就是同不直接呈现给他们的那些表象打交道。但是，在这里主要的事情是在他们心里这种觉醒着的感觉，即他们还不是他们应当是的人，——和这种生动的愿望，即成为像他们生活在其周围的成年人。由此就产生了孩子们的模仿欲。 81 与双亲直接统一的感觉是孩子们赖以成长的精神上的母奶，而他们自己的长大成人的需要则把他们抚养大。孩子的这种自己对教育的追求是一切教育的内在环节。但是，由于儿童还站在直接性的立场上，他要使自己上升到的那个更高的东西对于他来说，就不是以普遍性或实质性事情的形式出现，而是以某种给予的东西、某种个别东西、某种权威的形态出现。那就是这个人或那个人，他们是儿童努力去认识和模仿的理想；儿童在他的这个立场上只有以这种具体的方式才直观到他自己的本质。儿童应当学习的东西，因而必须根据和借助于权威而给予他；他感觉到这个给予的东西是一个比他更高的东西。这种感觉必须在教育中认真地加以坚持。所以我们必须把游戏的教育学宣布为完全的歪曲,这种教育学极力要把严肃当作游戏来教给儿童,并且要求教育者把自己降低到学童的幼稚理解力水平,而不是把学童提高到理解事情的严肃性;这种游戏的教育给儿童的整个一生所能带来的后果就是他用轻蔑的意识来看待一切。这样可悲的结果也可能通过无知的教育家所提倡的不断刺激孩子们好辩的方法产生出来;这种方法很容易使孩子们说话冒冒失失的。孩子们自己的思维当然必须予以唤醒;但是我们不可以为了他们的不成熟的、爱虚荣的头脑而牺牲实质性事情的尊严。

至于进一步说到教育的一个方面——管教,那是不能容许儿童陷于任性;他必须服从,以便学会控制[自己]①。服从是一切智慧的开端;因为通过服从,那还没有认识真理、客观事物和还没有以它们为目标的、因而还不是真正独立和自由的、不如说不成熟的意志,就在内心认可了从外面来到他那里的合理的意志并使它逐渐地成为自己的意志。相反地,如果人们允许孩子们做他们适意的事,如果人们还作出给他们提供其任意行事的理由这样的蠢事;那么人们就陷入了最坏的教育方式,而在孩子们那里就会产生一种可悲的后果:蜷缩于特别的爱好、古怪的聪明、自私自利的兴趣——一切罪恶的根源。孩子天生既不恶也不善,因为他开始既没有关于善的知识,也没有关于恶的知识。这种无知的天真也许会可笑地被认作理想并渴望回到这种状态去;这种天真是无价值的和短命的。很快在孩子那里就出现了固执和恶行。这种固执必须通过管教来打破,——这种恶行的萌芽必须通过管教来消灭。

关于教育的另一个方面,即授业,那就要注意到,授业是合理地从幼稚的心灵所能把握的最抽象的东西开始的。这就是字母。字母以一种抽象化的能力为先决条件,这样的抽象化能力是整整一些民族,例如,甚至中国人都没有达到的。一般说来语言就是这种空气的要素,这种感性——

---

① 译者增补。——译者

非感性东西,通过对这种东西的日益扩大的了解,孩子的智力就越来越甚地被提升到感性东西、个别东西之上而到达于普遍东西,到达于思维。使能思维,这是最初的课程的最大好处。可是儿童只能达到表象的思维;世界只是为他的表象的;他学习认识事物的性状,熟悉自然界和精神界的种种情况,对事物感到兴趣,然而还没有在其内在联系上来认识世界。成年人才达到这种认识。但却不能否认儿童有某种对于自然事物和精神事物的不完善的理解。因而我们必须把下述主张看作是一个错误,即认为儿童对宗教和法一窍不通,所以我们不必用这类东西去打扰他,不必把这些观念强加给他,而是设法使他获得自己的经验,并满足于让他为当前的感性东西所激动。古代已经不允许孩子们长久地停留在感性事物上。而现代的精神,比起古代的精神来,包含着一种尤为完全不同的对于感性事物的超越,一种更加广泛得多的向自己内心的深入。因而现在已经必须使超越感性的世界早日接近儿童的表象。这件事在大得多的程度上是通过学校,而不是在家庭里进行的。在家庭里,孩子的直接个别性受到认可,他被宠爱,不管他的举止是好还是坏。相反地,在学校里儿童的直接性失去其意义;儿童只有在他具有价值、作出某些成绩的范围内才受到重视;在这里他不再只是受到喜爱,而是依照普遍的规则受到批评和校正,根据确定的规则通过教学内容受到培养,总之受制于某种禁止做许多本身天真无邪的事的普遍规则,因为任何人做这种事都是不能允许的。这样学 83校就构成了从家庭到市民社会的过渡。可是儿童对市民社会起初只有一种不确定的关系;他的兴趣还分散在学习和游戏之间。

进入青春期类的生命开始在儿童内心活动并寻求满足,与此同时儿童就成熟为青年。青年在总体上转向于实体性的普遍东西;他的理想对于他不再像对于儿童那样是在一个成年人中,而是被他理解为某种独立于这个个别性的普遍东西。但是,这个理想在青年那里还具有一种或多或少主观的形态,不管它是作为爱和友谊的理念,还是作为一种普遍世界状态的理想而活在他的心里。在这个理想的实体性内容的主观性中不仅包含着它与现存世界的对立,而且也包含着通过理想的实现以取消这种对立的冲动。理想的内容将行动力量的感觉注入青年之中;因而青年误以为自己负有使命、也有能力去改造世界,或者至少把在他看来支离破碎的世界重新加以安排。青年热血沸腾的精神看不出,他的理想中所包含的实体性的普遍东西,究其实质而言,已经在世界中得到了发展和实现。在他看来,上述普遍东西的实现是对这同一个普遍东西的背离。因此他感到他的理想和他自己的人格都不为世界所承认。这样一来儿童与世界生活在其中的和平就被青年打破了。由于指向于理想,青年就好像具有一种比在为其特殊暂时利益操心的成年人那里表现出来的更为高尚的思想和更为伟大的无私。但是,另一方面必须指出,成年人不再束缚于其特殊冲动和主观意图,并且不再只忙于个人的提高,而是投入到现实的理性中去,并证明自己是为世界工作的。青年必然到达这个目标。他的直接目的是这个:使自己受教育,以便有能力实现自己的理想。他在实现理想的尝试中成为成年人。

在开始时,青年觉得从其理想生活进入市民社会的过渡是一种痛苦的向市侩生活的过渡。直到那以前青年只把时间和精力用于普遍的对象,并且只为自己本身劳作,而正在成为成年人的青年在进入实际生活时,却应当为他人工作,并关心各种细节。尽管这样的事现在是属于事情的本性——因为如果某件事要做,那就必须进展到处理细节——,那么对于一个人来说开始忙于细节却是很痛苦的,同时他的理想直接实现的不可能性使他患上了疑病症。这种疑病症是每一个人都不容易摆脱的,尽管它在许多人那里也可能并不显著。人越晚害这种病,它的症状就越令人担忧。这种病症在脆弱的人们那里可能持续终生。人在这种病态的情绪中不愿放弃他的主观性,不能克服对于现实的憎恶,并正因此而处在相对的无能状态,而这种无能是容易变为一种现实的无能的。因而人若不愿毁灭,那他就必须承认世界是一个独立的、本质上完成了的世界,就必须接受世界给他提供的条件,就必须从难以亲近的世界那里夺取他为自己本身所想拥有的东西。对于这种服从人们照例以为只是出于需要才勉强同意的。但实际上这种与世界的统一必须被认作不是一种需要的关系,而是合理的关系。合理的东西、神圣的东西拥有实现自己的绝对威力,而且向来就已经实现了自己;它不是无力到必须首先等待它的实现的开始。世界是神圣理性的这种实现;无理性的偶然事件的游戏只在它的表面。所以,世界比起正在成为成年人的个体来,至少拥有同样多的权利和也许更大的权利,要求被看作是完成了的和独立的;所以成年人的行动是全然合理的,因为他放弃某种完全改造世界的意图,并力图只在他与世界的结合中努力实现他个人的目的、激情和利益。尽管这样,还是给他留有光荣地、深入地、创造性地活动的空间。因为,虽然世界在本质上必须承认是完成了的,可是它并不是一个僵死的东西,一个绝对静止的东西,而是,如生命过程一样,一个永远重新创造着自己的东西,一个——在只保持自己之际——就同时前进着的东西。成年人的劳作就在于世界的这种保持性的创造和继续前进。所以我们可以一方面说,人只能创造出那已在那里存在的东西。可是,另一方面也必须通过他的活动来产生出一种进步。但是,世界的进步只是以极大的规模进行,而且只有以被产生出来的东西的大量总和才引起人们的注意。当人在五十年劳作之后回顾他的过去,他就会认识到已作出的进步。这种认识和对于世界的合理性的洞见使他摆脱了对其理想破灭的忧伤。但是,这个理想中的真实的东西,都保存在实践的活动中;人必须从自己那里除去的只是他的不真实的东西,即空洞的抽象思想。他的业务的范围和方式可以很不一样;可是实体性东西在一切人的业务中都是同一个东西,——即正义的东西、伦理的东西和宗教的东西。所以人们能够在其实践的一切领域里找到满足和荣誉,如果他们到处都贡献出在他们由于偶然、外在必然性或自由选择所属的领域内有权向他们要求的东西的话。为此首先必要的就是完成青年成为成人的教育,即他结束其学业,其次就是青年决心通过开始为他人工作来为自己谋生。单纯的教育还没有使他成为一个完全成熟的人;他只有通过对其世俗利益的自己明智的关怀才成为这样的人;正如各民族也只有在它们达到了不因所谓父权统治而不可能觉察到自己精神上和物质上的利益的地步,才作为成年的出现。

当成年人现在转向实际生活时,他也许会对世界的状态感到憎恶和悲哀,而失去对它进行改善的希望;尽管这样,他却安居在客观环境里,并使生活习惯于这个环境和他的业务。他不得不处理的那些对象虽然是个别的,变化的,就其特有性质而言或多或少是新的。但同时这些个别事物在自身内却具有某种普遍东西、某种规则、某种合规律性的东西。于是成年人在他的业务中工作得越久,这种普遍东西就越多地从一切特殊东西中向他凸显出来。他就以这样的方式达到了在他本行中就是完全在家中、彻底适应了他的命运的地步。于是他完全熟悉了自己业务的一切对象中的本质东西,而只有个别东西、非本质东西包含着某种在他看来是新的东西。但是正由于他的工作已成为这样完全与他的业务相称,他的工作在它的对象上不再遇到任何的抵抗,——正由于他的工作的这种完美的训练有素的状态,他工作的活力就逐渐消失了;因为主体对客体的兴趣随着主体与客体的对立一起消失了。这样,由于精神生活的习惯,同样由于自己有形机体的活动的钝化,成年人就成为了老年人。

老年人的生活缺乏确定的兴趣,因为他已经放弃了能够实现早先怀有的理想的希望,而他觉得未来根本没有约许什么新东西,不如说他自信已经熟悉了他也许还会碰见的一切事物的普遍东西和本质东西。所以,老年人的思想只朝向这个普遍东西和他对这普遍东西的认识所要归功于的那个过去。可是,在他这样地生活在对往事和实体性东西的回忆中的时候,他就失去对于当前的个别事物和对于随意的东西,例如名字的记忆,正如他反过来在同样的程度上把明智的经验教训牢记在心,并认为自己负有责任向较年轻的人唠唠叨叨地说教。但是,这种智慧,即这种主观活动与其世界的无生气的完全重合就引回到无对立的童年,同样其有形机体的已成为无过程习惯的活动则进展到对有生命的个别性的抽象否定,——进展到死亡。

人的年龄进程在一个为概念所规定的诸变化的总体那里就这样地结束了,这些变化是由具有个别性的类的过程产生出来的。

正如在叙述人的种族差异性和描述民族精神的特性时那样,为了能够以一种确定的方式述说人类个体的年龄进程,我们必须预先提示在人类学中还不能加以考察的具体精神的知识(因为这个精神进入了上述发展的过程)和运用这种知识以区分那个过程的不同阶段。

§.397

2.个体与自己本身的实在对立的环节,结果就是它在一个别的个体里寻找和发现自己;——这就是性关系,即这样一种自然的区别:一方面是主体性,它在伦理、爱等等的感受中始终与自己和谐一致,而尚未继续进展到国家、科学、艺术等等的种种目的中的普遍东西的极端,另一方面 87 是活动,它在个体中紧张到了普遍的、客观的种种兴趣与现有的、个体自己的和外部世界的实存的对抗,并使那些兴趣在这个实存里实现而为一个才产生出来的统一。性关系在家庭里获得其精神上和伦理上的意义和使命。

§.398

3.把作为自为存在着的个体性跟自己作为只存在着的个体性区分开来,这种区分作为直接的判断就是灵魂的觉醒,这觉醒是与灵魂的最初作为自然规定性和状态而锁闭在自身中的自然生命,即灵魂的[另]①一种状态,睡眠相对立的。——觉醒不只是对于我们[这些观察者]②或外在地看不同于睡眠;它自身就是个体灵魂的判断,个体灵魂的自为存在对于个体灵魂来说就是它的这个规定与它的存在的联系,就是它自身与它尚未区别开来的普遍性的区分。一般说来,精神自为存在着地进行区分的一切自觉的和理性的活动都属于醒的状态。——睡眠则是这种活动的增强,不是作为这种活动的单纯消极的休息,而是作为从诸规定性的世界、从在种种细节里的涣散和僵化的状态向主体性的普遍本质的回复,这种

---

① 理论版编者增补。——译者
② 英译本将"我们"译为"这些观察者"。——译者

普遍本质是那些规定性的实体和绝对权力。

〔说明〕　睡眠和觉醒的区别是经常向哲学提出的、无论人们怎样称呼的怪问题之一（甚至拿破仑在访问帕维亚大学①时就曾向意识形态系提出了这个问题）。本节内所陈述的规定性就其首先只涉及作为自然觉醒的觉醒而言是抽象的,精神的觉醒当然是蕴含在其中的,但还没有作为定在设定起来。如果要更具体地谈这个在其基本规定上始终同一的区别,那么个体灵魂的自为存在先就必须明确地被理解为意识的自我和理智的精神。[跟]②这两种状态的区别[一起]引起的困难,本来就只是在这个限度内发生的,即人们另外再把睡眠中做梦这种事拉进来,于是就把清醒的、深思熟虑的意识中的表象只规定为那种本身同样也是梦的表象。在这种关于表象的肤浅规定中,两种状态自然而然地一致起来,就是说,这样一来二者的区别就被忽视了;而在对清醒意识所指出的每一个区别那里都可以返回到这样一个老一套的评语;这种意识仍然只不过有表象。——但是,清醒灵魂的自为自在,具体地加以把握,就是意识和知性,而理智意识的世界,比起单纯的表象和意象的图画来,是某种完全不同的东西。后面这类东西本身主要是外在地、按照所谓观念联想律、以不可理解的方式连在一起,与此同时当然也可能这里那里有范畴混杂进来。可是,人在觉醒时本质上是作为具体的自我,作为知性行事的;通过后者直观在他面前表现为种种规定的具体总体,其中每一个因素、每一个点都占有其通过其他一切因素、其他一切点并与之一起同时被规定的位置。所以,内容有其确证,并不是由于人对作为一个外物的内容所进行的单纯主观的表象和区别,而是由于这个总体的每个部分与一切部分所有的那种具体联系。觉醒就是对其内容的每一个别因素都为直观图画的一切其余因素所认可的这种相互认可的具体意识。这种意识同时没有必要是清楚地阐明了的;但是这个广泛的规定性是包含并现存于具体的自身

88

①　帕维亚(Pavia),系意大利北部城市,18世纪先后被奥、法、西班牙占领。帕维亚大学建于1361年,有意大利牛津大学之称。——译者
②　[跟][一起]为理论版编者增补。——译者

感觉中的。——为了认识梦和醒的区别,我们只需记起康德关于表象的89
客观性(表象由范畴所规定的状态)和表象的主观性的一般区别就行
了;同时我们必须知道刚才所指出的,即在精神里现实地存在的东西并
不因此就有必要以明确的方式设定在其意识中,正如感觉的精神之提
升到上帝并没有必要以上帝存在的证明的形式出现在意识中一样,尽
管这种证明,如以前说明过的那样,全然只表达那种感觉的内涵和内容
而已。

〔**附释**〕　通过觉醒人类个体的自然灵魂对其实体就进入一种必须
被看作真理,即两个联系的统一的关系,这两个联系的发生一方面是在年
龄历程的发展中,另一方面是在性关系中,即在个别性和实体性的普遍性
或人的类之间。因为在年龄历程中灵魂是作为保持不变的一个主体出现
的,但在这个灵魂里显露出来的区别却只是变化,因而只是流动性的、而
非持存性的区别,相反地,在性关系中个体达到一种固定的区别,达到与
自己本身的实在的对立,而个体与它自身上能动的类的联系则发展成为
一种与一个异性个体的联系,——因而在前一种情况下是简单的统一性
占优势,在后一种情况下是固定的对立占优势,而我们在觉醒的灵魂中看
到的灵魂与自身的联系就不是一种仅仅简单的联系,而相反的是一种由
对立所中介了的联系,而在灵魂的这种自为存在中看到的区别既不是像
在年龄历程中的那样一种流动性的区别,也不是像在性关系中的那样一
种固定的区别,而是在同一个个体身上自己产生着的、持续的睡与醒这两
种状态的交替。而进一步看,性关系到灵魂的觉醒状态的辩证进展的必
然性在于,当相互处在性关系中的每一个个体都由于他们自在存在着的
统一而在别一个个体中重新发现自己本身时,灵魂就从它的自在存在达90
到自为存在,这就是说,正就是从它的睡眠达到觉醒。那在性关系中被分
配给两个个体的东西——即一个同它的实体始终是在直接统一中的主观
性和一个进入与这个实体相对立的主观性——,在觉醒的灵魂中则被联
合起来,因而失去了其对立的固定性,而保持着区别的那种流动性,由于
这种流动性那同一个东西就成为了种种单纯的状态。睡眠是灵魂沉没于

它的无区别的统一的状态,相反地,醒着则是灵魂进入到与这种简单的统一相对立的状态。精神的自然生命在这里还是有它的持存;因为虽然灵魂的最初的直接性已被扬弃,而且现在已下降为一个单纯的状态,但那由于上述直接性的否定已得到实现的灵魂的自为存在同样还是以一个单纯状态的形状出现。灵魂的自为存在,即主观性尚未与它的自在存在着的实体综合起来;两种规定还是表现为互相排斥的、彼此交替的状态。当然真正精神的活动——意志和理智属于醒的状态。可是我们在这里还不能在这种具体的意义上来考察这种醒的状态,而只是把它看作状态,因而看作某种在本质上与意志和理智不同的东西。但是,那必须在其真理中理解为纯粹活动的精神身上自在地具有睡眠与醒着的状态,这是由于精神也是灵魂,而且作为灵魂使自己下降到一个自然东西、一个直接东西、一个受动东西的形式。精神在这种形状中只不过在经受它变为自为存在的过程。因而我们可以说,觉醒是由于主观性的闪电击穿了精神的直接性的形式所引起的。虽然自由精神也能决定自己觉醒;但在人类学这里我们只是就这点来考察觉醒,即它是一种发生的事,特别是这样一种全然模模糊糊发生的事——精神发现自己本身和一个在他对面的世界一般,——这样一种发觉起初只是进展到了感受,而离理智和意志的具体规定还很远。灵魂在它觉醒时只发现自己和世界——这种二重性、这种对立,精神的自然性在此正是以这个事实为内容的。

在觉醒中出现的灵魂与自己本身和与世界的区别由于灵魂的自然性现在是与一种物理的区别,即与昼夜的交替联系在一起的。就人来说自然是白天醒着,夜里睡眠;因为正如睡眠是灵魂的无区别性状态一样,夜则使事物的区别变暗,正如觉醒表示灵魂把自己同自己本身区分开来的活动一样,白昼则使事物的区别显露出来。

可是,不仅在物理自然界,而且在人的机体中也存在一种同灵魂的睡眠和醒着相应的区别。在动物的机体上,它的保持在己内的方面是必须从本质上与它的被指向他物的方面区别开来的。比沙把前一个方面称为

有机生命,后一个方面称为动物生命。① 他把再生系统:消化、血液循环、
蒸散、呼吸都算作有机生命。这种生命在睡眠中延续下去;它只随着死亡
而终止。相反地,动物生命,——按照比沙,感受性和刺激反应性的系统,
神经和肌肉的活动属于动物生命,——这种理论上和实践上被指向外界
的活动在睡眠中就停止了,所以古代人已经把睡眠和死亡描绘为弟兄了。
动物有机体在睡眠中还与外界联系的唯一方式就是呼吸,这种对空气的
无区别元素的全然抽象的关系。相反地,人的健康机体在睡眠中不再与
分离了的外界有联系。因此,如果人在睡眠中将会在外活动,那他就是病
了。这种情况出现在梦游者那里。梦游者极其安全地进行活动;有些梦
游者曾经写信和在信上盖印。可是在梦游中视觉麻痹了,眼睛处于一种
僵住状态。

　　由此可见,在比沙称为动物生命的那种东西里存在一种静止和活动
的交替,因而就像在醒着一样存在一种对立,相反地,没有进入上述交替
的有机生命则是与睡眠中存在的灵魂的无区别性相一致的。

　　但是,除去上述机体的活动上的区别外,必须指出内部生命和指向外
部的生命在器官的形态上也有一种与睡眠和醒着的区别相一致的区别。
外部的器官——眼、耳和四肢,手和脚,都是对称成双的,并且,顺便说说,92
由于这种对称而成为了艺术的对象。相反地,内部的器官表明要么完全
不成双,要么至少只不过是非对称的成双。我们只有一个胃。我们的肺
虽然有两叶,正如心有两室一样;但是心和肺也已经包含有机体对某种对
立物,即对外界的联系。此外,无论是肺叶,也无论是心室都不是像外部
器官那样对称的。

　　说到醒和睡的精神上的区别,除去上节关于这点所说过的以外,还可
以指出以下的东西。我们曾经把睡眠规定为这样一种状态,灵魂在那里
既不在自己本身内区别自己,也不把自己同外界区别开。这个自在自为

————————
　　① Marie-François-Xavier, Bichat,《生命与死亡的生理学研究》(巴黎 1800),第 4 版,
1822,第 7 页及下页。——理论版编者

地必然的规定为经验所证实。因为，如果我们的灵魂总是只感受或想象一个同样的东西，它就会昏昏欲睡。同样，摇篮有规则地摆动，单调的唱歌，小溪的淙淙声都能使我们感到困倦。通过废话，通过无联系、无内容的故事将会产生同样的效果。我们的精神只有当提供给它的是某种有趣的东西、某种同时既新鲜而又含义丰富的东西、某种自身条理各异而又连贯的东西时，才觉得自己是完全醒着的；因为在这样一些对象里他又发现了自己本身。所以清醒状态的生气活力需要精神与对象的对立和统一。相反地，如果精神在他物中没有重新发现它自己所是的那个自身有区别的整体，那么它就将从这种对象性撤回到它与自己的无区别的统一，就将感到无聊而入睡。——但是，在刚才的说明中已经包含有下面这层意思：不是精神一般，而更确定的是知性的和理性的思维必须被对象激动起来，如果清醒状态要以其不同于睡眠和做梦的特性而十分鲜明地存在的话。我们在醒着时，如果我们就觉醒这词的抽象意义来了解的话，可能感到非常无聊；而相反的情况也是可能的，即我们在梦中对某事生动地感兴趣。但在梦中其兴趣被引起来的，那只是我们的表象性思维，而不是知性思维。

　　正如对对象感兴趣的不确定的表象不足以区别清醒和做梦一样，清
93 楚这个规定对于上述区别也同样显得不够。因为首先这个规定只是一个量的规定；它只表达直观的直接性，因而并不表达直观的真实，只有当我们确信被直观的东西是自身合理的总体时，我们才面对这种真实。再者，我们非常明确地知道，做梦甚至不总是作为更不清楚的东西而有别于醒着，而是往往相反的比醒着更清楚，特别是在疾病和耽于幻想的人那里。

　　最后，甚至通过暧昧地说人只有在醒着时才思维，也不会提供出任何充分的区别。因为思维一般是如此根本地属于人的本性，以至于人永远是、甚至在睡眠中也是在思维。在精神的一切形式——感觉、直观和表象中——思维始终是基础。因此，思维就它是这种不固定的基础而言是不受睡眠和清醒的交替的影响，不构成这里的变更的仅仅一方，而是作为完全普遍的活动凌驾于交替的双方之上。相反地，就它作为精神活动的一

个不同的形式而与精神的其他形式相对立而言,对于思维来说事情就不一样了。在这个意义上思维在睡眠和做梦里就停止了。知性和理性,严格意义上的思维的方式,是只在醒着时活动的。属于觉醒灵魂的那种把自己本身与自然事物、与自己的无区别的实体和外部世界区分开的活动的抽象规定,只有在知性中才有内容丰富的、具体的意义,因为知性是无限的自内存在,它自己发展为总体并正因此而使自己摆脱了外部世界的个别性。但是,如果自我在自己本身里是自由的,它也使对象不依赖于它的主观性,它把这些对象同样看作是总体和一个包含它们全部在内的总体的各环节。现在这个总体在外界不是作为自由的理念,而是作为必然性的联系。这种客观的联系就是那个我们在清醒时具有的表象借以从本质上区别于在梦中产生的表象的东西。因此,如果我在清醒时碰到某个东西,我还不能发现它与外部世界的其他状态的联系,那么我就可以问一问:我是醒着还是在做梦?在梦中我们只采取表象活动的方式;因为我们的表象不受知性的范畴的支配。可是单纯的表象活动把事物完全从其具体联系中拉了出来,把它们孤立化。因而在梦中一切是彼此分开地不断变化着,在杂乱无章的紊乱中碰撞,诸对象失去一切必然的、客观的、理智的、合理的联系,而只是得到一种完全表面的、偶然的、主观的结合。于是就出现了这种情况:我们把在睡眠中听见的某种东西放到与它在现实中所具有的完全不同的联系中去。例如,人们听见门猛地砰然一声关上了,以为那是一声枪响。并想象出一个强盗的故事。或者人们在梦中感到胸上有一种压迫,就用阿尔卑斯山来解释这种压迫。这样一些虚假表象在睡眠中之所以可能产生,是因为在这种状态中精神不是自为存在着的总体,精神在醒着时就是把他的一切感觉、直观和表象与他的这个总体相比较,以便根据诸单个的感觉、直观和表象与他的自为存在着的总体一致符合或不一致符合去认识那个内容的客观性或非客观性。虽然人在清醒时也可能在废话中沉溺于空洞的、主观的表象;但是,如果他没有失去知性的话,他就会同时知道,这些表象只是表象,因为它们与他的现有总体是矛盾的。

94

83

只不过有时有些东西与现实有相当的联系。这种情况对于午夜前的梦尤其如此;在这些梦里种种表象可能还多多少少是由我们白天打交道的现实整齐有序地集合在一起的。在午夜,正如盗贼非常熟悉的那样,是睡眠最深的时刻;在这时灵魂从对外部世界的一切紧张关系中撤回到自身之内。后半夜梦就变得比以前还要随意些。可是有时我们在梦中预先感知到我们在清醒意识的分散状态中所没有注意到的某种事情。例如,人的忧郁心情可能引起对于一种他在清醒时丝毫没有预感的疾病的清楚感觉。同样地,人们可能在睡眠里由于某个冒烟物体的气味的刺激而梦到在一些日子以后才发生的火灾,而我们在醒着时并没有注意到它的先兆。

最后,还必须指出,醒着作为自然的状态,作为个体灵魂对外部世界的一种紧张关系,有一个界限、一个尺度,因而觉醒精神的活动就变得疲95 乏起来,从而引起睡眠,而睡眠这方面也有一个界限,并且必然进展到它的对立面。这种双重的过渡就是自在存在着的灵魂的实体性与其自为存在着的个别性的统一在这个范围内表现出来的方式。

γ. 感　　受

§. 399

睡眠和醒着起初虽然不是单纯的变化,而是交替着的状态(无限进展)。但是,在它们的这种形式上的、否定的关系里同样存在着肯定的关系。在醒着的灵魂的自为存在中存在是作为观念性的因素包含在其中的;所以,醒着的灵魂就在自己本身内、而且是自为地发现自己的沉睡着的本性的种种内容规定性,而这些规定性是作为在其实体中那样潜在地在这沉睡着的本性之中。这个特殊东西作为规定性不同于自为存在与自身的同一性,而同时又直截了当地包含在自为存在的简单性中,——这就是感受。

〔附释〕 说到从觉醒的灵魂到感受的辩证进展,那么我们就必须指出以下有关的情况。在清醒之后出现的睡眠是灵魂从分化回复到与自身的无区别的统一的自然方式。在精神束缚于自然性枷锁的范围内,这种回复不是别的,而是开端的空洞的重复,——一个无聊的循环。但是,在那种回复里同时自在地或者说按照概念包含有一种进步。因为睡到醒和醒到睡的过渡对于我们来说有一个积极的、也同样消极的结果:睡眠中存在的灵魂的无区别的实体性存在和觉醒中实现的灵魂的还完全抽象的、还完全空洞的自为存在在它们的分离性中都是片面的、非真实的规定,而要求它们的具体统一作为它们的真理显现出来。在睡与醒的重复着的交替中,这些规定永远只追求、而从未达到它们的具体统一;这些规定的每一个从它们自己的片面性走出来永远只是陷入到相对立的规定的片面性里去。但是在上述交替中永远只是被追求的这种统一在感受的灵魂中得到实现。灵魂在感受时,它必须与某个直接的、存在着的规定打交道,这 96 个规定还不是由它产生的,而只不过是为它发现的,是在内部或外部被给予的,因而是不依赖于它的。但是,这个规定同时被沉入到灵魂的普遍性里,这样一来就在其直接性的范围内被否定,因而在观念上建立起来了。因此,感受的灵魂在作为它自己的他物的这个它的他物里回复到自己本身,在它所感受的直接物、存在物里即是在自己本身里。所以,在觉醒中存在的抽象的自为存在,通过潜在地包含在灵魂的沉睡着的本性、即灵魂的实体性存在里的种种规定,就获得它的最初的充满。通过这种充满灵魂实现、确认、证实自己的自为存在、自己的觉醒状态,——它不仅是自为的,而且也把自己建立为自为存在着的,建立为主观性,建立为对自己的诸直接规定的否定性。这样灵魂才达到其真实的个体性。灵魂的这个主观的点现在就不再是与灵魂的直接性相隔离和相对立,而是在就可能性而言包含于那个直接性里面的形形色色事物中起作用。感受的灵魂把形形色色的事物安放到它的内部去,它因而就扬弃了它的自为存在或它的主观性与它的直接性或它的实体性的自在存在之间的对立,——然而扬弃的方式并不是像在觉醒回复到睡眠时它的自为存在让位于其对立面、即那个单纯的自在存在那样,而是这样地进行的:它的自为存在在变化中、在他物中保存自己、发展自己和证实自己,而灵魂的直接性则从一个与上述自为存在并列存在的状态的形式而被降低为一个仅仅在那个自为存在内持存的规定,因而降低为一个映像。因此,灵魂通过感受达到了这样的地步:那构成它的本性的普遍东西在一种直接规定性里成为它的。只有通过这种成为自为的过程灵魂才是感受着的。非动物的东西之所以不感受,正因为在它里面普遍东西始终是沉没在这样一种规定性里,在这种规定性里普遍东西将不会成为自为的。例如,染了色的水只是对于我们来说既不同于其染了色的状态也不同于其未染色的状态。如果说同一个水会同时是普通的水和染了色的水,那么这种区别性的规定性就会成为水本身的,这水本身因而就会有感受;因为某物有感受是由于它在自己的规定性中保持自己为一个普遍东西。

97　　在以上对于感受的本质的说明中已包含有这样一层意思:如果在§.398中觉醒可以称为个体灵魂的一个判断的话——因为这种状态产生出灵魂的一种分割为一个自为存在着的灵魂和一个仅仅存在着的灵魂,同时又产生出灵魂的主观性与他物的一种直接联系——,那么,我们就可以断言在感受中有一个推论,并从中推导出那借助于感受而实现的对于清醒状态的确认。当我们觉醒时,我们发觉自己最初是在一种完全模模糊糊地区别于外部世界一般的状态中。只是当我们开始感受时,这种区别才成为一种确定的区别。因此,为了达到完全清醒状态和对这种状态的确信,我们就睁开眼睛,用手触摸自己,一句话,检验一下是否对于我们来说有某种确定的他物,即一个确定地不同于我们的东西。在这种检验中我们不再是直截了当地、而是间接地与他物有关。例如,接触就是我和他物之间的中介,因为接触不同于对立的双方却又同时把双方结合起来。在这里,正如在一般感受那里一样,灵魂借助于一个居于自己和他物之间的东西在被感受的内容里与自己本身结合,把自己从他物中映现到自身中,使自己与这个他物分开,并借此向自己证实自己的自为存在。灵魂与自己本身的这种结合是在觉醒中分裂着的灵魂通过其向感受的过渡所作出的进展。

§. 400

感受是精神在其无意识的和无理智的个体性中模糊活动的形式,在这形式中一切规定性都还是直接的,按照它们的内容和一个客观东西与主体的对立来看都是未发展的,都是属于精神的最特殊的、自然的特性。感受的内容正因此而是有限制的和瞬息即逝的,因为这个内容属于自然的、直接的存在,因而属于质的和有限的存在。

〔说明〕 一切都在感受中,如果愿意也可以说,一切出现在精神的意识和理性中的东西都在感受中有其起源和开端;因为起源和开端无非是指某物在其中显现出来的最初的、直接的方式。[我们说]①原理、宗教等只在头脑中是不够的,它们必须在心中,在感受中。实际上,我们这样地在头脑中有的东西,是在意识一般里,而内容对于意识则是如此对象性的,以至于当它被置于"我"、即抽象的自我里面时,它也同样可能就我的具体的主体性而言被阻止而远离"我";相反地,这样的内容在感受里面则是我的全部的、尽管是在这样模糊形式中的自为存在的规定性;因而它就被设定为我的最自己的东西。自己的东西是与现实的、具体的自我不分离的东西,而灵魂与其实体及实体的确定内容的这种直接统一正是这种不分离状态,只要这种不分离状态不被规定为意识的自我,更不用说被规定为合理的精神境界的自由的话。此外,意志、良心、性格之为我自己的,比起感受和感受的复合体,即心来,其强度和稳固性是完全不同的,这一点也是普通的观念所知道的。说心首先必须是善良的,这当然是对的。然而感受和心并不是用以辩护某个东西是宗教的、道德的、真的、正义的等等的形式,诉之于心和感受要么就只是说些毫无意义的东西,要么就反倒是些不是无可非议之谈,这个道理本身是无需人提醒的。不可能有比这更加平凡的经验了:至少有些感受和有些心同样是邪恶的、坏的、无神的、卑贱的等等;甚至这样的内容也只是来自于心,这已由如下的话道出

98

---

① 理论版编者增补。——译者

来了："邪念、凶杀、通奸、淫乱、亵渎等等都是从心里出来的"①。在科学
99 的神学和哲学把心和感受当作善、伦理和宗教的标准的时代里,有必要使
人们记起上述平凡的经验,正如今天也同样有必要提醒人们:思维是人借
以和牲畜区别开来的最自己的东西,而感受是人和牲畜共有的。

〔附释〕　虽然属于自由精神的、人所特有的内容也采取感受的形
式,但这种形式本身却是动物的灵魂和人的灵魂所共有的,因而是不适合
于人所特有的内容的。精神的内容和感受之间的矛盾在于,前者是一个
自在自为的普遍的东西、必然的东西、真正客观的东西,——感受则相反
地是一个孤立的东西、偶然的东西、片面主观的东西。后面所说的这些规
定怎么样必须被断言是感受的属性,对此我们在这里想略加阐明。正如
我们已指出的,被感受的东西本质上具有一个直接的东西、一个存在着的
东西的形式,不管这个东西是来自自由精神或感性世界。属于外部自然
界的东西通过被感受过程所经受到的观念化还是一种完全表面的、离完
全扬弃这个内容的直接性依然很远的观念化。可是,那自在地与这个存
在着的内容对立的精神的材料,在感受的灵魂里面却成为了一个以直接
性方式实存着的东西。而现在直接的东西就是一个孤立的东西,所以一
切被感受的东西都具有一个孤立东西的形式。对于外部事物的感受,这
种情况是容易得到承认的,但是对于内心东西的感受也必须作这样的论
断。精神的东西、理性的东西、法的东西、伦理的东西在采取感受的形式
时,它就保持着一种感性的东西、彼此分开的东西、无联系的东西的形态,
它因而就得到一种与外部被感受东西的相似性,后者虽然只是在个别性、
例如在个别的颜色中被感受到的,但它却和精神的东西一样自在地包含
着一个普遍的东西,例如一般的颜色。因而精神东西的更广泛更高超的
本性不出现在感受的形式中,而是在用概念进行的思维中才出现。但是
在被感受内容的孤立化中它的偶然性和片面主观的形式也就同时建立起
100 来了。感受的主观性不得笼统地在人通过感受而把某物置于自己之内这

---

① 　马太福音。15,19——理论版编者

个情况中去探求——因为人在思维中也把某物置于自己之内——，而是必须更加确切地在下述情况中来探求，即人把某物置于他的自然的、直接的、个别的主观性中，而不是置于他的自由的、精神的、普遍的主观性中。这种自然的主观性还不是自己决定自己的、遵循自己的规律的、以必然的方式证实着自己的主观性，而是一种受外部决定的、被束缚于这个空间和这个时间的、依偶然的情况为转移的主观性。因此，一切内容由于置于这种主观性中就都成为一个偶然的东西，并得到只属于这个个别主体的种种规定。所以绝对不许可援引自己的单纯感受作为依据。谁这么做，谁就从为一切人共有的理由、思维和事实的领域退回到他的个别的主观性，最无理智的东西和最坏的东西，与理智的东西和善的东西一样，都能够挤到它里面去——因为这种主观性是一个本质上被动的东西。从上述一切可见，感受是精神东西的最坏的形式，而这种形式是能够使最好的内容变坏的。——同时在上面讲的道理中已包含有这层意思：对于单纯的感受来说，感受者和被感受者、主观东西和客观东西的对立仍然是漠不相干的。感受灵魂的主观性是一种如此直接的、如此未发展的、如此少地规定着和区分着自己本身的主观性，以至于灵魂就它仅仅感受着而言就还没有把自己理解为一个与客观东西对立的主观东西。这种区别首先属于意识，只有当灵魂达到它的自我、它的无限的自为存在的抽象思想时才出现。因此，关于这种区别我们在精神现象学里才有权谈到。在人类学这里我们只需考察通过感受的内容所给予的区别。下一节就将进行这种考察。

§.401

感受灵魂在自身内发现的，一方面是自然的直接东西，作为观念地在它之内并成为它所有。另一方面，与此相反，那原本属于自为存在——它在自身内继续深化即是意识的自我和自由的精神——的东西则被确定为自然的形体性，并被这样地感受到。这样一来就区分出两个领域。一个是感受活动的领域，这种活动最初是形体性的（眼的，等等，一般地身体 101

的任何部分的)规定,这规定由于在灵魂的自为存在里被内在化并被回忆起而成为感受;另一个是起源于并从属于精神的诸规定性的领域,这些规定性为了成为被发现的和被感受到而被形体化。这样规定性就在主体中、即在灵魂中建立起来了。正如前一种感受活动的继续特殊化存在于感官系统中一样,那些来自内心的感受活动的规定性也必然地系统化自己,而它们的形体化,作为被设定在有生命的、具体发展了的自然性中的,则是根据精神规定的特殊的内容而在一个特殊的系统或身体的器官①里进行的。

〔说明〕　一般说来,感受活动是个体精神在其形体性中的健全的共同生命。诸感官是特殊化了的物体性的简单系统;a)形体的观念性分裂为二,由于这种观念性是直接的、尚非主观的观念性,在它里面区别就显现为差异性:确定的光感官(参阅§.317以下诸节)和声感官(§.300)。b)有差别的实在性自身随即是双重的实在性:嗅感官和味感官(§.321,322)。c)坚固的实在性感官、重物质的感官、热感官(§.303)、形态感官(§.310)。这些特殊化比起它们在自然物体性的发展过程中来是更简单地围绕着感受个体性的中心排列起来的。

内部感受活动在其自我形体化的特殊化过程中的系统将会值得在一门独特的科学——一门心理生理学中加以阐明和讨论。关于这类联系的某种东西已经包含在对于某个直接感受与自身确定的感性内心是适合或102 不适合的感受——愉快或不愉快之中了;在对一些感受,例如颜色、音调、气味等等的感受的象征性使用中的确切的对照也是如此。但是,心理生理学最有趣的方面或许并不是研究单纯的同情或同感,而是更确切地研究种种精神的规定,特别是情绪激动或内心冲动给予自己的形体化。必须加以理解的是这样的联系,由于它愤怒和勇敢是在胸口、在血液里、在应激系统里被感受到,正如反思、智力工作是在头脑这个感觉系统中枢里被感受到一样。必须对那些最熟悉的联系作出比迄今更为透彻的理解,

---

①　第2版为"系统或诸器官",第3版为"诸器官的系统"。——理论版编者

由于这些联系才源自心灵地产生出来眼泪、一般的声音、进一步的语言、发笑、叹息、此外还有许多临近病相学和面相学所述的特殊状态。在生理学中，内脏和器官只被看作动物有机体的成分，但是它们同时也形成一个精神东西形体化的系统，并因此而得到一种完全不同的解释。

〔附释〕　感受的内容要么是一个来源于外界的，要么是一个属于灵魂的内心的，因而感受要么是一个外部感受，要么是一个内部感受。后一类感受我们在这里只需在它们形体化的范围内来考察；按照它们的内在性这个方面，它们属于心理学的领域，相反地，外部感受则专门是人类学的对象。

关于后面提到的这类感受我们必须指出的第一点就是它们是我们通过各感官获得的。在此，感受者是从外部被决定的，就是说，他的形体性为某种外部东西所决定。这种决定的不同方式构成不同的外部感受。每一个这样不同的方式都是一种受到决定的普遍可能性，都是一个诸个别感受的圈子。例如，看就包含着多种多样视觉感受的不定的可能性。赋有灵魂的个体的普遍本性也表现在这个体在某些感受的方式内并不囿于某个个别的东西，而是包含着一个诸个别东西的圈子。与此相反，如果我只能看见蓝色，那么这种限制就会是我的一种质。但是，由于我与自然事物相反是在规定性中即是在自身中的普遍东西，所以我总是看见有色东西，或者倒不如说，看见所有不同颜色的东西。

感受的诸普遍方式与自然事物的那些在自然哲学中必须证明为必然的不同的物理的和化学的特性有联系，并且是通过不同的感觉器官所中介的。一般说来，对外物的感受是彼此分开地落入这样一些不同的、彼此漠不相干的感受方式内的，这种情况是由于感受内容的本性，因为这个内容是一个感性的内容，而感性东西与外在于自己本身的东西是如此的同义，以至于连诸内部感受由于它们的相互外在存在也都成了某种感性东西。

然而，为什么我们恰好具有已知的五个感官，——不多不少，而且正是这些这样不同的感官——对于有关这点的合理必然性必须在哲学研究中加以证明。在我们把感官理解为概念的诸环节的表现时,就会得到这种证明。正如我们知道的那样,这些环节只有三个。而五个感官完全自然地归结为三类感官。第一类由有形观念性的各感官形成,第二类由实在差别的各感官形成;属于第三类的是地球总体性的感官。

这三类作为概念诸环节的表现,每一类在自己本身内都必须形成一个总体性。但是,现在第一类包含的是抽象普遍东西、即抽象观念东西的感官,因而就不是真正总体东西的感官。所以总体性在这里就不能作为一个具体的总体性存在,而只能作为一个彼此分离出现的总体性,即作为一个在自己本身内分裂的、被分到两个抽象环节上去了的总体性存在。因此,第一类包含两种官能——看和听。对于看来说,观念东西是一个简单地自己与自己有关的东西;对于听来说,则是一个通过物质东西的否定而自己产生着的东西。——第二类作为差别的类,表现过程、即具体物体性的分解和消溶的范围;但从差别的规定中立即就得出这类官能的两重性。第二类因而包含有嗅和味的官能。前者是抽象过程的官能,后者是具体过程的官能。最后,第三类只包含一个官能,触觉,因为触觉是具体总体性的官能。

现在我们更仔细地考察一下各个官能。

视觉是我们称之为光的有形的观念东西的官能。关于光我们可以说它仿佛是物理化了的空间。因为光和空间一样是一个不可分割的东西,一个纯净的观念东西,即绝对没有规定的延伸,完全没有自内映现,——因而没有内在性。光显示他物,这种显示构成光的本质;但是光就自己本身而言是与自己的抽象的同一,是自然自身内部出现的自然的彼此分开存在的反面,因而是非物质的物质。因此,光不进行任何抵抗,它自身内没有任何限制,它无限制地向一切方面扩展,它是绝对轻的,即无重量的。视觉必须只同这种观念的要素和这要素由于黑暗而来的浑浊,即与颜色打交道。颜色是被看见的东西,光是看的介质。物体性的真正物质东西在看时与我们还毫无关系。我们看见的对象因而是可以远离我们的。在这样的时候我们仿佛只是从理论上而还不是从实践上来对待物,因为在看时我们听任这些物安静地作为一个存在着的东西存在,而只与它们的观念的方面有关。由于视觉对本来的物体性的这种独立性,我们可以把它称为最高贵的官能。另一方面,视觉是一个很不完善的官能,因为通过它物体不是作为空间的总体,不是作为物体,而是永远只作为面,只按照宽和高这两维直接地到达我们这里,只有通过我们对物体采取不同的视点,我们才依次就其一切的维,即就其整个形状看见物体。恰如我们在儿童那里可以观察到的那样,正因为视觉不能直接看见深度,最远的对象和最近的对象对于视觉来说最初就都出现在同一个面上。只是在我们注意到有一个暗的东西,即一个阴影与由触觉知觉到的深度相应时,我们才达到这一步:我们相信在一个阴影成为我们可见的地方看到了一个深度。与此相联系,我们并不是直接通过视觉知觉到物体距离的大小,相反地,我们只能根据对象表现得大些或小些来推断这点。

与视觉作为无内在性的观念性的官能相对照的是听觉作为物体性东西的纯粹内在性的官能。正如视觉与物理化的空间、即与光有关一样,听觉则与物理化的时间、即与声音有关。因为声音是物体性在时间上被设置起来的过程,是运动,是物体在自身内的摆动,一种颤动,一种机械的震动,由于这种震动物体作为整体的物体不必改变其相对的位置,而只是使它的诸部分运动,把它的内在空间性在时间上设置起来,因而扬弃它的漠不相干的彼此脱离的存在,并通过这扬弃让它的纯粹内在性显现出来,但却使自己直接从它由于机械的震动所遭受到的表面的变化中重新恢复起来。但是,声音借以达到听觉的介质不只是空气的要素,而且在更高的程度上是在我们和发声对象之间存在的具体的物体性,例如大地,把耳朵贴着大地,有时听到凭借单纯的空气中介所不能听见的连续炮击。

第二类官能跟实在的物体性发生关系。但是,它们还不是在物体性独立存在、进行抵抗的范围内,而只是在物体性处在其分解中、进入过程的范围内同物体打交道。这个过程是某种必然的东西。当然,物体部分地是由于外部的、偶然的原因被毁灭的;但是,除去这种偶然的灭亡之外,物体是由于它们自己的本性而灭亡的,它们耗尽自己本身,然而它们的毁灭却具有从外面来到它们那里的假相。空气的作用就是这样的,由于它发生了一切物体静悄悄的和觉察不到的挥发过程、植物的和动物的形象的气化过程。虽然嗅和味都和分解着的物体性有关系,可是这两种官能又由于以下情况而相互区别:嗅接受的是处在挥发或气化的抽象的、简单的、不定的过程中的物体,——与此相反,味则与物体的实在的具体的过程以及在这过程中出现的甜东西、苦东西、碱性东西、酸东西和咸东西的化学特性有关。对味来说必须与对象有某种直接的接触,而嗅觉本身还不需要这样一种接触,而这种接触在听觉那里更加没有必要,在视觉那里就完全不发生了。

106 　　第三类,如已指出的,只包含触觉(Gefühl)一个官能。就这个官能主要在手指而言,我们也称之为触(摸)觉(Tastsinn)。触觉是一切官能中最具体的官能。因为它的与众不同的本质性在于这样一种关系;它既不是与抽象普遍的或观念的物理东西有关,也不是与物体的分离着的特性有关,而是与物体东西的坚固的实在性有关。因此,对于触觉来说才真正有一个独立持存的他物,即一个自为存在着的个体东西在作为一个同样自为存在着的感受者的对面。所以,触觉受到重力的刺激,即种种坚持自己的自为存在、不进入分解过程、反而进行抵抗的物体所寻找到了的那个统一的刺激。一般说来物质的自为存在是为触觉的。但是,属于这种自为存在的不同方式的不仅有重量,而且有内聚力的方式——硬、软、坚、脆、粗糙、光滑。可是,与坚持不变的、坚固的物体性一起同时为触觉的也有物质东西作为一个独立持存东西的否定性,即热。由于热,物体的特殊的重力和内聚力会得到变化。这种变化因而关系到物体由以作为物体的本质性东西。所以,就此而言,我们可以说,甚至在热的刺激中坚固的物体性也是为触觉的。最后,形态按其三维也归于触觉的范围;因为一般说来机械的规定性全都属于触觉之列。

　　各官能除去上述质的区别外,也都具有感受的某种量的规定,即感受的强或弱。量在这里必然表现为内包的量,因为感受是一个单纯东西。例如,有关施加于触觉官能的压力的某种量的感受就是一个内包的东西,虽然这个内包的东西也以外延的方式——按照尺寸、磅等等——实存着。但是,感受的量的方面甚至就下述这点而言也没有给哲学研究提供什么兴趣:感受的这个量的规定也变为质的规定,并因此而形成一个尺度,超过这个尺度感受就变得太强烈、并因而使人痛苦,不到这个尺度它就变成觉察不到的。

相反地,对于哲学人类学来说外部感受与感受主体的内心的联系则是重要的。这个内心不是一个完全无规定的东西、即无区别的东西。感受的量是一个内包的量,并且必然有某种尺度,在这当中就包含有刺激与主体的自在自为地规定了的状态的一种联系,即这个主体的善感性的某种规定性,——主体性对于外部的一种反应,因而包含有内部感受的萌芽或开端。由于主体的这种内部的规定性,人的外部感受已经或多或少地区别于动物的外部感受了。有些动物在某种情况下可以感受到某种对于人的感受还不存的外部事物。例如,据说骆驼甚至嗅到好多里外的泉水和溪流。

但是,外部感受之成为某种人类学所特殊考察的东西,更多的是由于它同精神的内在东西的联系,而不是由于善感性的那种特殊大小。这种联系现在具有多种多样的方面,然而这些方面在这里还并不全都属于我们的研究。在这里从我们研究中排除出去的首先仍旧是对于感受之为一个愉快的或不愉快的感受的决定,——也就是外部感受与我们自在自为规定了的本性的这样一种或多或少与反思交织在一起的比较:由于一个刺激我们这种本性的满意或不满意就使这个感受在前一种情况下成为一个愉快的感受,在第二种情况下成为不愉快的感受。在这里同样不能把由刺激引发冲动这种联系拉到我们研究的范围内来。这样的引发属于离这里尚远的实践精神的领域。我们在这里所必须考察的唯一的东西,就是外部感受与精神的内在东西之间的无意识的联系。由于这种联系就在我们里面产生了我们称之为情绪的那种东西,——一种精神现象,关于它(正如关于愉快或不愉快的感受和关于由刺激引发冲动一样)虽然可以在动物那里找到某种类似情况,可是它(正如刚才提到的其他的精神

107

现象一样)同时却具有一种特殊的人的性格,而且它之成为我们上述意义上的一种人类学的对象是由于它是某种主体还不完全有意识地所知的东西。在考察尚未进展到个体性的自然灵魂时,我们就已经不得不谈到它的那些同某种外部东西相应的情绪了。但这个外部东西在那里还是完全一般的情况,而正由于这些情况的不确定的一般性,我们就还不能真正地说它们被感受到了。与此相反,根据我们迄今追踪灵魂的发展所达到的观点,外部感受本身就是产生情绪的东西。但是,这个结果之为外部感受所产生,是因为某种内在的意义与外部感受直接地、即是说这时无需有意识的理智共同活动而联结在一起的。外部感受由于这种内在的意义就成为某种象征东西。可是同时必须注意,在这里还不存在一种这个词的本来意义上的象征;因为,严格说来,属于象征的是一个不同于我们的外部对象,我们在这个外部对象中意识到一种内在的规定性,或者说,我们总是使这个对象与这样一种规定性相联系。但是,在一个由外部感受引起的情绪那里,我们还不是与一个不同于我们的外部对象有关系,我们还没有这个意识。因此,如已说过的那样,在这里象征东西还不是以其本来的形态出现。

现在,由种种刺激的象征性质所引起的精神上的同情是某种非常熟悉的东西。我们从颜色、声音、气味、滋味、也从触觉所知的东西那里接收到这类同情。——说到颜色,那就有严肃的、快活的、热情的、冷酷的、悲哀的和温柔的颜色。因此人们选择一定的颜色作为在我们里面存在的情绪的符号。例如,为了表达悲哀、内心的黯淡、精神的昏暗,就选择夜的、不被光所照耀的黑暗的颜色,即无色的黑色。庄严和威严也用黑色来表征,因为在黑色里面偶然性、多样性和变化性的儿戏是找不到任何位置的。与此相反,纯洁的、充满光线的、明亮的白色则与天真无邪的单纯和开朗相适应。真正的颜色可以说都具有一种比黑色和白色更为具体的意义。例如,紫红色从来就被看作帝王的颜色;因为它是最有威力的、对眼睛最富进攻性的颜色,——它是亮起来和暗下去以其统一和对立的全部力量进行的相互渗透。相反地,蓝色作为亮起来和暗下去的倾向于消极地变暗的单纯统一则是温和、女性气质、爱和忠贞的象征,因此画家们就总是把圣母画成穿蓝色的长袍。黄色不仅是通常快活的象征,而且也是有偏见的妒忌的象征。当然,在为衣着选择颜色方面很可能是习俗起支配作用;可是同时在那种选择中,如我们曾经指出过的那样,也显示出某种合理的意思。颜色的光泽和黯淡也有某种象征意义;前者与人在显赫地位上通常兴高采烈的情绪相适应,颜色的黯淡则相反地与蔑视豪华的 109 纯朴和性格的沉静相适应。在白色本身上也依其在例如亚麻布、棉花或丝绸上的表现各不相同而存在光泽和黯淡的某种区别;而我们在许多民族那里都会找到对于这区别的象征性方面的明确的感受。

　　除去颜色以外,在我们里面引起某种相应情绪的就是声音了。这种情况尤其是对人的声音来说是如此;因为人的声音是人传达他的内心的主要方式;人就是他放在自己的声音里的东西。因此,我们相信有把握从声音的和悦认识到说话者灵魂的优美,而从他声音的粗鲁认识到某种粗野的情感。所以,通过声音在第一种情况下引起我们的同情,而在第二种情况下则引起我们的反感。盲人特别注意人的声音的象征意义。甚至可以确信,盲人企图从人的和悦声音上认识到人的身体的优美,他们甚至以为凭别人用鼻音小声讲话听出了说话人的麻面。

　　关于外部感受与精神的内心的联系就说这么多。在考察这种联系时我们已经看到,感受者的内心绝不是完全空虚的东西,完全不确定的东西,而反倒是一个自在自为地规定了的东西。这对于动物的灵魂来说已是如此,可是在不可比拟的更高的程度上对于人的内心来说也是这样。因此,在人的内心里有一个本身并非外在的、而是内在的内容。但是,为了这个内容被感受到有两个东西是必要的:一方面是外在的机缘,另一方面是内在内容的形体化,因而就是内在内容的一种转化或联系,这种联系是外部感受提供的内容由于其象征性质而有的那种联系的对立物。正如外部感受象征化自己,即成为一个与精神的内心相联系一样,内部感受就必然外化自己,形体化自己,因为内部感受属于自然灵魂,因此是存在着的内部感受,所以必须获得一个直接的定在,灵魂就在这个定在里成为自为的。如果我们谈到感受主体的内在规定,而不涉及它的形体化,那么我们对这个主体的考察就是按照这样的方式,即它只是如何为我们,而还不是它如何在其规定中即在自身中为自己本身,即如何在这个规定中感受自身。由于内在规定的形体化,主体才达到感受这些内在规定的地步;因为为了内在规定被感受到,它们就有必要被设定为既区别于主体又与主体同一;但这两者只有通过感受者的内部感受的外化、形体化才会发生。那些多种多样的内部感受的形体化预设了一个形体化在其中发生的形体性的范围。这个范围,这个有限制的区域就是我们的身体。我们的身体就这样地确定自己为灵魂的诸内在规定和诸外在规定的感受范围。我们的这个身体的生命性在于,它的物质性不能独自地存在,不能对我进行抵抗,而是服从于我,处处为我的灵魂所渗透,并且对于我的灵魂来说是一个观念的东西。由于我的身体的这种本性,我的种种感受的形体化才成为可能的和必然的,——我的灵魂的种种运动才直接成为我的身体的种种运动。

现在内部感受有两类:

首先是这样的内部感受,它们与我在任何一种特殊环境和状态里有的直接个别性有关;例如,愤怒、报复、忌妒、羞耻、悔恨都属于这类;

其次是这样的内部感受,它们与一个自在自为的普遍东西——与法、伦理、宗教,与美和真——有关。

内部感受的两个类,如以前已指出的,具有一个共同点,即它们都是我的直接个别的、即自然的精神在自身内发现的规定。一方面这两个类可以相互接近,这是由于要么那被感受到的法的、伦理的和宗教的内容越来越采取个别化的形式,要么相反地,那起初与个别的主体有关的感受被更大量地附加上了普遍的内容。另一方面,法的、伦理的和宗教的感受越是摆脱主体偶然特殊性的杂质并因此而把自己提升为自在自为普遍东西的纯粹形式,内部感受的两个类的区别就会越来越强烈地显现出来。但是,当在内部感受里个别东西向普遍东西屈服时,内部感受就同一程度地精神化,它们的表现因而就失去了出现时的形体性。

内部感受的更进一步的内容在人类学这里还不是我们分析的对象，这点我们已经在上面指出过了。正如我们把外部感受的内容从我们已经讲过了的自然哲学中作为在那里其合理必然性已得到证明了的一个内容接受过来一样，那么我们就必须把内部感受的内容作为在主观精神学说第三部分中才找到其真正位置的一个内容而在必要时加以预先说明。我们的对象目前只是内部感受的形体化，而更确切地说，是我们的感受借助于姿势而不由自主地实现的形体化，而不是那种依我们的意志为转移的形体化。这后一种形体化还不属于这里要说明的，因为它预设精神已经驾驭了它的形体性，即已经有意识地使形体性成为它的内部感受的表达；——某种在这里还不曾发生的事情。如已说过的，在这儿我们只需考察内部感受到定在的形体方式的直接过渡，这样的形体化虽然也能够成为他人可见的，能够使自己形成为内部感受的一个符号，但却不是必然地——无论如何没有感受者的意志——成为一个这样的符号。

现在，正如精神运用其指向外部的生命——用比沙①的术语来说——即其动物生命的器官——脸、手和脚，借助于姿势来向他人展现自己的内心一样，那么与此相反，指向内部的生命的器官、即所谓高贵的内脏就必须优先地被看作这样的器官，在这些器官里面感受主体的种种内部感受为了感受主体本身、但不必然为了他人而以直接的、不由自主的方式形体化自己。

这种形体化的种种主要现象是每个人通过语言都熟悉的，语言所包含的有关这方面的好些东西不大可能宣布为永久的错误就完了。一般说来，都可以看出，内部感受对于灵魂和整个身体可能部分地是有益的，部分地是有害的，甚至是灾难性的。心情快活保持身体健康，内心忧虑搞垮身体健康。由于内心的忧虑和痛苦而在灵魂里产生的、以形体的方式达到实存的抑制，如果它是突然发生的并达到某种过分的程度，就可能招致死亡，或者丧失理智。过分突然的高兴也同样危险；由于这样的高兴，就

111

---

① 见［边码］第91页脚注［①］。——理论版编者

像由于极强大的痛苦一样,对于表象来说就会产生感受主体的迄今状况
112 和当前状况之间的一个这样尖锐的矛盾,即内心的一种这样的分裂,以致
内心的形体化就能够造成机体的爆裂、即死亡或疯狂。但是,富于性格的
人比起其他人来,所遭受到这类影响就少得多,因为他的精神更加自由地
使自己远离他的形体性,并且,比起想象和思想贫乏而无力忍受突然袭来
的剧烈痛苦的否定的普通人来,则在自己里面产生了更加坚定得多的
立场。

　　但是,即使这种形体化不起毁灭性的刺激或压抑的作用,它仍然或多
或少地直接侵袭着整个机体,因为在机体中一切器官和一切系统都处在
活生生的相互统一之中。尽管如此却不可否认,内部感受按其内容的差
异性同时都拥有一个特殊的、它们借以首先地和主要地形体化自己的器
官。一定的感受与其特殊的形体性表现方式之间的这种联系是个别的、
违反规律的事例所不能驳倒的。这些给自然的软弱无力添麻烦的例外无
权把上述联系解释为一种纯粹偶然的联系,比方说以为愤怒可以完全同
样好地既在心里,也在下腹或头脑里被感到。语言已经如此非常明智地
使用心代表勇气,头脑代表理智,而绝不用心代表理智。科学的职责在于
证明一定的内部感受与它借以形体化自己的器官的生理学意义之间的必
然联系。在这里我们想简略地提及与这点有关的最一般的现象。——这
是最确实无疑的经验之一:忧伤,灵魂的这种无力地埋藏于自身之内,主
要是形体化为下腹病,就是说,是在再生系统、因而是在那体现动物主体
消极地返回身的系统中形体化自己。与此相反,勇敢和愤怒,这种消极地
向外转向某种异己力量、即某种使我们激怒的伤害的状态,则直接位于胸
内,也就是位于心这个应激性、即消极驱赶活动的中心之内。愤怒时心
跳,血流加速,面部发热,肌肉紧张。与此同时,特别是在烦恼的情况下,
愤怒更多保持在内部,而不是强烈地向外发泄,那本来就属于再生系统的
113 胆汁自然就会溢出,甚至达到引起黄胆的程度。但是,关于这点必须注意
到,胆汁仿佛是易怒的东西,由于它的流出,可以这样说,再生系统就向食
物发泄它的愤怒,它的应激性,并在胰腺分泌出来的"动物水"的共同作

用下分解和消化食物。——跟愤怒有密切关系的羞耻同样也是在循环系统里形体化自己。羞耻是人对自己本身的某种开始的、些微的恼怒;因为它包含着对于我的表现和我应当是和想要的东西之间的矛盾的一种反应,——因而包含着我的内心对于我的不适当的表现的一种辩护。这种精神的向外转状态之形体化自己是通过血涌上脸面,因而脸红,并以这种方式改变自己的表现。跟羞耻相反,惊恐,灵魂的这种面临它仿佛不可克服的否定东西而在自身内碰撞,则通过血液从脸面退走,即通过脸色苍白和发抖来形体化自己。如果自然与此相反地把事情颠倒过来,创造了若干因羞耻而脸发白和因恐惧而脸变红的人;那科学也不可以让自然的这种不一贯性来阻止自己去承认这种不规则性的反面是规律。——最后,甚至思维,就它是一种时间性的东西和属于直接的个体性而言,也有一种形体的表现,也被感受到,确切地说特别是在头脑、即大脑里面,一般说来是在感受性、即感受主体的单纯普遍的己内存在的系统里被感受到。

在刚才考察的精神东西的所有这些形体化中,发生的仅仅是灵魂激动的这样一种外化,这种外化对于感受这些灵魂激动来说是必要的,或者说,可以充当对内心东西的指示。但是,上述外化只有通过它成为对于内部感受的一种放弃、即清除才会完成。内心东西的这样一种放弃性的形体化出现在笑中,但更多地出现在哭中,出现在呻吟和抽噎中,一般地出现在尚未清晰发音的、即尚未成为语言的声音中。

理解生理现象和与之相适应的灵魂激动之间的这种联系是有许多困难的。

说到那些生理现象的精神方面,那么关于笑我们就知道,笑的引起是由于某种直接显著的矛盾,由于某种立即转变为自己的反面的东西,因而是由于某种直接消灭自己本身的东西,——假定我们自己并不卷入这个微不足道的内容,并不把这个内容视为我们自己的内容;因为如果我们由于那个内容的毁灭而感到自己受到损害,那我们就会哭。比如,一个趾高气扬阔步而来的人跌了一跤,对此就可能发笑,因为那个人亲身体验到了这个简单的辩证法:他遭遇到的是他打算做的事的反面。所以,真正的喜

114

剧的引人发笑之处本质上也在于一个本身微不足道的目的之直接向其反面的转化，与此相反，在悲剧里则是种种实体性的目的在它们的对立中彼此互相摧毁。观众或听众的主体性在滑稽对象所遭遇到的那个辩证法里达到了对自己本身的不受干扰的和纯真的享受，因为它自己就是绝对的观念性，就是凌驾于任何有限内容之上的无限的威力，因而就是纯粹的辩证法，那个滑稽对象正好是为这个辩证法消灭的。这里面就有我们通过喜剧而得到的那种开心的根据。可是，我们在这里特别感兴趣的那种开心状态的生理现象，是和这个根据相一致的；因为达到对自己本身的纯粹享受的主体性，这个纯粹的自我，这个精神的光，使自己在笑里形体化为一片散布在脸面上的光辉，而同时灵魂借以赶走可笑东西的那个精神行动则在强有力的间歇的气息呼出中得到一种形体性的表现。——此外，笑虽然是属于自然灵魂的东西，因而是人类学的东西，但是从空虚或不文明的人的粗鲁的、捧腹的、响亮的大笑起直到高尚灵魂的温柔的微笑、含泪的微笑止贯穿着一系列多种多样的层次，而笑则在这个系列里越来越摆脱其自然性，直到在微笑里成为一种神情，因而成为某种出自自由意志的东西。因此，笑的各种不同方式以一种极富特征的样式表达出个人的文化程度。一个沉思的人从不或非常稀罕地感到要放肆地响亮地笑；例如，据说伯里克利①在献身于国家事务后就简直不再笑过了。我们有理由把许多笑认作单调乏味和某种愚蠢意识的证明，这种意识对一切伟大的、真正实体性的兴趣麻木不仁，而把它们看作对于自己是外在的和异己的。

　　众所周知，哭和笑是相反的。正如在笑中主体靠牺牲可笑对象所感
115　受到的与自己本身的一致和谐达到自己的形体化一样，在哭中则表现出了由于一个否定所产生的感受者的内心的撕裂，——痛苦。眼泪是批判性的转变，——因而不仅是痛苦的表现，而且同时是痛苦的摆脱；因此眼泪在存在重大内心痛苦时对健康起着有益的作用，正如不流出眼泪的痛

---

　　①　Perikles(约公元前495—前429)，古希腊最伟大的政治家。——译者

苦对于健康和生命是有害的一样。痛苦,对闯入了内心、撕裂着内心的矛盾的感受,在眼泪里变为水,变为一种中性的东西,变为一种漠不关心的东西,而痛苦转变成的这种中性的物质东西本身就被灵魂从其形体性中排出去了。哭的疗效作用的原因就在这种排出里,正如在上述形体性中一样。——但是,眼睛正是倾注在泪水里的痛苦从那里涌出来的器官,其原因就在于眼睛具有双重的使命,一方面是看的器官,因而是感受外部对象的器官,另一方面则是灵魂以最简单的方式在上面显露自己的地方,因为眼睛的表达表现出了灵魂的易逝的、仿佛是匆匆草就的写照,——正因此人们为了相互认识首先就彼此注视对方的眼睛。既然现在人由于在痛苦中所感受到的否定而在其活动中受阻,被贬低成为一个受动者,观念性、即其灵魂的光辉暗淡下来了,灵魂与自己的牢固的统一或多或少松弛下来了,那么灵魂的这种状态就通过眼睛的模糊,而更多的是通过眼睛变得湿润而形体化了,这可能对看的功能,对眼睛的这种观念的活动产生如此阻碍性的影响,以至于眼睛不再能够坚持向外看了。

比起通过笑和通过哭所发生的来,一种更为完善的形体化以及与此同时对内部感受的清除是通过声音产生的。因为在声音里不像在笑里那样只形成某种现有的外部东西,或者也不像在哭里那样赶出某种实在的物质东西来,而是产生某种观念的、某种几乎可以说是非物体性的形体性,因而产生一个这样的物质东西,在那里面主体的内在性彻底地保持着内在性的品格,灵魂的自为地存在着的观念性得到一种与它完全相称的外在实在性——一种在其产生时就直接被取消的实在性,因为声音的传播同样是它的消失。因此,通过声音感受就获得了一种它在其中被说出和消失得同样快的形体化。这就是在声音里存在着更大的力量来摆脱内部感受的根据。因此,熟悉这种力量的罗马人就在葬礼上故意让妇女号啕大哭,以便使在她们心里产生的痛苦成为某种她们都陌生的东西。

声音的抽象形体性现在虽然能够对于他人成为一个符号,而他人也认识到它是一个这样的符号;但是这种形体性在这里,即在自然灵魂的立场上,还不是一个由自由意志所产生的符号,还不是借助于智力和意志力

116

清晰发音的语言,而只是一个由感受所直接引起的发声,这种发声虽然缺乏清晰的发音,却已经表现出来有能力作各种各样的改变。动物在表达其感受方面只达到非清晰发音的声音,即痛苦或快乐的喊叫为止,而好些动物也只是在最急需时才达到这种将其内在性观念性地表现出来。但是人并不停留在这种动物式的表现出来的方式上;他创造了清晰发音的语言,借助语言内心感受就进到语词,在语词的全部规定性中表现出来,成为在主体看来是对象性的,并且同时对于他来说是外在的和陌生的。因此,清晰发音的语言是人如何摆脱其内部感受的最高方式。所以在葬礼上有充分理由唱起葬歌来表示哀悼,这些东西虽然有时看起来是或者可能是令人厌倦的,却有这样的好处:它们通过一再谈已故的亲人而使对之怀有的痛苦从压缩在心的情绪升华为观念,并因而成为某种对象性的东西,成为面对充满痛苦的主体的某种东西。而特别是诗歌创作拥有使人从压抑的情感中解放出来的力量;例如歌德就不止一次地通过他把自己的痛苦倾注到一首诗里而又恢复了自己精神的自由。

　　但是,关于内部感受通过清晰发音的语言所发生的表现出来和排除出去,我们在人类学这里只可能预先谈谈。

　　在这个地方剩下来还须提及的是声音的生理方面。关于这点我们知道,声音,动物生物的这种单纯的颤动起始于横隔膜,但接着也与呼吸器官紧密联系,而通过口得到其最后的形成,口有双重作用,一方面是食物直接转变为有生命的动物机体的构成物的开始,另一方面则与外部东西的这种内在化相反,是在声音里发生的主观性的客观化的完成。

§. 402

　　感受由于其直接性和是被发现的存在这种性质的缘故而是个别的和暂时的规定,即灵魂的实体性中的种种变化,这些变化是被置于灵魂的与这种实体性相同一的自为存在中的。但这种自为存在不仅仅是感受活动的形式的环节;灵魂自在地是感受活动的映现了的总体,——灵魂自在地是的那个总体实体性在自己内的感受活动,——这就是感觉的灵魂。

〔**说明**〕 对于感受和感觉在用语上恰好没有提供一个透彻的区别；可是，例如，我们大约不会说权利感受、自身感受等等，而是说权利感觉、自身感觉，而敏感性是和感受联系在一起的；因而我们可以认为，感受更多地强调感觉活动中的被动性方面，发现的方面，就是说规定性的直接性方面，感觉则同时更多地指向那存在于感觉活动中的利己性。

〔**附释**〕 我们用上面这节所讲的东西结束了人类学的第一部分。在这部分里，我们曾经必须首先处理在质上完全确定的灵魂，或者说，在其直接规定性中的灵魂。通过我们的对象的发展的内在进展，我们最后到达从观念上设定着自己的规定性、在这样的设定中向自己本身回复着的并在变为自为的灵魂，就是说，到达感受着的个体的灵魂。这样一来就有了向人类学的既困难又有趣的第二部分的过渡，在这个部分里灵魂使自己与自己的实体性对立起来，面对自己本身，在自己种种确定的感受中同时到达对它自身的感觉，或者说，到达对自己总体性的尚非客观的、而只是主观的意识，并因而不再是单纯地感受着的，因为感受本身是受个别东西约束的。在这部分里，由于灵魂在这里是在它与自己本身分裂的立场上出现的，我们对于它就将不得不在其疾病的状态中来加以考察。在这个范围内存在着灵魂的自由和不自由的矛盾；因为灵魂一方面还束缚在它的实体性上，还为它的自然性所制约，而另一方面灵魂已经开始同它的实体，同它的自然性相分离，并因而上升到其直接的自然生命和客观的、自由的意识之间的中间阶段。灵魂现在是怎样走进这个中间阶段的，我们在这里想作一些简要的说明。

正如刚才指出的，单纯的感受只同个别的东西和偶然的东西，直接给予的东西和在场的东西打交道，而感受着的灵魂就觉得这个内容是它自己的具体的现实。——相反地，当我上升到意识的立场，我就与一个外在于我的世界，与一个客观的总体，与多种多样的、错综复杂的、出现在我面前的诸对象的一个自身内联系着的圈子保持着关系。作为客观的意识我最初的确有一个直接的感受，但同时这个被感受到的东西对于我来说是事物的普遍联系中的一个点，因而是某种向超出其感性个别性和直接在

118

105

场性之外的远处指的东西。客观的意识并不是这样地束缚在事物的感性在场之上，以至于我也可能知道对于我并非感性在场的东西，例如，我只是通过书籍所知的遥远的国家。但是，意识实现其对于感受材料的独立性是通过它把这材料从个别性的形式提高到普遍性的形式，通过去掉材料身上的纯粹偶然的东西和不相干的东西而抓住本质的东西；通过这样的转变被感受的东西就变成被表象的东西。抽象意识所实现的这种变化是某种主观的东西，这种主观的东西可能一直进展到成为任意的东西和非现实的东西，可能产生出没有与之相应的现实的种种表象。——现在，在表象着的意识这一方面和直接的感受的另一方面之间的中间的是必须在人类学的第二部分里加以考察的、在其总体性和普遍性中感觉着或预感着自己本身的灵魂。说普遍东西被感受到了，这似乎是一个矛盾，因为感受本身，如我们知道的，只以个别东西为其内容。但是，这个矛盾并不涉及我们称之为感觉的灵魂的那个东西；因为感觉的灵魂既不囿于直接的感性的感受和依赖于直接的感性的在场，也不反过来涉及只有通过纯粹思维的中介才能被把握的全然普遍的东西，而宁可是具有一个尚未进一步发展到普遍与个别、主观与客观的分离的内容。我在这个立场上感受到什么，我就是什么，而我是什么，我就感受到什么。我在这里是直接地出现在内容里，内容只是当我成为客观的意识以后才对我作为一个与我对立的独立的世界出现。这个内容对于感觉灵魂的关系还是如同偶性对于实体的关系。感觉灵魂还是作为主体和一切内容规定的中心，——作为以直接方式统治着感觉世界的力量出现的。

现在，向人类学第二部分的过渡更确切地说是以下面的方式进行的。首先必须注意的是，我们在前一节里所考察的内部感受与外部感受的区别只是对于我们，也就是对于反思的意识而言的，而还完全不是对于灵魂本身而言的。灵魂的简单的统一性，其未搅浑的观念性还不是在它与一个外部东西的区别中来领会的。但是，尽管灵魂对于它的这种观念的本性还没有任何意识，那它仍然是一切杂多种类的感受的观念性或否定性，这些感受在它里面好像每一个都是独立的和彼此漠不相干的。正如客观

世界对于我们的直观并不是表现为一个被分离成不同方面的东西,而是
表现为一个分裂成为不同客体的具体东西,这些客体每一个单独来看又
都是一个具体东西,即一束种种最不相同的规定,所以灵魂本身是一个在
它里面联合为一的无限多不同规定性的总体,以致灵魂在这些规定性中
始终自身,即是无限的自为存在。可是,在这个总体或观念性里,在灵魂
的无时间的尚未显出区别的内部,互相排挤的种种感受并没有绝对地消
失得无影无踪,而是作为被扬弃的保存在其中,在那里面得到它们的作为
一种起初只是可能的内容的持存,这个内容只是由于它是为灵魂的,或者
说,由于灵魂在它里面成为自为的,才从其可能性达到现实性。所以,灵
魂即使不是自为地、但也是在自己内保留着感受的内容。这种只与一个
单独内在的内容、只与我的一种爱好、只与单纯的感受有关的保存离严格
的记忆还很远,因为记忆是从对于一个被设定在外部而必须使之成为一
个内部东西的对象的直观出发的,这样的对象,如已指出的,在这里对于
灵魂来说还不实存。

　　但是,灵魂的填充物还有另一方面,它不同于在感受中已经存在而我
们已先讨论过的内容。除去这种材料外,我们作为现实的个体性,还自在
地是一个有无限边缘的具体内容的世界,——我们在我们之内拥有一大
堆不计其数的关系和联系,它即使不进入我们的感受和表象,也永远在我
们里面,而且它仍然属于人的灵魂的具体内容而不管那些关系即使没有
我们的知也总还是可能发生变化,所以人的灵魂由于其内容的无限丰富
可以被称作一个世界的灵魂,称作个体地规定了的世界灵魂。因为人的
灵魂是一个个别的、一个就一切方面看都规定了的并因而是有限制的灵
魂;这样一来人的灵魂也就与一个按照它的个体的观点规定了的宇宙保
持着关系。这个在灵魂对面的东西并不是一个在灵魂之外的东西。个体
的人的灵魂所在的那些关系的总体反倒是构成了这个灵魂的现实的生动
性和主观性,并因而是和这个灵魂紧密地生长在一起的,就像——用一个
比喻来说——树叶和树生长在一起,树叶虽然一方面是一种不同于树的
东西,但仍然在本质上是属于树的,以至于如果反反复复地从树上扯掉树

120

叶,树就会渐渐死去。那些过上一种无论在事业上和经验上都富有的生活而更为独立的人们,比起在俭朴的境况里长大而没有能力进行更高的追求的人们来,当然能够更好得多地忍受那构成他们世界的东西的一部分损失;后面这些人的生存意识有时如此紧密地束缚在他们的乡土上,以至于他们在异乡就会害思乡病,就好像某种只有在这块特定的土地上才能繁茂的植物一样。可是,甚至最坚强的人,为了他们的具体自身感觉,都需要某种范围的外部关系,在某种程度上可以说,都需要一个充足的宇宙;因为没有这样一个个体的世界,如已指出的,人的灵魂就根本不会有任何的现实性,就肯定不会达到不同的个别性。但是,人的灵魂不仅有自然的区别,而且它在自己本身内区别自己,把它的实体的总体性,即它的个体的世界与自己分离开,把这个世界与自己作为主观的东西对立起来。灵魂这么做时的目的是这个:精神自在地是的那个东西成为为灵魂或为精神的,——那自在地包含在精神里面的宇宙进入精神的意识。但是,在灵魂、即还不自由的精神的立场上,是没有任何客观的意识、任何有关世界——作为一个现实地从我里面设定出来的世界的知发生的。感觉的灵魂只和自己内部的种种规定交往。它自身和那个为它之物的对立始终还被锁闭在它里面。只有当灵魂将其个体世界的多样的、直接的内容否定地设定起来,使这内容成了一个简单的东西,成了一个抽象普遍的东西,因而只有当一个全然普遍的东西是为灵魂的普遍性、而灵魂正因此而已发展成了本身自为地存在着的、对自己本身而言对象性的自我,即这个自己与自己联系的、完善的普遍东西时,——这样的一种发展是灵魂本身还缺少的,——因而只有在达到这个目标以后灵魂才从其主观的感觉到达真正客观的意识;因为只有本身自为地存在着的、首先至少以抽象的方式摆脱了直接材料的自我才允许材料有在自我之外持存的自由。因此,直到达到这个目标以前我们所必须考察的就是这样一场解放斗争:灵魂必须把反对其实体性内容的直接性的斗争进行到底,以便变为完全控制它自己和与它的概念相一致符合,——以便使自己成为它自在地或按照它的概念所是的那个东西,即成为在自我中实存着的自己与自己联系的简

121

单的主体性。向这个发展点的提升表现为可以有保证地预先加以说明的三个阶段的序列。

在第一个阶段上我们看到灵魂囿于在梦中度过和预感其具体的自然生活。为了理解在近代受到普遍注意的这种灵魂形态的不可思议因素，我们必须牢记在心：灵魂在这里还处在与其客观性的直接的、无区别的统一之中。

第二个阶段是疯狂的立场，就是说灵魂与自己本身分裂，一方面它已经控制了自己，另一方面它还没有控制自己，而是被扣留在一种它在那里有其现实性的个别的特殊性中。

最后，在第三个阶段上灵魂控制它的自然个体性，控制它的形体性，它把形体性降低为一种服从于它的手段，并把其实体性总体的不属于其形体性的内容作为客观世界从自身里抛出去。达到了这个目标，灵魂就在自我的抽象的自由中出现并因而成为意识。

但是，关于所有这些刚才提到的阶段我们必须注意，而这也是我们在灵魂的更早发展阶段上所曾经必须注意的，就是在这里必须预先提到精神的那些后来才能在其自由形态中加以考察的活动，因为这些活动在感受的灵魂里一直在起作用。

b. 感 觉 灵 魂

§. 403

感觉的个体是感受的简单的观念性、即主体性。必须要做的是，感觉个体把它的实体性、即只是自在地存在着的充满，建立为主体性，占有自己，并且自为地成为控制它自己的力量。灵魂作为能感觉的不再只是自然的个体性，而是内在的个体性；这个在单纯实体性总体里起初对它是形式上的自为存在必须得到独立和解放。

〔说明〕 没有什么地方像在灵魂、而更加是在精神那里那样，为了理解它最重要的就是必须记住观念性这个规定：观念性是对实在东西的

122

否定,但这实在东西同时被保留下来,即潜在地被保存下来了,虽然它并不实存。在表象、记忆方面我们所面临的明显地就是这个规定。每个个体都是种种感受规定、表象、知识、思想等等的一个无限的宝藏;可是我却因此而是一个全然简单的东西,——一个无规定的矿井,所有这些东西都保存在那里面而不实存。只是当我回忆到一个表象时,我才把它从那内部中提取出来成为意识面前的实存。在病中发生过这样的事:多年来由于在这么长的时间里没有被带到意识中来而以为忘记了的一些表象、知识又出现了。我们不曾得到过这些东西,我们或许也不会由于病中所发生的这种再生而在今后得到它们,可是它们原来是在我们里面,而且还将继续在我们里面。所以,人从来就不可能知道,他在自己里面事实上有多少知识,如果他一下子就忘记了它们的话;——它们不属于他的现实,不属于他的主体性本身,而只属于他的自在存在着的存在。这种简单的内在性是而且始终是意识的所有规定性和中介里的那种后来才放到它们里面去的个体性。在这里,灵魂的这种简单性首先必须记住是把形体性包含在自己内的感觉的简单性,而反对把这种形体性当作一种其部分彼此外在和在灵魂之外的物质性的那种观念。正如众多表象的多样性并不对自我内的某种相互外在性和众多性提供根据;同样形体性的实在的相互外在性对于感觉的灵魂而言也没有真理。灵魂就能感受而言是直接确定的,因而是自然的和形体性的,但这种形体性东西的相互外在性和感性多样性对于灵魂来说,正如对于概念来说一样,并不被看作某种真实东西,因而不被看作一种限制;灵魂是实存着的概念,是思辨东西的实存。它因而是形体性东西里面的单纯的无所不在的统一性;正如对于表象来说身体是一个表象,而身体的物质构造和组织的无限多样东西则被穿透而为一个确定概念的单纯性,同样形体性和与之一起的属于它的范围之内的一切相互外在的东西在感觉的灵魂中都被归结为观念性,即自然的多样性的真理。灵魂自在地是自然的总体,灵魂作为个体的灵魂是单子;灵魂本身是其特殊世界的建立起来了的总体,所以这个总体是包含在它里面的,是它的充满,它对这充满的关系只不过是对它自身的关系。

§ . 404

124

作为个体的,灵魂总是排斥性的,并且是在自己内建立着区别的。这个成为与它有区别的东西还不是一个外部的客体,如在意识中那样,而是它的正在感受着的总体的种种规定。灵魂在这个原始分割(判断)中是主体(主词)一般,它的客体是它的实体,而这实体同时是它的谓语。这个实体不是它的自然生命的内容,而是为感受所充满的个体灵魂的内容;但由于灵魂在内容中是特殊的,内容就是它的特殊的世界,这是就这个特殊的世界是以含蕴的方式包含在主体的观念性中而言的。

〔说明〕　精神的这个阶段就其自身来看是它的黑暗阶段,因为这个阶段的种种规定没有发展成为有意识的和可理解的内容;就此而言这个阶段一般说来是形式上的就它是作为形式,因而是作为灵魂的进一步成为意识和理智的确定的发展可能又重新下降沉陷进去的那种状态出现的(§.380)而言,这个阶段就获得一种独特的兴趣。精神的更为真实的形式实存在一种更为低级、更为抽象的形式中时,就得到一种不适宜性,那就是疾病。在这个范围内第一步必须考察灵魂自身的种种抽象形态,下一步则必须把这些形态也作为疾病状态来考察,因为这些疾病状态完全只有根据灵魂的那些抽象形态才能理解。

α. 在其直接性中的感觉灵魂

§ . 405

1.感觉的个体性虽然是一个单子的个体,但作为直接的还不是作为它自身,不是自内映现的主体,并因而是被动的。所以,感觉个体的自身的个体性是一个不同于它的主体,甚至是可以作为另一个个体而存在的主体,由于这个主体的自身性,感觉个体作为一个只是非独立谓语的实体而受到震动,并以一种彻底不抵抗的方式而被决定;这个主体这样就可以 125
称之为这个感觉个体的守护神。

〔说明〕　这就是在实存中的孩子在母腹里的那种关系,这样一种关系既不只是身体的,也不只是精神的,而是心灵的,——一种灵魂的关系。这是两个个体,而却是在还未分离的灵魂统一性中;一个还不是自身①,还不是不能穿透的,而是一个无抵抗的东西;另一个是它的主体,即两者的单个的自身。——母亲是孩子的守护神,因为人们通常把守护神理解为精神的自身的总体,只要这个总体是自为地实存着并构成一个只是外表上被设定为个体的他者的主体实体性;而这个个体则仅只有一种形式的自为存在。守护神的实体性东西是定在、生命、性格的整个总体,不是作为单纯的可能性,或能力,或自在,而是作为实效和活动,作为具体的主体性。

如果我们停留在空间东西和物质东西上,按照这样的东西孩子是作为胚胎实存在特殊的包膜里等等,而孩子与母亲的联系则是通过脐带、胎盘等等居间促成的,那么可以给予感官和反思考察的就只有外部的解剖学的和生理学的实存;而对于本质的东西,即心灵的关系来说那种感性的和物质的相互外在和居间存在的东西是没有真理的。在这种联系那里必须注意的,不仅是那些由于母亲的情绪激动或受到伤害而传递给孩子和决定着孩子的那些令人惊异的后果,而且是妇女就像植物中的单子叶植物那样能够在自身内分裂而成为的实体的完整的、心灵的判断(原始分割),由于这个判断孩子的这样一些疾病倾向以及其他的外形、气质、性格、才能、特异反映性等等的素质就不是被传递给他的,而是他在自身内原来就接受了的。

关于这种不可思议的关系的偶尔实例和痕迹也出现在别处,在有意识的、深思熟虑的生活圈子里,例如朋友之间,特别是神经脆弱的女朋友之间(这是一种可以发展成为磁力现象的关系),夫妇之间,家庭成员之间。

①　Selbst,通常译为"自我",在此译为"自身",以与"意识的自我",即作为自我意识的"自我"——"Ich"相区别。——译者

感觉总体以一个不同于它的主体性为其自身,这个主体性在上面谈到的这种感觉生命的直接实存的形式中也是相对于同一个个体的另一个个体。但是,感觉总体被注定要把它的自为存在从它自身中取出来提高而为在同一个个体性中的主体性;这个主体性就是后来存在于那个感觉总体内的深思熟虑的、理智的、理性的意识。对于这个意识来说那种感觉生命是仅仅自在存在着的实体性的材料,深思熟虑的主体性则成为了这个材料的合理的、自觉地决定着的守护神。但是,感觉存在的那个核心不仅包含有自身无意识的天生的东西、气质等等,而且在它的笼罩一切的简单性里也保存着(在习惯中,见后)一切其他的纽带和本质的关系、遭遇、原理——总而言之所有一切属于性格的东西,而在获取这些东西这样的事情上自我意识的活动起了极其重要的作用;所以,感觉存在是一个己内完全确定的灵魂。个体的总体性以这种紧缩的方式区别于它的意识、它的世界表象、发展了的兴趣、爱好等等的实存性的展开。相对于这种间接的相互外在,个体性的那种高度集中的形式就被称之为守护神,这个守护神在发展了的意识啰啰唆唆地进行种种调解、提出种种意图和理由的外表下作出最后的决定。这种集中的个体性也可以称之为心或心情的方式表现出来。我们说一个人没有心肝,只要他是以冷静的意识、根据自己的某些目的——不论它们是实体性的大目的还是渺小的目的和不正当的利益——来思量和行动。一个好心肠的人更多的是指那种听任其哪怕有限制的个人情感行事和完全为这类琐碎小事操心的人。关于这样的好心肠我们可以说它不是守护神本身,而是 indulgere genio①。

〔**附释**〕　我们在§.402的附释中称之为囿于在梦中度过和预感其个体世界的灵魂的,在上面这节的标题中就名之为"在其直接性中的感觉灵魂"。对人的灵魂的这个发展形式我们打算在这里,比起在上节的说明中来,作更加明确的描述。在§.404的说明中已说过,做梦和预感的阶段同时也是已发展到意识和知性的精神又可能下降到的一个作为一

---

①　拉丁文:放纵自己。——译者

种病态的形式。精神的两种方式——一方面是健康的、理智的意识，另一方面是做梦和预感——现在在这里谈到的感觉灵魂所在的第一个发展阶上可以作为或多或少相互渗透着的而实存；因为这个阶段的特点正在于，在此那模糊的、主观的或预感性的意识还没有被置于与那自由的、客观的或理智的意识直接的对立中，如在感觉灵魂的第二个阶段、即疯狂的立场上那样；而是相反地，它同后者只有一种不同东西的关系，因而只有一种与理智意识可以相混淆的东西的关系。因此，精神在这个阶段上还不是作为自己本身内的矛盾实存；那在疯狂中相互陷入矛盾的两个方面在此还处在相互无拘无束的关系中。这个立场可以称之为感觉灵魂的不可思议的关系，因为我们用这个术语来标识内心东西对一个外部东西或一般他物的一种缺少中介的关系。一种不可思议的力量是那种其作用不是按照客观情况的联系、条件和中介来决定的；但这样一种无中介地起作用的力量就是"在其直接性中的感觉灵魂"。

128

在这里详细地说明魔力这个概念，对于理解灵魂的这个发展阶段不会是多余的。绝对的魔力或许是精神本身的魔力。精神也对对象施加一种不可思议的影响，也不可思议地作用于一个别的精神。但是在这种关系中直接性只是一个环节；通过思想和直观，以及通过语言和表情所发生的中介则是其中的另一环节。儿童当然是以一种主要是直接的方式受他看见的周围的成年人的精神的影响；可是这种关系同时是通过意识和儿童开始有的独立性所中介的。在成年人当中一个优越的精神对较为软弱的人施加某种不可思议的力；例如李尔王对肯特伯爵所施加的，肯特感到自己不可抗拒地被引向这个不幸的国王，因为他觉得国王的眉宇之间似乎有某种，如他自己表达的，他"愿意叫主人"的东西。[①] 一位法国王后在她被控对丈夫行使魔法时也做了同样的回答，她说她对丈夫没有使用过任何别的不可思议的力，除去自然赋予更强有力精神统治更软弱无力精

---

① 莎士比亚的戏剧《李尔王》中的故事。肯特的原话为"……在您的神气之间，有一种什么力量，使我愿意叫您做我的主人。"（见《莎士比亚全集》，人民文学出版社 1978 年版，第 9 卷，第 168—169 页。）——译者

神的那种不可思议的力以外。

正如在上述那些场合下魔力在于精神对另一个精神的某种直接的影响,所以一般说来在魔力或魔法那里,甚至当魔法涉及单纯自然的对象,如太阳和月亮时,就总是浮现这样的表象:魔法本质上是通过精神的直接起作用的力发生的,确切地说不是通过神的精神的力量,而是通过魔鬼的精神的力量,以至于谁拥有魔力,谁就在恰好同样的程度上臣服于魔鬼。

现在进一步看,最无中介的魔力就是个体精神借以使身体成为其意志的卑躬屈节的、毫无抵抗的执行者而对他自己的身体所施加的那种魔力。但是,对于牲畜人也施行一种极无中介的魔力,因为牲畜不能忍受人的目光。

除去刚才提到的精神的那些现实存在着的不可思议的活动方式以外,与此相反,人们曾经错误地把某种原始的不可思议的状态归之于人类,人的精神在这种状态中毋需发展了的意识而完全直接地以一种比现今完善得多的方式认识到了外部自然界的规律和他自己的真实本质以及神的本性。这整个的表象是既与圣经也与理性相违反的;因为圣经在原罪的神话中明确地表示,对于真理的认识人只是由于人和自然的那种原始的、在天堂里的统一的破裂才得到的。关于原始人类的伟大的天文学知识或其他知识的虚构在更周密的考察时就都消失得无影无踪了。在古希腊罗马的秘密宗教仪式里当然可以说它们包含有某种过去知识的残余部分;在最早和最不文明的时代里是可以找到本能地起作用的理性的足迹的。但是,人类理性的这些缺少思想形式的本能的产物是不可以被看作某种原始的科学的知识的证据的;它们其实必然是某种彻头彻尾不科学的东西,仅仅属于感受和直观的东西,因为科学不是最初的东西,而只能是最后的东西。

关于一般不可思议东西的本质就谈这么多。而更进一步说到不可思议东西在人类学范围内出现的方式,那么我们在此必须区别灵魂的不可思议的关系的两种形式。

129

[1. 生命的形式上的主体性]　①

这些形式中的第一种可以称之为生命的形式上的主体性。这种主体性是形式上的,因为它是这样地不自以为拥有属于客观意识的东西、以至于它本身反而是构成客观生命的一个环节。由于这个原因它,比方说,就像长牙一样不是某种不应当存在的东西、某种病态的东西,而其实是某种也必然属于健康的人的东西。但是,在这种主体性的形式上的性质、即无区别的简单性中同时含有这样的意思:撇开在这里还完全排斥在外的、在疯狂中才存在的主观意识对客观意识的直接对立不管,在这里甚至连两个独立人格相互之间的某种关系都不可能谈到;这样一种关系在灵魂的不可议状态的第二种形式里才会呈现给我们。

首先必须讨论的不可思议状态的第一种形式就它这方面看包含有三种状态:

αα. 自然地做梦;

ββ. 孩子在母腹中的生活;和

γγ. 我们的有意识的生活对我们的秘密内心生活、对我们的一定的精神的本性,或者说,对我们曾称之为人的守护神的那个东西的关系。

130　αα. 做梦。在§.398 里讨论个体灵魂的觉醒、特别是进一步确定睡与醒之间的一定区别时,我们已经不得不预先谈到自然地做梦,因为它是睡的一个环节,并且可以从一种肤浅的观点将之视为睡与醒的同一性的证据,与这种肤浅性相反,睡与醒的本质区别甚至在涉及做梦时也必须牢记在心。对于考察新近所谓灵魂的活动来说,真正的地方首先是在§.405 里所讲的囿于在梦中度过和预感其具体生活的灵魂的发展开端处。既然我们现在在这里要读者去参阅§.398 的说明和附释中关于梦的彻头彻尾主观的、缺少理智客观性的性质所曾经论述过的东西,那我们就只须还补充说:在做梦的状态中人的灵魂不仅为种种孤立的感情所充满,而且比起通常在清醒灵魂的种种消遣中的情况来,更多地达到了一种

_____

①　此标题为译者增补。——译者

对于其完整个体的本性及其过去、现在和未来的全部范围的深入而有力的感觉,而灵魂的个体总体性的这种被感受正就是何以在考察感觉自己本身的灵魂时做梦必须成为话题的理由。

ββ. 母腹中的孩子。在做梦中达到对它自身的感觉的个体是囿于简单的直接的自相联系中的,而且它的这种自为存在完全具有主体性的形式,与此相反,在母腹中的孩子却显露给我们这样一个灵魂,这个灵魂还不在孩子里面,而是只有在母亲里面才是现实自为的,它还不能自为地支撑自己,反倒只为母亲的灵魂所支撑,以至于在这里,不是那个在做梦中存在的灵魂的简单的自相联系,而是实存着一种同样简单的直接的与一个别的个体的联系,在这个个体中胎儿的那个在它自身中还没有自身的灵魂找到了它的自身。这种关系对于没有能力理解有区别者的统一的知性来说有些不可思议的东西,因为在这里我们看到两个个体的一种直接的在彼此之中生活、即一种未分离的灵魂统一体,这两个个体中,其一是一个现实的本身自为存在着的自身,而另一个至少拥有一个形式上的自为存在,并且越来越接近现实的自为存在。可是对于哲学的考察来说,这种未分离的灵魂统一体之所以不包含什么不可理解的东西,是因为孩子的自身对母亲的自身还完全不能进行任何的抵抗,而是对母亲灵魂的直接影响完全敞开的。这种影响显示在人们称为胎记的那些现象中。人们列入其中的好些现象当然可能有某种单纯器质的原因。但是,考虑到许多生理现象,毋庸置疑,它们是通过母亲的感受而确立起来的,因而它们是以一种心灵的原因为根据的。例如,据报告,孩子带着伤残的手臂出生,是因为母亲或者实际上手臂骨折了,或者至少是曾经为此剧烈地碰撞了手臂,以至于她害怕手臂骨折了,或者最后是因为她由于别的什么人手臂骨折的景象受惊了。类似的例子大家都太熟悉了,以致许多这类实例在这里就不用再引了。母亲内心情绪的这样一种形体化一方面可以通过胎儿无抵抗的弱小来说明,另一方面则可以这样来说明:在由于妊娠而衰弱了的、本身不再拥有一个完全独立的生命而是将其生命分散到孩子身上去的母亲里面,种种感受在猛烈和强度上达到一种压倒母亲本身的不

131

117

寻常的程度。甚至连婴儿都还是非常受母亲的感受的这种力量支配的；母亲的种种不愉快的情绪波动使母奶变坏并因而对她哺乳的孩子起有害的作用。相反地，在父母与其成年孩子的关系中虽然显露出了某种不可思议的东西，因为长期分离而互不相识的父母和孩子无意识地感觉到一种相互吸引；可是我们却不能说这种感觉是某种普遍的和必然的东西，因为有这样的例子，在会战中可能父亲杀死儿子，儿子杀死父亲，这时他们也许能避免这种杀戮，如果他们对于他们相互的天生联系有所预感的话。

γγ. 个体对其守护神的关系。人的灵魂如何达到对其总体性的感觉的第三种形式就是个体对其守护神的关系。我们必须把守护神理解为人的那种在其一切情况和境遇中决定着其行动和命运的特殊性。这就是说我在我之内是一个双重性的东西，——一方面是我按照我的外部生活和我的普遍表象知道我是的那个东西，而另一方面是我在我的以特殊方式规定了的内心里是的那个东西。我的内心的这种特殊性构成我的天命，因为它是神谕宣示所，个体的一切决定都依赖于它的裁决；它构成那种出自人物内心地主张自己权利的客观东西。个体所处的状况和境遇给予其命运以恰好这个而非其他的方向，原因不只在于这些状况和境遇、即它们的独特性，也还不仅在于个体的普遍的本性，而且同时在于个体的特殊性。对待同样的状况，这个特定个体的态度不同于一百个其他的个体；某些状况可能对一个人产生不可思议的效果，而另一个人则不会由于这些状况而越出其常轨。所以，种种状况是以一种偶然的特殊的方式同个体的内心结合的，以至于这些个体会成为这样的人部分地是由于状况和普遍有效的东西，部分地是由于他们自己的特殊的内心的决定。当然个体的特殊性会给他做或不做什么搞到理由，因而搞到普遍有效的规定；但是，由于他在做这事时是作为感觉着的来行事的，他就永远只是以一种特殊的方式来做。因而，甚至清醒的、理智的、在普遍规定中活动着的意识都由守护神以这样一种压倒的方式所决定，以至于个体与此同时就出现在一种非独立性的关系中，这种关系可以比之于胎儿对母亲灵魂的依赖性，或者可以比之于灵魂在做梦时如何得到其个体世界表象的那种被动

的方式。但是,另一方面,个体对其守护神的关系之不同于前面所考察的
感觉灵魂的两种关系是由于:它是那两种关系的统一,——它把包含在自
然地做梦中的灵魂与自己本身的简单统一性的环节和胎儿对母亲的关系
中存在的灵魂生命的两重性的环节综合为一,因为守护神对于个体来说
正如母亲的灵魂对于胎儿那样是一个有自身的他者,另一方面则与个体
形成一个同灵魂与其梦的世界一样的不可分离的统一。

§.406

2. 感觉生命作为有自我意识的、受过教育的、深思熟虑的人的形式、
即状态是一种病,在这病中个体对他自身的具体内容采取出其不意的态   133
度,而把他对他自己和对理智的世界联系的深思熟虑的意识当作一种与
之不同的状态,——催眠梦游症和与之性质相近的诸状态。

〔说明〕 在这个全书式的阐述中不可能做对于证明主要由动物磁力
引起的奇异状态的已知规定来说所必须做的事,即作出对种种经验都是一
致符合的证明。为此首先就必须使自身内部如此复杂多样而相互又如此
非常殊异的现象从属于它们的普遍观点。如果事实的东西首先就好像需
要证实,那么这样一种证实对于那些为了他们的缘故才需要这样一种证实
的人们却又是多余的,因为这些人极其容易作出这种考虑,其办法就是把
那些数量上无限多,而且尽管它们由于证人的教育、性格等等而是被认定
有真实性的陈述断然地说成是错觉和欺骗,而且这在他们的先天知性中是
如此根深蒂固,以至于不仅所有的认证都无力对付他们的这种知性,而且
他们甚至早就已经否认了他们亲眼所见的东西。为了在这个领域中哪怕
相信用自己的眼睛看见的东西,更不用说为了理解它,为此的基本条件就
是不受知性范畴的束缚。——在这里可以指出一些关键性的主要环节。

αα)属于一个个体的具体存在的是他的种种基本利益、他同他人和
世界一般的种种本质的和特殊的经验性关系的总和。这种总体性构成他
的现实性,以至于它是内在于他,而且刚才被称之为他的守护神。守护神   134
不是意愿着的和思维着的自由精神;个体在这里好像是沉没到里面去的

感觉形式其实是对他的作为在自己本身内存在着的精神性的实存的放弃。从所阐明的这个规定所得出的最近的结论就内容而言是：在梦游症中只有个体的特定世界、特殊利益和狭隘境况的圈子进入意识。科学的知识或哲学的概念和普遍的真理则要求另外一种土壤，即离开感觉着的生活的模糊性而发展到了自由意识的思维；因此，期待从梦游状态得到关于理念的种种更高的启示是愚昧的。

ββ）一个有健全的感官和知性的人以自觉的、理智的方式来了解他的这个具体充满其个体性的现实性；他清醒地知道这个现实性是在他与作为一个跟他不同的世界的现实性的诸规定之间的联系的形式中，而且他懂得这个外部世界是一个同样理智地己内联系着的多样性。在他的主观的表象、计划中，他面对着他的世界的这种理智的联系，以及他的表象和目的与自身内彻头彻尾调解了的诸客观实存之间的调解（参阅§.398的说明）。——与此同时，这个在他之外的世界有如此多的线索在他里面，以至于他自为地现实所是的，就是由这同一些线索组成的；所以，一旦这些外在性东西消失不见，他也就在自身内渐渐死去，如果他不是自身更坚决地借助于宗教、主观性和理性而独立和不依赖于那些外在性东西的话。在这种情况下他就更其不能胜任这里谈论的那种状态的形式。——

135　对于上述同一性的现象来说，可以提到亲爱的亲人、朋友等等的死对遗留下来的人可能有的影响：另一个人随着这一个人死去或渐渐死去。（例如，加图①在罗马共和国灭亡后就不再活下去，他的内在的现实比起罗马共和国来，既不更辽阔也不更高大），——思乡病等等。

γγ）但是，当意识的充满，即意识的外部世界及其与外部世界的关系被包裹起来，因而灵魂被沉没在睡眠中（在催眠状态、强直性昏厥、其他病症，例如与女性发育有关的病症和临终时的情况等等中），这时个人的内在的现实性仍然是同一个实体性的总体，作为一个在自己内看着、知着

---

① 加图（小）（Cato, Marcus Porcius, 公元前 95 年—前 46 年）罗马政治家、演说家、作家、曾任监察官的加图（大）的曾孙，保守的元老院贵族党的领袖，刚以身殉国，其人品即成为公开争论的对象。——译者

的感觉生命。因为感觉生命就是那个被降低到上述感觉状态去的发展了
的、成年的、受过教育的意识,这个意识同它的内容一起虽然保留着它的
自为存在的形式上的东西,即一种形式上的视和知,但这种视和知没有一
直进展到意识的判断,通过这个判断意识的内容对于同一个意识来说就
是作为外部的客观性,如果它是健康的和清醒的话。所以个体是在自己
内知着其现实性的单子,是守护神的自我注视。因此,在这种知里特色的
东西是:同一个内容作为理智的现实对于健康的意识来说是客观的,[以
及]①为了认识内容它作为深思熟虑的意识需要在其全部的、实在的展开
中的理智的中介,而这同一个内容现在能够在这种内在性里直接地为它
所知、所视。这种注视是一种千里视,因为它是在守护神的未分离的实体
性中的知,并且是在联系的本质中,因而不束缚在起中介作用的、彼此外
在的条件系列上,而深思熟虑的意识,则必须穿越这个系列,而且鉴于这
个系列它就其自己的外在的个别性而言是受限制的。但是,这种千里视
由于在其浑浊不清中的内容没有作为理智的联系展现出来,于是就听凭
感觉、幻想等等的一切独特的偶然性摆布,除此之外种种外来的表象也参
加到这种千里视的观看中去了(见后)。因此,这是无法解决的:是千里
视者们真正看见的东西更多,还是他们有错觉的东西更多。——但是,把
这种状态的观看认作是精神的一种提高和一种更真实的、能够在自己内
得到普遍的知识的状态,那是无聊的。*

136

　　*柏拉图对于一般的预言和深思熟虑的意识的知的关系比许多
　　现代人认识得更好,这些现代人以为凭借柏拉图关于迷狂的诸表象
　　很容易就拥有了一个权威来维护他们对于梦游景象的种种启示的崇
　　高的信念。柏拉图在蒂迈欧篇(斯特方本,第71页及下一页)中说:
　　为了灵魂的非理性部分在某种程度上也分享真理,神创造了肝并给
　　它以曼提俄斯②,即预感的能力。神给了人的非理性以这种预言的

----

① 理论版编者增补。——译者
② 曼提俄斯(Manteia)是希腊神话中预言家的名字,成了占卜术(Mantik)一词的来
源和人格化。——译者

才能,对此他补充说,这是一个充分的证明:没有一个深思熟虑的人
会享有一种真正预感能力,除非知性在睡眠中被束缚住了,或由于疾
病或由于某种迷狂而失去了常态。"从前有句话说得对:只有深思
熟虑的人才有权行和知他自己的事和自己本身。"柏拉图非常正确
地既注意到这样的看和知的身体条件,又注意到幻觉得到真理的可
能性,但它是低于合理意识的从属性的东西。

δδ)这种缺乏知性和意志的人格的感觉生命中的一个主要规定是:
它是一种被动性的状态,正像孩子在母腹中的状态一样。因此,患病的主
体依照这种状态就将受到一个他人即催眠师的控制并处于这种控制之
下,以至于在两者的心灵联系中,没有自身的、不是作为在人格上现实的
个体就以那个深思熟虑的个体的意识作为其主观的意识,而这另一个体
就是前一个体的在场的、主观的灵魂,是他的守护神,这个守护神甚至能
够用内容来填满他。梦游个体在自己本身内感受到那些存在于他与之处
于心灵感应关系中的那个人里面的种种味道、气味,他了解那个人其他当
137 前的种种直观和内心表象就像了解自己的一样,这表明灵魂由于它甚至
作为具体的灵魂也是真正非物质性的而能和另一个灵魂一起存在在其中
的那种实体性的同一性。在这种实体性的同一性中意识的主体性只有一
个,而病人的个体性虽然是一个自为存在,但却是一个空虚的、自己不在
场的、不现实的自为存在;因而这个形式上的自身是在他人的感受和表象
上有其种种充满,甚至是在他人中看、嗅、尝、读、听。还必须注意在这种
关系中,梦游者以这种方式而与两个守护神和两重内容有了关系,即与他
自己的和与催眠师的。现在,这种形式上的知觉中的种种感受和幻觉,哪
些是从他自己的内心、哪些是从他与之处于心灵感应关系中的人的表象
活动中得到、看到和知道的,这一点是不明确的。这种不确定性可能是许
多欺骗的根源,此外也说明了,在来自不同国家和与受过不同教育的人士
有心灵感应关系的梦游者们关于病态及其治疗方式、药剂,甚至关于科学
的和精神的种类等等的观点中所显露出来的必然分歧。

εε)正如在这种感觉的实体性中不存在与外部客观东西的对立,同

样主体在它自身内部则是在这样一种其中感觉活动的种种特殊性都消失了的一致性中，以至于感觉器官的活动入睡了，于是共同感觉就确定自己担负种种特殊的功能而用手指——特别是心窝、即胃——来看，来听等等。

理解对于理智的反思来说就是认识一个现象和它与之相联系的别的定在之间的中介系列，即按照知性的诸规律和关系（例如按照因果性、根据等等）来洞察所谓自然的进程。感觉生命，即使它还保留着仅仅形式上的知，像在提到的那些疾病的状态中那样，恰好就是这样一种直接性的形式，在那里面主观东西和客观东西的区别，理智人格与一个外部世界的区别、以及它们之间的上述有限性的关系都是不存在的。对于这种无关系而却完全充满的联系的理解，由于预先假定诸人格之间和他们对于作为一个客观世界的内容的独立性以及一般空间的和物质的相互分开存在的绝对性，就使自己本身成为不可能的。

[2. 感觉灵魂的实在的主体性] ①

〔**附释**〕 在 §.405 的附释中我们说过，必须区别感觉灵魂的不可思议的关系的两种形式，而这些形式的第一种可以称之为生命的形式上的主体性。对这第一种形式的考察在刚才提到的附释中已结束了。因而我们现在必须考察上述不可思议的关系的第二种形式，即感觉灵魂的实在的主体性。我们称这种主体性为实在的，是因为在这里出现的，不是在做梦中、以及在胎儿的状态中和在个体对其守护神的关系中存在的未分离的实体性的灵魂统一体，而是一个现实两重的、正在将其两个方面外化为特殊定在的灵魂生命。这两个方面的第一个方面是感觉灵魂与其个体世界和实体性现实的无中介的关系；第二个方面则相反地是灵魂与其有客观联系的世界的有中介的关系。这两个方面彼此分离，达到相互的独立性，——这必须被称为病，因为这种彼此分离与 §.405 的附释中所考察的形式上的主体性的诸方式相反，并不构成客观生命本身的任何环节。

———————

① 此标题为译者增补。——译者

138

正如身体的病在于一个器官或系统与个体生命的普遍和谐相违反而固定
139　化起来,这样的障碍和分离有时进展到如此之远,以至于一个系统的特殊
活动使自己成为一个把机体的其他活动都集中到自己之内来的中心,成
为增生的瘤,同样地,在灵魂生命中也有病发生,如果机体的单纯灵魂方
面变得不依赖于精神的意识的权力而自以为拥有后者的功能,而精神在
它失去对属于它的灵魂方面东西的支配时,就控制不住自己,而是自身下
降到灵魂方面东西的形式,并因此而放弃了那种对于健康精神来说是本
质的、客观的、就是说通过扬弃外部被设定的东西而有了中介的同现实世
界的关系。灵魂方面的东西变得独立于精神,甚至将其功能据为己有,这
么做的可能性在于,灵魂方面的东西是与精神不同的,同样也是自在地与
它同一的。当灵魂方面的东西与精神分离,单独地确立自己时,它就给自
己以假象,好像它是精神真正是的那个东西,——即在普遍性形式中自为
地自身存在着的灵魂。但是,由于那种分离发生的灵魂病不仅必须与身
体的病相比较,而且或多或少是与身体病连结在一起的,因为在灵魂方面
的东西挣脱精神时,那对于后者和前者成为经验性实存都必要的形体性
就被分配到这两个彼此外在的方面,因而本身就成为某种已内被分离了
的东西,因而成为有病的东西了。

现在,灵魂方面的东西与精神的意识的这种分离出现在其中的那些
病态是非常多种多样的;几乎每一种病都可能一直发展到那个分离的点。
但是,在这里,在对我们的对象的哲学考察中,我们无须追踪种种病症的
不确定的多种多样性,而只需对这些病症中以不同方式形成起来的普遍
东西按其主要形式加以确定。属于这种普遍东西可能在其中出现的那些
病症有梦游,强直性昏厥,女性青春发育期,妊娠状态,甚至舞蹈病,以及
临终前的瞬间,这时正在临近的死亡导致正在议论的这种生命之分裂为
正在变得更加虚弱的健康而有中介的意识和越来越达到专制统治的灵魂
方面的知;但是必须特别研究的是人们曾称之为动物磁力的那种状态,既
要就这种状态在一个个体中的自发发展、也要就它以特殊的方式通过另
140　一个个体在这个个体中的产生来加以研究。甚至通过精神的原因,特别

是通过宗教上的和政治上的过度兴奋也能导致提及的灵魂生命的分离状态。例如,在塞文山脉战争①中无拘无束地出现的灵魂方面的东西表现为某种在儿童、女孩,特别在老人那里存在的高度的预见才能。但这种过度兴奋的最引人注目的例子是著名的贞德②,在她那里显然可见的一方面是一个全然纯粹的、单纯的灵魂的爱国热忱,另一方面是一种磁力的状态。

按照这些临时性的说明,我们打算在这里考察这样一些个别的主要形式,在它们里面显露出来了灵魂方面的东西与客观意识的某种相互外在分离。我们在这里几乎没有必要重提以前关于人对待其世界的两种方式的区别所已经讲过的东西,——即客观意识知道世界是一个在它之外的、无限复杂的、但在其一切点上都必然联系着的、自身内不包含有什么无中介的东西的客观性,并以一种与这客观性相一致符合的方式,即同样复杂的、确定的、有中介的和必然的方式来对待这种客观性,因而只能通过某个一定的感觉器官走向外部客观性的某个一定的形式,例如只能用眼睛去看,与此相反,感觉或知的主观的方式则可以完全或部分地缺少客观的知所不可缺少的种种中介和条件,而能够直接地,例如没有眼睛的助力和光的中介就知觉到可见之物。

αα. 这种直接的知首先出现在所谓金属占卜者和水占卜者那里。人们把他们理解为在完全清醒的状态中,没有视觉的中介就察知到地下藏有的金属或水的人。这样的人无疑并不鲜见。阿莫雷提③保证他曾在四百多个其中部分完全健康的人身上发现了这种感觉的特性。除去金属和

---

① 塞文山脉战争(Cevennerkrieg)即 1685 年发生在法国南部塞文山脉地区的胡格诺教派起义战争。——译者

② Jeanne d'Arc(1412—1431),欧洲战争历史上最富有传奇色彩的人物之一,曾把法国从英格兰的统治下解放出来。原本农村少女,英军占领法国大部分土地后请缨杀敌,凡她所在的队伍都士气高涨,怀着必胜的信念,多次出击,大败英军。1430 年为敌所俘,坚贞不屈,被宣判为女巫,处以火刑。1486 年教会法庭撤销当年判决。1920 年天主教会追谥为圣女,故史称圣女贞德。——译者

③ Carlo Amoretti(1741—1816),意大利学者。——理论版编者

水外,盐也被好些人以完全无中介的方式感觉到,因为盐如果是大量存在的话,它就会在他们里面引起身体不适和担忧不安。在寻找隐藏的水和
141　金属以及盐时,上面提到的那类人也使用探矿叉或测泉叉。这是一根具有叉形的榛树枝,双手捉住它的叉,将其尖端向下弯朝着那些要探测的东西。不言而喻在这么做时,木头的运动,其根据不管以什么方式都不会在木头自身里,而是由人的感受决定的,正如在所谓钟摆摆动的情况下——即使假定使用了多种金属而在这些金属之间可能发生某种相互作用——人的感受也总是主要的决定因素;因为,例如,我们把一枚金戒指持于一杯水上面,而戒指敲击杯子边沿的次数同时钟指示的钟点一样,那么这种情况的产生只是由于,例如,当第 11 次敲击声来到时,我知道这是 11 点钟,我的这种知就足以使摆停止不动。——但是,用探矿叉装备起来的感觉据说有时甚至伸展得比发现无生命的自然物更远,特别是用来寻找窃犯和凶手。关于这方面现有的种种叙述里尽管有那么多骗人的东西,但在这儿提到的几个事例似乎是值得相信的,例如,特别是这个事例:一个生活在 17 世纪有谋杀嫌疑的法国农民被带到谋杀进行的地窖里并在那儿吓出了一身冷汗,这时他得到了一种对于谋杀犯的感觉,凭借这种感觉他找到了这些谋杀犯在逃跑中所走过的路和到过的居住地点,在法国南部的一个监狱里发现了谋杀犯中的一个并追踪第二个谋杀犯直到西班牙边界,在那里他被迫返回了。这个家伙拥有如此敏锐的感觉,就像一条老远地追踪着主子足迹的狗一样。

　　ββ. 在这里要考察的直接的或感觉的知的第二种现象与刚才讨论的第一种现象的共同点是:在这两种现象里,一个对象没有这个对象与之特别有关的特殊感官的中介就被感受到了。同时这第二种现象不同于第一种现象之处在于,在它那里不像在第一种现象那里那样有一种这么完全没有中介的知觉,而是有关的特殊感官或者为主要在心窝里活动的共同感觉或者为触觉所代替。这样的感觉既出现在一般强直性昏厥——一
142　种器官麻痹的状态——中,也特别是出现在梦游,即强直性昏厥状态的一种那里,在这种状态里做梦可以只是通过语言,而且也通过走来走去表

现出来, 而且可以产生出别的种种行动, 这些行动经常是以对周围事物情况的正确感觉为根据的。至于说到这种状态的开始, 那么它可能是在对它的一定安排的情况下通过纯粹外部的事物例如某些晚上吃的食物所引起的。灵魂在这种状态开始以后, 同样仍然依赖于外部事物; 例如, 在梦游者附近响起的音乐就曾经致使他们在睡眠中背诵整部小说。但是, 考虑到这种状态中的感官活动就必须注意, 真正的梦游者虽然能听和触摸, 相反地他们的眼睛, 不管是闭着的还是睁开的, 都同样是呆滞的, 因此, 对于诸对象将首先在意识的真实关系所必需的对我的间距中出现的这个感官来说, 它在主观东西与客观东西不存在分离的这种状态中就停止活动了。如已指出的, 在梦游中正在减弱的视觉为触觉所代替——这样一种代替在真正的盲人那里只是在较小规模上发生, 而此外在这两种情况下都不可以这么理解, 好像通过使一种感官迟钝而以一种心灵的方式使另一种感官得到某种加强, 因为这种加强宁可只是通过灵魂以未分割的力量纵身跳入触觉而产生的。不过, 触觉并不总是完全正确地引导梦游者; 梦游者们的那些聚集在一起的行动是某种偶然的东西。这些人有时在梦游中虽然写信; 可是他们却常常为他们的感觉所骗, 例如, 当他们以为是骑在一匹马上时, 实际上这时是坐在屋脊上。但是, 在强直性昏厥状态中除去触觉的令人惊奇的加强外, 共同官能也特别是在心窝里达一种如此扩大的活动, 以至于它替代了视觉、听觉或者甚至味觉的工作。里昂的一位法国医生在动物磁力还不为人知的时期, 曾治疗过一个病人, 这病人只靠心窝听和读, 而且他能读在另一个房间里有人拿着的一本书, 而这个人按照医生的布置是和站在病人心窝旁边的一个人用在他们之间的一条链子连接起来了的。此外, 这种千里视曾经为那些有过这样的事的人们以 143 不同的方式描述过。这些人常常说他们从内心看到这些东西; 或者他们坚持他们觉得好像有光线从那些东西散发出来。而说到前面提到过的味觉为共同官能所替代的事, 那么我们有这样一些例子: 有些人尝到了放到他们胃上面的食物的味道。

γγ. 直接的知的第三种现象是: 没有任何一种特殊的官能参加, 也没有共同官能在身体的某一个别部位上成为有实际行动的,就从一种不确定的感受中产生出某种预感或内观①,即有关某种并非感性上接近的东西,而是有关空间中和时间中遥远的东西,有关某种将来的东西或过去的东西的幻景。虽然现在往往很难把单纯主观的、与不存在的事物相关的幻景同具有现实东西为其内容的幻景区分开,可是这种区别在这里是必须记住的。第一种幻景虽然也出现在梦游症中,但尤其是出现在某种主要是身体的病态中,例如,在高烧中,甚至在清醒意识那里出现。这种主观的幻景的一个例子就是弗·尼古拉②,他在清醒状态完全清晰地看到街上有一些不同于实际上在那里存在的房子,但却仍然知道这只是错觉。平时极端散文式的人物的这种诗意幻象的主要肉体原因由于把水蛭放在直肠上幻象就被排除而显露出来了。

但是,在我们的人类学考察中我们必须首先考察对第二种幻景,即与实际上存在的对象有关的那些幻景进行考察。为了理解属于这里这些现象的不可思议之处,关键在于抓住关于灵魂的下述观点。

灵魂是渗透一切的东西,而不只是在一个特殊个体中实存着的东西;因为,如我们以前曾经说过的,灵魂必须理解为真理,理解为一切物质东西的观念性,现解为全然普遍的东西,在这个普遍东西里面一切区别都只作为观念的而存在,而且这个普遍东西不是片面地与他物对立,而是蔓延到他物。但灵魂同时是个体的、特殊地规定了的灵魂,因而它在自身内有多种多样的规定或特殊化;它们表现为例如种种冲动和爱好。这些规定虽然彼此不同,然而就自身而言则只是某种普遍的东西。在我作为特定的个体里面这些规定才得到一种特定的内容。所以,例如对父母、亲戚、朋友的爱就在我里面个体化了;因为我不可能是朋友一般,等等,相反地,我必然是对这些朋友而言的这个生活在这个地方、在这个时间、在这个境况中的朋友。所有这些在我里面个体化了的、并为我所经历了的种种普

---

① Schauen,这词的本义是看、观看,转义为(内心)体验或(通过形象思维)感知,现译为"内观",即在内心观看之意。——译者

② Christoph Friedrich Nicolai(1733—1871),作家。——理论版编者

遍的灵魂规定就构成了我的现实性,它们因而不是听凭我的随意,而宁可是构成我的生命的种种力量,而且它们正像我的头或我的胸属于我的活生生的定在那样属于我的现实的存在。我是这个种种规定的完整的圆圈:这些规定是同我的个体性连生在一起的;这个圆圈中的每一个别的点,例如,我现在坐在这里这个情况,都表现出是从我的想象活动的任性中抽取出来的,而这是由于它是作为诸规定的链条上的环节而放到了我的自身感觉的总体中,或者换句话说,是被对我的现实性的总体的感觉所抓住了的。但是,就我起初只是感觉灵魂,还不是清醒的、自由的自我意识而言,我是以全然直接的、即全然抽象肯定的方式知道这个我的现实性,即这个我的世界,因为我,如已指出的,在这个立场上还没有把世界同我分离开,还不曾把它设定为一个外部的东西,因为我对于这个世界的知还不是由于主观东西和客观东西的对立和这个对立的扬弃而中介了的。

这种内观的知的内容我们现在得进一步地加以规定。

(1)首先有这样一些状态,灵魂在那里知道某种它长久以来就忘记了的内容,而这内容是他在清醒时不再能够意识到的。这种现象在好些种疾病中出现。这类现象中最引人注目的就是,有些人在病中说一种他虽然在少年时期曾经学过、但他们在清醒状态中不再能够说的语言。也有这样的事,平时习惯于毫不费劲地说低地德语的普通人在催眠状态下则轻而易举地说高地德语。这也是无可置疑的事例:有些人在这种状态中熟练地背诵他们从来没有记住过的、已经从他们的清醒意识中消失了的一本很久以前他们念过的读物的内容。例如,有人背诵了扬①的夜思中的一长段,而他在清醒时对这件事就什么都不再知道了。一个特别值得注意的例子甚至有一个男孩,他在很年少时因跌倒脑部受伤并因此做了手术,逐渐如此严重地失去了记忆,以致在一小时后就不知道他曾经做过什么,这个男孩被置于催眠状态后,重新完全恢复了记忆,以至于他能

---

① Young,Edward(1683—1765),英国诗人、剧作家、文艺评论家。《哀怨与夜思》是他因亲人相继去世有所感而作的论死亡的长篇讽喻诗,为近万字的无韵独白剧,共分九部或九夜,极为脍炙人口。——译者

够陈述他病的原因和接受手术时使用过的器械,以及在场工作的人。

（2）比刚才考察过的对某种已经存放到灵魂内部的内容的知可能显得更为不可思议的,是对那些还外在于感觉主体的事件的无中介的知。因为,考虑到内观的灵魂的这第二种内容,我们知道外部东西的实存是受空间和时间约束的,而我们通常的意识都是由相互外在的这两种形式所中介的。

首先,说到空间上离我们远的东西,那么就我是清醒的意识而言,我们只有在我们以某种中介方式取消距离这个条件下才能知那个东西。但这个条件对于内观的灵魂而言是不存在的。空间不属于灵魂,而是属于外部自然界的;而在这个外部东西被灵魂抓住时,它就中止其为空间的,因为它通过灵魂的观念性而改变了,无论对它自身还是对我们来说都不仍然是外部的了。因此,如果自由的、理智的意识降低到单纯感觉灵魂的形式,那么主体就不再受空间的约束。灵魂的这种对于空间的不依赖性的例子大量出现过。在这里我们必须区别两种情况。或者事件是绝对地外在于主体而无任何中介地为主体所知,——或者相反地事件对于这个主体而言已经开始得到一个内部东西的形式,因而一个在他看来非外来的东西的形式,即一个中介了的东西的形式,这是由于它们以全然客观的方式为一个别的主体所知了,在这个主体和那个内观的个体之间存在一种如此完美的灵魂统一性,以至于在前者的客观意识里的东西也闯入了后者的灵魂。这种由一个别的主体所中介了的内观形式,我们得在后面,即在严格意义上的催眠状态那里才加以考察。与此相反,在这里我们必146 须论述首先提到的对空间上距离遥远的外部事件的绝对无中介的知这种情况。

这种内观方式的事例在灵魂方面的生活更占优势的古代,比起在理智意识的独立性得到了更广泛发展的现代来,出现得更加频繁得多。那些不可能毫不犹豫地指责为错误和谎言的古代编年史叙述了好些属于这方面的情况。此外,在对空间上遥远事物的预知的情况下,可能时而出现的是一种暗晦的意识,时而出现的是清晰的意识。例如,在内观的清晰性中的这种更替就出现在这样一位姑娘身上,她在清醒状态并不知道有一个弟弟在西班牙,而她在千里视中开始只不过是不清楚地、但后来就清楚地看见这个弟弟在一家医院里,接着看见他死了并作了尸体解剖,可是后来相信看见他又是活着的,而且正如后来弄清楚的那样,她在这点上看对了,她的弟弟在那回千里视时是在巴利阿多利德①的一家医院里,相反地,她以为看到弟弟死了则是犯了错误,因为不是她的弟弟,而是在她弟弟旁边的另一个人那时死了。——在意大利和西班牙,人的自然生活比在我们这里更为普遍,如刚才提到的这类特别是在妇女和朋友那里关于远方的朋友和丈夫的幻景并不是什么罕见的事。

其次,内观的灵魂超越空间条件,同样超越时间条件。我们在上面已经看到,处于内观状态中的灵魂能够使由于流逝了的时间而从其清醒意识里完全清除出去的某种东西重新出现在它面前。可是,对于表象来说更为有趣的是问:人是否也能够清楚地知道由于未来的时间而与他分离开的东西。对于这个问题我们能够答复如下。首先我们可以说,正如表象的意识当它把前面讨论的对于因其空间距离而完全在肉眼视野之外的个别事物的内观认作是比对于理性真理的知更优越的东西时是错了一样,那么表象当它认为一种完全可靠和理智上确定的对未来事物的知会是某种非常崇高的东西、而人们由于缺少一种这样的知就必须去寻找安慰的理由时也就陷入了同样的错误。其实,必须反过来说,令人无聊绝望的会是:预先完全确切地知道自己的命运,然后按顺序而无一例外地经历这些命定的事。但是,这种预知属于不可能的事。因为那只不过仅仅是 147 一个未来物,因而是一个单纯自在存在着的物的东西,是完全不可能成为知觉的、理智的意识的对象的,因为只有实存着的东西,即那种获得了一个感性上在场物的个别性的东西才被知觉到。当然人的精神能够提升到超越那种只从事于对感性上在场的个别性的知之上;但是绝对的超越那

---

① Valladolid,西班牙巴利阿多利德省省会,历史上曾为西班牙首都,巴利阿多利德大学是西班牙最古老的大学之一。——译者

种知只发生在对永恒东西的用概念进行的认识中;因为永恒东西不像感
性上个别的东西那样受到产生和消灭的更替的影响,因而就既不是一个
过去的东西,也不是一个未来的东西,而是一个超越了时间的、把时间一
切区别作为扬弃了的包含在自身之中的绝对在场的东西。相反地,在催
眠状态中只能产生一种对直接在场物的知的有条件的超越;在这种状态
中显示出来的预知始终只与千里视者的实存的个别的范围有关,特别是
与他个人的疾病素质有关,而且就形式而言不具有客观的、理智的意识的
必然的联系和明确的确定性。千里视者是在一种浓缩的状态中并以浓缩
的方式注视他的这个包裹起来了的、含蓄的生涯。包含在这个浓缩物的
规定性中的空间和时间的种种规定也是包裹起来了的。可是相互外在的
这些形式就其自身而言并没有为千里视者沉没到其内心中去的灵魂所理
解;这种事只发生在将其现实性作为一个外部世界与自己对立起来的客
观意识方面。但是,由于千里视者同时是一个能表象者,所以他必须把那
些包裹在其浓缩生涯里的种种规定也抽取出来,或者这样说也是一样的,
把他的状态向外摆到空间和时间的形式中去,即一般地按照清醒意识的
方式来展示他的这个状态。由此就说明了,在什么意义上预感的内观在
自身内具有一个时间的中介,而另一方面它并不需要这个规定,并且正因
此而能深入到未来中去。但是,包含在被注视的状态里的未来时间的限
量并不是一种独立固定的东西,而是被预感内容的质的一种方式,——某
种属于这个质的东西,例如,正像3天或4天的时间属于寒热病的本性的
规定性一样。因此,把那种时间限量抽取出来的过程就在于一种显示着
地进入被内观东西的内包方面的过程。现在在这个显示过程里可能有不
可数计的错觉。时间绝不会被千里视者准确地指出来,其实这些人有关
未来的陈述大部分到头来都是一场空,特别是,如果这些幻景是以那些依
赖于别人的自由意志的事件为其内容的话。千里视者在提到的这点上常
常搞错,这是完全自然的;因为他们只是按照他们那些不确定的、即在这
种情况下这样决定而换一种情况下又另样决定的、偶然的感受来注视未
来的东西,并接下来以同样不确定的和偶然的方式来展示被内观的内容。

148

可是,另一方面,得到现实证实的这一类最奇怪的预感和幻景的出现,当然是绝对不能予以否认的。例如,人们由于对一座房子或一个屋顶后来实际上发生的倒塌的预感而惊醒起来并被迫离开房间或房屋。同样,据说有些船员有时突然有一场风暴的并非骗人的预感,而理智的意识则完全没有觉察到这风暴的任何征兆。也听说,许多人曾事先说出他们死亡的时刻。尤其是在苏格兰高原、荷兰和威斯特法伦①可以找到众多预感未来事件的例子。特别是在苏格兰山地居民里所谓第二视觉(second sight)的能力现在也还不是什么罕见的事。赋有这种能力的人把自己看成二形,看到自己处于后来他们才将处于其中的环境和状况里。为了解释这种奇怪的现象可以作下列的说明。正如人们注意到的,在苏格兰 second sight 在先前比在现在常见得多。因此,对于第二视觉的产生来说看来精神发展的一个独特的立场是必要的,确切地说就是一个距野蛮状态和更高文化状态都同样远的立场,在这个立场上人们不追逐任何普遍的目的,而只关心他们个人的境况,通过懒散地模仿传统东西来完成他们的偶然的、特殊的目的,无须对要处理的情况的本性有彻底的理解,——因而毫不在意对于普遍东西和必然东西的认识,而只忙于个别的事和偶然的事。正是由于精神这样地沉溺在个别东西和偶然东西之中,人们就好像变得有能力去内观某种还隐藏在未来里的个别的事件,特别是如果这个事件对于他并非漠不相干的话。——然而不言而喻的是,在这种现象那里,亦如在类似的现象那里一样,哲学的目的并不在于要解释一切个别的、往往不是恰如其分地认证了的、反而是极其可疑的情况;其实我们在哲学的考察里,如我们在前面已做过的那样,必须限制在强调那些在可疑现象那里必须加以坚持的主要观点。

　　(3)在(1)中所考察的内观那里关闭在自己内部里的灵魂只是使自己重新想起一个已经属于它的内容,相反地在(2)里所讨论的题材那里

149

---

　　①　德意志西北部历史地区,相当于现在德国北莱茵——威斯特法伦州全部及下萨克森与黑森两州部分地区。——译者

灵魂沉湎于对某个个别的外部情况的内观,而第三,灵魂在有关它自己的内部东西,即有关其心灵状态和身体状态的内观的知里,则从与外部东西的联系返回到自己本身。内观的这个方面有极其广泛的范围,并且同时能够达到显著的清晰性和确定性。可是,千里视者对其身体状态只有在下述情况下才能指示出某些完全确定的和正确的东西,即如果他们受过医学的教育,因而在其清醒意识中拥有对人的机体的本性的精确知识的话。与此相反,对于没有受过医学教育的千里视者我们就不可以期待任何解剖学上和生理学上完全正确的陈述;对于这些人来说,相反地,要把他们关于自己身体状态所有的那种浓缩的注视翻译成理智思维的形式,是极为困难的;他们毕竟总只能把被他们所内观的东西提升到他们的清醒意识,即某种或多或少不清晰的和无知的意识的形式中去。——但是,正如在好些进行千里视的个体那里关于他们的身体状态的直接的知是非常不同的一样,同样在对他们的精神内部情况的内观性的认识中,不论就有关形式还是有关内容而言,也存在很大的差异性。由于千里视是灵魂的实体性出现的一种状态,在千里视中启示给高尚的人的是丰富多彩的高尚感受、他们的真实的自身、人的更为优秀的精神,而且这种精神他们往往觉得是特殊的保护神。低下的人则与此相反地在上述千里视状态中显示出他们的低级趣味,并且毫无保留地陷入这种低级趣味之中。最后,普通品质的个体在千里视期间往往要经受一场与自己本身的道德斗争,因为在这种新的生活、这种不受干扰的内在内观里,性格中更有价值的和更为高尚的东西显露出来并转而无情地反对性格中有缺陷的东西。

150　　δδ. 接着有关自己的精神状态和身体状态的内观的知而来的是作为第四种现象的对他人的心灵状态和身体状态的千里视的认识。这种情况特别发生在催眠引起的梦游中,在被催眠主体与另一个主体双方的生活范围由于他们一起进入的心灵感应关系而仿佛是变成了一个单一的生活范围的时候。

εε. 最后,如果这种心灵感应在亲切和强度上达到最高程度,那就出现了第五种现象:内观的主体不仅从而且在一个别的主体中知、看和感觉,不直接注意别的个体就对他的一切遭遇有直接的同感,把别的个体的种种感受作为他自己的感受包容在自身内。关于这种现象可以找到最引人注目的例子。一位法国医生曾经治疗过两个彼此非常相爱的妇女,她们从很远的地方彼此在心里都感受到双方的病状。下面这个情况也可以归入这一类:一个士兵虽然离他的母亲相当远,却对她被盗贼捆绑起来的恐惧有如此强烈和直接的同感,以致感到不可抗拒地被催促立即赶忙到母亲那里去。

　　上面讨论的五种现象都是内观的知的主要环节。这些环节全都有彼此共同的这个规定:它们都总是与感觉灵魂的个体的世界有关。可是这种关系并没有在它们中间建立起如此不可分离的联系,以致它们必须永远全都出现在同一个主体之中。其次,对于这些现象来说这点也是共同的:它们的发生既可以是身体疾病的结果,而在通常健康的人士那里也可以是由于某种特殊的素质。在这两种情况下,那些现象都是直接的自然状态;我们到目前为止都是把它们只作为这样的自然状态来考察的。但是,它们也可能是故意地引起来的。在这种情况发生时,它们就构成我们现在必须研究的严格意义上的动物磁力。

　　首先,说到"动物磁力"这个名称,那么这个名称的产生源于梅斯梅尔①开始用磁石来引起磁化的状态。后来人们把那个名称保留了下来,因为在动物磁力里如在无机磁力里一样发生着两个实存之间的直接的相互的联系。此外,这个提及的状态有时被称作梅斯梅尔特性②,太阳特性③、地球特性④。可是,在这三个名称当中,第一个提到的名称本身不具有什么说明特征的东西,后面两个名称则涉及一个与动物磁力领域完全不同的领域;在动物磁力情况下所要求的那种心灵的性质在自身中还

151

---

①　Franz Anton Mesmer(1734—1815),医生;创立了关于动物磁力的学说。——理论版编者

②　Mesmerismus.——译者

③　Solarismus.——译者

④　Tellurismus.——译者

包含有别的东西,它完全不同于单纯太阳的和地球的因素,——完全不同于我们在§392已经考察过了的在还未发展到个体主体的自然灵魂身上的那些全然抽象的规定。

由于严格意义上的动物磁力才使普遍的兴趣指向种种催眠状态,因为人们通过这种动物磁力才获得力量来引起和发展这些状态的一切可能的形式。可是用这种方法故意引起的诸现象跟已讨论过的、甚至没有严格意义上的动物磁力之助而发生的诸状态并无不同;通过这种动物磁力状态只不过是通常作为直接自然状态而存在的那个东西被建立起来了而已。

αα. 现在首先为了理解故意引起催眠状态的可能性,我们只需想到我们曾经提出来作为灵魂的这种完整立场的基本概念的那个东西。催眠状态是一种病;因为,如果在总体上病的本质必须确立在机体的某一特殊系统与普遍的生理学的生命相分离上,又如果正是由于机体的特殊系统与那种普遍的生命疏远了,动物的机体才显示出它的有限性、软弱无力和对某种外来力量的依赖性,那么病的那个普遍概念联系到催眠状态就以下面的方式得到进一步的规定:在这种特殊的病中,在我的灵魂方面的存在和我的清醒的存在之间、在我的感觉的自然活力和我的有中介的理智的意识之间产生了破裂,而由于每个人在自身中都包含有刚才提到的两个方面,这个破裂就可能性来看也是包含在健康人中的,但不是在所有个体中、而是只在那些对此具有某种特殊素质的个体中才达到实存,并且只152 是在它从其可能性进到现实性的限度内才成为某种病态的东西。但是,当我的灵魂方面的生命同我的理智的意识分离并承担起这个意识的工作时,我就丧失我扎根在理智意识中的自由,失去不理睬某种外来力量的能力,反而变得在这个力量面前卑躬屈膝。于是,正如自发产生的催眠状态发展的结果是对于某种外来力量的依赖一样;同样也可能倒过来从一个外部力量开始,并且——在这个力量抓住在我之内自在地存在着的我的感觉生命和我的思维意识之间的分离时——使我之内的这种破裂得到实存,因而使催眠状态人为地产生出来。可是,如已提到过的,只有那些自身内已经存在某种对于这种状态的特殊素质的个体才可能容易和持久地成为接受秘密体系指导的人;与此相反,那些仅仅是由于特殊的疾病而进入这种状态的人绝不会是典范地接受秘密体系指导的人。但是,在一个主体中产生出催眠梦游症的外来力量主要地是一个别的主体;然而药物,特别是天仙子、甚至水或金属也可能施加那种力量。因此,具有催眠梦游症的素质的主体能够通过从属于这种无机的或植物性的东西而使自己处于梦游状态。*

　　*蒙古人的萨满①已经有这方面的知识;当他们要预言时,就用某些饮料使自己进入催眠状态。现今在印度人那里为了同样的目的还在做同样的事。甚至在德尔菲的神谕宣示所里似乎也发生过类似的事,在那里女祭司坐在架在一个洞穴上的三角架上,陷入一种往往是温和的、但有时也激烈的出神入迷之中,并在这种状态中发出或多或少发音清晰的声音,而由那些生活在对希腊人民的实体性生活环境的直观中的祭司们对这些声音加以解释。

　　——在引起催眠状态的方法中还必须特别提到 Baquet(法文:小木桶)。这是一个带铁棍的容器,被催眠的人触摸着这些铁棍,它就构成催眠师和那些被催眠的人之间的中间环节。一般说来,金属用来加强催眠状态,而玻璃和丝则相反地产生一种隔离的作用。此外,催眠师的力不仅对人,而且也对动物,例如狗、猫、猴起作用;因为正是有灵魂的生命,确切地说只有有灵魂的生命是完全普遍地能够被置于催眠状态的,不管它是还是不是属于一个精神。

　　ββ. 其次,说到催眠的方式方法,那么它是各种各样的。通常催眠都是通过触摸来起作用,正如在流电疗法中金属通过直接接触而相互起作

──────────

　　①　Schamanen,萨满教(schamanismus)的中心人物,据说能按照自己的意愿进入出神入迷状态,这时灵魂出壳进入灵界或为神灵所附,代神灵行事讲话,能治病和预卜未来。萨满教产生和形成于亚洲北部一些民族的新石器时代和青铜时代,流行于以狩猎采集为生的民族,目前经过改造继续流行于畜牧和耕作民族,其痕迹仍可见于已改信其他宗教的民族,如改信佛教的蒙古人等。——译者

用一样,催眠师也是通过直接接触而对必须被催眠的人起作用。可是,沉着的、有能力坚持他自己的意志的催眠主体只有在下面的条件下才能成功地操作,即他有坚决的意志把他的力分给必须被带入催眠状态的主体,通过催眠的动作仿佛是使这种情况下两个互相对立的动物的作用范围合而为一。

更详细些说,催眠师的操作方式主要是一种抚摸,然而这种抚摸并不需要实际上的接触,而是催眠师的手可以始终保持离被催眠人的身体大约一寸①的距离这样来进行。手从头向胃窝,又从胃窝向四肢移动;同时必须小心地避免向后掠,因为通过向后掠很容易产生抽搐。有时手的那种移动要在比上面说的大得多的、即几步②的距离中进行才可以有效果,特别是当心灵感应关系已经建立起来了的时候;在这种情况下,催眠师的力在最近的近处会过大并因而会产生有害的作用。催眠师在某一距离是否还起作用,这一点他通过他的手心的某种温暖来感知到。但是,并非在一切情况下较远或较近距离的抚摸都是必要的;其实,催眠的心灵感应关系通过仅仅把手放到尤其是头上、胃上或心窝上就能够建立起来;常常是为此只需手压一压(因此我们也就有理由把据说是在不同时代里由祭司或其他个人通过置手于病人身上所完成的那些令人惊奇的治疗与动物磁力联系起了)。有时催眠师的单只一瞥和要求就足以引起催眠的迷睡状态。甚至,据说单单信念和意愿在很远的距离外都曾经产生过这种效果。在这种不可思议的关系里关键主要在于,一个主体对一个在意志的自由和独立性上都不如他的个体起作用。因此,极强有力的人对软弱的人施加最大的、常常是一种如此不可抗拒的强制力,以至于后者不管他们愿意或不愿意都可能被前者带到催眠的昏睡状态去。根据刚才说的这些理由,坚强的男人特别适合于对妇女施行催眠术。

154

γγ. 这里必须讨论的第三点涉及通过催眠术所产生的结果。考虑到

---

① Zoll,德国旧时长度单位,约 2.7—3 厘米。——译者
② Schritt,一步相当于 70—90 厘米。——译者

这些结果,根据这方面已经取得的多种多样的经验,我们现在完全明白了,以致不再指望会有本质上新的现象出现。如果我们想对动物磁力的现象在其朴素性上加以考察,那我们就必须主要地以年纪较大的催眠师为根据。在法国人中间,一些有高尚意向和高度文化的人士曾经关心过动物磁力并以纯正的理解力研究过它。这些人中特别值得提出来的是陆军中将皮塞居①。如果说德国人常常取笑法国人的有缺陷的理论,那么我们至少关于动物磁力可以主张,在考察动物磁力上法国人使用的朴素形而上学,比起德国人的并不稀罕的梦呓和既不完全正确又站不住脚的搞空想的理论来,是更令人愉快的东西。克卢格②曾对动物磁力现象提出了一个有用的外部的分类。范·葛尔特③,一位值得信赖而同时思想丰富的、受过现代哲学教育的人,曾以日记的形式描述过种种催眠疗法。卡尔·谢林,哲学家的弟弟④,也曾使其催眠术经验的一部分为人所知。——关于与动物磁力有关的文献和我们对动物磁力的知识的范围就讲这么多。

在这些初步的说明以后,我们现在转向对种种催眠现象作一简短的考察。施行催眠术的最直接最普遍的作用就是使被催眠的人沉入其包裹起来了的、无区别的自然生命的状态,即睡眠。这种状态的出现标志着催眠状态的开始。可是,睡眠在这里并非绝对必要的;没有它催眠疗法也可以实施。这里有必要必须发生的事情,那就只是感受灵魂之成为独立的,即它同有中介的、理智的意识的分离。我们在这里必须考察的第二件事涉及催眠状态的生理的方面或基础。关于这方面必须指出,在催眠状态中指向外部的器官的活动过渡到内部的器官,在清醒的和理智的意识由

155

①　Armand Marie Jacques Puysegur(1751—1852),梅斯梅尔的追随者。——理论版编者

②　Karl Alexander Ferdinand Kluge(1782—1844),试阐明作为医疗手段的动物磁力,1811。——理论版编者

③　Pierre Gabriel Van Ghert(1782—1852),荷兰国务活动家,黑格尔的朋友。——理论版编者

④　Karl Eberhardvon Schelling(1783—1855),高级医学顾问。——理论版编者

大脑所执行的活动在催眠梦游期间则归再生系统所有,因为在这种状态中意识被降低为灵魂生命的简单的、自身内未显出区别的自然性,——但是这种简单的自然性、这种包裹起来的生命是与向外走的敏感性矛盾的;与此相反,那转向内部的、在最简单的动物性的组织中占支配地位的和形成着一般动物性的再生系统是跟那种包裹起来的灵魂生命绝对不可分离的。由于这个原因,所以在催眠梦游期间灵魂的作用就落到再生系统的大脑中,即神经节这种重重结节的小腹神经中。范·海尔蒙特①在抹上天仙子油膏和喝了天仙子汁后就感受到这样的情况。按照他的描述,他那时的心情好像是思维着的意识从头走进下腹、特别是胃里,而且他觉得他的思维在向下移动时变得敏锐并和一种特殊的愉快感结合在一起。一位法国著名催眠师把灵魂生命在下腹内的这种集中看作是依赖于在催眠梦游中血液在心窝地带依然很流动、哪怕它在其他部位里极其浓稠的这种情况。——但是,催眠状态中发生的再生系统的异乎寻常的激动不仅仅表现在内观的精神形式中,而且也表现在性欲——特别是在妇女那里——渐渐较强烈或较微弱地旺盛起来的更为感性的形态中。

156　　在对于动物磁力的这种主要是生理学的考察之后,我们必须进一步考虑到灵魂来规定这种状态具有怎样的性质。正如在前面考察过的、自发出现的催眠状态中,在故意引起的动物磁力那里也是一样,沉没在自己内部的灵魂不是在自己之外,而是在自己本身内注视其个体世界。灵魂沉入其内部的这种活动如已指出过的那样可能,在某种程度上可以说,仍然停留在半路上;于是就不出现昏睡状态。但是,另外的情况则是,生命与外界的联系由于昏睡状态而完全被中断了。由于这种中断催眠现象的进程也就可能停顿下来。可是,同样可能的是催眠昏睡状态向千里视的过渡。大多数被催眠的人都将处在这种内观中而不记得这件事。千里视是不是有,这往往只是通过偶然情况显示出来;它主要是在催眠师向被催

① Jan Baptist van Helmont(1577—1644),帕拉切尔苏斯[T.B.von Hohenheim(1493—1514),医生,多方面的自然研究者,神秘派哲学家,近代药理学奠基者,其思想对近代医学有很大影响。——译者]后继中的医生和自然科学家。——理论版编者

眠的人打招呼开始谈话的时候显露出来；没有催眠师的开始攀谈，这些人也许会永远只是昏睡去了。虽然作千里视的人的回答显得好像是来自另外一个世界，但是这些个体所能够知道的是他们作为客观的意识所知道的东西。然而常常是他们谈起他们的理智意识就好像是在谈起一个别的人。当千里视更确定地显示出来时，被催眠的人就对他们的身体状况和他们的精神内心作出说明。但是，他们的感受是如此的不清楚，就像不知光明与黑暗的任何区别的盲人关于外界事物的表象那样；在千里视中被观看到的东西常常是在几天之后才变得较为清楚些，可是绝不是如此地清楚明白，以至于它就不需要解释了，但被催眠人的解释有时完全失败，至少常常是如此象征的和稀奇古怪的，以至于这种解释从自己这方面看又使得由催眠师的理智意识作的解释成为必要，这样一来，催眠内观的最后结果大多是由错误东西和正确东西的一种各式各样的混合所组成的。但是，另一方面也不容否认，千里视者们对他们的病的性质和过程有时作出很确切的说明，他们通常很准确地知道，疾病发作将何时出现，什么时候需要和需多久的催眠昏睡状态，他们的治疗将持续多久，最后，他们有时发现理智意识也许还不知的某种药物和通过这种药物所能排除的病痛之间的某种联系，因而使医生平时看来困难的治疗变得容易了。在这方面我们可以拿千里视者与动物比较，因为动物由于它们的本能而被教会 157 了对他们有治疗作用的东西。但是，说到故意引起的千里视的进一步的内容，那么我们几乎无需指出，在这种千里视中，如同在自然的千里视中一样，灵魂能够用胃窝读和听。我们在这里还只想强调两点；即第一，那在被催眠人的物质性生活的联系之外的东西是通过梦游状态所接触不到的，——因而，例如，千里视不涉及到预见有利可图的中彩摇奖号码，而且根本不可能被利用来达到自私的目的。与此相反，重大历史事件的情况是不同于这些偶然事物的。例如，据说一个梦游者在战役①前夕在 Belle

---

① 指 1815 年 6 月 18 日拿破仑遭到彻底失败的滑铁卢战役。——译者

Alliance［滑铁卢］①极其兴奋激昂地大声喊叫："明天那个如此厉害地伤害过我们的人要么死于闪电，要么亡于刀剑"。——其次，这里还必须提到的第二点是，由于灵魂在千里视中过着一种与自己的理智意识断绝了的生活，千里视者们在清醒时最初关于他们在催眠梦游中曾经观看到的东西就不再知道什么，可是他们却可能迂回地对此得到某种知，就是说他们梦到所观看到的东西，而后在清醒时记起这些梦。也可以部分地蓄意导致对观看到的东西的记忆，更进一步确切地说就是通过这样的方式：医生在病人清醒状态时责令他们要牢牢地记住他们在催眠状态中所感受到的东西。

§§. 第四，关于被催眠人对催眠师的紧密联系和依赖性，除去§.406的"说明"在§§. 中关于那种联系的身体方面所说过的东西以外，在这里还需提出，作千里视的人最初只能够听见催眠师的话，别的个体的话只有当他们与催眠师处于心灵感应关系中时才能够听见，可是有时就完全失去了听觉和视觉，而更有甚者，在被催眠人和催眠师的这种独一无二的生命联系中，对于前者来说被第三者触摸会是极其危险的，可能产生抽搐和强直性昏厥。——但是，考虑到催眠师和被催眠人之间存在的精神的联系，我们还可以提到，千里视者往往通过把催眠师的知变为自己的知而获得清楚地看到并非他们自己直接向内观看到的东西的能力，——因而他们例如没有自己直接的感知而能指出现在是几点钟，如果催眠师确实知道这点的话。这里谈到的这种内在共同性的知识使我们不至于愚蠢到为千里视者有时翻腾出来的格言感到惊奇；这格言往往并不属于被催眠人，而是属于与他们处于心灵感应关系中的个体。——除去这种知的共同性外，特别是在千里视持续得较久的情况下，被催眠人也可能跟催眠师建立起其他一些精神的联系，即那些涉及到风格、激情和性格的联系。尤其是千里视者的虚荣心可以很容易地激发出来，如果人们错误地使他们相信人们给予他们的说话以很大的重要性的话。这样一来梦游者们就热衷于去谈论一切事情，哪怕他们对之丝毫没有相应的体验的知。在这种情况

---

① ［滑铁卢］为理论版编者增补。这里指的是滑铁卢村附近的一家旅社。——译者

下千里视就没有任何好处,反而它这样就成了某种可疑的东西。因此,在催眠师中间反反复复地讨论了这个问题:人们是否必须培植和保持千里视,如果它是自发产生的话,而在相反的情况下是否必须人为地引起千里视,或者,人们是否必须与之相反地努力阻止它。如已提到的,千里视之得以显露和展示出来是由于被催眠人之反反复复地被询问。如果现在问及各种极不相同的东西,那么被催眠人就会心烦意乱,或多或少地迷失了对准自己的方向,因而变得更不能描述自己的病以及指出治病使用的药物,但正因此就大大地延误了治疗。所以,催眠师必须极其小心地避免在询问时激起被催眠人的虚荣心和心烦意乱。但是,主要的是催眠师不可以从自己方面陷入到对被催眠人的依赖关系中去。这种弊病从前出现得更为频繁,那时催眠师比起他们借助于 Baquet 以来更多地竭力使用自己的力量。由于使用这种工具催眠师就较少卷入被催眠人的状况中去。但是,即使这样,非常重要的还是催眠师的心情、性格和身体的力量程度。如果催眠师们,特别是在他们不是医生的场合,接受被催眠人的突如其来 159 的念头,如果他们不具备反驳和反对被催眠人的勇气,而被催眠人以这种方式感觉到他们这方面对催眠师有一种强烈的影响,那么,被催眠人就像一个娇生惯养的孩子那样放纵自己所有的脾气,得到种种最奇怪的想法,无意识地开催眠师的玩笑,并因而妨碍了对自己的治疗。——可是,被催眠人不仅可能在这种坏的意义上达到某种独立性,而且如果他平时拥有一种道德的品格的话,他在催眠状态中也可能拥有道德情感的坚定性,催眠师可能发生的种种不纯洁的企图会因这种坚定性而遭到失败。例如,一位被催眠的妇女这么声明,她用不着服从催眠师要她在他面前脱衣的要求。

εε. 我们在动物磁力上必须触及的第五点也是最后的一点,涉及到催眠处理的本来目的——治疗。毫无疑问,许多古代发生的人们看作奇迹的治疗必须被看作只不过是动物磁力的种种效果。但是,我们没有必要去引证那些被笼罩在远古黑暗中的神奇故事,因为在现代有那么多数量的由最值得信任的人用催眠术完成的治疗,以至于对此无成见地进行判断的人都不可能再怀疑动物磁力的医治效力。因此现在还要涉及的只

不过是指出催眠术完成治疗的方式方法。为了这个目的我们可以提醒,
通常的医药治疗在于排除那引起疾病的对于动物性生命的同一性的妨
碍,在于恢复机体内部的流动性。现在这个目标的达到在催眠治疗中是
通过:要么引起昏睡状态和千里视,要么只是一般地促使个体生命沉入自
己本身,即个体生命回复到它的简单的普遍性。正如自然的睡眠由于它
把整个人从对准外部世界的活动的那种使人虚弱的分裂状态领回到生命
的实体性的总体与和谐而产生健康生命的力量,同样,那同睡眠一样的催
眠状态也是必须恢复起来的健康的基础,因为通过这种催眠状态自身内
分裂的机体达到与自身的统一。但是,从另一方面来看在这里也不允许
160 忽视:正如那种在催眠状态中存在的感受着的生命的集中从它那方面来
说本身可能成为某种如此片面的东西,以至于它反对其余的有机生命和
通常的意识而病态地加强自己。在这种可能性中就包含着故意引起上述
集中的可疑的东西。如果人格的双重化太过分地被加剧,那么人们就是
以一种与治疗的目的相违反的方式行事,因为人们所引起的那一种分离
比人们想通过催眠疗法所排除的分离更大。在如此轻率的治疗那里存在
着这样的危险:出现严重的危机,种种可怕的斗争,而产生这些现象的对
立就不仅仅仍然是身体的,而且也以各种各样的方式成为梦游者的意识
本身中的对立。如果人们相反地是如此谨慎地工作,以至于人们不使在
催眠状态中发生的感受着的生命的集中过分,那么,如已指出的,人们就
在这种集中上有了恢复健康的基础,并能够通过这样的方式完成治疗:人
们逐步地把其余还处于分离中而无力反对其集中起来了的生命的机体引
回到它的这种实体性的统一,即它的这种与自己本身的简单的和谐,并使
这个机体因此而能够不损伤其内部的统一而重新参与分离和对立。

β．自身感觉

§．407

1.感觉的总体作为个体性本质上是这个:在自身内区别着自己并向

着自身内的判断觉醒起来,按照这个判断它具有特殊的感觉并且就它的这些规定而言是作为主体。主体本身把这些规定设定为它自身内的感觉。它沉没在诸感受的这种特殊性里,同时由于特殊东西的观念性而在这个特殊东西里与自己结合为主观的"一"。它以这种方式而是自身感觉——而这个自身感觉同时只在特殊的感觉中。

§. 408

2.由于自身感觉在其中仍然被决定的直接性,即由于那个在其中还 161未与精神性分开的形体性成分的缘故,而且由于感觉本身也是一个特殊的感觉,因而是一种独特的形体化,这个虽然已形成为理智意识的主体还是能患这种病:它始终坚持其自我感觉的特殊性,它不能把这种特殊性加工制作为观念性并加以克服。理智意识的实现了的自身是作为己内一贯的、按照其个体地位和与就其内部而言同样是有秩序的外部世界的联系而安排着和保持着自己的意识的主体。但是,在这个主体围于某种特殊的规定性时,它就不给这样的内容指定在作为一个主体的个体的世界体系中应属于内容所有的那个理智的位置和从属关系。主体就以这种方式而处于它在其意识中系统化了的总体性与在这总体性中不流动的和未加编排的且不从属的特殊性之间的矛盾中,——这就是疯狂。

〔说明〕 在考察疯狂时同样必须预先考虑到已经发展了的、理智的意识,这个意识的主体同时是自身感觉的天然的自身。在这种规定中,主体是能够陷入它的独立自由的主体性和一种在主体性中没有成为观念的、而是在自身感觉中始终固定不变的特殊性之间的矛盾中。精神是自由的,因而就其自身说是不会得这种病的。精神被旧形而上学①看作灵魂、物,而精神只有作为物,即自然的东西和存在着的东西才能得疯狂病,即在精神里固定下来的有限性。因此,疯狂是一种精神病,是同身体的东

---

① 指 17 世纪、18 世纪笛卡儿、斯宾诺莎、莱布尼茨、沃尔夫等人的形而上学。——译者

西和精神的东西分不开的;疯狂病的开头看来可以更多地出自这个方面
或者那个方面,治疗也是如此。

162 　作为健康而深思熟虑的主体对于其个体世界的有秩序的总体性具有
直接的意识,它把感受、表象、欲望、爱好等等每一个出现的特殊内容都包
摄到个体世界的体系中并凭借其理智的位置来加以编排;这个主体是对
这些特殊性进行统治的守护神。这里的区别是同清醒和做梦的区别一样
的;不过在疯狂中,梦是在清醒本身范围之内做的,所以梦是属于现实的
自身感觉的。错误以及这一类的东西是一种前后一致地纳入到那种客观
联系中的内容。可是在具体情况下常常很难说错误从什么时候起开始变
为疯狂。所以一种剧烈的,但就其内含而言微不足道的仇恨等等的激情,
与预先假定的内心更高层次的沉着和坚定相比,可能表现为一种疯狂的
失常。但是这种疯狂本质上包含着矛盾,即一种变成了肉体的、存在着的
感觉对作为具体意识的诸中介的总体性的矛盾。被规定为仅仅存在着的
精神,只要这样一种存在在其意识中未被消融,那就是有病的——在精神
的这种自然性中变得不受约束的内容就是心的种种利己主义的规定:虚
荣心、骄傲和别的激情以及主体的幻觉、希望,爱与恨。这种世俗的东西
变得不受约束,因为镇定、普遍东西、理论原理或道德原理对自然东西的
控制松弛下来了,这种自然东西平时是由那些东西所制服着和藏起来的;
那么这种恶是潜在地存在于心中的,因为心作为直接的东西是自然的和
自私的。就是人的这个恶的守护神在疯狂中成为占统治的,但却成为跟
同时也存在于人心中的较优秀的和理智的东西相反和相矛盾的,所以这
种状态就是精神在它自身内的错乱和不幸。——因此,真正的精神的治
163 疗也要坚持这个观点:疯狂并不[是]①理性的抽象的丧失,无论按照理智
的方面还是按照意志及其责任能力来说都是如此,而只是那还现存的理
性中的错乱、矛盾,正如身体的病并非健康的抽象的、即完全的丧失(这
样的一种丧失就会是死亡),而是健康中的矛盾一样。这种人性的,即既

---

　① 理论版编者增补。——译者

仁慈又合乎理性的治疗(皮内尔①对于这种治疗的贡献是值得最高的赞赏的)是以病人是有理性者为前提并在这前提中有了它能够据以从这方面去掌握病人的牢固支点,正如在身体方面以其本身中就包含有健康的活力为依据的牢固支点一样。

〔附释〕　以下所讲还可以用来作为上一节的说明。

在§.402的附释中已经把疯狂理解为感觉灵魂的三个发展阶段中的第二个阶段,感觉灵魂在与其实体性内容的直接性的斗争中经历这些阶段,为的是把自己提高到在自我中存在的自己与自己联系的简单的主体性并因此而完全地控制和意识它自己。我们把疯狂作为灵魂发展中必然出现的一种形式或阶段的这种理解自然不能这样去了解,好像因此就会主张:每个精神、每个灵魂都必须经过这种极端分裂的状态。这样一种主张会是无意义的,就像例如下面的假设一样:因为在法哲学中罪行被看作是人类意志的一种必然的现象,所以就应该使犯罪成为对每个个别人的一种不可避免的必然性。罪行和疯狂都是一般人类精神在其发展过程中必须克服的极端,可是这些极端并不是在每个人里都作为极端出现,而是只在种种局限性、错误、愚蠢和非罪行过失的形态中作为极端出现。这就足以表明我们把疯狂看作灵魂的一个重要发展阶段是有理的了。

164

但是,说到疯狂概念的规定,那么在§.405的附释中已经对这种状态的特征——区别于我们在感觉灵魂三个发展阶段的第一个阶段上所考察过的催眠梦游症——就这方面做了说明,即在疯狂中灵魂方面的东西对客观的意识不再是一种单纯有差异的东西的关系,而是一种直接对立的东西的关系,并因此不再与客观的意识相混合。这个说明的真理性我们想在这里通过进一步的分析加以阐明,并因此而同时证明我们的考察从催眠状态进展到疯狂的合理必然性。但是,那种进展的必然性在于,灵魂自在地就是矛盾,即是一个仍然与普遍的自然灵魂、即与它的实体直接

---

① Philippe Pinel(1745—1826),法国神经科医生,"开办了"疯人院;有关精神错乱和躁狂症的医学—哲学论文,1801。——理论版编者

同一的个体东西、个别东西。这个在其与灵魂相矛盾的同一性形式中实存着的对立必须作为对立、作为矛盾建立起来。这个情况最初发生在疯狂中;因为在疯狂中灵魂的主体性才不仅与其在梦游症中还与它直接同一的实体分离,而且达到与这个实体的直接对立,即达到与客观东西的完全的矛盾,因此而成为纯粹形式上的、空洞的、抽象的主体性,并且自以为在它的这种片面性中具有一种主观东西和客观东西的真正的统一的意义。因此,在疯狂中存在的刚才提到的诸对立方面的统一和分离还是一种不完善的。这种统一和这种对立只有在理性的意识、即在现实客观的意识中才达到它们的完善的形态。当我把自己提高到理性思维时,我就不仅对于我、即在我看来是对象性的,因而是主观东西和客观东西的一种主观的同一性,而且我进而使这种同一性与我分开,把它作为一种现实客观的同一性与我对立起来。为了达到这种完全的分离,感觉灵魂必须克服自己的直接性、自己的自然性,即形体性,把它们在观念上建立起来,使它们成为自己所有,借此把它们改造为主观东西和客观东西的一种客观的统一,并因而既把它的他物从其与它的直接同一性中释放出来,也同时使自己本身从这个他物解放出来。但是,灵魂在我们现在据以考察它的这个立场上还没有达到这个目标。就灵魂是疯狂的而言,它所坚持的不如说是主观东西和客观东西的一种仅仅主观的同一,而不是这两方面的一种客观的统一,而只有就它除去一切愚蠢和一切疯狂之外,仍然同时还是理性的、因而是站在一个与现在必须加以考察的立场不同的立场上而言,它才达到主观东西和客观东西的一种客观的统一。因为在真正疯狂的状态中有限精神的两种方式——一方面自身发展了的、理性的意识及其客观的世界,另一方面那坚持自己的、在自己本身内拥有其客观性的内部感受活动——每一个都独自发展为总体,发展成一个人格。疯子们的客观意识以极为多种多样的方式显露出来;例如,他们知道他们在疯人院里;他们认得服侍他们的人;至于别的人,他们也知道这些人是傻子;互相取笑他们彼此的愚蠢;被使用来做各种各样的日常事务,甚至有时被任命为看守人。但同时他们醒着做梦,并在一个与他们的客观意识不能一致的特殊表象上着了迷。他们的这种醒着做梦与梦游症有某种亲属关系；但同时前者不同于后者。在梦游症中存在于一个个体中的两个人格彼此不接触，其实梦游的意识与清醒的意识是如此的分离开的，以至于他们没有任何一个知道另一个，而且诸人格的二元性也表现为一种诸状态的二元性，与此相反，在真正的疯狂中，两个不同种类的人格不是两个不同种类的状态，而是在同一个状态中，以至于这两个彼此否定的人格——灵魂方面的意识和理智的意识——相互接触并相互知道。因而，疯狂的主体在它自身的否定物中即是在自己中；就是说，在他的意识中直接存在着他意识的否定物。这个否定物没有被疯子克服，他分化成的双重物没有得到统一。因此，虽然疯子自在地是同一个主体，然而他还不是把自己作为一个与自己本身相一致符合的、自身内未分离的主体、而是作为一个破裂为两个不同种类的人格的主体来对待。

这种分裂、即精神在它自身的否定物中的这种在自己中存在的确定意义，需要进一步的发挥。上述否定物在疯狂中得到了一种比我们迄今所考察过的灵魂的否定物所曾有过的更为具体的意义，正如精神的在自己中存在，比起灵魂迄今所实现的自为存在来，在此也必须在一种更为充实的意义上来理解。 166

所以，首先必须把标明疯狂的特征的否定物同灵魂的其他种类的否定物加以区别。为此我们可以指出，例如，当我们忍受种种艰辛劳累时，我们就是在一个否定物中即是在自己中，但还不必因此而是傻瓜。我们之成为傻瓜只是当我们在忍受艰辛劳累时没有任何唯有通过这种忍受才能达到的合理目的的时候。例如，我们将会把为了意志坚强而作的朝觐圣墓的旅行看作是一种愚行，因为这样的旅行对于那时所悬的目的完全无用，因而绝不是为了达到那个目的所必需的手段。根据同样的理由，印度人用身体爬行穿过所有国家的旅行就可以宣布是一种疯狂。所以，在疯狂中所忍受的否定是这样一种否定，在其中重新找到的只是感受的意识，而不是理智的和理性的意识。

但是，在疯狂的状态中，如上面已指出过的，否定物构成这样一个规定,它应属于在其相互联系中的灵魂方面的意识和理智的意识两者。精神的在自己中存在的那两种相互对立的方式的这种联系同样需要进一步刻画其特征,以便它不跟单纯的错误和愚蠢对客观的、理性的意识所有的那种关系混淆起来。

为了说明这点,我们想要提醒,在灵魂成为意识时,对于灵魂来说通过自然灵魂中以直接方式结合为一的东西的分离就产生了一种主观的思维和外界的对立,——这两个世界在真理中虽然是彼此同一的(斯宾诺莎说,ordo rerum atque idearum idem est①),可是对于仅仅反思的意识,即有限的思维来说,却表现为本质上不同的和彼此独立的。因而灵魂,作为意识,就走进有限性和偶然性的、在自己本身之外的东西的、因而个别东西的范围。我在这个立足点上所知的,我首先知道它是一个个别的东西,直接的东西,因而是一个偶然的东西,一个给予的东西,即被发现的东西。我把被发现的东西和被感受到的东西转变成表象,并使它同时成为一个外界的对象。但是,接着我就认识到这个内容,就我的知性和我的理性的活动指向这个内容而言,同时是一个并非仅仅个别的东西和自然的东西,而是一个伟大联系的环节,是一个与其他内容处在无限的中介过程中并通过这种中介而向某种必然东西生成的东西。只有当我以刚才说明的方式行事时,我才在知性中,而那充实我的内容才从它的方面获得客观性的形式。正如客观性是我理论上追求的目标一样,它也同样构成我实践上行为的规范。因此,如果我想把我的目的和兴趣,因而从我出发的种种表象,从其主观性转移到客观性,那么我就必须,如果我应该是理智的话,如其实际上所是的那样来表象材料、即在我对面的、我打算把那个内容在其中实现出来的定在。可是同样的,正如我为了理智地行事就必须具有一个有关在我对面的客观性的正确表象一样,我也必须具有一个有关我自身的正确表象,就是说一个这样的表象,它与我的现实性的总体,与我的

①　"观念的次序与事物的次序是相同的。"《伦理学Ⅱ》,命题7。——理论版编者[见贺麟译斯宾诺莎《伦理学》第二部分命题七,原文是"观念的次序和联系与事物的次序和联系,是相同的。"(商务印书馆1953年版第45页)——译者]

无限确定的、跟我的实体性存在不同的个体性是相一致符合的。

现在,无论是关于我自己,还是关于外部世界,我当然都可能搞错。非理智的人拥有种种空洞的主观的表象,种种不能实现的而他们还是希望在未来实现的愿望。他们把自己限制在全然个别的目的和兴趣之上,坚持种种片面的原理,并因此而陷入与现实的分裂之中。但是,这种狭隘和那种错误都不是什么疯狂,如果非理智的人同时知道他们的主观东西还不是客观地实存着的话。错误和愚蠢只有在这种情况下才变成疯狂,即一个人以为他的只不过主观的表象是客观地出现在自己面前的,并保持不变地反对与这主观表象相矛盾的现实客观性。在疯人看来,他们的单纯主观的东西是同客观的东西一样完全确实的;他们在他们仅仅的主观表象上——例如在他们以为自己是而实际上并不是某个人的这种想象上——取得他们自身的确实性,他们的存在就依附于这样的表象。因此,当一个人说疯话的时候,那么第一件事总是提醒他想到他的状况的全部范围,想到他的具体的现实。而如果上述的客观联系虽然都给他讲了而且也都为他所知了,他接下来仍然坚持他的虚假表象,那么这样一个人的发疯状态就是无疑的了。

从刚才所说得出结论:我们可以把精神错乱的表象称之为被疯人认作是某种具体东西和现实东西的一种空洞的抽象和单纯的可能性;因为,如我们已看到的,正是在那个表象里疯人的具体现实性被抽象掉了。例如,如果我,这个远非一个国王的我,仍然把我认作是一个国王,那么这个与我的现实性的总体相矛盾的并因而是精神错乱的表象就完全没有任何的根据和内容,除了不确定的一般的可能性,即:既然一般说来一个人可能是国王,正巧我,这个确定的人,就会是一个国王。

但是,这样一种坚持一个与我的现实不能一致的特殊表象能够在我之内产生出来,有关这点的根据在于,我首先是全然抽象的、完全不确定的、因而对一切任意的内容都能开放的自我。就我是这样的自我而言,我可以给自己制造出最空洞的抽象,例如,可以把我认作狗(人变成狗,这样的事真的出现在童话里)或者我想象我能够飞,因为有为此足够的空

168

间,又因为别的有生物能够飞。相反地,当我成为具体的自我、得到关于现实的确定的思想,以及当我,例如,在后来提到的情况下想到我的重量,那我立即就理解到我飞的不可能性。只有人才达到了以那种对自我的完全抽象来把握自己的地步。因此他就可以说有了愚蠢和疯狂的特权。但是,这种病在具体的、深思熟虑的自我意识中发展起来,只是因为这个自我意识下降到了以前说到过的那种无力的、被动的、抽象的自我。由于这种下降,具体的自我就失去了对其诸规定的完整体系的绝对控制,丧失了把来到灵魂的一切东西安放到正确位置上去而在他的每一个表象中都仍然完全出现在自己本身面前的能力,它让自己为某种特殊的、仅仅主观的表象所俘虏,被这表象使得失去常态,被从其现实性的中心拉了出来,并且由于它同时还保留着对其现实性的某种意识而获得了两个中心,——一个在其理智的意识的残余里,另一个在其精神错乱的表象里。

169 在疯狂的意识里,直接的、存在着的自我的抽象普遍性与从现实性的总体上扯下来的、因而个别的表象处在未解决的矛盾中。因此,疯狂意识不是真正的在自己中存在,而是陷在自我的否定物中的在自己中存在。在这里,有一种同样未解决的矛盾存在于上述个别的表象和自我的抽象的普遍性为一方与自身内和谐的全部的现实性为另一方之间。由此表明,用概念进行认识的理性有理由维护的命题:"凡我思的都是真的",在疯人那里就得到一种错乱的意义,而变成了一种恰好如此不真的东西,就像由知性的非知性针对那个命题提出来的相反主张主观东西与客观东西的绝对分离性一样。健康灵魂的单纯感受在合理性上就既优于这种非知性,也优于疯狂,因为在它里面存在着主观东西和客观东西的现实的统一性。但是,如上面已经说过的,这种统一性在用概念进行认识的理性中才得到其完善的形式,因为只有那被这个理性所思维的东西才是一个按其形式、也按其内容都真实的东西,——被思维的东西和存在着的东西的一个完善的统一。与此相反,在疯狂中主观东西和客观东西的统一和区别还是某种单纯形式上的东西,即排斥着现实的具体内容的东西。

为了连贯、也同时为了更加充分说明的缘故,我们打算在这个地方以更紧凑的和,如果可能的话,更明确的形式重复某些在上面一节及对这一节的"说明"中所已经接触到了的东西,——我们指的是这点:疯狂之所以必须从本质上理解为一种同时是精神的和身体的疾病,是因为在疯狂里存在着一种还全然直接的、还不是穿过了无限中介过程的主观东西和客观东西的统一,那因疯狂而惊惶失措的自我,不管自身感觉的尖端是如何的锐利,还是一个自然的东西、直接的东西、存在着的东西,因而在这个自我里有区别的东西就可能固定化为一个存在着的东西;或者,更加明确地说,由于在疯狂中与疯人的客观意识相矛盾的特殊感觉被作为某种对于那客观意识而言的客观东西抓住不放,而不是被观念地建立起来,这个特殊感觉结果就有了一个存在着的东西、因而身体的东西的形状,可是这样一来就在疯人里面产生出了一种没有为客观意识所克服的存在的二元性,即一种存在着的、对于疯狂的灵魂来说正在成为固定限制的区别。

进一步说到同样是在上一节里提出来了的问题:精神怎么达到发疯 170 的地步的,那么,除了已给予的答复之外,在这里还可以指出,这个问题已经是以灵魂在其当前发展阶段上尚未达到的坚定的、客观的意识为前提的,而在我们的考察现在所立足的位置上我们所必须回答的宁可是相反的问题,即这样一个问题:那被锁入了自己内部的、同自己的个体世界直接同一的灵魂是如何超出主观东西和客观东西的仅仅形式上的、空洞的区别而达到这两个方面的现实的区别,并因而达到真正客观的、理智的和理性的意识的。对于这个问题的回答将在主观精神学说第一部分的最后四节里给予出来。

此外,从对主观精神的哲学考察必须从自然的精神开始,即这个人类学的开端的必然性所作的论述中,以及从上述向各个方面展开了的疯狂的概念中,就将足以说明,为什么疯狂必须先于健康的、理智的意识加以讨论,虽然疯狂是以知性为前提,而且它无非就是知性可能沉陷在里面的病态的极端。我们在人类学中的确不得不免去了对于这种状态的解释,因为在这种状态中灵魂方面的东西、即自然的自身、抽象的形式上的主体性取得了对于客观的、理性的、具体的意识的统治,但是对抽象的、自然的自身的考察必须先行于对具体的、自由的精神的陈述。可是为了从某种抽象东西向那按照可能性包含着这个抽象东西的具体东西的进展不会具有一种偶然的并因而可疑的现象的样子，我们可以想起在法哲学中必然出现的一种相似的进展。甚至在这个科学中我们也是从某种抽象东西开始，即从意志的概念开始，然后进展到这个还是抽象的意志在一种外在的定在中得到的实现，即进展到形式的法的范围，接下来过渡到从外在的定在映现在自己之内的意志，即过渡到道德的范围和最后，第三个阶段，达到把这两个抽象的环节结合在自身内的，并因而是具体的伦理的意志。

171 在伦理本身的范围内我们于是又重新从一个直接的东西，即从伦理精神在家庭中所具有的自然的、未发展的形态开始，接下来达到伦理实体在市民社会内发生的伦理实体的分裂和最后达到伦理精神的那两个片面形式在国家里现存的统一和真理。——从我们考察的这种进程中丝毫得不出结论，说我们想使伦理成为某种按照时间而言比法和道德更晚些的东西，或者说我们想把家庭和市民社会宣布为某种先行于现实中的国家的东西。其实我们非常清楚地知道，伦理是法和道德的基础，而且家庭和市民社会及其排列好了的种种区别确实以国家的现有存在为前提。可是，在对伦理东西的哲学阐明中我们却不可以从国家开始，因为伦理东西在国家中展开为其最具体的形式，开端则相反地必然是某种抽象的东西。由于这个理由，道德东西也必须在伦理东西之前加以考察，尽管前者在某种程度上只是作为后者身上的一种病出现。而由于同样的理由，我们在人类学的领域内也不得不把疯狂放在了具体的、客观的意识之前来加以讨论，因为疯狂，如我们已看到的，是以一种坚持与疯人的具体的、客观的意识相对立的抽象为内容的。——我们想就此结束我们在此对疯狂的一般概念所必须做的一些注解。

但是，至于说到疯狂状态的特殊类别，那么人们通常与其说是按照某种内在的规定性、倒不如说是按照这种疾病的种种表现来区分其类别。这种做法对于哲学的考察来说是不充分的。我们甚至必须把疯狂作为一种以必然的、就此而言即是理性的方式在自身内有区别的东西来认识。

但是,这种灵魂状态的必然区分是不可能从在疯狂中存在的主观东西和客观东西的形式上的统一性的特殊内容中推导出来的,因为那种内容是某种无限多种多样的东西,并因而是偶然的东西。因而我们必须相反地仔细观察在疯狂上面出现的全然普遍的形式区别。为了这个目的,我们必须回头注意这样一点,即疯狂在前面被称为一种精神的内向性,一种沉没在己内的存在,这种存在的特征,与梦游症中存在的精神的己内存在相反,在于不再处于与现实的直接联系中,而是坚决地与现实脱离了。

这种沉没在己内的存在现在一方面是疯狂的每个类别中的普遍东西;另一方面它构成疯狂状态的一个特殊的类别,如果它始终停留在其不确定性中、即其空洞性中的话。我们必须从这个特殊的类别开始对疯狂的各种类别的考察。

但是,如果那完全不确定的己内存在得到一个确定的内容,与一个仅仅主观的特殊的表象连结起来并把这个表象当作某种客观的东西,那就出现了疯狂状态的第二种形式。

这种疾病的第三种也是最后的主要形式出现在当与灵魂的妄想相对立的那个东西是同样地为灵魂的时候,当疯人把他的仅仅主观的表象与他的客观的意识相对照,发现两者之间存在的尖锐对立,并因而达到对他与自己本身的矛盾的不幸感的时候。在这里我们看到灵魂以或多或少完全绝望的努力,使自己从疯狂的第二种形式里已经存在的、但在那里几乎没有或完全没有被感觉到的分裂中重新恢复与自己的具体的同一,即不可动摇地固守着其现实性的一个中心点的自我意识的内在和谐。

我们现在就更为仔细些考察刚才提到的疯狂的三种主要形式。

αα. 痴呆,精神涣散,蠢态。那三种主要形式的第一种,即完全不确定的沉入己内的存在,首先表现为痴呆。痴呆有各种形态。有天生的痴呆。这种痴呆是不可治疗的。属于这里的主要是我们称为呆小病①的那种东西,——这种状态部分地是偶尔出现,部分地是某些地区,特别是狭

———————

① Kretinismus,又译克汀病或愚侏病。——译者

隘的山谷和多沼泽地方的地方性病。呆小病患者是些畸形的、残废的、常常患有甲状腺肿的、由于完全呆滞的面部表情而引人注目的人,他们的不开通的灵魂往往只能发出完全非清晰发音的声音。——但是,除去这种天生的痴呆外,也有人由于无辜的不幸或自己的过失而陷入的那种痴呆。关于第一种情况,皮内尔援引了一个生来就痴呆的人的例子,他的知觉迟钝,正如人们相信的那样,是来自其母亲在怀孕期间所曾有过的一次极端剧烈的惊恐。痴呆常常是发狂的一种结果;在这种情况下治疗是很少有
173 可能的;癫痫常常也是以痴呆状态结束的。但是,这种状态同样往往是由于过度纵情欢乐引起的。——关于痴呆现象还可以提到,痴呆有时表现为僵住症,即一种身体活动和精神活动的完全麻木。——此外,痴呆不仅作为一种持久的状态,而且也作为一种暂时的状态出现。例如,一个英国人突然陷入了对一切事物都不感兴趣的状态,首先是对政治,后来是对他的各种业务和对他的家庭,总是静静地坐下来,朝前望着,成年不说一句话,并且表现出这样一种令人怀疑他是不是认识他的妻子和孩子的麻木。这个人得到了治疗是由于,一个别的人像他那样地衣着打扮,坐在他的对面并且模仿他的一切。这种情况导致病人剧烈的情绪激动,由于这种激动他对外部事物的注意就被逼出来了,这个沉入己内的人不断地被从自己内部赶了出来。

　　我们正在讨论的疯狂状态的下一个变状就是精神涣散。精神涣散在于一种对直接在场的无知。这种无知常常是精神错乱的开端;可是也有一种距精神错乱很远的、高尚的精神涣散。这种精神涣散当精神由于深入的沉思而不注意所有比较无意义的事情时就出现了。例如,阿基米德①从前曾如此深入一个几何学问题,以至于他似乎在好多天内忘记了所有别的事,而必须用强力把他从其精神全神贯注于一个单一点的状态中拉出来。严格意义上的精神涣散则是沉浸在全然抽象的自身感觉里,

------

① Archimedes(约公元前287—约前212),古希腊数学家、科学家和发明家,理论力学的创始人,从实验观察推导数学定律的先驱。——译者

沉陷在深思熟虑的、客观的意识的无所事事的状态中,沉溺在精神对那些它本来亲知的事物的茫然无知的状态里。处于这种状态中的主体在个别场合将其真实处境跟某种虚假处境混淆起来,并且以一种片面的方式,不按照其关系的总体来把握外部的种种情况。关于这种灵魂状态的许多有趣例子中的一个例子是一位法国伯爵,当他的假发还挂在冠形灯架上的时候,他和另一位在场的人一起对此开心地大笑起来,并且四顾观望,以便发现谁的假发被挂跑了,谁光着头站在那里。另外一个恰当的例子来自牛顿①,据说这位学者从前曾抓住一位女士的手指,为的是把它当作烟斗的填塞器来使用。这样的精神涣散可能是过度地进行研究的后果;它在学者们那里,特别是在那些属于前一些时期的学者们那里并不罕见。可是,精神涣散也经常发生在人们处处都想表现出一种高贵的尊严,因而对自己的主观性持久地记忆犹新而忘记了客观性的时候。 174

与精神涣散相反,蠢态则对一切事物都有兴趣。蠢态来源于无能把注意力固定到任何某个确定的事物上,而且是一种从一个对象跟跑到另一个对象的疾病。这种疾病大部分是不可治疗的。这类傻瓜是最麻烦的人。皮内尔讲了这么一个是混沌的完善写照的人。他说:"这个人走近我并以其废话淹没了我。接下来他对另一个人也是同样的。当这个家伙走进某个房间,那么室内的一切就翻了个个,摇动和搬动桌椅,同时没有透露出任何特殊的企图。几乎还没有转过眼,这个家伙已在临近的林阴道上,而又像在室内一样同样无目的地忙碌起来,说闲话,扔石头,拔杂草,就这么继续行走,而不知道为什么又转过身来。"——蠢态永远是源于理智意识把所有表象放在一起加以比较的力量的削弱。但是,这些蠢态的人往往早就患了瞻妄症,——因而不仅害了对直接在场事物的无知的病,而且害了无意识地颠倒它们的病。关于疯狂状态的第一种主要形

---

① 牛顿(Newton,Sir Issac,1642—1727),英国物理学家和数学家,17世纪科学革命的顶峰人物。提出了作为近代物理学基础的力学三大定律和万有引力定律;关于白光由色光组成的发现为物理光学奠定了基础;数学上的微积分的创始人之一,其《自然哲学的数学原理》是近代科学史上最重要的著作。——译者

式就讲这么多。

ββ. 疯狂状态的第二种主要形式,真正的傻产生在这样的时候,那时在前面就其各种变状所考察的自然精神的己内封闭状态获得一个确定的内容,而这内容变成了固定的表象,这是由于还没有完全控制其自身的精神同样厉害地沉溺在这个内容里,就像它在痴呆时沉溺在自己本身里,即其不确定性的深渊里一样。很难准确地说出真正的傻始于何处。人们发现,例如,小市镇的人们,特别是妇女,她们如此地沉溺在一个具有特殊兴趣的极端有限制的圈子里,并且在她们的这种狭隘性里感到如此的愉快,以至于我们有理由把这类个体称之为傻乎乎的人。但是,应归之于傻的,在这个词的较狭窄的意义上是指:精神始终呆在某个个别的单纯主观的表象上,并把这个表象认作是一个客观的东西。这种灵魂状态大都来自

175　人由于对现实不满而把自己锁闭在自己的主观性中。尤其是对虚荣和傲慢的酷爱是灵魂的这种自我监禁的原因。这样地在其内在性里筑巢的精神于是就很容易丧失对于现实的理解,而只熟悉自己的主观性。在这种态度的情况下很快就可能发生完全的傻。因为,假使在这种隐士派的意识中还存在某种生气的话,这种意识就很容易走到从自己中给自己创造出任何一个内容、并把这个仅仅主观的东西看作是某种客观东西而将其固定起来的地步。因为,如我们已看到过的,在痴呆、甚至在蠢态的情况下灵魂并不拥有抓住某种确定东西的力量,真正的傻却与此相反地表现出这种能力,并且由于它还是意识就表示出了,在它里面因而还发生着灵魂与其固定化了的内容的某种区分。因此,虽然傻子们的意识一方面是与那内容连生在一起的,但是另一方面意识由于其普遍的本性而超越了疯狂表象的特殊内容。所以,傻子们除去就某一个点而言的神志糊涂以外,同时拥有一个良好的、前后一贯的意识,一种对事物的正确理解和某种理智行动的能力。这样一来,也由于傻子们的怀疑的克制态度,就会有可能:人们有时不能立即认识到一个傻子是傻子,还有就是人们尤其怀疑对傻子的治疗是否奏效,精神病人是否能够出院。

傻子当中彼此的区别主要由在他们里面固定起来的表象的多样性来

决定。

厌世可以认作是最不确定的傻，如果它不是由于失去亲爱的、值得尊敬的人和伦理关系所引起的话。不确定的、无根据的厌恶生命并不是对生命的漠不关心——因为即使在这种情况下生命还是得到忍受——，而宁可是无能忍受生命，——一种在对于一切属于现实的东西的爱好和厌恶之间的来回摆动，一种着魔似的迷住有关生命令人憎恨的固定表象和与此相联系的一种超出这种表象的努力。英国人尤其受到这种没有任何合理根据而产生的对于现实的憎恶以及其他方式的傻行的侵袭，——这也许是因为在这个民族那里对于主观特殊性的固执是如此地占了上风。176上述对生命的厌恶在英国人那里主要表现为抑郁，——表现为精神对其不幸表象的持久的、达不到思维和行动的生动性的冥思苦想。从这种灵魂状态发展出一种不可克服的自杀的冲动并不罕见；这种冲动有时只有通过强暴地把那个完全绝望的人从他自己中拖出来才能根绝。例如，有个故事说，一个英国人，当他正打算投泰晤士河自溺时，遭到了强盗的袭击，他极力进行自卫，并由于对生命价值的突然觉醒的感觉而失去了一切自杀的想法。另外一个英国人曾绞杀自己，而当他被仆人解救出来时，他不仅重新得到了对生命的爱好，而且也重新得了吝啬病，他在辞退仆人时扣了他两个便士，因为仆人没有主人的命令就割断了绳子。

与刚才叙述的疯狂灵魂状态的这种消灭一切生气的、不确定的形态相对立的，是与生动的兴趣和甚至激情结合在一起的无限数量的、具有零星内容的傻事。这个内容部分地依赖于傻事由以发生的特殊激情；可是它也可能是偶然地由某种别的东西决定的。前者必须认为是那些例如把自己认作是上帝、基督或一个国王的傻子们那里的情况。后一种情况则相反地发生在，例如，当傻子们自以为是一颗大麦粒或者是一条狗，或者以为肚子里有一辆车的时候。但是，在两种情况下，单纯的傻子对于在他的固定表象和客观性之间存在的矛盾都没有任何确定的意识。只有我们知道这个矛盾；这个傻子本人并不为他的内心分裂而痛苦。

γγ. 只有当疯狂状态的第三种主要形式癫狂或精神病存在时，我们才看到这样的现象:发疯的主体本人知道他的意识分裂为相互矛盾的两种方式的状态,——精神病人本人生动地感觉到他的仅仅主观的表象和客观性之间的矛盾,但却不能放弃这个表象,而是要使这个表象完全成为现实或要消灭现实的东西。在刚才说明的癫狂概念里包含着这样一点:
177 它不必产生于空洞的想象,相反地,它的产生可能是特殊地由于受到一次大灾难的震惊,由于一个人的个体世界的错乱,或者由于普遍世界状态的暴力颠倒和四分五裂,如果个人及其心情完全生活在过去并因而不能适应于他感到自己为其所拒绝和同时为其所束缚的现在的话。例如,在法国革命中由于推翻了几乎所有的公民关系许多人精神错乱了。同样的结果往往以可怕的方式通过宗教的原因产生出来,如果人在他是否得到上帝的恩宠这点上陷入了绝对无把握状态的话。

　　但是,精神错乱者心里存在的对其内在分裂的感觉既可能是一种平静的痛苦,也可能发展到理性反对非理性和非理性反对理性的暴怒,因而变成发狂。因为很容易同精神错乱者的不幸感结合在一起的,不仅有一种受到幻觉和古怪念头折磨的疑病症的情绪,而且也有一种不信任的、虚伪的、忌妒的、阴险的和恶毒的意向,一种对于他们从他们周围的现实所受到的阻碍和对于那些使他们的意志遭到限制的人的愤怒,——正如反过来,那些宠坏了的人,即那些习惯于强求得到一切的个人,也很容易从其漫不经心的固执陷入精神错乱,如果要求普遍东西的理性意志用一道他们桀骜不驯的主观性不能越过或不能冲决的堤防来反对他们的话。——在每个人心里都有恶意的微光出现;可是有德性的或至少聪明的人善于克服它们。但是,在精神错乱者那里一种特殊的表象取得了对理性精神的统治权,在那里主体的特殊性就从整体上无拘无束地显露出来,因而属于那种特殊性的自然的和通过反思发展了的种种冲动就摆脱了来自真正普遍意志的伦理法则的桎梏,——从而心的种种黑暗的、隐蔽的力量就放出来了。精神错乱者的愤怒往往成为一种伤害他人的地道癖好,——甚至成为突然生起的杀人的欲望,这种欲望以不可抗拒的力量逼使那些它所控制的人,尽管这些人心里也许存在着对杀人的厌恶,甚至去

杀死那些他们平常亲切喜爱的人。——可是,正如刚才已指明的那样,精 178
神错乱者的恶意并不排斥道德的和伦理的情感;相反地,这些情感正因为
精神错乱者的不幸,因为在他们里面存在着的未调解的对立而拥有一种
增高了的张力。皮内尔明确地说,他没有在任何别的地方看到过比在疯
人院更为充满深情的丈夫和父亲了。

　　至于有关精神病的自然的方面,则常常表现出精神病现象与一般自
然变更,特别是与太阳运行的联系。炎热和严寒的季节在这方面有特殊
的影响。人们也知道,在暴风雨临近和气候激烈交替的情况下就会出现
精神错乱者暂时的心神不安和冒火。在年龄方面曾观察到,精神病通常
不在 15 岁以前发生。关于其他的身体差异,人们知道在强壮的、肌肉发
达的有黑头发的人那里发狂的发作比在金发的人那里要更为剧烈。但是
在什么限度内疯狂与神经系统的不健康是相联系的,正是这一点还没有
进入从外部进行观察的医生和解剖学家的视野。

　　[4. 疯狂的治疗]关于精神病和疯狂我们必须讨论的最后一点涉及
到对这两种病态所应用的治疗方法。这种治疗方法部分地是物质的,部
分地是精神的。有时可能单有第一方面就够了;可是大部分情况下都需
要同时借助于精神的治疗,而后者从它那方面说同样有时可能单独使用
也就足够了。对治疗的物质的方面不可能举出什么完全普遍可应用的东
西。相反地,在这方面得到应用的医疗方法很多都是经验性的,因而是不
确定的。不过非常确定的是,从前在贝德兰姆①使用过的方法是所有方
法中最坏的,因为这种方法限于每个季度给精神错乱者进行一次彻底的
通便。此外,一些精神病人用物质疗法得到治疗恰好是通过那种能够使
没有疯的人发疯的方法,——通过猛烈地击打头部。例如,据说著名的蒙
福孔②在其青年时代就是以这种方法摆脱了痴呆。

　　精神的治疗永远是主要的东西。这种治疗对于痴呆是不能有所获 179

---

　　① Bedlam,英国第一家精神病医院,伯利恒皇家医院的俗称,亦指所有的精神病医
院。——译者

　　② Bernard de Montfaucon(1655—1741),古代史研究家。——理论版编者

的,而它对于真正的傻和精神病则常常有效,因为在这些灵魂状态那里还有意识的活力出现,除去跟一个特殊的表象有关的疯狂之外还存在着一种在其其余的表象里的理性的意识,一位精明的精神病医生能够把这种意识发展成为一种支配那种特殊性的力量。(把在傻子和神经错乱者里面存在的理性的残余理解为治疗的基础,并按照这种理解来安排对精神病人的治疗,这特别是皮内尔的功绩,他关于提到的这个主题的论文必须被宣称为这个专业中实存的最优秀的作品①。)

　　在精神疗法方面超过一切的头等大事在于,人们要得到疯子们的信赖。这种信赖之能获得,是因为疯子们还是伦理的存在者。但是,最可靠地获得他们的信赖的途径是:人们对他们虽然保持坦率的态度,可是这种坦率不可以蜕化为一种对他们的疯狂表象的直接攻击。皮内尔讲了一个这种治疗方式的例子及其圆满效果。一个平时好心的人疯了,由于怕他作出疯癫的、可能伤害他人的事情,必须把他关起来,他对此大发脾气,因而必须把他捆起来,但他陷入了更加激烈的暴怒之中。人们因此把他送进疯人院。在这里看守同这个新来的人进行了平静的交谈,听任他的紊乱的谈吐,这样地使他安静下来,然后命令对他松绑,亲自领他到他的新居,通过继续使用这样的治疗方法在很短时间内就治愈了这个精神病人。——在得到有精神病的人的信赖以后,人们必须设法博得对他们的一种正当的权威,并在他们心里唤起对于总有什么重要的东西和有价值的东西的感觉。疯子们感到他们精神上的弱点、他们对于理性的人的依赖。这样一来理性的人就可能在他们那里受到尊敬。在疯子学会尊重治疗他的人时,他就获得了对其与客观性处于矛盾之中的主观性进行控制的能力。只要他还不能做到这一点,别人就必须对他实行控制。因此,例如,如果疯子拒绝进食,或者如果他们甚至毁坏他们周围的东西;那么不言而喻这样的事是不能容忍的。特别是人们必须通过使骄傲自负的傻子能够感觉到他们的依赖性的方法来打掉他们的自命不凡,而这在高贵人

180

---

①　见[边码]第163页脚注[②]。——理论版编者

士,例如乔治三世①那里常常是很困难的。关于这种情况和必须遵守的治疗方法,在皮内尔那里可以找到下面这个值得报道的例子。一个自认为是穆罕默德②的人高傲而自命不凡地来到疯人院,要求人们宣誓效忠,每天下达放逐或死刑的判决,而且以一种至高无上的方式大发雷霆。现在尽管人们不反驳他的妄想,却把发怒作为某种不恰当的事情而不准他这么做,由于他不服从就把他关起来并对他的行为举止进行谴责。他答应改进,就被放了,可是又重新陷入了癫狂症。人们此刻就激烈他训斥这位穆罕默德,重新把他关起来,并向他宣布他再也没有希望得到宽恕。可是看守的妻子则以一种商定的方式装着为他对自由的恳求所感动,要求他作出坚定的诺言,不由于发怒而滥用其自由,因为他这么一来就会引起她的不愉快,在他作出那个诺言后,就把他放了。从这一刻起他的行为举止都好了。如果他又要发怒,那么看守的妻子的一个眼神就足以把他赶回到他的室内去,以便在那里把他的怒火隐藏起来。他对于那个妇人的尊重和他战胜其躁狂症的意志,使他快到 6 个月就重新恢复了神志。

正如在刚才叙述的事例中所发生的那样,尽管对于疯子有时严厉成为必要的,但一般说来都必须考虑到,这些疯子由于他们尚未完全毁掉的理性本性而应得到一种关怀备至的对待。所以,对于这些不幸的人所不得不使用的强制就只是这样一种同时具有应得的惩罚这种道德意义的强制,而不允许是其他的。有精神病的人对于什么是正当和善良的事情还是具有某种感觉的;他们知道,例如,不应当伤害别人。因此,能够使他们对自己做的坏事进行考虑、负责任和受到惩罚,能够使他们理解对他们施行的惩罚的正义性。人们这样就扩宽了他们的较为优秀的自身,而当这点做到后,他们就获得了对他们自己的道德力量的信任。达到了这点,他们就能够通过与善良人们的交往而完全康复。相反地,通过粗暴的、傲慢的、蔑视的对待,疯子们的道德自我感就会很容易受到如此严重的伤害,

---

① Georg Ⅲ.英国国王,在位时间(1760—1820)极长,晚年神经错乱。——译者
② Mahomed(约 570—632),伊斯兰教创始人。——译者

181　以至于他们陷入极度的愤怒和躁狂症。——人们也不可以犯不谨慎,而
让可能增强其神志糊涂的某种东西接近疯子,特别是宗教上的傻子。相
反地,人们必须努力把疯子引导到别的想法上去,使他们在这期间忘记自
己的古怪念头。消解固定表象特别有效的途径就是人们强使精神病人从
事脑力的和主要是体力的工作;通过劳动他们就被从其病态的主观性拉
了出来而被推向现实事物。因而出现了这样的事例,在苏格兰一个佃农
由于治疗傻子出了名,尽管他的方法唯一地就在于一次使 6 个傻子拉犁,
让他们一直劳动到极端疲乏。——在那些首先对肉体起作用的治疗手段
中,尤其是秋千证明对疯子,特别是躁狂症患者有疗效。通过在秋千上来
回摆荡,神经错乱者就头晕目眩起来,他的固定表象也就动摇起来了。但
是,通过对疯子的表象的突然而强烈的影响也可以对他们的恢复有很大
的好处。虽然傻子们是极其不信任的,如他们注意到人们致力于使他们
离开其固定表象的话。可是他们同时是糊涂的,很容易使自己吃惊。所
以,人们这样地来治疗他们是并不少见的:人们装作同意他们的妄想的样
子,然后突然作出某种事情,疯子从这件事情当中瞥见对他所想象的疾
病的一种解脱。例如,大家都知道,有一个相信在身体里有一辆四匹马拉
的干草车的英国人,他摆脱了这个妄念是由于,一个医生承认他感觉到了
那辆车和那些马而获得了疯子的信任,然后使他相信有一种药剂能缩小
那以为在胃里存在的东西,最后就给这个精神病人一种催吐剂,并叫他到
窗户那里向外吐,而当在医生的安排下一辆干草车从窗户下面驶过时,疯
子以为这辆车就是他吐出来的。——对疯狂有疗效的另一种方式是,人
们推动傻子去作出一些直接驳斥他们受其折磨的古怪妄想的行动。例
如,有个人想象自己的脚是玻璃做的,他通过一次伪装的盗贼袭击而得到
治疗,因为他发现在盗贼袭击时他的脚对于逃跑是非常有用的。另外一
182　个人,以为自己死了,一动不动的,什么都不要吃,他的理智以这种方式恢
复了:人们把他放进棺材并抬进一座墓穴里,在那里已有另一口棺材,里
面躺着另一个人,这个人起初装死,但在他和疯子单独留下来以后不久就
坐起来,向这个疯子表达他对于现在在死亡里有了伴感到的高兴,最后就

站了起来,吃了准备好的饮食,并向对此感到惊讶的疯子说,他已死了很久了,因而知道死人们做些什么。这个疯子在这种保证的情况下安下心来,同样地吃喝,而得到了治疗。——有时傻也可以通过对表象直接起作用的话语,通过一个笑话,得到治疗。例如,一个自认为是圣灵的傻子得到了治疗,是由于另一个傻子对他说:你怎么可能是圣灵?我才是圣灵。一个同样有趣的例子是一个表匠,他想象自己是无辜地在断头台上斩决了,对此感到失悔的法官下令把他的头重新给他,但由于不幸出了错,把一个异己的、更坏的、极端无用的头放在他身上了。当这个傻子有一次为有关圣·狄奥尼西①曾吻了他自己的割下来的头的传说辩护时,另一个傻子反驳他说:"你这个大傻瓜,圣·狄奥尼西是用什么来吻的,——也许是用他的脚后跟吧?"这个问题如此地震撼了那个疯了的表匠,以至于他完全从他的妄想中恢复过来了。可是这类笑话只有在如果这种傻病在强度上减弱的情况下,才会完全消除它。

γ. 习　　惯

§. 409

沉没在感觉的特殊性里(在单纯的感受以及欲望、冲动、激情及其满足里)的自身感觉是和它们没有区别的。但是自身(Selbst)自在地是观念性的简单的自相联系,即形式上的普遍性,而这普遍性即是那种特殊东西的真理;自身作为这种普遍性是必须设定在这种感觉生命中的;所以它是与特殊性相区别的自为存在着的普遍性。这种普遍性不是种种确定的感觉、欲望等等的内蕴丰富的真理,因为它们的内容在此还不在考虑之内。在这种规定中的特殊性同样是形式上的,而只不过是灵魂与它自己的形式上的抽象的自为存在相对立的特殊存在或直接性。灵魂的这种特殊存在是其形体性的因素,灵魂在此与形体性决裂,作为形体性的简单存

183

---

① Der heilige Dionysius,所指不详,可能是指公元259—268年在位的教皇。——译者

在而有别于形体性,并且是这种形体性的观念的、主观的实体性,正如它在其自在存在着的概念里(§.389)只是形体性本身的实体一样。

〔说明〕　灵魂在其形体性中的这个抽象的自为存在还不是自我(Ich),不是为普遍东西而存在着的普遍东西的实存。它是被放回到其纯粹观念性的形体性,所以这形体性就应属于灵魂本身;这就是说:正如空间和时间,作为抽象的相互外在,因而作为空洞的空间和空洞的时间,只是主观的形式,纯粹的直观动作,同样那个是自为存在的纯粹存在(由于在纯粹存在中形体性的特殊性,即直接的形体性本身已被扬弃了),就是全然纯粹的无意识的直观动作,但却是意识的基础,纯粹存在自身成为意识,是在它在自身内扬弃了它[是]①其主观实体、而对它还是限制的那个形体性,并这样地作为自为的主体建立起来了的时候。

§.410

灵魂使自己这样地成为抽象普遍的存在,并且把种种感觉的(同时意识的)特殊东西归结为它身上的一种单纯存在着的规定,这就是习惯。灵魂以这种方式占有内容,并这样地在它身上包含着内容,结果就是它在这些规定中不是作为感受着的,在与这些规定的关系中不是使自己有别于它们,也不是沉没在它们之中,而是无感受地和无意识地在它身上备有它们并在它们里面活动。灵魂就它并不对它们感兴趣和关心而言是不受它们约束的;因为它实存在这些作为它的所有物的形式中,它就同时是对其他的——一般精神的感受的与意识的——活动和工作敞开的。

诸感觉规定的特殊东西或形体东西之这样深深地砌入到灵魂的存在中去的过程表现为诸感觉规定的一种重复,而习惯的产生则表现为一种练习。因为这个存在,作为就被置于抽象普遍性形式中的自然特殊东西而言的抽象普遍性,就是反思的普遍性(§.175),——就是说,同一个存在是作为感受活动的外部许多东西之被归结为它们的统一性,即这种作

184

---

① 理论版编者增补。——译者

为建立起来了的抽象统一性。

〔**说明**〕 习惯跟记忆一样都是精神组织中较大的难点;习惯是自身感觉的机制,正如记忆是理智的机制一样。自然的质和年龄、睡眠与觉醒的变化都是直接自然的;习惯则是感觉、也是理智、意志等等就它们都属于自身感觉而言的那种被制作成为一种自然存在着的东西、机械性东西的规定性。习惯有理由被称为第二自然,——称为自然,因为习惯是灵魂的一种直接的存在,——称为第二自然,因为它是一种由灵魂建立起来的直接性,是对于应属感觉规定本身和作为形体化了的表象规定[与]①意志规定的那个形体性(§.401)的一种塑造和精制。

人在习惯中就是在自然实存的方式中,所以在习惯中是不自由的,但他又是自由的,因为感受的自然规定性通过习惯降低为他的单纯存在,他不再在差别中,并因而不再对感受的自然规定性感到兴趣、关心和依赖。习惯中的不自由部分地只是形式上的,因为习惯只应在灵魂的存在中;部分地只是相对的,这是就不自由严格说来只在坏习惯那里发生或一般说来有另一个目的与一种习惯对立而言的;一般正当的习惯、伦理的习惯都有自由的内容。——本质的规定是人通过习惯从他受其影响的种种感受中所得到的那种解放。这种解放的不同形式可以这么来规定:1.直接的感受被确定为被否定了的,即无关紧要的。锻炼不怕外部的种种感受(严寒、炎热、四肢疲劳等等,美味等等)以及锻炼心情不为不幸所动,这是一种力量,这种力量在于,虽然严寒等等,关于人的不幸被感受到了,这类影响却降低而为一种外在性和直接性;灵魂的普遍存在在这一切里面作为抽象独立的被保持住,而自身感觉本身、意识、反思、其余的目的和活动都不再与之纠缠在一起。——2.对满足的漠不关心;欲望、冲动由于对它们的满足的习惯而变得迟钝麻木了;这就是从欲望和冲动中的合理解放;僧侣的戒绝和施加强制是不会从它们中得到解放的,而这些做法就内容而论也是不合理的。——同时不言而喻的是,冲动按其本性是保持其

185

———————————————

① 理论版编者增补。——译者

为有限的规定性的,而冲动及其满足作为因素是从属于意志的合理性的。——3.在作为熟巧的习惯中,灵魂的抽象存在不仅要单独地留住,而且要作为主观目的在形体性方面提出要求来,使形体性从属、而且是毫无例外地从属于它。面对主观灵魂的这种内在规定,形体性就被规定为直接的外部的存在和限制;——这就是灵魂作为简单的自为存在在自己本身内对其最初的自然性和直接性的更为明确的决裂;灵魂因此不再在直

186　接的观念性中,而是必须作为外部的才被降低到那个地位上去。种种特定的感受的形体化进而本身就是一种特定的形体化(§.401),而直接的形体性对于某个特定的目的来说就是一种特殊的可能性(即形体性自己身上的差异的一个特殊的方面,形体性的有机系统的一个特殊的器官)。这样的目的之砌入到形体性里就是这么回事:一般物质东西的和特定形体性的自在存在着的观念性被作为观念性建立起来,以便灵魂按照其表象活动和意愿活动的规定性作为实体而实存在其形体性中。在熟巧中形体性就以这种方式被彻头彻尾改变而成为工具,正如表象(例如一系列的音符)一在我心中,身体也就无抵抗地和流畅地把它们正确地表达出来。

　　习惯的形式包括精神活动的所有种类和阶段;个体的最外部的、空间的规定,即个体笔直地站着,是通过他的意志而使之成为习惯的,是一种直接的、无意识的姿势,这种姿势永远是他继续不断的意愿的事情;人站着只因和只要他决意站着,而且只在他无意识地决意站着时站着。同样地,看等等是具体的习惯,这种习惯直接地把感受、意识、直观、知性等等的许多规定结合在一个简单的行动里。完全自由的、在它自己的纯粹要素中工作着的思维同样需要习惯和熟练这种直接性形式,通过这种形式思维就是我的单独的自身用以自由地贯彻目的的所有物。通过这种习惯我才作为思维着的我自为地实存着。甚至思维着的在自身中存在的这种

187　直接性都包含着形体性;(不习惯于思维和思维的长久继续引起头痛);习惯减弱这种感受,因为它使自然的规定成为灵魂的一种直接性。——但是,发展了的和在精神东西本身范围内实现了的习惯就是回忆和记忆,

这在后面再讨论。

关于习惯通常都是轻视地谈到并把它理解为无生命的、偶然的和特殊的东西。诚然,完全偶然的内容,正如任何别的内容一样,能够具有习惯的形式,而且正是对生活的习惯导致死亡,或者,如果完全抽象地说的话,对生活的习惯就是死亡本身。但同时习惯对于个体主体里的一切精神性东西的实存来说都是重要的因素,以便主体成为具体的直接性,成为灵魂的观念性,以便宗教、道德等等的内容属于作为这个自身的他,即作为这个灵魂的他,这个内容在他里面既不只是潜在的(作为禀赋),也不是作为转眼即逝的感受或表象,更不是作为抽象的、脱离行动和现实的内在性,而是在他的存在里。——在对灵魂和精神的科学考察中,习惯通常遭到忽视,或者是作为某种可鄙的东西而遭到忽视,或者宁可说甚至是因为它属于那些最困难的规定之列。

〔附释〕 我们已习惯于习惯的表象;可是习惯概念的规定却是很困难的。由于这个理由我们打算在这里对那个概念还要作些说明。

首先必须指出从(§.408 所考察的)疯狂到(在 §.409 和 §.410 中所讨论的)习惯的辩证进展的必然性。为此目的我们提醒,灵魂在精神病中努力从其客观意识与其固定表象之间存在的矛盾中恢复起精神的完全的内在和谐。这种恢复可能失败,也同样可能成功。因而对于个别的灵魂来说,达到自由的、自内和谐的自身感觉就表现为某种偶然的东西。但是,自身感觉之成为绝对自由的,即灵魂在其内容的一切特殊性中之不 188 受干扰的在自己中存在,自在地是某绝对必然的东西,因为灵魂自在地是绝对的观念性,即对一切自己的规定性进行统摄的东西,并且在灵魂的概念里包含着这样一点:它通过扬弃在它之内成为固定了的种种特殊性来证明自己是支配这些特殊性的权力,——即灵魂将它自身内还是直接的东西、存在着的东西降低为一种单纯的特性,即一个单纯的成分,以便通过这种绝对的否定成为自由的、本身独立的个体性。当时我们虽然已经有必要在人的灵魂对其守护神的关系中来考察自身的某种自为存在。可是在那里这个自为存在还具有外在性的形式,即分离为两个个体性的形式,即一个统治的自身和一个被统治的自身的形式;而在这两个方面之间还不曾发生任何决定性的对立,即任何矛盾,以至于守护神,这个确定的内在性,使自己毫无阻碍地显现在人类个体里。相反地,在我们现在已经引导主观精神的发展所到达的这个阶段上,我们达到灵魂的这样一种自为存在,它是由灵魂概念通过对疯狂中存在的精神的内在矛盾的克服、通过对自身的完全分裂的扬弃而得到实现的。这种在自己本身中存在我们称之为习惯。在习惯里,不再着迷于某种仅仅主观特殊表象并由于这种表象而从其具体作用的中心移开了的灵魂,把来到它那里的直接而个别的内容这么完备地接纳到它的观念性里、并且这么完全地住进这个内容,以致它在内容里面自由地活动。这就是说,在单纯感受的情况下时而这个东西,时而那个东西偶然地影响着我,而灵魂在感受时——在进行其他精神活动时也一样,只要这些活动对主体说来还是某种不习惯的东西——灵魂沉没到它的内容里去,在内容里失去自己,不感受到它的具体的自身,而相反地,人在习惯中与之发生关系的不是一个偶然的、个别的感受、表象、欲求等等,而是自己本身,即一个构成他的个体性、由他本身所建立起来并已成为他所有的行动的普遍方式,并正因此而显现为自由的。可是,灵魂在习惯中与之有关的那个普遍东西——与首先为纯粹思维而存在的、规定着自己本身的、具体的普遍东西不同——只是从许多个别性之重复中通过反思所产生的抽象的普遍性。关心直接东西、因而单

189 个东西的自然灵魂只可能达到普遍东西的这种形式。可是,与相互外在的诸个别性有关的普遍东西就是必然的东西。因此,尽管人通过习惯一方面变得自由,另一方面习惯却使人成为它的奴隶,而习惯虽然并不是一个直接的、第一的、受感受的个别性所支配的自然、反而是由灵魂所建立起来的第二自然——但却仍然是一个自然,一个采取某种直接东西的形态的建立起来的东西,即存在着的东西的一种本身还有存在的形式的观念性,因而是某种与自由的精神不相一致的东西,即某种单纯人类学的东西。

既然灵魂以上述的方式通过对自己的分裂性、自己的内在矛盾的克

服成为了自己与自己联系的观念性，它就已经使其先前与它直接同一的形体性跟自己脱离，并且同时对这样外化成为直接性的形体东西施加其观念性的力量。因此，我们站在这个观点上就不必去考察一个一般的内心事物与一个已发现的世界的不明确的分离，而是必须考察那个形体性成为从属于灵魂的统治的过程。对于形体性的这种征服构成灵魂成为自由的及其达到客观意识的条件。当然，个体的灵魂已经自在地在身体上是自成一体的；我作为有生命的拥有一个有机的身体；而这个身体对于我并不是一个外来的东西；它其实是属于我的理念，是我的概念的直接的、外在的定在，构成我的单独的自然生命。因此，顺便说一下，我们必须把有些人的这种意见宣布为完全空虚的，他们以为：严格说来人本来就不该有任何有机的肉体，因为人由于它就不得不为满足其物质的需要而操心，就使人放弃其纯粹精神生活而不能享有真正的自由。无成见的笃信宗教的人已经远离这种思想贫乏的看法，因为他把满足其肉体需要看作是值得成为他向上帝、即永恒的精神祈求的东西。但是，哲学必须认识到，精神成为本身独立的，只有借助于他把物质的东西——部分地是他自己的形体性，部分地是一般的外部世界——与自己对立起来，并把这个这么不同的东西引回到通过对立和对立的扬弃所中介了的与自身的统一。精神和它自己的肉体之间自然而然地存在着一种比精神和其他外部世界之间还要更为亲密的关系。正因为我的肉体和我的灵魂的这种必然的联系，灵魂对肉体所直接施加的活动就绝不是有限的，绝不是单纯消极的。因此，我首先必须保持我的灵魂和我的肉体之间的这种直接的和谐，我虽然无须像，例如，大力士和走钢丝演员那样使我的肉体成为目的本身，但必须公平地对待我的肉体，必须爱护它，保持健康和强壮，所以不允许蔑视地和敌视地对待它。正是由于对我的身体的不重视或者甚至虐待，我就会使我与它处于从属于它和外在必然地联系于它的关系之中；因为我以这种方式就使它成了某种——尽管它与我有同一性——对我否定的东西，因而对我怀有敌意的东西，并迫使它来反抗我，向我的精神报复。相反地，如果我按照我的肉体的规律来对待它，那么我的灵魂在我的躯体里

190

就是自由的。

然而灵魂不可能停留在与其肉体的这种直接统一上。那种和谐的直接性形式是和灵魂的概念，——灵魂是自己与自己本身相联系的观念性这个规定相矛盾的。为了成为与它的这个概念相符合的，灵魂必须，根据我们的观点灵魂还不曾做到这点，使其与自己肉体的同一性成为一种由精神建立起来的或中介了的同一性，必须占有它的肉体，把肉体训练成它的活动的驯服而灵巧的工具，必须这样地改造肉体，以至于它在肉体里自己与自己本身相联系，而肉体则成为一种同灵魂的实体、即自由相协调一致的偶性。肉体是中项，通过它我就和一般外部世界相遇了。因此，如果我企图实现我的目的，那我就必须使我的身体能够把这个主观东西转化为外部客观性。我的肉体并不是自然地就适合于此；它直接做的其实只是与动物生命相适应的东西。但是，单纯从生物体来的作用还不是根据我的精神的策动所实现的作用。为了这种效劳我的肉体必须先受训练。在动物那里肉体服从于动物的本能而直接完成一切由于动物的理念而成为必要的事情，相反地人必须先通过他自己的活动使自己成为他的肉体的主人。开始时人类灵魂只是以完全不确定的普遍的方式渗透其身体。为了这种渗透成为一种确定的，这就需要训练。起初身体在这儿对于灵魂表现得难以驾驭，没有动作的确定性，对于要实现的确定的目的来说，给予这些动作的力气时而过大，时而过小。这种力量的正确尺度之能得到，只有通过人对他企图在其中实现其目的的外部环境的一切多样性情况进行某种特殊的反映，并按照那些情况来估计其身体的一切个别的动作。因此，即使被断定有才能的人，也只有在他在技术上受过训练的限度内，才能够总是立即采取正确的行动。

191

如果在为精神服务中所必须完成的肉体的种种活动多次地被重复，这些活动就得到一种程度越来越高的适合性，因为灵魂与所有那时必须加以注意的情况达到了一种越来越大的亲密性，因而灵魂就越来越熟悉自己的种种表现，结果就达到了一种总是增长着的、将其内在规定直接形体化的能力，并由此而把肉体改造得越来越成为它的所有物，即它的有用的工具,以至于这样一来就产生出一种不可思议的关系,即精神对肉体直接起作用。

但是,由于人的诸个别行动通过反复练习获得了习惯的性质,即某种被纳入记忆中、也就是精神内心的普遍性中的东西的形式,灵魂就把一种也能够传递给其他人的普遍的行动方式、即一条规则带进它的种种表现中。这个普遍东西是一个这样概括成为自身简单性的东西,以致我在这个东西里面不再意识到我的种种个别行动的特殊区别。事情就是这样,例如在书写方面。当我们学习写的时候,我们这时必须注意到一切细节,注意到大量的中介。相反地,如果书写的活动已成为习惯,这样一来我们的自身就如此完备地控制着一切有关的细节,使自己的普遍性如此厉害地感染了它们,以致我们不再回忆得起来它们之为细节,而只记住它们的普遍东西。所以,我们看到,在习惯中我们的意识在同一时间既出现在这件事情中,对这件事情感兴趣,而反过来又不在它那里,对它漠不关心,——我们的自身同样地将这事物占为己有,就跟反过来从它那里撤退一样,灵魂一方面完全渗进它的种种表现里,而另一方面又把它们丢开不管,因而赋予它们一种机械性东西、即一种单纯自然作用的形态。

c. 现 实 灵 魂

192

§.411

灵魂在其完备训练了的和已据为己有的形体性里是作为自为的个别的主体(主词),而形体性这样就是作为谓语的外在性,主体(主词)在这谓语中只与自己联系。这个外在性表现的不是自己,而是灵魂,并且是灵魂的符号。灵魂作为内在东西与从属于它的外在东西的这种同一性是现实的;灵魂在其形体性上拥有其自由的形状,它在这形状中感觉到自己并使自己被感觉到,这形状作为灵魂的艺术品具有人类的、病征学的、面相学的特征。

〔说明〕 属于人的特征的有,例如,一般直立的外形,特别是作为绝对工具的手的形成,口的形成,笑、哭等等,以及散布到全身的精神情调,它直接宣告身体是某种更高级本性的外在性。这种情调是一种如此轻微的、不定的和不可言说的变更,因为形状按其外在性是一种直接东西和自然东西,因而只能是精神的一种直接的和完全不完善的符号,而不能如像精神作为普遍东西那样去表现它。对于动物来说,人的形状是精神出现在它面前的最高的东西。但是,对于精神来说,人的形状只是它的最初的显现,语言相反地则是其较为完善的表现形式。人的形状虽然是精神的最接近的实存,但同时在其面相学的和病征学的规定性中对于精神来说却是一种偶然的东西;因此,企图把面相学,尤其是颅检查术提高为科学,就是最空洞的想法之一,比认为从植物的形状中就可能认识到植物的疗效的 Signatura rerum① 还要更加空虚。

193　　〔**附释**〕　正如在 §.390 中已经预先肯定地指出的,现实的灵魂构成人类学的第三部分,即最后一大节。我们曾从仅仅存在着的、同其自然规定性尚未分离的灵魂开始了人类学的考察,——接着在第二大节里过渡到使其直接存在与自己分离并在这存在的诸规定性中以抽象的方式自为地存在着的,即感觉的灵魂和现在在第三大节里,如已指出的,则到达从那种分离进展到与其自然性的间接统一的、在其形体性中以具体方式自为存在着的,因而现实的灵魂。前一节中所考察的习惯概念构成向这个发展阶段的过渡。因为,如我们已看到的,在习惯中灵魂的种种观念上的规定获得了一个存在着的东西的形式,即一个外在于自己本身的东西的形式,而相反地形体性在它这方面则成为一种无抵抗地为灵魂所渗透的东西,即成为一个从属于其观念性释放出来的力量的东西。这样就产生了上述内在东西和上述外在东西通过灵魂与其形体性的分离和这分离的扬弃而来的一种间接的统一。这个从一种被产生出来的统一向一种直接的统一生成着的统一我们称之为灵魂的现实性。

---

　　① 拉丁文:(旧时认为表明其医疗用途的)物的外形特征(如植物的心脏形叶子被认为可治心脏病)。——译者

根据现在达到了的观点,肉体不再从其有机过程方面、而只就这点来考察:肉体是一个甚至在其定在中都是观念地被建立起来的外在东西,而肉体里不再局限于其内部感受的非任意形体化的灵魂,则如它迄今通过克服与其观念性相对抗的东西已争取到的一样,那么自由地使自己表现出来。

在人类学第一个大节 §.401 末所考察的内部感受的非自愿形体化部分地是某种人与动物共同的东西。现在必须加以讨论的自由地发生的形体化则相反地给人的肉体打上一种如此特殊的精神烙印,以致他之不同于动物多得多地是由于这种烙印,而不是任何一种单纯的自然规定性。人按照其纯粹肉体方面来看并不是很不同于猿,但人通过其身体为精神所渗透的外貌却如此地不同于猿,以至于猿的外表和鸟的外表之间存在的差异比人的肉体和猿的肉体之间存在的差异更小。

但是,精神的表露主要集中在面部上,因为头是精神东西的真正所在地。在或多或少属于自然性本身、因而文明民族由于羞耻之心而穿上衣着的肉体的其他部分里,精神东西主要是通过身体的姿势显示出来的。因此,顺便说说姿势,是古代艺术家在他们的创作中所特别重视的,因为他们使精神成为直观形象主要是通过它在形体性上的流露进行的。——只要精神表露是通过面部肌肉产生的,大家知道,我们就把这种表露称之为脸部表情的变化;姿势就这词较狭窄的意义而言来自身体的其他部分。——人的绝对的姿势是直立的体态;只有人才表现出能有这种体态,与此相反,甚至猩猩都只有借助棍棒才能直立。人并不是天生本来就直立的;他是借助于他的意志能力而使自己直立起来的;而且,即使他的站立在成为习惯之后就不需要任何继续费劲的意志活动,可是这种站立却必须是永远为我们的意志所渗透,如果我们此刻不昏倒的话。——人的手臂,特别是手同样是人特有的东西;任何动物都没有一个这样灵活的向外活动的工具。人的手,这个工具的工具,适合于用来作无限数量的意志表现。照例,我们首先用手,接着用整个手臂和身体的其他部分来作出各种姿势。

194

　　通过脸部表情和姿势的表露提供了一个有趣的考察对象。可是,发现某些脸部表情和姿势的特定象征性质的根据、它们的意义与它们自身是的那个东西之间的联系,这有时并不是完全容易的事。我们在这里不打算讨论所有的、而只讨论属于这方面的最通常的现象。——点头,以便从这开始讨论,意味着一种肯定,因为我们以此明白表示一种屈从。我们欧洲人在一切场合只用上身鞠躬表示敬意,因为我们同时不想放弃我们的独立性。东方人则相反地通过在主人面前伏地来表达对主人的敬畏;他们不许可正视主人,因为他们这么做就会肯定自己的独立存在,而唯有主人才有权随便地不理会仆人和奴隶。摇头是一种否定;因为我们由此暗示一种犹豫、一种取消。昂起头表示轻蔑,一种自以为比某人高明。皱鼻子表示一种厌恶,就像面临难闻的东西一样。皱眉头预示一种生气,一种内心确定反对别的什么。当我们看到希望落空时我们就拉长脸;因为在这种场合我们仿佛感到自己六神无主。表现力最丰富的姿势位于口及其周围部分,因为说话的表示是以口为出发点并带有嘴唇的很复杂的改变。至于说到手,表示吃惊的双手护头①在某种程度上就是一种在自己本身上找到支持的企图。而在许诺时握手,正如我们很容易看出的,则表示达到一致。甚至下肢的运动、走路的姿势,都是很说明特征的。走路的姿势首先必须是有教养的,灵魂在那里面显示出它对身体的支配。可是,不仅是教养或无教养,而且甚至是一方面草率、矫揉造作、虚浮、伪善,另一方面正派、谦虚、明智、坦率等等,都在走路的特殊样子中显露出来了,以至于我们能够很容易从走路的姿势把人们彼此加以区别。

　　此外,有教养的人比起无教养的人来,在面部表情和姿势的变化方面更为克制。有教养的人要求其种种激情的内心风暴平静下来,同样地他在外表上也保持一种平静的姿态,而使其感受的自动形体化有某种适中的度;与此相反,无教养的人没有支配其内心的力量,以为只消通过过分

---

　　① Zusammenschlagen derselben (der Hände) über den Kopf, 德语口语: 大吃一惊。——译者

的面部表情和姿势就能使人懂得他,但这样一来有时就甚至导致做鬼脸,而以这种方式得到一种滑稽的外貌,因为在鬼脸里内心立即使自己成为完全外在的,而人就同时使其每一个别感受都逐渐转变为其整个定在,几乎像一个动物那样绝对地沉陷在这个确定的感受里。有教养的人没有必要大肆浪费他的面部表情和姿势;在言谈方面他拥有最相称的和最适宜的手段来表达自己,因为语言能够直接地容纳和复述表象的任何改变,所以古人甚至走到极端,让他们的演员戴上面具出场,而这样一来在满足于角色的不能活动的面貌的同时,就完全放弃了演员的生动的面部表情变化。

如同现在在这里讨论的精神东西的自愿形体化通过习惯成为某种机械性的东西,即某种不需要任何特别的意志努力的东西一样,有些在§.401中考察的灵魂所感受到的东西的非任意形体化也可能有意识地和自由地产生。属于这方面的首先就是人的声音;在声音成为语言时它就停止其为灵魂的一种非任意的表现。同样地,笑在取笑的形式中就成了某种自由地发出来的东西。甚至叹气与其说是某种不可抑制的东西,倒不如说是某种任意的东西。在此就说明了在两个地方对于刚才提到的灵魂表现所作评论的正当理由,——即在单纯感受灵魂和现实灵魂那里。所以,在§.401中也就已经指出,在精神东西的非任意形体化中有些是"临近"(在上面§.411中必须再次加以讨论的)"病征学和面相学所述的特殊状况"的。这两个规定的区别是:病征学的表现更多地与暂时的激情有关,面相学的表现则相反地涉及到性格,因而涉及到持久的东西。可是,病征学的东西就变成了面相学的东西,如果一个人的激情不仅是暂时地、而且是持久地支配他的话。例如,持久的愤怒激情就牢固地铭刻在脸上;同样假仁假义的气质也逐渐地以不可消除的方式在脸部和在身体的整个姿态中显露出来。

每个人都有某种相貌上的外表:一看就显得是一个令人喜欢的或不令人喜欢的、坚强的或软弱的人。按照这种外表我们就从某种本能出发对别人下一个最初的普遍判断。可是在这里可能很容易出错,因为那种

196

带有直接性性质的外表并不完全、而只是在或高或低的程度上与精神相
一致符合,因而不好的和良好的外表都可能隐藏着不同于它最初使人想
到的某种东西。所以圣经的名言"提防上帝作了标记的人"就常常被误
用了,那以相貌的特征为根据的判断因而只拥有一种直接判断的价值,这
种判断可能不真,同样也可能真。由于这个理由,我们就有权收回人们从
前对面相学所怀有的那种过分的重视,那时拉瓦特尔①曾以面相学掀起
197 了一场喧嚷,人们指望它给备受赞扬的识人术以最可观的好处。对于人
的认识远不是根据他的外表,而宁可是根据他的行动。甚至连语言都摆
脱不脱可以用来隐瞒,也同样可以用来揭示人的思想的命运。

§.412

　　物质自身在灵魂中没有任何真理;灵魂作为自为存在着的把自己和
自己的直接存在分离开,并把它作为形体性与自己对立起来,这个形体性
不能抵抗灵魂对它的塑造。这个已把它的存在与自己对立起来的、扬弃
了这个存在并把它规定为它自己的存在的灵魂,就失去了灵魂、即精神的
直接性的意义。现实的灵魂在其感受活动的和其具体的自身感觉的习惯
中自在地是其诸规定性的自为存在着的观念性,在其外在性中向自己内
在化,并且是无限的自相联系。自由普遍性的这个自为存在是灵魂向着
自我、即抽象普遍性觉醒的更高阶段,这是就它是为这抽象普遍性而言
的,后者这样一来就是思维和自为的主体,而更其确定地说是它的判断的
主体,在这个判断中自我把其诸规定的自然的总体作为客体、即一个外在
于它的世界,从自己那里排除出去并与之相联系,以致它在这个世界中直
接地映现到自己之内,——这就是意识。

　　〔附释〕　前两节中所考察的灵魂对形体性的塑造并非绝对的,即并
非完全取消灵魂和肉体的区别的那样一种塑造。从自身发展出一切事物

---

　　①　Lavater(Joh.Kaspar,1741—1801),瑞士作家,新教牧师,观相术的创立者。主要著
作:《论利用相面术促进对人的认识和人类之爱》(共4卷,1775—1778)。——译者

的逻辑理念的本性反倒是要求这种区别保持其权利。因此,形体中的有些东西始终是纯粹有机的,从而始终是摆脱灵魂的支配的,这样灵魂对肉体的塑造只是肉体的一个方面。在灵魂达到对其力量的局限性的感觉时,它就映现到自己内去并把形体性作为对它而言异己的东西从自身中赶了出去。通过这种自内映现精神就完成了它从存在的形式的解放,而赋予自己以本质的形式,并成为自我。虽然就灵魂是主观性或自身性而言,它已经自在地是自我。但是属于自我的现实性的要多于灵魂的直接的、自然的主体性;因为自我是这样的普遍东西、这样的简单东西,它真正说来只是当自我以自己本身为对象时,即当它成为简单东西里的简单东西的自为存在,成为普遍东西与普遍东西的联系时才实存着的。自己与自己相联系的普遍东西绝不实存在自我之外。在外部自然界中,如我们在主观精神学说的导言中已说过的,普遍东西只有通过消灭个别的定在才达到其威力的最高实现,因而就达不到现实的自为存在。甚至自然灵魂最初也只是这种自为存在的实在的可能性。只有在自我中这种可能性才成为现实性。因此,在自我中才实现了一种比局限于对个别东西的单纯感受的自然觉醒更高类型的觉醒;因为自我是穿透自然灵魂并将其自然性耗尽的闪电;因此,在自我中自然性的观念性、因而灵魂的本质成为为灵魂的。

　　精神的全部人类学的发展都拥向这个目标。当我们在此回顾这种发展时,我们就会想起:人的灵魂,不同于始终沉没在感受的个别性和局限性里的动物的灵魂,是如何超越了被感受东西的与其自在无限本性相矛盾的、有限制的内容,把这内容从观念上建立了起来,特别是在习惯中使之成了某种普遍的东西、内在化的东西、总体的东西,即成了一种存在,但正因此它就用一种由于其普遍性而与自己相称的内容来充满了其内在性的起初空虚的空间,在自己本身之内建立起来了存在,正如另一方面它又如何把它的肉体改造成了它的观念性的、即其自由的摹本,而这样一来它就达到了这个地步:它是在自我内存在的、自己与自己本身相联系的、个体地规定了的普遍东西,即一种从形体性解放了的、自为存在着的、抽象的总体性。在单纯感受灵魂的范围内,自身在守护神的形象中作为一种既仅仅从外部而又同时仅仅从内部作用于定在着的个体性的力量出现,而相反地在目前灵魂已达到的发展阶段上,如前面指出过的,自身则实现在灵魂的定在中,即其形体性中和反过来把存在建立在自己本身中,以致现在自身或自我在它的他物中直观自己本身,并且就是这个自我直观。

199

B.

精神现象学

意　　识

§.413

意识构成精神的映现或关系的阶段,即精神作为现象的阶段。自我是精神的无限的自相联系,但是作为主观的自相联系,即它的自身确定性;自然灵魂的直接同一性已提高为这种纯粹的、观念的自相同一性,前者的内容对于这个自为存在着的映现而言则是对象。纯粹的、抽象的自由自为地从自己外化出其规定性,即灵魂的自然生命,作为同样自由的,即作为独立的客体,而自我首先知道的就是这个对象是在它之外,而这样它就是意识。自我作为这种绝对的否定性自在地是在他在中的同一性;自我是它自己并且统摄着作为一个自在地扬弃了的客体的客体,是关系的一个方面又是全部的关系,是显示自己又还显示他物的光。

〔附释〕　正如我们在上节附释中所说,自我必须被理解为个体地确定的,在其规定性、即其区别中自己只与自己本身相联系的普遍东西。这里已经包含有这层意思:自我是直接否定的自相联系,因而是其抽去了一切规定性的普遍性之未经中介的对立面,因而是同样抽象的、简单的个别性。不仅仅我们这些观察者们这样地把自我区分为其对立的诸环节,而且,由于其自内普遍的、因而与自己本身相区别的个别性,自我本身就是这个自己与自己相区别的行动,因为作为自相联系着的,自我的排斥着的个别性就把自己从自己本身、因而从个别性排斥出去,并因此而把自己设定为它自己的与它直接结合在一起的对立面,即设定为普遍性。但是,抽象普遍个别性的这个自我的本质的规定构成自我的存在。因而我和我的存在是不可分离地相互结合在一起;我的存在与我的区别是一种不是区别的区别。虽然一方面存在作为绝对直接的东西、不确定的东西、未区别的东西,必须与区别着自己本身的和通过扬弃区别而自己与自己中介着的思维,即与自我区别开来;可是,另一方面存在与思维是同一的,因为思维从一切中介返回到直接性,从一切它的自相区别返回到纯净的自相统一。因而自我是存在,或者说,在自己内具有存在作为环节。在我设定这个存在是一个与我对立的他物,而同时是与我同一的东西时,我就是知并且具有对我的存在的绝对确定性。这种确定性不可以如在单纯表象方面出现的那样被看作是自我的一种特性,被看作是自我的本性身上的一个规定,而是必须理解为自我的本性本身;因为自我不把自己同自己相区别并在这个被它区别的东西中即是在自己本身中,这恰好是说,自我不知道自己,不具有和不是它自身的确定性,就不可能实存。所以,确定性之于自我,正如自由之于意志。正如确定性构成自我的本性,同样自由构成意志的本性。可是,确定性首先必须只与主观的自由,即与任意相比;只有客观的确定性,即真理才与意志的真正自由相符合。

因此,确知它自己的自我在开始时还是完全单纯主观的东西、完全抽象自由的东西、完全不确定的观念性或一切限制性的否定性。因而自我在把自己从自己本身排斥时,首先只达到一种形式上的、而不是现实的与它有区别的东西。但是,如在逻辑学中所指示的,自在存在着的区别也必须被建立起来,被发展成一种现实的区别。这种发展就自我而言是以这样的方式出现的,——自我不是重新陷入人类学的范围,即重新陷入精神东西和自然东西的无意识的统一,而是始终确知它自身和保持在它的自由中——让它的他物展开为一与自我的总体性相似的总体性,并正因此从一个隶属于灵魂的形体东西而成为某种独立地立于灵魂对面的东西,成为一个在这个词本来意义上的对象。因为自我最初只是完全抽象的主

200

观东西,单纯形式上的、无内容的自己与自己相区别,所以现实的区别,确
定的内容在自我之外,只属于诸对象。但是,由于自我自在地在自己本身
中已有区别,或者换句话说,由于它自在地是它和它的他物的统一,所以
它必然与对象中实存着的区别有关并从它的这个他物直接地映现到自己
内。因此,自我统摄着那个现实地与它有区别的东西,在它的这个他物中
就是在自己本身中,并且在一切直观中都始终是确知它自身的。只有我
达到把我理解为自我的地步,他物对我才成为对象性的,才走到我对面
来,并同时在我里面从观念上被建立起来,因而被引回到与我的统一。所
以上节里自我是拿来同光比较的。正如光是它自身的和它的他物,即黑
暗的显示,并且只有通过它显示出那个他物才能显示出它自己,所以自我
也只有在它的他物以某种不依赖于它的东西的形象对它显示出来的限度
内才能对自己本身显示出来。

从对自我的本性的这些一般性分析中已足够说明,自我由于它与外
部对象进行斗争,是比囿于某种程度上可谓与世界的天真幼稚的统一的、
软弱无能的自然灵魂更高级的某种东西,而正是由于自然灵魂的软弱无
能,我们在前面所考察的那些精神的疾病状态就都涉及到它。

§.414

精神与自己的同一性,如它最初被作为自我建立起来那样,只是精神
的抽象的、形式上的观念性。精神过去是作为在实体性的普遍性形式中
的灵魂,现在则是作为主观的自内映现而与这个作为它的否定物、对它而
言的彼岸之物和黑暗之物的实体性有关。因此,意识,如同一般的关系
那样,是两个方面的独立性的矛盾和这两个方面都在其中被扬弃的它们
的同一性。精神作为自我是本质;但既然实在性在本质的范围内是作为
直接存在着的和同时是作为在观念上被建立起来的,精神作为意识就仅
仅是精神的显现。

〔**附释**〕 完全抽象的自我或单纯的意识施加到它的他物身上的否
定性,是一种还完全不确定的、表面的、非绝对的否定性。因此,在这种观

点上就产生了矛盾：一方面对象是在我之内，而另一方面又是在我之外拥有一种同样独立的持存，如同黑暗东西是在光之外一样。意识觉得对象不是一个由自我建立起来的对象，而是一个直接的、存在着的、给予的对象；因为意识还不知道，对象自在地是与精神同一的，并且只是通过精神的一种自我分割而被外化为仿佛完全的独立性。这种情况只有我们这些已推进到了精神的理念并因而已超越了自我的抽象的、形式上的同一性的人才知道。

§. 415

由于自我本身只是作为形式上的同一性，所以概念的辩证运动、意识的继续规定在它看来并不是它的活动，相反地，这继续规定是自在的，而且对于意识来说是客体的变异。因而意识显得好像是按照给予的对象的差异性而得到不同的规定，而意识的继续成长则表现为其客体的种种规定的一种变异。自我，即意识的主体，是思维；客体继续规定的逻辑进程是主体和客体中的同一的东西，是它们的绝对的联系，是客体据以成为主体自己的客体的那种东西。

〔说明〕 康德哲学可以最确切地这样来看：它把精神理解为意识，所包含的完全只是精神的现象学的规定，而不是精神的哲学的规定。它把自我看作是涉及到一个按其抽象规定叫做物自体的彼岸东西；它也只按照这种有限性来理解理智和意志。如果说它在反思性判断力的概念中虽然达到了精神的理念、主体-客体性、某种直观的知性等等，以及甚至达到了自然的理念，那么这个理念本身又重新被贬低为一种现象，即一种主观的准则（见绪论①，§.58）。所以，这点必须认为是康德哲学的一种正确含义：它曾被莱因霍尔德理解为一种在表象能力的名称下意识的理论。② 费希特哲学有着同样的观点，而非我只不过是被规定为自我的对

---

① 指《哲学全书·第一部分·逻辑学》的绪论。——译者
② Karl Leonhard Reinhold,《人类表象能力新论》，布拉格和耶拿，1789。——理论版编者

象,只不过是在意识之中;这个非我始终是作为无限的障碍,即作为物自体。因此,这两种哲学都表明它们没有达到概念和没有达到如其自在自为地是的那样的精神,而只达到了如其在与一个他物的关系中所是的那样的精神。

相反地,就斯宾诺莎主义而论,则必须注意:在精神借以把自己构建为自我,即与规定性相对的自由主体性的那个判断中的精神是从实体中涌出来的,而把这个判断看作是精神的绝对规定的那个哲学则是从斯宾诺莎主义中涌现出来的。

〔附释1〕虽然意识的继续规定来自意识自己的内部,同时甚至具有一种对客体的否定的倾向,这个客体因而是为意识所改变的;可是这种改变在意识看来好像是一种没有它的主观活动就能实现的改变,而那些它在对象里面建立起来的规定则被它看作只是属于这个对象的规定,即存在着的规定。

〔附释2〕在费希特那里永远存在着自我应当如何克服非我的困难。在这里并没有达到这两个方面的真正的统一;这个统一永远只是一个应当存在的统一,因为原来就确立了这个虚假的前提:自我和非我在其分离性中、在其有限性中都是某种绝对的东西。

§.416

精神作为意识的目标是使它的这个现象与本质同一,是把对它自身的确定性提高成为真理。精神在意识中拥有的实存所具有的有限性在于,它是形式上的自相联系,仅仅是确定性。因为客体只是抽象地被规定为他的客体或者说他在他的客体中只是作为抽象的自我映现到自己内,所以这种实存还有一种不是他的内容的内容。

〔附释〕　单纯的表象不在确定性和真理之间作出区别。凡是它确信的东西,即凡是它认作是一个与客体一致符合的主观东西,它就把这个东西称之为真的,不管这个主观东西的内容是如何微不足道和恶劣。哲学则必须相反地把真理的概念从本质上与单纯的确定性区分开,因为精神在单纯意识的立场上关于自己本身所具有的确定性还是某种不真实的东西,即与自己本身矛盾的东西,这是由于精神在这里除去在自己本身中这个抽象的确定性之外,还有正相对立的确定性,即与一个本质上跟他对立的他物有关系。这个矛盾必须被扬弃;在矛盾自身里就有解决矛盾的冲动。主观的确定性不得留下客体的任何限制,它必须得到真正的客观性;而对象反过来在它那方面则必须不仅以抽象的方式、而且按照其具体本性的一切方面成为我的对象。这个目标已经为相信自己本身的理性所预感到了,但只为理性的知,即用概念进行的认识所达到。

§.417

确定性提高为真理有这样三个阶段,即精神是

a.一般的意识,这种意识有一个对象本身;

b.自我意识,自我是这种意识的对象;

c.意识和自我意识的统一,即精神直观到对象的内容是自己本身和自己本身是自在自为地规定了的;——这就是理性,即精神的概念。

〔附释〕　上面这节里所指出的意识提高为理性的三个阶段是由既在主体里也在客体里的概念的能动力量决定的,因而就可以看作是恰好那么多的判断。可是,如以前说过的,对此抽象的自我、即单纯的意识还一无所知。因此,当最初在意识看来是独立地起作用的非我由于在非我那里活动着的概念的力量而被扬弃时,给予客体的就不是直接性、外在性和个别性的形式,而是一个普遍东西、一个内在东西的形式,而意识就把这个内在化了的东西接受到自己之内;这样在自我看来它刚才由此而实现的自己的内在化就表现为一种使客体内在化。当客体被内在化为自 205 我,而意识以这种方式发展成了自我意识时,精神才知道它自己的内在性的力量是一种在客体中出现的和起作用的力量。所以,在单纯意识的范围内仅仅为我们这些观察者的东西,在自我意识的范围内则是为精神本身的。自我意识以意识为其对象,因而把自己置于这个对象的对面。但同时意识也作为一个环节包含在自我意识本身中。因此,自我意识必然

前进到这一步：通过把自己从自己本身的排斥而把一个别的自我意识与自己对置起来并在这个自我意识里给予自己一个既与它同一却同时又是独立的对象。这个客体起初是一个直接的、个别的自我。但是，如果这个自我意识摆脱了它还如此不能摆脱的片面主体性的形式，并被理解为一个为概念的主体性所渗透了的实在性，因而被理解为理念，那么自我意识就从它与意识的对立中出来而向前迈进到与意识的间接的统一，并由此而成为自我的具体的自为存在，成为在客观世界中认识着自己本身的、绝对自由的理性。

在这里几乎用不着说明，在我们的考察中作为第三项和最后项出现的理性并不只是一个最后项，即一个从某种对它陌生的东西中产生出来的结果，而且反倒是意识和自我意识以之为根据的东西，因而是最初项并通过扬弃这两个片面的形式而证明自己是它们的本源的统一和真理。

a. 意　识　本　身

α. 感　性　意　识

§.418

意识首先是直接的意识，因而它与对象的联系是对对象的简单的、无中介的确定性；对象本身因而同样被规定为直接的、存在着的和在自己内映现了的，进而被规定为直接个别的东西；这就是感性意识。

206 〔说明〕　意识作为关系只包含属于抽象自我或形式思维的范畴，这些范畴在意识看来是客体的规定（§.415）。因而，感性意识只知道这个客体是一个存在着的东西、某物、实存着的物、个别的东西等等。感性意识在内容上好像是最丰富的，但在思想上却是最贫乏的。那个丰富的内容是由种种感觉规定构成的；这些感觉规定就是意识的材料（§.414），即人类学范围内灵魂是的和在自己内发现的那种实体性的东西和质的东西。灵魂在自己内的映现，即自我，使这个材料从自己那里脱离出来，并首先给予它以存在的规定——空间上和时间上的个别性,这里和这时,如我在精神现象学第 25 页①以下诸页对感性意识的对象曾经规定的那样,严格说来都属于直观。客体在这里首先必须只按照它对意识所有的那种关系来理解,就是说是一个在意识之外的东西,还不是被规定为就它自身而言的外在东西或者说被规定为在自己外存在。

〔附释〕 上节提出的现象学的精神的三个发展阶段的第一个发展阶段,即意识,在自己本身内包含三个阶段:α)感性意识阶段,β)知觉意识阶段和γ)知性意识阶段。

在这种次序中显示出一种逻辑的进展。

α)首先客体是一个完全直接的东西、存在着的东西;在感性意识看来客体好像就是这样。但是,这种直接性没有任何真理;必须从它那里继续进展到客体的本质的存在。

β)如果物的本质成为意识的对象,那么这个意识就不再是感性的,而是知觉的意识。在这种立场上,诸个别的物就与一个普遍东西有关,但也只是有关而已;因此,在这里还没有实现个别东西和普遍东西的真正的统一,而只是这两个方面的混合。在这种混合里有一个矛盾,它继续到意识的第三个阶段,即

γ)继续到知性的意识,并且就在那儿找到了自己的解决,因为在那 207 里对象被降低或提升为一个自为地存在着的内在东西的现象。这样的现象就是有生命的东西。借助于对有生命东西的考察自我意识就点燃了自己,因为在有生命东西里面客体转变为主观东西,——在这里意识发现自己本身是对象的本质性东西,使自己离开对象而映现到自己本身中,对自己本身成为对象性的。

在对意识发展三个阶段的这个一般性的概观之后,我们现在就首先转而更仔细地考察感性意识。

---

① 第3卷,第84页及以下诸页——理论版编者[见《精神现象学》上卷,贺麟、王玖兴译,商务印书馆 1981 年版,第 65 页以下诸页。——译者]

感性意识不同于意识的其他方式并不是由于在它那里客体只是通过感官来到我这里,而是相反地由于在感性意识的立场上客体,无论它现在是一个外部的还是内部的客体,还完全没有任何进一步的思想规定,除去这个规定以外:首先一般地是(存在),其次是一个与我对立的独立的他物,一个自内映现了的东西,一个与作为个别东西、直接东西的我对立的个别东西。感性东西的特殊内容,例如,气味、味道、颜色等等,如我们在§.401中所看到了的,都归感受所有。但感性东西的特有的形式,在自己本身外存在,彼此分开地出现在空间和时间中,则是(如我们将在§.488看到的那样)为直观所把握到的客体的规定,——结果是对于感性意识本身来说就只剩下上述的思维规定,凭借这个规定种种感受的复杂而特殊的内容就集中而为一个在我之外存在着的一个东西,这个东西在这种立场上为我以直接的、个别的方式所知,此时偶然地进入我的意识,而接着又从我的意识中消失,总之按照它的实存和它的性状对于我来说都是一个给予的东西,因而是一个这样的东西,关于它我不知道它从哪里来,为什么它有这个确定的性质和它是不是一个真实的东西。

从对于直接的或感性的意识的这个简短的陈述中就说明了,这种意识对于法、伦理和宗教的自在自为的普遍内容来说是一种完全不适合的、败坏这种内容的形式,因为在那个意识中被赋予给绝对必然东西、永恒东西、无限东西、内在东西的是一个有限东西、个别东西、在自己本身外的东西的形状。因此,如果人们近来企图承认只有一种对上帝的直接的知,那么我们就会局限于这样一种知,它关于上帝只能说出:他存在,他在我们之外实存,以及觉得他好像具有这个那个特性。这样的意识产生不出别的什么东西,除去一种认为自己笃信宗教的吹嘘和以其关于在它的彼岸的神圣事物本性的一些任意断言自夸以外。

§.419

作为某物的感性东西变为一个他物;某物在自己内的映现,即物,有许多特性,而作为在其直接性中的个别东西则有多种多样的谓语。因而感性的许多个别东西就成为一个宽阔的东西,——一个种种关系、种种映现规定和种种普遍性的杂多。——这是一些由思维者,就是说在这里由自我所建立起来的逻辑规定。但在作为显现着的自我看来对象就这样变化了。感性意识在对对象作这种规定时就是知觉。

〔**附释**〕 感性意识的内容自己本身是辩证的。这个内容应当是个别的东西;但正因此它不是一个个别东西,而是一切个别东西;而它恰好在个别的内容从自己那里排斥他物的同时就与他物相联系,它表明自己是在超出自己,是依赖于他物,是为他物所中介,是在自己本身内具有他物。直接个别东西的最切近的真理因而就是它之被联系到他物。这种联系的诸规定就是我们称之为映现规定的那种东西,而正在理解这些规定的意识就是知觉。

β. 知　　觉

§. 420

超出了感性的意识要在对象的真理性中来了解对象,不是把它了解为单纯直接的,而是了解为间接的、已内映现了的和普遍的。对象因而是诸感性规定和种种具体关系和联系的扩展了的诸思想规定的一种结合。因此,意识与对象的同一性不再是确定性的抽象同一性,而是规定了的同一性,即一种知。

〔**说明**〕 康德哲学据以理解精神的进一步的意识阶段就是知觉,知 209
觉一般说来是我们通常意识的观点,并且或多或少是各门科学的观点。知觉从单个统觉或诸观察的种种感性确定性出发,这些感性确定性应当通过如下的途径提高为真理,这就是它们在其种种关系中[被]①考察,被反思,总而言之就是它们依照种种确定的范畴而同时成为某种必然的和普遍的东西,即成为经验。

---

① 理论版编者增补。——译者

〔**附释**〕　虽然知觉是从对感觉材料的观察出发,但它却不停留在观察上,却不局限于嗅、味、看、听和触,而是必然进展到使感性东西与一个不能直接加以观察的普遍东西发生关系,把每一个别东西当作一个自己本身内有联系的东西来认识——例如在力中就结合着力的一切表现——并寻找诸个别事物之间发生的种种联系和中介。因此,单纯感性的意识指着物,就是说只就其直接性来指出物;知觉则相反地把握诸物的联系,说明如果有这种情况,那就从中有这件事随之发生,并这样开始去证明事物是真的。然而这种证明还是一种有缺陷的证明,不是最终的证明。因为某物由之而应得到证明的那个东西本身是一个有前提的东西,因而是一个需要证明的东西,结果是人们在这个领域内从前提走到前提并陷入了无限的进展。——这就是经验所持的立场。一切都必须被经验到。但是,如果我们谈到的应当是哲学的话,那么我们就必须从经验主义的那个始终受前提限制的证明提高到对事物的绝对必然性的证明。

此外,在§.415就已经说过,意识的进一步成长表现为其客体的种种规定的一种改变。关于这点在此还可以提出,当知觉的意识扬弃诸物的个别性,把它们在观念上建立起来,并因而否定对象与自我联系的外在性时,自我就进入自己本身,本身就获得了内在性,但意识却把这种进入自己看作是投入对象。

§.421

个别东西和普遍东西的这种结合是混合,因为个别东西仍然是作为根据的存在,并且仍然是僵硬地跟它同时与之发生关系的普遍东西对立。这种结合因而是多方面的矛盾,——那些一般应当构成普遍经验的根据的感性统觉的个别事物和那个宁可应当是本质和根据的普遍性这样两个方面的矛盾,——那个就其具体内容构成独立性的个别性和那些宁可是脱离这种否定性纽带并彼此脱离而成为独立的一般质料的多种多样特性这样两个方面的矛盾(见§.123及以下)。真正说来,正是在这点上有限事物的矛盾就以逻辑范围内的一切形式最具体地出现了,如果某物被确定为客体的话(见§.194以下)。

γ. 知　　性

§.422

　　知觉的最切近的真理是:对象其实是现象,而对象的己内映现则相反地是一个自为存在着的内在东西和普遍东西。对这种对象的意识就是知性。——那个内在东西一方面是感性东西的被扬弃了的多样性,而依照这种方式就是抽象的同一性,可是另一方面它因而也包含有多样性,但作为内在的、简单的区别,这个区别在现象的更替中始终与自己同一。这个简单的区别是现象的规律的王国,是现象的静止的、普遍的模写。

　　〔附释〕　在前一节里所说明的矛盾得到其最初的解决,这是由于感性东西的那些彼此独立并独立于任何个别事物的内部统一性的多种多样规定被下降为一个自为存在着的内在东西的现象,而对象就因此而从它的自内映现和它的他内映现的矛盾进一步发展为它对自己本身的本质的关系。但是,既然意识从对直接个别性的观察和从个别东西和普遍东西的混合提高到对对象的内在东西的理解,因而以一种与自我相似的方式规定对象,于是自我就成为知性的意识。知性相信只有在那个非感性的内在东西那里它才拥有真理。可是,起初这个内在东西是一个抽象同一的东西,自内无区别的东西;我们在力和原因的范畴中就面对着一个这样的内在东西。真正的内在东西相反地必须被认为是具体的,是自己本身内有区别的。这样来理解,这个内在东西就是我们称之为规律的那个东西。因为规律的本质,无论这规律是与外部自然界还是与伦理世界的秩序有关,都在于一种不可分离的统一性,在于不同规定的一种必然的、内在的联系。所以,由于规律(法律)惩罚必然是和犯罪结合在一起的;在罪犯看来惩罚虽然可以表现为某种对他而言外来的东西,但是在犯罪的概念里本质上就包含有它的对立面,即惩罚。同样地,说到外部自然界,例如,行星运动规律(大家知道,按照这条规律,绕行一周时间的平方和它们的距离的立方成正比①)必须被理解为一种不同规定的内在的、必然的统一。这种统一当然首先为理性的思辨思维所理解,但它已经为知性的意识在现象的多样性中所发现了。种种规律都是存在在世界本身内的知性的种种规定;因而知性的意识在这些规律里面重新发现了它自己的本性并因而对自己本身成为对象性的。

§.423

规律,首先是普遍的、常住的诸规定的关系,就其区别是内在的区别而言,在它自己身上具有其必然性;这些规定中的任何一个,作为不是外在地区别于其他的规定,本身就直接地在别的规定之中。但是,内在区别依照这种方式就是它自己身上的区别,这就是它事实上所是的,或者说它是不是区别的区别。——在这种一般形式的规定中,那本身包含主体和客体相互独立性的意识就自在地消失了;自我作为下判断的就有一个跟自己没有区别的对象,——自己本身;——这就是自我意识。

〔附释〕 在上面这节中关于构成规律的本质的内在区别所说的,即这个区别是一个不是区别的区别,同样非常适合于实存在对自己本身是对象性的那个自我中的区别。正如规律是一种不仅针对某个他物的,而且是在自己本身中的区别,即一种在其区别中与自己同一的东西,那以自己本身为对象的、知着自己本身的自我也是这样。因而,既然意识,作为知性,知道规律,那么意识就与这样一个对象有关,在它里面自我重新发现它自己的自身的成对物,因而处于向自我意识本身发展的飞跃中。但是,如在 §.422 的附释中已经说明了的,因为单纯知性的意识尚未达到理解在规律中存在的不同规定的统一,就是说还没有做到从这些规定之一辩证地发展出它的对立的规定,这种统一在那个意识看来还始终是僵

---

① 这是德国天文学家刻卜勒(Kepler, Joh, 1571—1630)1619 年发现的第三条行星运动的规律。这条规律现在通常的表述为:a^3/T^2,其中 a 代表行星与太阳的平均距离,即其绕日运行的椭圆轨道的半长径;T 代表行星的周期,即它们沿轨道运行一周所需的时间。——译者

死的东西,因而是与自我的能动性不相一致符合的东西。相反地,在有生命的东西里意识则直观到不同规定的设定和扬弃的过程本身,知觉到区别不是区别,就是说不是绝对固定的区别。因为生命是这样的内在东西,它并不始终是一个抽象的内在东西,而是完全进入到它的表现中;生命是一个通过对直接东西、外在东西的否定而来的间接的东西,而这个间接的东西把它的这种间接性本身扬弃为直接性,——一个感性的、外在的、而同时绝对内在的实存,一个这样的物质的东西,在它里面诸部分的相互外在看来是被扬弃了,个别东西看来是下降成了某种观念的东西,成了因素,即成了整体的环节;简言之,生命必须被理解为自身目的,一个在自己本身中拥有其手段的目的,一个其中每一个不同的东西都同时是目的和手段的总体。因此,在对不同东西的这种辩证的、这种活生生的统一的意识中就产生了自我意识,即有关对自己本身是对象性的、因而在自己本身内有区别的单纯观念东西的意识,有关自然东西的真理的知,即有关自我的知。

b. 自我意识

213

§. 424

意识的真理是自我意识,而后者是前者的根据,所以在实存中一切对于一个别的对象的意识就都是自我意识;我知道对象是我的对象(它是我的表象),因而我在对象里知道我。——自我意识的表达式是自我＝自我;——即抽象的自由,纯粹的观念性。——这样它就没有实在性,因为它本身是它的对象,那它本身就不是一个这样的对象,因为不存在对象和它的区别。

〔**附释**〕　在自我＝自我的表达式里宣告了绝对理性和自由的原则。自由和理性在于我把我自己提高到自我＝自我的形式,即我认识到一切东西都是我的东西,都是自我,我把每个客体都理解为我本身所是的那个东西的体系中的一个环节,——简言之在于我在同一个意识中拥有自我和世界,在世界中重新找到我自己,而反过来在我的意识中拥有那个存在(是)的东西、那个具有客观性的东西。可是,这个构成精神的原则的自我和客体的统一起初只以抽象的方式在直接的自我意识中存在着,而只是被我们这些观察者、还不是被自我意识本身所认识。直接的自我意识还不是以自我=自我、而只是以自我为对象,因此只是对于我们来说、不是对于自己本身来说是自由的,——还不知道自己的自由,而只在自己中拥有自由的基础,但还不拥有真正现实的自由。

§. 425

抽象的自我意识是对意识的第一个否定,因而本身为一个外在的客体所纠缠,在形式上为它的否定所纠缠;它因而同时是先行阶段,即意识,并且是它作为自我意识和它作为意识的矛盾。由于意识和一般的否定在自我=自我中自在地已经被扬弃了,所以抽象的自我意识,作为这种与客214 体对立的自身确定性,就是这种冲动:要把它自在是的那个东西建立起来,——就是说,要给予有关自己的抽象的知以内容和客观性,并反过来使自己从其感性中解放出来,扬弃给予的客观性,并使它与自己同一起来;这两个过程是同一个东西;——这就是它的意识和自我意识的同一化过程。

〔附释〕 抽象自我意识的缺点在于,它和意识是互相对立的两个东西,两者还没有使得自己彼此相等。在意识中我们看到自我这个完全简单的东西为一方和世界的无限多样性为另一方之间的巨大区别。自我和世界的这个在此尚未达到真正调解的对立构成了意识的有限性。相反地,自我意识则在其与自己本身的还完全抽象的同一性中有其有限性。在直接自我意识的自我=自我中只有一种应当存在的、还未建立起来的、还不现实的区别。

自我意识和意识之间的这种分裂构成自我意识与自己本身的一个内在矛盾,因为自我意识同时是最初先行于它的阶段,即意识,因而同时是它自己的对立面。就是说抽象自我意识只是对意识的第一个、因而还是有条件的否定,而不就是绝对的否定性,即对第一否定的否定,即无限的肯定,所以抽象自我意识本身还具有一个存在着的东西的形式,一个直接东西的形式,一个尽管或其实恰好由于其无区别的内在性而为外在性所充满的东西的形式;它因而不仅在自己之内、而且也在自己之外包含着否定,作为一个外在的客体,作为一个非我,并且正因此而是意识。

这里所描述的矛盾必须得到解决,而这是以这样的方式发生的:那以作为意识、作为自我的自己为对象的自我意识把自我的简单的观念性进一步发展为实在的区别,因而在扬弃其片面的主体性时赋予自己以客体性,——这一过程是和相反的过程同一的,由于相反的过程客体就同时被自我主观地建立起来,被沉没在自身的内在性里,而那在意识里存在的自我对一个外在实在性的依赖性就被消灭了。这样自我意识就达到了这样的地步:它不是在自己旁边有个意识,不是外在地与意识结合在一起,而是真正渗透到意识里并把它作为一个消解了的东西包含在自己本身里。 215

为了达到这个目标,自我意识必须经历三个发展阶段。

α)这些阶段的第一个阶段向我们呈现出直接的、与自己简单同一的、同时与此相矛盾地与一个外在客体相联系的、单个的自我意识。情况是这样的:自我意识是对自己作为存在者的确定性,与这个存在者对立的对象则具有一个仅仅表面上独立的、但实际上微不足道的东西的规定;——这就是欲望的自我意识。

β)在第二个阶段上客观的自我获得了一个别的自我的规定,并因此产生了一个自我意识对一个别的自我意识的关系,即两者之间又承认的过程。在这里自我意识不再只是单个的自我意识,相反地,在它里面已经开始了一种个别性和普遍性的联合。

γ)接着进一步,由于互相对立的自身的他在扬弃了自己,而这些自身在其独立性中却成为彼此同一的,就出现了这些阶段的第三个阶段,——普遍的自我意识。

α. 欲　　望

§. 426

　　自我意识在其直接性中是单个东西和欲望,——即其应当是客观的那种抽象性或其具有一个外在客体的形状并且应当是主观的那种直接性的矛盾。对于从意识的扬弃中产生的自身确定性来说客体被规定为一个微不足道的东西,而对于自我意识与客体的联系来说它的抽象的观念性同样被规定为一个微不足道的东西。

　　〔附释〕　如在前一节的附释中已经说明的,欲望是自我意识在其发展的第一个阶段上借以表现出来的那种形式。欲望在主观精神学说的第二大部分这里还没有任何别的规定,除去冲动的规定以外,这是就冲动不是由思维所决定就指向一个它力图在其中使自己得到满足的外部对象而言的。而这样规定的冲动实存在自我意识中,有关这点的必然性在于,自我意识(如我们在前一节的附释中同样已经使人可以注意到的那样)同时是其最初先行于它的阶段,即意识,并且知道这个内在矛盾。无论在什么地方,一个与自己同一的东西在自己内有一个矛盾,并且既充满了对其自在存在着的与自己本身同一的感觉,又同样充满了与此相反的对其内在矛盾的感觉,在那个地方就必然出现扬弃这个矛盾的冲动。无生命的东西没有这种冲动,因为它不能忍受矛盾,而是当它自己的他物侵入它里面时它就死亡。与此相反,有灵魂的东西和精神必然有冲动,因为无论是灵魂还是精神在自身内没有矛盾、而又不感觉到或者不知道它,就都不可能存在。但是,在直接的、因而是自然的、单个的、排斥着的自我意识里,如上面已指出的,矛盾具有这样的形态:自我意识——自我意识的概念在于自己与自己本身有关,是自我＝自我,——则相反地同时还与一个直接的、非观念地建立起来的他物,即与一个外在的客体、与一个非我有关,并且是外在于自己本身,因为自我意识虽然自在地是总体,即主观东西和客观东西的统一,可是起初是作为片面的东西,作为一个仅仅主观的东西实

196

存的,这个主观的东西通过欲望的满足才达到自在自为地是总体的地步。——然而,不顾那个内在矛盾,自我意识仍然绝对地确信它自己,因为自我意识知道,直接的、外在的客体没有任何真正的实在性,反倒是一个对主体来说微不足道的东西,一个仅仅表面上独立的东西,但实际上是一个这样的东西,它不值得也不能够自为地持存,而是必然通过主体的实在力量而灭亡。

§.427

自我意识因而在对象中自在地知道自己,而对象在这方面是与冲动相适应的。在对作为自我自己的活动的这两个片面环节的否定中,这种同一性成为为自我的。对象作为自在的和为自我意的无自身的东西,不能抵抗这种活动;辩证法是自我的自我扬弃的本性,它在这里作为自我的那种活动而实存。那给予的客体在这点上恰好这样主观地被建立起来 217 如同主体性放弃其片面性而成为对自己客观的那样。

〔附释〕 有自我意识的主体知道自己是自在地与外在对象同一的,——即知道:对象包含有满足欲望的可能性,对象因而是与欲望相适应的,而正由于这个原因欲望就被对象激发起来。因此,与客体相联系在主体看来是必然的。主体在客体中看到它自己的不足,即它的片面性,就是说,在客体中看到某种属于自己的本质而它仍然缺少的东西。自我意识能够扬弃这个矛盾,因为它不是存在,而是绝对的能动性。它扬弃这个矛盾是通过占有那个仿佛自封为独立存在的对象,通过消耗对象来满足自己,并且,由于它是自身目的,在这过程中保存自己。客体与此同时就必须毁灭;因为两者,主体和客体,在这里都是直接的东西,它们之可能结合为一,只有通过直接性,确切地说首先是无自身的客体的直接性被否定这样的方式。通过欲望的满足,主体和客体的自在存在着的同一性就建立起来了,主体性的片面性和客体的表面独立性就被扬弃了。但是,由于对象是被欲望着的自我意识消灭的,对象就好像是败于一种彻头彻尾外来的力量。可是,这只是一种假相。因为直接的客体按照它自己的本性,

即按照它的概念必然扬弃自己,这是由于它在其个别性中是与其概念的
普遍性不相符合的。自我意识是客体本身的显现着的概念。因此,在对
象为自我意识消灭的过程中,对象的毁灭是由于它自己的概念的力量,这
个概念仅仅内在于它里面、而正因此看起来就好像是仅仅从外部来到它
那里的。这样客体就从主观上建立起来了。但是,通过客体的这种扬弃,
如已说明的,主体也扬弃了它自己的缺陷,即它之划分成一个无区别的自
我＝自我和一个与外在客体相联系的自我,并且同样地给予它的主体性
以客观性,如同它使它的客体成为主观的那样。

§.428

这个过程的成果是,自我和自己本身结合起来,并由此独自地得到满
足,成了现实的东西。按照外在的方面,自我在这种回复中仍然是首先被
规定为单个东西,并把自己作为这样的东西保存下来,因为它只是否定地
与无自身的客体相联系,而这个客体就此而言只是被耗光了。所以欲望
在其满足中总是破坏性的,正如按照其内容总是自私的一样,又由于满足
只在单个东西里发生,而这个东西是暂时性的,所以在满足中欲望又重新
产生出来。

〔附释〕 欲望对对象的态度还完全是自私的破坏的态度,而不是塑
造的态度。只要自我意识塑造的能动性与对象发生关系,对象所获得的
就只是在它里面得到一种持存的主观东西的形式,但就其材料而言则被
保存下来了。通过囿于欲望的自我意识的满足,客体的独立性则相反地
被摧毁了,这是由于这个自我意识还不拥有容忍作为一个独立东西的他
物的力量,所以主观东西的形式在客体中得不到任何持存。

但是,如同欲望的对象和欲望本身一样,欲望的满足也必然是某种单
个的东西,暂时性的东西,向永远重新觉醒的欲望退让的东西,一种与主
体的普遍性持久矛盾的和仍然由于直接的主体性所感觉到的匮乏而永远
一再被激发起来的客观化,这种客观化从来没绝对地达到它的目标,而
只是导致无限进展。

§．429

但是，自我在满足中得到的自身感觉，按照内在的方面或自在地并不停顿在抽象的自为存在或其个别性上，相反地，作为对直接性和个别性的否定的结果包含有普遍性的和自我意识与其对象的同一性的规定。这个自我意识的判断或划分是对一个自由的客体的意识，在这个客体中自我拥有它作为自我的知，但这个自我也还是它之外。

〔附释〕　如在上节附释中所说明的，按照外在方面，直接的自我意识始终囿于欲望和欲望的满足的那种延伸到无限的令人厌倦的交替，受到那反复地从其客观化重新陷入自身的主观性的束缚。相反地，按照内在方面，或者说按照概念，自我意识通过对其主观性和外在对象的扬弃否定它自己的直接性，即欲望的立场，用他在的规定把自己与自己本身对置起来，用自我充满这个他物，使它从某种无自身的东西成为一个自由的客体、一个有自身性的客体，即一个别的自我，——因而把自己作为一个不同的自我摆在自己本身对面，但这样一来就超越了单纯破坏性欲望的自私自利。

β. 承认的自我意识

§．430

这里是一个自我意识为一个自我意识，起初是直接地，作为一个他者为一个他者。我在作为自我的他者中直观到我自己，但也在其中直观到一个直接定在着的、作为自我而绝对地独立于我的别的客体。自我意识的单个性的扬弃是最初的扬弃；它因而就只被规定为特殊的自我意识。——这个矛盾产生这样的冲动：表明自己是自由的自身，并且对他者作为这样的自身而在那里，——这就是承认的过程。

〔附释〕　在上节的标题里所标明的自我意识的第二个发展阶段与构成其第一个发展阶段的受到欲望束缚的自我意识起初还共同具有直接

219

性的规定。在这个规定里包含着巨大的矛盾,即——由于自我是全然普遍的东西、绝对一贯的东西、不为任何界限所中断的东西、一切人所共有的本质——两个在这里互相联系着的自身就构成一个同一性,可以这么说,构成一束光,可是又同时是两个自身,它们以完全的不妥协性和难以接近的态度彼此对立,每一个都是作为一个自内映现了的东西、与对方绝对不同的东西和对方所不可突破的东西而持存。

<h2 style="text-align:center">§．431</h2>

承认的过程是一场战斗;因为我并不能在他者中知道我是我自己,只要他者对于我是一个直接的、另外的定在;因而我就致力于取消它的这种直接性。同样地,我不能被承认是直接的东西,除非只有我取消我自己身上的直接性并因而给我的自由以定在。但是,这种直接性同时就是自我意识的形体性,自我意识在这形体性中,就像在它的符号和工具中一样,有它自己的自身感觉和它为他者们的存在,以及它使它与他者们结合在一起的中介性联系。

〔**附释**〕　前一节附释中所述矛盾的更精确的形态是:两个互相有关系的有自我意识的主体,因为它们有直接的定在,就都是自然的、形体的,因而以一个屈从于外来力量的物的方式实存并作为这样一个物彼此接近,但同时又都是完全自由的主体,而不可以被彼此的对方当作一个仅仅直接定在着的东西,即当作一个自然的东西来处理。为了克服这个矛盾,这就是必要的:两个互相面对面地站着的自身在其定在中、在其为他存在中把自己建立为和承认为它们自在地或按其概念是的那个东西,——就是说,不仅仅是自然的、而且是自由的存在者。只有这样真正的自由才实现;因为,既然自由在于我和他人的同一性,所以我只有在他人也是自由的并被我承认是自由的时候,才是真正自由的。这种一个人在另一个人中的自由以内在的方式把人们联合起来了,与此相反,需要和必要只是外在地把他们聚集在一起。因此,人们必定愿意相互在对方中重新找到自己。但是,这种事只要人们囿于其直接性,即其自然性就不可能发生;因为自然性正是那种把它们互相排斥开和阻碍他们互为自由的东西。因此,自由要求,自我意识的主体既不听任其自己的自然性存在,也不容忍他人的自然性,而宁可是对定在漠不关心,在直接的、个别的行动中为挣得自由而将自己的生命和他人的生命孤注一掷。所以,只有通过战斗才能获得自由;保证得到自由,是不足以得到自由的。根据这个观点,人只有通过使自己本人和他人陷于死亡的危险来证明他有能力得到自由。

§. 432

所以,要求承认的战斗是一场生与死的战斗;两个自我意识的每一个都使另一个的生命陷入危险中,而他自己也在冒生命的危险,但只不过是冒险而已,因为每一个自我意识都同样致力于保存生命作为对他的自由的定在的保存。一个的死亡,即通过对直接性的抽象的,因而是粗暴的否定,从一方面来看,是消除了矛盾,而从本质的方面,即从在一个的死亡中同时被取消了的承认的定在来看,一个的死就是一个新的矛盾,而且是比第一个矛盾更加深刻的矛盾。

〔附释〕 在争取承认的战斗中,自由的绝对证明就是死亡。既然战斗的双方都冒着死亡的危险,他们就已经把他们双方的自然存在设定为消极的东西,即表明他们把自然存在看作是一种微不足道的东西。但是,通过死亡自然性事实上是被否定了,而这样一来自然性与精神东西,即与自我的矛盾也就同时得到了解决。可是这个解决只是完全抽象的,只是一种消极的解决,而不是一种积极的解决。因为,如果为取得其相互承认而彼此战斗的双方中哪怕有一方死亡,那么任何承认都不会实现,就是说,幸存下来的一方正如死去的一方一样,也同样不是作为一个被承认者而实存。因此通过死亡就产生了新的、更大的矛盾;那些通过战斗证明了其内在自由的人却没有达到其自由得到承认的定在。

为了预防对刚才叙述过的观点的可能误解,我们在此还要作点说明:在所指出的推到极端形态中的争取承认的战斗,只能发生在人在那里只不过是单独的人的自然状态中,而不出现在市民社会和国家里;因为构成战斗的结局的,即得到承认在那里已经存在了。因为,国家虽然也可能通过暴力产生,它却不是基于暴力之上;暴力在国家的产生中仅仅使某种自在自为合理的东西,即法律、宪法得到实存。在国家里民族的精神,即伦理、法律是支配的东西。在那里人是作为理性的存在者,作为自由的,作为人(Person)而被承认和对待的;而个人则从自己这方面使自己配得上222 这种承认,这是由于他在克服其自我意识的自然性时服从于一种普遍的东西、自在自为地存在着的意志,即法律,从而以一种普遍有效的方式对待他人,即承认他们是他自己想要被认为是的,——是自由的,是人。公民在国家里获得荣誉是由于他担任的职务,他所从事的职业和他的其他劳动活动。他的荣誉从而有一种实体性的、普遍的、客观的、不再依赖于空虚的主观性的内容,诸如此类的东西在自然状态里都还是没有的,在那里个人,不管他们是什么和不管他们愿意做什么,都要强求别人承认自己。

但是,从刚才所说的就会明白,决斗绝对不可以和那构成人类精神发展中一个必要环节的争取承认的战斗混为一谈。决斗不像后面这种战斗那样属于人的自然状态,而是属于市民社会和国家的一种已经或多或少发展了的形式。决斗在封建制度下曾有其严格意义上的世界历史地位,封建制度据认为是一个以法为基础的社会,但那只不过是在极小的程度上。在那里骑士不管他可能做了什么,都被看作是不失体面和完全无可指责的。决斗被认为就证明了这点。虽然动武的权利被赋予了某些礼仪形式,但它是以自私自利为绝对的基础;因此,通过这种权利的行使所提供出来的不是合理的自由和真正公民的荣誉的证明,反倒是对野蛮、而常常是对某种不顾其卑劣而要求表面荣誉的思想的无耻的证明。在古代各族人民那里没有出现决斗,因为空虚的主观性的形式主义、主体在其直接个别性中受到重视的欲求,对于他们是完全陌生的;他们只是在他们与作为国家的伦理关系的诚实正直的统一中拥有他们的荣誉。但是,在我们现代的国家里决斗几乎只能宣布为一种人为的倒退到中世纪的野蛮去。决斗顶多在昔日的军队里可能有某种过得去的合理意义,这就是个人想要证明：他还有某种比为了钱不怕被杀死的更高尚的目的。

§. 433

由于生命是和自由同样重要，所以战斗首先就作为片面的否定而以　223
不平等结束：战斗的一方宁愿要生命和保持自己为单一的自我意识，却放
弃其得到承认的要求，另一方则［坚］持①其与自己本身的联系并为作为
被征服者的那一方所承认，——这就是主人和奴隶的关系。

　〔说明〕　争取承认的战斗和屈从于主人是作为各个国家的开端的
人们共同生活从中产生出来的现象。在这种现象中作为基础的暴力，
并不因此而就是法的基础，而只是沉没于欲望和单个性中的自我意识
的状态向普遍的自我意识的状态过渡中的必要的和合理的环节。上述
暴力是各个国家的外在的或显现着的开端，而不是它们的实体性的
原则。

　〔附释〕　主人和奴隶的关系只包含不同的、有自我意识的主体的自
内映现了的特殊性和相互的同一性之间的矛盾的一种相对的扬弃。因为
在这种关系中特殊自我意识的直接性起初只在奴隶一方取消了，相反地
在主人一方则保存下来了。只要生命的自然性在双方继续持存，奴隶的
自主意志就委身于主人的意志，就使主子的目的成为自己的内容，而主子
在他那方面纳入其自我意识中的则不是奴隶的意志，而仅仅是对维持奴
隶的生命的关怀，这样一来，在这种关系中互相联系的诸主体的自我意识
的建立起来了的同一性就只是以片面的方式实现的。

至于说到所论及的关系的历史方面，那么在这里可以说明的是：古代
各民族，希腊人和罗马人，还没有提高到绝对自由的概念，因为他们还没
有认识到，人作为人，作为这种普遍的自我，作为理性的自我意识，是有权
自由的。相反地，在他们那里人之被认为是自由的，只是在他生而为一个　224

---

　　①　格洛克纳本原为"holt"，但此词只有用为反身动词时才有"坚持"之意，故理论版
编者将其校为"［fest］holt［坚］持"。——译者

自由人的时候。因此，自由在他们那里还具有自然性的规定。所以在他们的自由国家里就有奴隶制，而在罗马人那里就发生了奴隶试图使自己成为自由的和企图得到对其永恒的人类权利的承认的流血战争。

§.434

这种关系一方面是需要和对满足需要的关怀的共同性，因为主人的手段，即奴隶同样必须维持其生命。代替对直接客体的粗暴毁灭的，是对直接客体的获得、保持和塑形，把它当作独立性和非独立性两个极端在其中结合起来的中介性东西；——在对需要的满足中普遍性的形式是一种持久的手段和一种顾及未来和保证未来的准备。

§.435

其次，按照区别来看，主人在奴隶及其服役中看到自己单独的自为存在的权势；而且是借助于取消直接的自为存在而看到的，可是这取消却是落到另一方的身上。——而这另一方，即奴隶，则在对主人的服役中耗空了自己的个人意志和固执任性，取消了欲望的内在直接性，并在这种放弃和对主人的敬畏中开始了智慧，——向普遍的自我意识的过渡。

〔附释〕　由于奴隶是在为主人，因而不是为自己个别性的专有利益劳动，所以他的欲望就得到了拓宽，就不仅仅是这个人的欲望，而是同时把他人的欲望也包含在自身内了。这样奴隶就超越了其自然意志的自私的个别性，并且就其价值而言站得比受自己利己主义束缚的、在奴隶中只看到其直接意志的、被一个不自由的意识以表面的方式所承认的主人更高。对奴隶的利己主义的上述制服构成人类自由的真正开始。意志个别性的震动，对利己主义的无价值的感觉，对服从的习惯是每个人的教养中的一个必要的环节。不经受过这种冲决固执任性的训练，没有人会成为自由的、有理性的和有能力命令的。因此，为了成为自由的，为了获得自制的能力，一切民族最初都必须经历屈从于一个主人的严格训练。例如，

225

在梭伦①赋予雅典人以民主的、自由的法律以后,庇西特拉图②设法弄到一种他借以强迫雅典人服从那些法律的强权就是必要的了。只有当这种服从扎下了根时,庇西特拉图的统治才成为多余的。同样地,在令人赞赏的准备牺牲一切的罗马爱国主义美德由于制服了自然的利己主义而得以产生之前,罗马人也必须经历国王的严厉统治。——所以,奴隶制和专制统治在各民族的历史中都是一个必经的阶段,并因而是某种相对合理的东西。那些始终是奴隶的人没有遭受过绝对的不公正;因为谁没有勇气冒生命的危险去争取自由,谁就理应是奴隶;相反地,如果一个民族不仅是幻想要自由,而且现实地具有坚决有力的自由意志,那就没有任何人类强力能够使这个民族留在被动的受统治的奴隶制里了。

上述那种奴隶的服从,如所说的那样,只构成自由的开始,因为自我意识的自然个别性所服从的并不是自在自为地存在着的、真正普遍的、理性的意志,而是一个别的主体的个别的、偶然的意志。所以,这里出现的只是自由的一个环节,即对利己主义的个别性的否定性;与此相反,自由的积极的方面只有在这个时候才得到现实性:即一方面奴隶的自我意识在摆脱主人的和同样它自己的个别性的同时,就领会到在其不依赖于主体特殊性的普遍性中的自在自为地合理东西,——而另一方面主人的自我意识,通过它和奴隶之间出现的需要和对满足需要的关心的共同性和通过在奴隶中看到的在它看来是客观的对直接个别意 226 志的取消,就被促使把这种取消甚至在关系到主人本身时也认作是真实东西并因而使其自己的利己主义的意志屈服于意志的自在自为地存在着的规律。

---

① Solon(约公元前 630—约前 560),雅典政治家、诗人。约前 594 年起任雅典执政官,20 年后获得作为改革家和立法者的充分权力,在经济、政治和法律上进行了意义深远的改革,清除了雅典城邦的极度贫困状态,实行了新宪法和新法典,为未来雅典的民主制奠定了基础。史称"梭伦变法"。——译者

② Pisistratus(约公元前 600—前 527),雅典著名僭主,实行专制统治("僭主政治"),其主要执政时期被亚里士多德誉为"黄金时代"。——译者

γ. 普遍的自我意识

§.436

普遍的自我意识是在别的自身中对自己本身的肯定的知,其中每一个作为自由的个别性都有绝对的独立性,但由于对其直接性或欲望的否定都不把自己与别个区分开,都是普遍的[自我意识]①和客观的,并且都有作为相互性的实在的普遍性,因为它知道自己在自由的别人中被承认,而他知道这点,因为他承认别的自我意识并知道它是自由的。

〔说明〕 自我意识的这种普遍的反显现②,即在其客观性中知道自己是与自己同一的主观性并因而知道自己是普遍的这个概念,是对每种重要的精神性东西的实体的意识形式,即对家庭、祖国、国家,以及一切美德、爱情、友谊、勇敢、荣誉、名声的意识形式。但是,实体性东西的这种显现也可以同实体性东西分离而独自地被留在无价值的荣誉、空虚的名声等等之中。

〔附释〕 争取承认的斗争通过精神的概念所导致的结果就是构成这个范围内第三个阶段的普遍的自我意识,即这样的自由的自我意识,对于它来说站在它对面的自我意识不再如在第二个阶段上那样是一个不自由的自我意识,而是一个同样独立的自我意识。在这个立场上,相互联系的有自我意识的主体通过对它们的不平等的特殊的个别性的取消,因而就把自己提高到对它们的实在的普遍性,即属于它们全体的自由的意识,并因而提高到对它们确定的相互同一性的直观。与奴隶对立的主人还不是真正自由的;因为他在对方中还没有完全看到自己本身。因此,只有通

227

---

① [ ]是理论版编者加上的,意在指出格洛克纳本此处的"自我意识"应删去。——译者

② 第 1、2 版为" wiederscheinen (再发光)",第 3 版为" wiedererscheinen (再显现)"。——理论版编者[格洛克纳本为"wiedererscheinen (再显现)"。此处的" widererscheinen(反显现)"是理论版编者校改的。——译者]

过奴隶之成为自由的,主人也才成为完全自由的。在这种普遍自由的状态中,当我映现到我自己内时,我就直接映现到对方之内,而反过来,在我使自己与对方联系时,我就与我自己联系。因此,我们在这里就有了精神成为不同的自身的巨大划分,这些自身是自在自为地和彼此互为地完全自由的,独立的,绝对难以接近的,进行抵抗的——同时却又是彼此同一的,因而是不独立的,并非不可渗透的,而是仿佛融合在一起的。这种关系是完全思辨性质的;而如果人们以为,思辨的东西是某种遥远的和不可理解的东西,那么人们就只需思考那种关系的内容,以便使自己确信那种意见之无根据。思辨的东西或理性的东西和真实的东西就在于概念或主观东西与客观性的统一。这种统一在所论及的立场上是显然存在的。它构成伦理,即下面这些东西的实体:家庭,性爱(在这里那种统一具有特殊性的形式),爱国主义这种对国家的普遍目的和普遍利益的意愿,对上帝的爱,还有勇敢,如果勇敢是为普遍的事业抛出生命的话,而最后也还有荣誉,假使荣誉不是以个人的无谓的个别性,而是以某种实体性的东西、真正普遍的东西为其内容的话。

§. 437

意识和自我意识的这种统一起初包含着作为在彼此内映现着的诸个别者。但是,这些个别者的区别在这种同一性里是完全模糊不清的差异性,或者说其实是一种不是区别的区别。因此,它们的真理是自在自为地实存着的普遍性和自我意识的客观性,——这就是理性。

〔说明〕 理性,作为理念(§.213),在这里是以这个规定出现的:它是概念和一般实在性的统一,而这两者的对立在此具有了自为地实存着的概念,即意识和与意识对立的外部存在的客体之间的对立的更进一步的形式。

〔附释〕 我们在前节曾称之为普遍的自我意识的那种东西,它在其 228真理性中就是理性的概念,——即理性的那种就其不是作为单纯逻辑的理念,而是作为发展到了自我意识的理念而实存着的概念。因为,正如我们从逻辑学中所知的,理念在于主观东西或概念和客观性的统一。但是,普遍的自我意识曾向我们表明它是这样的统一,因为我们曾看到,普遍的自我意识在其与它的他者的绝对区别中却同时是与这个他者绝对同一的。主观性与客观性的这种统一正好构成现在为自我意识所达到的普遍性,这种普遍性统摄那两个方面或诸特殊性一般,而它们则化成这普遍性。但是,在自我意识达到这种普遍性时,它就停止其为在这词的本意或狭义上的自我意识,因为坚持自身的特殊性恰好属于自我意识本身。由于这种特殊性的扬弃,自我意识就成为理性。"理性"这个名称在这个地方只有自我意识与其对象的起初还是抽象的或形式上的统一的意思。这种统一给我们必须将其与真实东西明确地区别开来而称之为单纯正确东西的那个东西奠定了基础。我的表象由于它与对象的单纯的一致符合就是正确的,哪怕这个对象与它的概念完全不一致,因而几乎没有任何的真理。只有当真实的内容对于我成为对象性的,我的理智才获得具体意义上的理性的含义。在这种意义上,理性只能在理论精神的发展结束(§.467)时加以考察。在那里我们将从一种比到现在为止远为发展的主观东西和客观东西的对立来,认识到作为这种对立的内容丰富的统一的理性。

c. 理　　性

§.438

理性是自在自为地存在着的真理,这真理是概念的主观性和它的客观性与普遍性的简单的同一。因此,理性的普遍性既有只在意识本身里

229 被给予的、但现在自身是普遍的、渗透着和包含着自我的客体的意义,又同样有纯粹的自我、即统摄着客体并将其包含在自身中的纯形式的意义。

§.439

所以,自我意识这样地确信,它的种种规定既是对象性的,即事物的

本质的种种规定,同样又是它自己的种种思想,——这个自我意识就是理性,这个理性作为这种同一性不单是绝对的实体,而且是作为知的真理。因为真理在这里是以本身自为地实存着的概念、自我、作为无限普遍性的自身确定性,为独特的规定性,为内在的形式。——这个①进行着知的真理就是精神。

C.
心　理　学
精　　神

§.440

精神规定自己为灵魂和意识的真理,即前者作为简单的、直接的总体和后者作为知的真理,这个知现在作为无限的形式不为意识的内容所限制,不与内容作为对象有关系,而是对于既非主观的也非客观的那个实体性的总体的知。因此,精神只从它自己的存在开始并只与它自己的种种规定保持关系。

〔说明〕　所以,心理学考察精神本身的能力或普遍的活动方式,——直观、表象、记忆等等,欲望等等,一方面撇开依照现象在经验性表象、也在思维,同样在欲望和意志中可以找到的那种内容,另一方面撇开在灵魂中作为自然规定,在意识本身中作为意识的独立存在的对象的这样两种形式。可是,这并不是任意的抽象;精神本身是这个超越于自然和自然规定性,同样超越于对外部对象的纠缠,就是说超越于一般物质东西之上的东西;正如它的概念已表明的那样。精神现在必须做的只是实现它的这个自由概念这件事,就是说只是扬弃它重新由以开始的那个直

230

① 第1、2版:"这个(Diese)进行着……"——第3版,格洛克纳全集本:"(Die)进行着……"——理论版编者

接性的形式。那被提高为种种直观的内容的是它的种种感受,同样地[那就是]①种种直观,它们被改变为种种表象,进而被改变为种种思想的是种种表象,等等。

〔**附释**〕 自由精神或精神本身是这样的理性,它把自己分开,一方面成为纯粹的、无限的形式,即成为无限制的知,另一方面成为与这种知同一的客体。这个知在此除去自己本身外还别无其他内容,——但带着这个规定:它在自身内包含有一切客观性,因而客体不是某种从外面来到精神的东西,也不是精神不能把握的东西。所以,精神是绝对普遍的、完全无对立的自身确定性。它从而拥有这样的信念:它将在世界里发现自己本身,世界对它必然是友好的,而且正如亚当对夏娃说的,她是他肉中的肉一样,所以精神必须在世界中寻找它自己的理性的理性。理性曾对我们出现为主观东西和客观东西的统一,出现为本身实存着的概念和实在性的统一。因此,由于精神是绝对的自身确定性,是对理性的知,所以它是对主观东西和客观东西的统一的知——对于它的客体是概念和概念是客观的这样的知。因此,自由精神就表现为在主观精神学说的第一个主要部分和第二个主要部分中所考察的那两个普遍发展阶段的统一,——即灵魂这个单纯的精神的实体或直接的精神和意识或显现着的精神,即上述实体的自我分离的统一。因为自由精神的诸规定与灵魂方面的诸规定有主观东西的共同点,而与意识的诸规定则相反地有客观东西的共同点。自由精神的原则是:把意识的存在着的东西作为一种灵魂的东西建立起来,并与此相反地,使灵魂的东西成为一种客观的东西。精神如同意识一样作为一个方面与客体对立,而同时如同灵魂一样是两个方面,因而是总体。因此,灵魂只不过作为直接的、无意识的总体而曾是真理,相反地在意识中这个总体曾被分开成为自我和自我之外的客体,因而知在那里还不曾有任何真理,而自由精神则必须被认识到是正在自知的真理。*

---

① 理论版编者增补。——译者

* 因此，如果人们主张我们不可能认识真理，那么这就是最极端的亵渎。人们这时不知道他们在说什么。如果他们知道的话，那么真理就不会被给予他们，这就是他们理有应得的了。现时对真理可知性的绝望对于一切思辨哲学和一切真正宗教笃信来说都是陌生的。一位既虔诚又有思想的诗人——但丁①，以一种恢弘的方式表达了他对真理的可知性的信念，以致我们不揣冒昧在这里通告他的名句。他在天国第四章第 124—130 诗句中说：

> Jo veggio ben, che giammai non si sazia.
>
> 　Nostro intelletto, Se'l Ver non lo illustra,
>
> 　Di fuor dal qual nessun vero si spazia.
>
> Posasi in esso, come fera in lustra,
>
> 　Tosto che giunto l'ha; e giunger puollo;—
>
> 　Se non, ciascun disio sarebbe frustra.
>
> 　　　　　　　　——赫茨（W. G. Hertz）译②

可是，对真理的知起初甚至不具有真理的形式，因为这种知直到现在所达到的发展阶段上还是某种抽象的东西，——主观东西和客观东西的形式上的同一性。只有当这种同一性进一步发展成为现实的区别并使自己成为它自身和它的区别的同一性，因而只有当精神作为自身内确定地有区别的总体出现时，只有这时那种确定性才达到它的证实。

§. 441

灵魂是有限的，只要它是直接的或为自然所规定的；意识是有限的，只要它有一个对象；精神是有限的，只要它虽然不再有一个对象，但在其 232

---

① Dante Alighieri（1265—1321），意大利伟大诗人。——译者

② 诗句的中译为：我明确地知道，世上独一无二的真理若不照耀我们的心智，我们的心智就将永远不能完全满足。它一到达它那里，就像野兽到了自己的窝里安息一般；它一定能达到；否则，一切求知欲都要落空。（田德望译：《神曲》（天国篇），人民文学出版社 2004 年版，第 25 页。）——译者

知中有一个规定性,就是说它是有限的是由于它的直接性,或者说,这是一样的,由于它是主观的或是概念。而这种情况在这时是无关紧要的:什么东西被规定为精神的概念和什么东西被规定为这概念的实在性。绝对无限的、客观的理性被设定为精神的概念,那么实在性就是知或理智;或者知被理解为概念,那么这概念的实在性就是这个理性,而知的实现就在于把这理性占为己有。因此,精神的有限性必须放在知没有把握其理性的自在自为的存在上,或者同样地放在理性没有使自己在知中达到完全的显示上。理性是无限的理性只是就它是绝对的自由而言,因而只是就这点而言:它预设自己是它的知的前提并因而有限化自己,而同时是扬弃这种直接性、用概念来认识自己本身和成为对理性的知的永恒运动。

〔附释〕　自由精神,如我们已看到的,按照它的概念,是主观东西和客观东西、形式和内容的完全统一,因而是绝对的总体,并因而是无限的、永恒的。我们已认识到它是对理性的知。因为它是这个知,即因为它以理性的东西为其对象,它就必须被称作是主体性的无限的自为存在。因此属于精神的概念的是:在它里面主观东西和客观东西的绝对统一不仅是自在的,而且也是自为的,因而是知的对象。由于知和知的对象之间、形式和内容之间存在的、排斥一切分离并因而排斥一切变化的有意识的和谐的缘故,我们可以把精神按照其真理性称之为永恒者、以及圆满极乐者和神圣者。因为只可以把那个是理性的和知理性东西的称为神圣的。所以,有那个称呼权的既不是外部自然界,也不是单纯的感受。直接的、没有通过理性的知所纯化的感受是受自然东西、偶然东西、在自己本身外存在和分崩离析等等的规定性束缚的。因此,在感受和自然事物的内容身上无限性只是某种形式上的东西、抽象的东西。与此相反,按照它的概念或它的真理,精神之为无限的或永恒的是在这种具体的和实在的意义上,即它在其区别中始终是绝对地与自己同一的。所以,精神必须被宣告为和上帝长得一模一样,即宣告为人的神性。

但是,精神在其直接性中——因为精神本身起初也给予自己以直接性的形式——还不真正是精神:在那里其实精神的实存与它的概念、与神性的原型并不是绝对一致符合的,就是说,在那里神性的东西在精神里面只不过是尚需发展为完满显现的本质而已。因此,直接性中的精神还没有把握住它的概念,他只不过是理性的知,但还不知它自己本身。所以,精神,如在前节附释中已说过的,起初只是对理性的,即对主观东西和客观东西的统一的模糊不清的确信。因此它在这里就还没有对于对象的合理性的确定的知识。为了达到这种知识,精神必须使自在地合理的对象摆脱那起初加在它身上的偶然性、个别性和外在性的形式,并由此而使自己本身摆脱与某个在它看来是一个他物的联系。精神的有限性就属于这条解放的道路。因为,只要精神还没有达到它的目标,它就还不知道自己是与它的对象绝对同一的,而是觉得自己为对象所限制。

但是,精神的有限性不可以看作是某种绝对固定的东西,而是必须被认识到是按其本质仍然无限的精神显现的一种方式。这就在于,有限的精神直接是一个矛盾,一个非真实的东西,而同时是扬弃这种非真实性的过程。与有限东西搏斗、克服限制,是人类精神里的神性东西的特殊标记,并且构成永恒的精神的一个必要阶段。因此,如果我们说理性的限制,那么这就会比说木制的铁更加糟糕。正是无限的精神本身,它以自己是灵魂和是意识作为自己本身的前提,并因而有限化自己本身,但它同样把这个自己造成的前提、这个有限性、即意识一方面与灵魂另一方面与一个外部客体的潜在扬弃了的对立,设定为扬弃了的。这种扬弃在自由精神里有一种不同于在意识里的形式。对于意识来说,自我的继续规定具有一种客体的变化不依赖于自我的活动的外观,因而在意识那里对于这种变化的逻辑的考察就还只是属于我们,而对于自由精神来说则是:它自己从自己产生出客体的自己发展着的和变化着的诸规定,它自己使客体性主观化和使主体性客观化。为精神所知的种种规定当然是内在于客体的,但同时是由精神建立起来的。在精神里面没有什么东西是一个仅仅直接的东西。因此,如果谈到"意识的事实",说它们对于精神似乎是第一性的东西,而且对于它必须始终是一种无中介的东西,即单纯给予的东西;那么对此就必须注意,在意识的立场上当然可以找到许多这样的给予

234

的东西,但是自由精神不得让这些事实保持其为给予它的、独立的事物,而是有权证明并因而宣告这些事实是精神的业绩,是一种由它建立起来的内容。

§.442

精神的进展是发展,只要它的实存,即知,在自己本身内是以自在自为地规定了的存在,即合理的东西为内蕴和目的,因而将这个目转化成为现实的活动就纯然只是形式上的过渡到显示,并在这显示中回复到自己。只要知囿于其最初的规定性而只不过是抽象的和形式上的,精神的目标就是使它的知得到客观的实现,并因此而同时产生它的知的自由。

〔**说明**〕　在此不可以想到与人类学相联系的个体的发展,按照这种发展种种能力和力量被看作是一个接着一个出现和在实存中表现出来。——对于这样一种进展的知识一时之间受到(孔狄亚克①哲学)的很大重视,似乎这样臆想的自然出现应当表达这些能力的产生和说明这些能力。在这里方向是一目了然的,就是在精神的统一性的情况下使精神235 的多种多样的活动方式成为可以理解的,并揭示出某种必然性的联系。只不过与此同时所使用的范畴是不行的。在这方面占支配的规定主要是:感性的东西虽然有理由被理解为最初的东西,理解为开始的基础,但是进一步的规定只是以肯定的方式表现为来自这个出发点,而那种材料借以被精神化和作为感性东西而被扬弃的精神活动的否定方面则被误解和忽视了。在那种看法里,感性的东西不仅是经验上最初的东西,而且始终是最初的东西,以致它应当是真正实体性的基础。

同样地,如果精神的种种活动,也许是从有用性的规定,即对理智或心情的任何一种别的利益是合目的的来看,而只被看作是种种表现,即一般说来种种力,那就没有任何最后目的的存在。但最后目的只能是概念自

---

① Etieme Bonnot de Condillac,《人类知识的起源》,巴黎和伦敦,1754。——理论版编者

身,而概念的活动只能以它自身为目的,就是说,扬弃直接性或主观性的形式,达到和把握自己,向着自己本身解放自己。以这种方式,在其差别性中的精神的所谓种种能力就只能看作是这种解放的诸阶段。而这必须被认作是对精神及其不同活动的唯一合理的考察方式。

〔**附释**〕　精神的实存,即知是绝对的形式,就是说,在自己本身内具有内容的形式,或者说是作为概念实存着的、把自己的实在性赋予自己本身的概念。因此,在知看来内容或对象是一个给予的、一个从外面来到它那里的东西,这仅仅是外表,通过对这种外表的扬弃精神证明自己是它自在地是的那个东西,——即绝对的自己决定自己本身、对在精神和自己本身之外的东西的无限的否定性、从自身内产生出一切实在性的观念的东西。因此,精神的进展只有这种意义:那个外表被扬弃,知证实自己是从自己发展出全部内容的形式。所以,精神的活动远不是局限于一种对于所予东西的单纯接受,相反地,我们必须把精神的活动称之为一种创造的活动,尽管精神的产物,就精神只是主观的而言,还没有得到直接现实性的形式,而是或多或少仍然是观念的。

236

§.443

正如意识以先行的阶段——自然灵魂为它的对象(§.413)一样;精神则以或者说其实是使意识成为它的对象;就是说,意识只自在地是自我与它的他物的同一性(§.415),而精神则自为地把这同一性建立起来,以致现在精神知道它——这个具体的统一性。精神的种种产生都是遵循理性的规定,即内容既是自在地存在着的,也按照自由而是它自己的。因此,既然精神在其开端里是有规定的,这个规定性就是两重的:存在着的东西的规定性和它自己的东西的规定性;按照前一规定性发现某物是自己存在着的,按照后一规定性则确定某物只是它自己的。因此,精神的道路就是:

a)是理论的,必须与作为其直接规定性的理性东西打交道,并在这时把这个理性东西建立为它自己的东西;或者说,使知从前提、并因而从

215

其抽象性解放出来,并使规定性成为主观的。既然规定性已被建立为它自己的,所以知是作为在自己内自在自为地规定了的,以此而是作为自由的理智,这样知就是

b)意志,实践的精神,这种精神最初同样是形式的,有一个作为只是它自己的内容的内容,它直接地意愿着并在这时使它的意志决定从其作为意志内容的片面形式的主观性中解放出来,以致它就

c)成为对自己是对象性的自由精神,在这种精神里上述那种双重的片面性被扬弃了。

237　〔附释〕　我们对于意识也许不可以说它有冲动,因为它直接有对象;而相反地,精神则必须被理解为冲动,因为它本质上是活动,确切地说首先是

α)这样的活动,通过它那表面上外来的客体得到的不是一个给予东西、个别东西和偶然东西的形状,而是一个内在化了的东西、主观东西,普遍东西、必然东西和理性东西的形式。由于精神从事于对客体的这种变更,它就反对把客体当作直接存在着的东西来与之发生关系的、不把客体当作主观的来知的意识的片面性,而它这样就是理论精神。在理论精神中占支配的是知的冲动,即对知识的追求。关于知识的内容我知道它存在(是),有客观性,——而同时知道它在我里面,因而是主观的。所以,客体在这里不再具有如同在意识立场上那样的一个与自我对立的否定物的规定。

β)实践精神采取相反的出发点;它不是像理论精神那样从表面上独立的客体开始,而是从自己的目的和兴趣,因此是从主观的规定开始,而才进展到使这些规定成为一个客观东西的地步。在它做这件事时,它同样反对封闭在自己内的自我意识的片面主观性,正如理论精神反对依赖于一个给予对象的意识一样。

所以,理论精神和实践精神使自己相互成为一体,正是因为它们以上面提到的方式而彼此有别。可是,这种区别并不是绝对的,因为理论精神也必须与其自己的规定,即思想打交道;而反过来理性意志的目的也不是

某种属于特殊主体的东西,而是某种自在自为地存在着的东西。精神的
这两种方式都是理性的形式;因为在理论精神和实践精神里面被,尽管以
不同的方法,产生出来的,乃是理性以之为内容的那个东西,即主观东西
和客观东西的一种统一。——可是,主观精神的上述双重形式同时彼此
都有共同的缺陷,这就是在两者之中都是从主观东西和客观东西表面上
的分离性出发,而这两个对立规定的统一只是应当被产生出来而已,——
这样一个缺陷存在于精神的本性之中,因为精神不是一个存在着的东西、
直接完成了的东西,而宁可是产生着自己本身的东西,即纯粹的活动扬弃
由它自己自在地造成的主观东西和客观东西的对立这个前提。238

§.444

理论精神和实践精神都还是在一般主观精神的范围内。它们是不能
区别为主动的和被动的。主观精神是生产性的;但它的诸产品是形式的。
就内部来看,理论精神的产品只是其观念的世界和在自身内获得抽象的
自我决定。实践精神虽然只与诸自我决定,与它自己的但同时也是形式
的材料,因而与有限制的内容打交道,它给这内容取得普遍性的形式。就
外部来看,由于主观精神是灵魂和意识的统一,因而也是存在着的、同时
是人类学的和与意识相一致的实在性,它的产物在理论的范围里是话语,
在实践的范围内是享受(还不是业绩和行动)。

〔说明〕　心理学像逻辑学一样,属于那些在近代还很少从精神更普
遍的教养和理性更深刻的概念中汲取到好处的科学,它还一直处在极其
恶劣的状态中。它虽然由于康德哲学的转向被赋予了某种更大的重要
性,甚至这样的重要性,即它,而且是在其经验性的状态中,应当构成形而
上学的基础,作为那个科学仅仅在于经验性地接受和分析人类意识的事
实,确切地说如它们是被给予的那样的事实。由于心理学的这种地位,与
此同时就把它与来自意识观点的诸形式以及与人类学混淆起来,这对它
的状况本身来说并没有什么改变,只不过增添了这么一点:甚至对于形而
上学和一般哲学以及对于精神本身来说,都放弃了对于本身是自在自为 239

217

的那个东西的必然性的认识,即放弃了概念和真理。

〔**附释**〕 只有灵魂是被动的,而自由精神本质上是主动的、生产性的。因此,我们就错了,如果我们有时这样地来区分理论精神和实践精神,即我们把前者描述为被动的东西,而相反地把后者描述为主动的东西。按照现象,这种区别当然有其正确性。理论精神好像只是接受现有的东西,与此相反,实践精神则应当产生某种还不是外部现有的东西。但事实上却是,如在§.442 的附释中已指明了的,理论精神并不是一种单纯被动的接受一个他物、一个给予的客体,而同时由于它把对象的自在合理的内容从外在性和个别性的形式提升为理性的形式而表明为主动的。而反过来,实践精神也有被动性的一面,因为对于它来说它的内容最初虽然不是从外部、但却是在内部给予的,因而是一个直接的、而非通过理性意志的活动所建立起来的内容,而它之成为一个这样建立起来的东西首先要借助于思维着的知,因而借助于理论精神,才会做到。

有一种区分必须认为其不真实并不亚于刚才说的理论东西和实践东西的区分,按照那种区分据说理智是受限制的东西,意志则相反地是不受限制的东西。恰好相反,意志可以被宣布为更受限制的东西,因为它从事于同外部的、进行抵抗的物质、同现实东西的排他的个别性作斗争,并且同时面对着别人的意志,而理智本身在其表现中只进展到话语——这种暂时的、消逝着的、在一种无抵抗的要素中发生的、完全观念上的实现,因而在它的表现里始终是完全在自己中,即在自己本身中满足自己,证明自己是自我目的,是神性的东西,并在用概念进行的认识的形式中实现无限制的自由和精神与自己本身的和解。

然而,主观精神的两种方式,理智和意志,在此期间起初只是形式上的真理。因为在两者中,内容并不直接符合于知的无限的形式,以至于这个形式因而就还没有真正地被实现。

在理论精神中,对象一方面虽然成为主观的,但另一方面对象的某种内容还留在与主体性的统一之外。所以,在这里主观东西只是一种没有绝对地渗透客体的形式,因而客体就不彻底地是一个由精神建立起来的东西。——相反地,在实践的范围内主观东西还不是直接具有真正的客观性,因为主观东西在其直接性里不是某种绝对普遍的东西、自在自为地存在着的东西,而是某种属于个体的个别性的东西。

如果精神克服了刚才所陈述的自己的缺陷,因而如果它的内容不再与它的形式相分裂,理性的确定性,即主观东西和客观东西的统一的确定性就不再是形式上的,而反倒是充满的,因而如果理念构成精神的唯一的内容,——这样一来主观精神就达到它的目标并过渡到客观精神。客观精神知道它的自由,即认识到它的主观性在其真理中就构成绝对的客观性本身,并且不仅把自己理解为在自己内的理念,而且把自己作为自由的一个外部存在的世界产生出来。

a. 理 论 精 神

§. 445

理智发现自己是被规定的;这是它在直接性中由以出发的外表;但作为知它是这种把所发现的东西建立为它自己的东西的活动。它的活动必须与空洞的形式打交道,即必须找到理性;而它的目的则是:它的概念是为它的,就是说,自为地是理性,这样一来内容对于它就同时成为合乎理性的。这种活动就是认识。确信的形式上的知,由于理性是具体的,就提高为确定的和符合于概念的知。这个提高的过程本身就是合乎理性的,并且是理智活动(一种所谓精神能力)的一个规定到另一个规定的一个由概念决定的必然的过渡。对于找到合乎理性的东西的表面现象的反驳就是认识,这个反驳是从理智对其合乎理性地进行知的能力、对其能将理性据为己有的可能性的确信,就是说信念出发的,而理智和内容自在地就是这个理性。

〔说明〕 把理智和意志区分开常常有这样的不正确的意思,即把两者理解为一种固定的、彼此分离的实存,以致意愿可以没有理智,或理智的活动可以是无意志的。如有人说的,知性可以离开心来培养,而心则可

241

以离开知性来培养,甚至有片面地缺少知性的心和缺少心的知性,这种可能性无论如何只不过表明出现了一些有缺陷的、本身不真实的实存;但是,那要把定在和表象的这类非真实东西认作真理,把有缺陷的东西认作事物的本性的,并不是哲学。——理智所使用的许多通常惯用的说法,如理智从外面得到印象、把它们接受下来,表象产生于作为原因的外物的作用,等等,所有这些都属于那类并非精神和哲学研究的观点。

　　一种受欢迎的映现形式就是灵魂的、理智的或精神的种种力和能力的映现形式。——能力,像力一样,是某种内容的固定的规定性被表象为自内映现。力(§.136)虽然是形式的无限性,内和外的无限性;但力的本质的有限性包含有内容对形式的漠不关心(同上节的附释)。这里就有通过这个映现形式和通过把精神看作一堆力所带到精神里、以及也带到自然里去的那种无理性的东西。在精神的活动身上可以予以区别的东西,被当作一种独立的规定性抓住不放,而精神就以这种方式被变成为一个僵化的、机械的集合。在这里,是否用活动这个术语来代替能力和力,那是完全没有区别的。种种活动的孤立使精神同样成为只是一个聚集体,而把它们的关系看作一种外在的、偶然的联系。

　　作为理论精神的理智的行动被称为认识,这不是说,理智除其他行动外也认识,除认识之外也直观、表象、回忆、想象等等;这样一种立场首先是和刚才受到指责的那种对种种精神活动的孤立联系在一起的,但后来近代的重大问题也与之联系在一起了,这个问题就是真正的认识,即对真理的认识是否可能;以至于,如果我们洞察到它是不可能的,我们就必须放弃这种努力。一种外在的反思用以膨胀这个问题的范围的许多方面、理由和范畴,都已在适当的地方澄清了;知性采取的态度越是外在的,一个简单的对象对它就变得越是混乱。这里就是认识的简单概念遇见上述问题的完全普遍的观点时的境况,这个普遍的观点就是:怀疑一般真正认识的可能性并把从事认识或又放弃认识说成是一种可能性和任意。认识概念已作为理智本身、作为理性的确信出现了;理智的现实性现在就是认识本身。由此得出的结论是:谈到理智而却又同时谈到认识或不认识的

242

可能性或任意,是荒谬的。但是,认识是真实的,正是就理智使认识实现,
即建立起来自为的认识概念这点而言的。这种形式上的规定正好是在认
识在那里面有其具体意义的同一个事物里有其具体意义。使认识实现的
活动的环节是直观、表象、回忆等等;这些活动没有任何别的内在意义;它 　243
们的目的仅仅是认识的概念(见§.445附释)。只不过,如果它们被孤立
起来,那么部分地就会使人以为它们对于不是认识的某种别的东西是有
用的①,部分地就会使人以为它们单独本身提供对认识的满足,而在这方
面直观、回忆、幻想之足以享受就会受到赞美。当然,孤立的、也就是无精
神的直观、幻想等等也可能提供满足;在物质自然界里,把内在理性的诸
环节彼此外在地表现出来的,是自然界的基本规定性,即在自己外存在,
而在理智里能够做到这件事的,部分的是理智的任性,部分的是,只要理
智本身完全是自然的、未经教养的,它就会出现这样的事。但是,人们承
认,提供真实的满足的只是一种为知性或精神所渗透的直观,理性的表
象,为理性所渗透的、表现着理念的幻想的创作等等,就是说,认识性的直
观、表象等等。归之于这种满足的真实东西在于,直观、表象等等都不是
孤立的,而是只作为总体,即认识本身的环节存在的。

〔附释〕　如在§.441里已指出过的,通过灵魂和意识的否定所中介
了的精神本身起初也还是具有直接性的形式,因而具有在自己外存在的
外表,同意识一样,它把理性东西当作一个在它之外的存在着的东西、仅
仅被发现的东西、不由它所中介的东西来与之相联系。但是,通过扬弃那
两个先行于它的主要发展阶段,即扬弃这些由它自己本身所造成的前提,
精神就已经向我们表明是自己与自己本身中介着的东西,是使自己从其
他物退回到自己内的东西,是主观东西和客观东西的统一。因此,已达到
自己本身的、已经把客体本身作为一个扬弃了的东西包含在自己内的精
神的活动,必然企图也扬弃它本身的和其对象的直接性的外表,即单纯发

---

① 　第2、3版:"sein(是)",〔格洛克纳〕全集本:"seien"(是)。——理论版编者〔两者
意义无大差别。——译者〕

244　现客体的形式。——因此,理智的活动起初当然是作为一种形式上的、不充实的活动出现,精神因而是作为无知的出现的;而首先关系到的就是去掉这种无知。为此目的理智就用直接给予它的客体来充实自己,这个客体正因为其直接性,就带有外部定在的全部偶然性、无意义和不真实。但是,理智并不停留在接受诸对象直接呈现的内容上;它反而使对象摆脱在它身上表现为全然外在的、偶然的和无意义的那种东西。因而,如我们已看到的,在意识看来它的进一步发展好像是从其客体的诸规定独自产生的变化出发的,而理智则相反地是被确立为精神的这样一种形式,在这种形式里精神改变着对象并通过发展对象而自己也向前发展到真理。在理智使对象从一个外在东西成为一个内在东西时,它内在化着自己本身。这两者,使对象成为内在的和精神的内在化,是同一个东西。因此,精神对之拥有一种理性的知的那个东西,正由于它以理性的方式被知,就成为了一个理性的内容。——理智因而去掉对象的偶然性的形式,把握住对象的理性的本性,从而把这种本性建立为主观的,并且倒过来由此而同时把主观性提高到客观的合理性的形式。这样,那起初抽象的、形式上的知就变成具体的、用真实的内容充实起来的,因而客观的知。如果理智达到了这个由它的概念给它树立的目标,它就在事实上是起初它只应当是的那个东西,——即认识。认识必须与单纯的知清楚地区别开。因为意识就已经是知。但自由精神不满足于简单的知;它要认识,就是说,它不仅要知道一个对象是(存在)和它一般地以及按其偶然的、外在的规定是什么,而且要知道这个对象的确定的、实体性的本性何在。知和认识的这种区别对于受过教育的思维来说是非常熟悉的东西。例如,人们这么说:我们虽然知道上帝存在,但我们不能够认识他。这话的意义是这样的:我们关于上帝的抽象的本质确实有某种模糊不清的表象,与此相反,我们可不能把握他的确定的、具体的本性。这么说的那些人士——就他们自己本

245　人来说——可能是完全正确的。因为,虽然那宣布上帝为不可认识的神学也围绕着上帝非常地忙碌于注释的、批评的和历史的工作,并以这种方式把自己吹胀为一门详尽的科学,但它只不过促成了一种关于外部事物的

知,却相反地把其对象的实体性的内容作为某种对于其虚弱的精神来说不能消化的东西筛选掉,并因而放弃了对于上帝的认识,因为,如已说过的,对于认识来说有关诸外在规定性的知是不够的,相反地,为此就有必要把握对象的实体性的规定性。如刚才所说的这种科学,是立足于意识的观点,而不是立足于真正理智的观点,这种真正的理智人们通常也有理由称之为认识能力;只不过能力这个术语有一种单纯可能性这样不确切的含义。

为了一目了然起见,我们现在打算以保证的方式预先说明理智向认识发展的形式上的进程。这个进程如下:

首先,理智有一个直接的客体;其次,然后有一个映现在自己内的、内在化了的材料;第三,最后有一个既是主观的、也是客观的对象。

这样就产生了三个阶段:

α)与一个直接个别的客体相联系的、材料性质的知的阶段,或直观的阶段,

β)使自己从对客体的个别性的关系退回到自己内并使客体与一个普遍东西相联系的理智的阶段,或表象的阶段,

γ)用概念对诸对象的具体普遍东西进行认识的理智的阶段,——或我们在思维的那个东西也存在,即也有客观性的这种特定意义上的思维的阶段。

α)直观阶段,即直接认识的阶段或以合理性的规定确立起来的、为精神的确信所渗透了的意识的阶段,又再分为三个细目:

1.理智在这里从对直接材料的感受开始;

2.然后发展到既使客体与自己分离又把客体固定起来的注意,

3.并在这条道路上成为把客体确立为一个在自己本身外的东西的真正的直观。

β)但理智的第二个主要阶段,即表象,包含三个阶段:

1.回想,

2.想象力,

3.记忆。

246　　　　γ)最后,这个范围内的第三个主要阶段,即思维,以下列东西为

内容:

　　1.知性,

　　2.判断力和

　　3.理性。

α. 直　　观

§. 446

　　精神作为灵魂是自然地被规定的,作为意识是在对这种规定性作为
对一个外部对象的关系中,但作为理智则发现自己本身是这样被规定的:
1)是其模糊的自内活动,精神在这种活动中对于自己是材料性质的,并
拥有其知的全部材料。由于精神最初就是这样地在那里面的直接性的缘
故,它在这直接性中绝对只是一个个别的和通常主观的精神,并这样地作
为感觉的精神出现。

　　〔**说明**〕　如果以前(§. 399 以下)感觉已经作为灵魂的一种实存方
式出现,那么发现或直接性在那里本质上就具有自然存在或形体性的规
定,但在这里就只是抽象地具有一般直接性的规定。

　　〔**附释**〕　我们已经两度谈到了感觉,可是每一次都是就一个不同的
方面来谈的。首先,我们必须在灵魂那里考察感觉,更确切地说是在这个
地方考察感觉,在那里灵魂从其自我封闭的自然生命中觉醒时,在自己本
身内发现其睡眠禀性的种种内容规定并正因此而是感受的灵魂,但灵魂
通过扬弃感受的局限性达到对其自身,即对其总体性的感觉,而最后在把
自己理解为自我时觉醒为意识。——在意识的观点上第二次谈到了感
觉。但在这里诸感觉规定曾是意识的那种同灵魂分离了的、在一个独立
的客体的形状中出现的意识的材料。——现在最后第三次,感觉具有这
样的意义:它是构成灵魂和意识的统一和真理的精神本身最初给予自己
的那种形式。在精神里面,感觉的内容摆脱了精神一方面在灵魂的观点

上和另一方面在意识的观点上所曾有过的双重的片面性。因为现在那个 247
内容具有自在地既是主观的又是客观的这种规定,而精神的活动现在仅
仅指向于把精神确立为主观东西和客观东西的统一。

§. 447

感觉的形式是:它虽然是一种被规定了的性状,但这种规定性是简单
的。因此,感觉具有偶然特殊性的形式,哪怕它的内容是最纯粹的和最真
实的,何况内容也可能是极其贫乏的和极其不真实的。

〔说明〕　精神在其感觉中拥有其种种表象的材料,这是一个很普遍
的假设,但其意义通常是与这个命题在此所具有意义相反的。与感觉的
简单性比起来,通常倒是假定一般判断,即意识之区分为一个主体和客
体,是本源的东西;这样后来就从一个独立的外部的或内部的对象去引申
出感受的规定性。在这里,在精神的真理中,与其观念论对立的意识的观
点就没落了,而感觉的材料其实就已经被设定为内在于精神中了。关于
内容通常的成见是:在感觉中的比在思维中的更多;这种情况特别发生在
道德的和宗教的感觉方面。精神作为感觉的精神对自己就是材料,这材
料在这里是作为理性的自在自为有规定的存在出现的;因而,一切理性的
东西和进而甚至一切精神的内容都进入到感觉里。但是,精神在感觉中
所具有的那种利己的个别性的形式是最低级的、最坏的形式,精神在这种
形式中不是作为自由的东西,不是作为无限的普遍性,——精神的内蕴和
内容宁可是作为一个偶然东西、主观东西、特殊东西。有教养的、真正的
感受是一个有教养的精神的感受,这个精神获得[了]①关于种种确定的 248
区别、本质的关系、真正的规定等等的意识,而在这个精神那里进入到它
的感觉中,即得到②这种形式的正是这种校正了的材料。感觉是主体借
以与一个给予的内容保持关系的直接的、仿佛是最接近的形式,主体对这

① 格洛克纳全集本只有"erworben",理论版编者增补上漏掉了的"hat"。——译者
② 第 2 版和［格洛克纳］全集本:"erhählt（得到）"——第 3 版:"enthält（包
含）"。——理论版编者

内容的反应首先带有它的特殊的自身感觉,这种自身感觉比某个片面的知性观点也许更纯粹和更广博,可是也同样可能是有限制的和坏的;但无论如何它是特殊东西和主观东西的形式。如果一个人对于某事不是引证事情的本性和概念或至少理由,即知性的普遍性,而是引证他的感觉,那么就只有别管他,因为他这样就自绝于合理性的共同性,而把自己关闭在自己的孤立的主观性、即特殊性里面。

〔**附释**〕　整个理性,——精神的全部材料都存在于感受中。我们关于外部自然、法、伦理和宗教的内容的一切表象、思想和概念都是从感受着的理智发展出来的;正如倒过来,它们在得到自己的充分解释后,也都被浓缩在感受的简单形式中一样。所以一位古人有理由说,人从他们的感受和激情中形成了他们的神。但是,精神从感受而来的那种发展常常被这样理解:好像理智原本是完全空虚的,并因而把一切内容都当作一个对它完全陌生的内容从外部来接受。这是一个错误。因为理性似乎是从外部接受的那个东西事实上只是理性的东西,因而是和精神同一并内在于精神的。因此,精神的唯一目的就是:通过扬弃自在合理对象的表面上在自己本身外存在也驳倒好像对象是一个外在于精神的对象的假相。

249

$$\S.448$$

2.这种直接发现的划分中的一个环节,即精神在感觉及其别的更进一步的规定中的抽象的、同一的方向,是注意,没有注意精神就什么都没有;——这种能动的内在化是精神自己的环节,但还是理智的形式上的自我决定。另一个环节是,理智把感觉规定性设定为与它的这种内在性相对立的一个存在着的东西,不过是作为一个否定的东西,作为它自己的抽象的他在。理智就这样把感觉的内容规定为在自己外存在着的东西,把这内容向外投进空间和时间中去,它们就是它借以进行直观的两个形式。就意识而言材料只是意识的对象,即相对的他物;但是,对象从精神那里得到理性的规定:是精神自己的他物。(参阅§247,254)

〔**附释**〕　在感受和感觉里存在的直接的,因而未发展的精神与客体的统一还是无精神的。因此,理智扬弃感受的简单性,把被感受的东西规定为一个对它否定的东西,因而就使这个被感受的东西同自己分离,并把它设定为在其分离性中同时仍然是它自己的东西。我只是通过我与他物之间的统一的扬弃和重建的这种双重活动才达到对感受的内容的把握。这件事首先发生在注意中。因此,没有注意,对于对象的把握就是不可能的;只有通过注意精神才会在事情中出现,精神得到的虽然不是知识,——因为这需要精神的一种进一步的发展——,但仍然还是对事情的知悉。因而注意构成教育的开端。但是,注意必须进一步这样地来理解:它是用一种内容来充实自己,这个内容具有既是主观的又是客观的规定,或者用另外的话说,这个内容不仅仅为我存在,而且也具有独立的存在。因此,在注意那里必然发生主观东西和客观东西的一种分离和统一,——自由精神的一种自己映现在自己内和与此同时自由精神的一种向对象的一致瞄准。这里面已经有这层意思:注意是某种依赖于我的任意的东西,——因而我只是在我要注意时才注意。但由此得不出结论说,注意是某种容易的事。其实注意需要一种努力,因为如果人想把握一个对象,他就必须不顾一切别的东西,不顾所有许许多多在他头脑里活动的事物,不顾他的其余的兴趣,甚至不顾他本人,并且压制自己那种不给事情发言的余地而轻率地对之下判断的自负,必须固执地全神贯注于事情,必须让事情自己做主而不用自己的反思去横加干预,或者说必须使自己专注于事情之上。所以,注意包含着对自己的维护自身权利的否定和对事情的献身——这两个因素对于精神的精明干练来说是同样必要的,正如它们惯常被看作对于自视甚高的教养来说是不必要的一样,因为据说属于这种教养的恰好是一切都完成了,因而对一切都不感兴趣了。这种不感兴趣在某种程度上引回到野蛮状态。野蛮人几乎什么都不注意;他让一切从自己身边溜过,而不使自己专注于它。只有通过对精神的训练,注意才获得力量并得到实行。例如,植物学家比起一个对植物无知的人来,在同一时间内就无比多地注意某个植物。这种情况在涉及一切其余的知识对象时都自然而然地有效。一个有伟大思想和高尚教养的人对当前的东西立

250

即就有一种完整的直观;在他那里感受彻头彻尾地具有内在化的品格。

如我们在上面看到的,在注意里发生着主观东西和客观东西的一种分离和统一。可是只要注意起初是在感觉那里出现,主观东西和客观东西的统一就在注意里占优势,这两方面的区别因而是某种还不明确的东西。但是,理智必然前进到去展示这种区别,即以明确的方式把客体与主体区别开来。理智做这件事的最初的形式就是直观。在直观中主观东西和客观东西的区别同样占优势,就像在形式上的注意中这些对立规定的统一占优势一样。

我们在这里有必要较仔细地解释在直观中实现的被感受东西的客观化。在这方面必须加以讨论的既有内部的也有外部的感受。

251　　关于内部的感受,下述情况特别适合于它们:人在感受中是屈从于其种种情感的控制的,——但他将摆脱这种控制,如果他能够把他的感受带到直观中去的话。例如,我们知道,要是有人能够使控制着他的快乐或痛苦的情感,譬如说在一首诗里生动地呈现在自己面前,他就把束缚精神的那种东西同自己分开并由此而变得轻松起来或者得到完全的自由。因为,尽管他通过凝视他的种种感受的许多方面好像是加强了它们的强制力,实际上他通过使他的感受成为某种站在他对面的东西,即成为某种变为在他之外的东西却削弱了这种强制力。因此,尤其歌德,特别是通过他的维特,在使这部小说的读者屈从于感受的力量时就使自己变得轻松了。受过教育的人——由于他从所有那时呈现出的视点来打量感受到的东西——就比未受过教育的人感触得更深刻些,但同时在支配情感方面也胜过后者,因为他主要是在超越了感受局限性的理性思维的要素中行动的。

所以,内部的感受,如上所示,是按照反思的和理性的思维力量的程度而或多或少可以和我们分离的。

相反地,在外部的感受那里,它们的可分离性的差异是依它们与作为一个持存着的还是消逝着的客体相联系这种情况为转移的。按照这种规定,五种官能是这样排列的:嗅觉和味觉在一边,在另一边的则相反地是视觉和触觉,而在中间的则是听觉。嗅觉与挥发或蒸发打交道,味觉则与对客体的消耗打交道。所以,客体是在其完全的不独立性中,即只在其物质的消失中呈现给这两种官能的。在这里直观因而是属于时间的,而把被感受的东西从主体移植到客体比起在下述两种官能那里就更加不容易,这就是主要与对象的进行抵抗的方面相联系的触觉官能,以及本来意义上的直观的官能,即视觉,视觉关心的是作为一个主要是独立的东西、观念上和物质上持存的东西的客体,对这客体只有一种观念的联系,借助于光只感受到客体的观念的方面、即色,而客体的物质的方面则任其不受接触。最后,对于听觉来说对象是一个物质上持存着的、可观念上消失着的对象;耳朵在声里听见颤动,即对客体的独立性的仅只观念上的、而不是实在的否定。因而在听觉那里感受的可分离性虽然比在视觉那里表现得更小些,但比在味觉和嗅觉那里则表现得更大些。我们不能不听见声音,因为声音脱离对象向我们袭来,而我们并没有大的困难就把声音归之于这个或那个客体,因为客体在它颤动时是独立地保持着的。

　　因此,直观的活动最初总是产生一种感受从我们这里移开的情况,即被感受的东西之改造为我们之外存在的客体。通过这种改变感受的内容并不改变;相反地,在这里内容在精神中和在外部对象中还是同一个东西,所以精神在这里还没有对自己来说特殊的、它可以拿来和直观的内容进行比较的内容。因此,通过直观所完成的东西,只不过是内在性的形式之转变为外在性的形式。这就是理智怎样成为进行着规定活动的最初的、本身还是形式上的方式。——但是,关于那种外在性的意义必须注意两点:首先,被感受的东西在它成为一个对于精神的内在性而言的外在客体时就获得一个在自己本身之外的东西的形式,因为精神的东西或理性的东西构成对象的自己的本性。第二,我们必须注意,由于被感受的东西的那种改造是从精神本身出发的,被感受的东西就由此而获得一种精神的、即一种抽象的外在性,并通过这种抽象的外在性而获得那种可以为外在东西所直接分有的普遍性,即一种还完全是形式上的、无内容的普遍性。但是,概念的形式本身是互相分开地落在这种抽象的外在性里的。

252

因此,这抽象的外在性具有空间和时间的双重形式。(参阅 §.254—259)因而诸感受通过直观就被设定为空间性的和时间性的。空间性的东西表现为漠不相干的彼此并列存在的和静止的持存的形式;时间性的东西则相反地表现为不静止的、自己本身内否定的东西的、彼此相继存在的、产生和消失的形式,结果是时间的东西在它不在时在和在它在时不在。但是,抽象外在性的这两种形式在这一点上是彼此同一的,即这一个和那一个在自己内是绝对分离的而同时又是绝对连续的。它们的这种在自身内包含着绝对分离的连续性,正在于外在东西的那个来自精神的抽象的、尚未发展到任何现实的个别化的普遍性。

253

但是,当我们说被感受的东西从直观着的精神那里获得空间和时间的形式时;那么这个命题不可以理解为,好像空间和时间是仅仅主观的形式。康德曾企图使空间和时间成为这样的形式。可是,事物事实上本身就是空间性的和时间性的;相互外在的那个双重形式不是片面地由我们的直观给予事物的,而是由自在存在着的无限的精神,即创造性的永恒的理念已经本源地给事物备置了的。因此,既然我们的直观着的精神对感受的诸规定表示尊敬,把空间和时间的抽象形式给予它们,并由此而既使它们成为真正的对象,又使这些对象与自己相同化,那么在这里就绝不会发生按照主观唯心主义的意见在这里将发生的事情,——就是说我们得到的只是我们的规定活动的主观方式,而不是客体本身自己的规定。——但此外,对于那些目光浅短赋予关于空间和时间的实在性问题以一种十分奇特的重要性的人必须作出答复,空间和时间是最贫乏和最肤浅的规定,因此事物凭借这些形式很少得到什么,因而通过它们的丧失,如果这种丧失以某种方式可能的话,也很少失去什么。认识着的思维不停止在那些形式上;它在事物的把空间和时间作为一个扬弃了的东西包含在自身内的概念中来理解事物。正如在外部自然界中空间和时间通过内在于它们的概念辩证法扬弃自己本身而为作为它们的真理的物质(§.261)一样,那么自由的理智就是直接的相互外在的那些形式的自为存在着的辩证法。

§.449

3.理智作为这两个环节的这种具体统一,确切地说就是直接在这种外在存在着的材料里向自己内内在化和在它的这种向自己内内在化中沉没到在自己外存在里去,就是直观。

〔**附释**〕 直观既不可以与后来才必须加以考察的严格意义上的表象、也不可以与已经讨论过的单纯现象学的意识相混淆。

首先涉及到直观对表象的关系,那么前者与后者只有这点是共同的:在精神的这两种形式中客体既是与我分离的,又同时是我的客体。但客体具有我的客体的这种性质,这点在直观里只是自在地存在的,而只有在表象里才建立起来。在直观里内容的对象性占优势。只有当我反思到我就是那个拥有直观的我时,我才站到表象的立场上。

但是,关于直观对意识的关系我们必须说明下面这点。在这词的最广泛的意义上我们当然可以把直观这个名称给予在§.418中已经考察过的直接的或感性的意识。但是,如果这个名称应该、合理地说是必须就其本来的意义来理解的话,那么我们在那种感性意识和直观之间就必须作出这个本质的区别:前者在无中介的、完全抽象的自身确定性中与客体的直接的、分崩瓦解为形形色色方面的个别性相联系,直观则相反地是一种为理性的确实性所充满的意识,这种意识的对象具有这样的规定:它是一个理性的东西,因而不是一个被割裂为好些方面的个别东西,而是一个总体,一个诸规定的集中起来的群体。早先谢林就是在这种意义上谈到过智性的直观。没有精神的直观只是感性的、仍然外在于对象的意识。相反地,充满精神的真正的直观把握住对象的纯真的实体。例如,天才横溢的历史学家借助于生动的直观眼前就有他所必须加以描述的那些状态和事件的整体;相反地,谁不具有陈述历史的才能,谁就停留在个别事件上而忽视了实体性的东西。因此,我们有理由在一切科学门类中,特别是也在哲学中,坚决要求根据事情的直观说话。这就需要人以精神,以心和心情,简言之以其全部心灵来对待事情、处于事情的中心并且听其自便。

254

只有当对对象的实体的直观稳固地成为思维的基础时，人们才能不脱离真实而前进到考察扎根于那个实体、但与之分离就变为毫无意义的废物。

与此相反，如果原来就没有对对象的纯真的直观或有而复失；这样反思的
255　思维就迷失在对多种多样的、在客体身上出现的零星的规定和关系的考察中，——于是进行分离的知性就把对象，甚至在这对象是有生命的东西，一个植物或一个动物时，通过其片面的、有限的范畴，如原因和结果、外在目的和手段等等加以撕裂，而以这种方式，不管他有多少聪明才智，都达不到理解对象的具体本性、认识把所有细节集中起来的精神纽带的地步。

但是必须从单纯的直观走出来，这么做的必然性在于理智按其概念是认识，而直观则相反地还不是在认识的知，因为它本身没有达到对象的实体的内在发展，而反倒是局限于抓住还用外在东西和偶然东西的附属物笼罩起来的、未展开的实体。因此，直观只是认识的开始。亚里士多德的名言：一切知识都以惊奇开始，是同直观的这种地位相联系的。因为，由于主观理性作为直观确信——但也只是模模糊糊地确信，在那起初带有非理性形式的客体中再见到自己本身，所以客体就引起主观理性的惊奇和敬畏。但是，哲学的思维必须超越惊奇的观点。这是完全错误的：以为当我们关于事情有一个直接的直观时，我们就已经真正地认识了事情。完美的认识只属于用概念进行认识的理性的纯粹思维，只有那个提高到了这种思维的人，才拥有一个完全确定的、真正的直观；只有在他那里直观才是他的完全发展了的知识重新压缩到里面去的纯真的形式。在直接的直观里在我面前虽然有整个的事情；但只有在回复到简单直观形式的、全面展开了的知识里事情才作为一个自身内划分了的、系统的总体呈现在我的精神面前。一般说来只有受过教育的人才有一个摆脱了大量偶然细节、用丰富的理性见解装备起来的直观。一个思想丰富的受过教育的人，哪怕他没有受过哲学训练，才能以简单的规定性把握事情的本质东西
256　和中心点。要做到这点永远需要反思。人们常常想象，诗人，如同一般的艺术家那样，必须单纯直观地去工作。情况完全不是这样。相反地，一个

真正的诗人在完成其作品之前和过程中必须沉思和反思;只有在这条道路上他才可以希望从所有包裹着事情的外在性中找出事情的心或灵魂,而且正是通过这样来有机地发展他的直观。

<h2 style="text-align:center">§.450</h2>

理智同样重要地把它的注意指向和朝着这个它自己的在自己外存在,并且在它的这种直接性中是它对自己本身的觉醒,即它在这直接性里对自己的回想①;这样一来直观,即材料和它自身的这个凝结,就是它自己的,所以,理智就不再需要这种直接性和去发现内容。

〔**附释**〕　根据单纯直观的观点,我们是在我们之外,在空间性和时间性,即相互外在的这两个形式中。理智在这里沉没到外在的材料里,与材料合而为一,并且除去所直观的客体的内容外没有任何别的内容。因而我们在直观中可能成为极不自由的。但是,正如在§.448的附释中所说明的,理智是上述那种直接相互外在的自为存在着的辩证法。因此,精神就把直观建立为它自己的,精神渗透直观,使直观成为某种内在的东西,在直观中使自己内在化,即在直观中能回想起自己——并因而成为自由的。通过这种走进自己,理智把自己提高到表象的阶段。表象着的精神具有直观;直观在精神里被扬弃了,不是消失了,不是一个仅仅过去了的东西。因此,当谈到一个被扬弃为表象的直观时,语言这么说是完全正确的:我看见了这个东西②。这么说所表达的绝不仅是过去,而是同时表达现在;过去在这里是一个仅仅相对的过去,——它只发生在直接的直观和我们现在表象中所有的那个东西的比较中。但在现在完成式那里所使用的"haben"这个词的确真正具有现在时的意义;我们所看见的是某种

---

①　Erinnerung in sich 的直译,但 Erinnerung 在黑格尔术语中有"使内在化",提高为"内在东西"的意义,据此,Erinnerung in sich 则可译为"向自己内内在化"。参见黑格尔在本节附释中的解说。——译者

②　原文为 ich habe Dies gesehen,德语的现在完成式,表示提到的动作已完成。——译者

我不仅过去有过①的东西,而且还是现在有②的东西,——因而是某种在我里面现在出现的东西。我们可以在"haben"这个词的这种使用中看到现代精神的内在性的一个普遍的符号,现代精神不仅反思到过去的东西

257　按其直接性过去了,而且也反思到这个过去的东西还保持在精神里。

β. 表　　象

§. 451

表象作为被回想起来的直观③是介于理智直接发现自己被规定的阶段和理智在其自由中、即思维的阶段的中间。表象是理智的还带有片面主观性的它自己的东西,因为这个它自己的东西还受到直接性的制约,就它自身来看并不是存在。理智在表象中的道路是:使直接性成为内在的,使自己在自己本身内直观着,同样扬弃内在性的主观性,在它自身内外化这内在性,并在它自己的外在性里就是在自己里。但是,因为表象活动开始于直观及其被发现的材料,所以这种活动就还带有这种差别,而它的具体产物在它里面就还是些综合,这些综合只有在思维中才成为概念的具体的内在性。

〔附释〕　立足于表象观点的精神的各种形式,比起在理智发展的先行阶段上所出现的来,通常都更多地被看作是个别的、彼此不相依赖的力或能力。人们除去一般表象能力之外,还谈到想象力和记忆力,并且与此同时把这些精神形式的相互独立性看作某种最终完成了的东西。但真正的哲学理解恰好在于,那些形式之间存在的理性关系之被把握,这些形式中出现的理智的有机发展之被认识。

为了容易概观这个发展的诸阶段,我们现在打算在这里以一般方式

---

①　原文为 hatte。——译者

②　原文为 habe。——译者

③　die erinnerte Anschauung,即"被内在化了的直观"。——译者

预先对它们作一些说明。

1.这些阶段的第一个我们在这个词的特殊的意义上称之为回想,按照这种特殊意义回想在于非任意地唤起一种已经是我们自己的内容的内容。回想是在诸表象中从事活动的理智的最抽象的阶段。在这里被表象的内容还是如在直观中那样的同样的内容。被表象的内容在直观上得到它的考验,正如反过来直观的内容在我的表象上经受考验一样。因此,我们在这种观点上就有了一种内容,它不仅被直观为存在着的,而且同时被回想,被设定为我自己的内容。这样被规定的内容就是我们称之为意象的那种东西。

2.这个范围内的第二个阶段就是想象力。在这里出现了我的主观的或被表象的内容和事情的被直观的内容之间的对立。想象力通过它思维地对待直观的对象、即从对象中提取出普遍东西并给予对象以那些应属于自我的规定,而获得一个对它而言它的特殊的内容。想象力以这种方式就停止其为单纯形式上的回想,而成为涉及内容的、使内容普遍化的,因而创造着普遍的表象的回想。由于在这种观点上存在着主观东西和客观东西的对立,这些规定的统一在这里就不可能是直接的统一,如在单纯回想阶段上那样,而仅仅是一种重建的统一。这种重建是以这样的方式发生的:使被直观的、外在的内容从属于提高到了普遍性的被表象的内容,使之下降为后者的一个符号,正由此而使这个被表象的内容成为客观的、外在的、即用形象阐明了的。

3.记忆是表象的第三个阶段。在这里,一方面符号被回想起来,被接纳入理智,另一方面正由此而给予理智一个外在东西、机械东西的形式,而在这条道路上就产生了主观东西和客观东西的一种统一,这统一形成到思维本身的过渡。

1. 回　　想

§.452

理智作为直观开始回想时就把感觉的内容设定到它的内在性里,即它自己的空间和它自己的时间里。这样,内容就是 αα) 意象,即摆脱了自己起初的直接性和相对于他物的抽象个别性,作为被接受到了一般自我的普遍性中的内容。意象不再具有直观所有的完全的规定性,并且是任意的或偶然的,总的说来是孤立于外部的地点、时间和直观所处的直接联系。

〔附释〕　由于理智按其概念是自为存在着的无限的观念性或普遍性,所以理智的空间和时间就是普遍的空间和普遍的时间。因此,当我把感觉的内容设定到理智的内在性中并由此而使之成为表象时,我就把这个内容从时间和空间的特殊性提取出来,内容本身在其直接性中是系在这种特殊性上的,而我在感受中和在直观中,也是依赖于这特殊性的。由此首先推知,对于感受和直观来说事情的直接在场是必要的,而我则相反地无论我在哪里都能表象某物,甚至这某物按外部空间和外部时间说是离我最遥远的。其次,但从上面所讲的却表明,一切发生的事情只是由于它之被接受到表象着的理智里对于我们来说才得到持续性,——相反地那些被理智认为不值得这样接受的事件则成为某种完全过去了的东西。可是被表象的东西只有靠牺牲被直观东西的直接的、就一切方面而言都不变地规定了的个别性的明晰和新鲜才获得那种不可消失性;直观在成为意象时就变暗淡和模糊了。

说到时间,那么在这里关于时间在表象中所获得的那种主观的性格还可以看到:在我们直观许多东西时,时间在直观中对我们就变短,而当缺乏给予的材料迫使我们去沉思我们的无内容的主观性时,时间则相反地变长,但在表象里则相反,我们在里面以各种不同方式忙忙碌碌的那些时间对我们就显得长,而我们在里面不很忙碌的那些时间在我们看来就好像短。在这里,即在回想中,我们注意于我们的主观性、即我们的内在性,并且按照这内在性对于我们所具有的兴趣来规定时间的尺度。在那里,即在直观中,我沉浸在对事情的观赏中;当时间充满一种不断交替的内容时,我们就觉得它短,相反地,当时间的千篇一律性不为任何东西所打断时,我们就觉得它长。

§.453

ββ）意象就其自身是暂时的,而理智自身作为注意则是意象的时间、也是它的空间,是它的何时和何地。但理智不仅仅是意识和定在,而且作为理智是其种种规定的主体和自在。意象这样地被内在化在理智里,就不再是实存着的,而是无意识地被保存起来了。

〔说明〕　把理智理解为这种黑夜的矿井,在它里面保存了一个无限多意象和表象的世界,而这些意象和表象又不在意识里,这样的理解一方面是普遍的要求,即要求把概念理解为具体的,例如,像胚芽一样,胚芽以潜在的可能性肯定地包含着在树的发展中才达到实存的一切规定性。正是不能理解这种自身具体的、却仍然是简单的普遍东西,导致了有关特殊的表象是保存在特殊的〔神经〕纤维和区域里的言论;据说不同的东西本质上甚至都有一种个别的空间性的实存。——胚芽只有在另一个胚芽、即果实的胚芽里,才从实存着的诸规定性回复到它的简单性里去,即重新回复到自在存在的实存去。但是,理智作为理智是在其发展中自己向自己内在化着的自在存在的自由实存。所以,另一方面,理智必须理解为这种无意识的矿井,即实存着的普遍东西,其中不同的东西还没有作为分立的建立起来。确切地说,这个潜在就是表象活动中呈现出来的普遍性的第一个形式。

〔附释〕　意象是我自己的东西,它属于我;但起初意象与我还没有任何其他的同质性,因为意象还没有被思维,还没有提升进入合理性的形式;在它和我之间其实还存在一种来自直观观点的、不真正自由的关系,按照这种关系我只是内在的东西,而意象则是外在于我的东西。因而我起初还没有充分的力量支配那些沉睡在我的内在性的矿井中的种种意象,还不能任意地重新唤出这些意象。没有人知道,有何等无限量的过去的意象沉睡在它里面;它们虽然时而偶然地觉醒过来,但我们不可能,——如人们说的,——想起它们。所以,种种意像只以一种形式上的方式是我们自己的。

§.454

γγ）这种抽象地被保存起来的意象为了它的定在需要一种定在着的直观；严格的所谓回想是意象与一个直观相联系，更确切地说是把直接的个别的直观包摄于就形式而言的普遍东西，即包摄于是同一个内容的表象；以致理智在某个感受及其直观中就是内在于自己，并认识到它们已经是它自己的，同时理智知道，它的最初仅仅内在的意象，现在也是直观的直接意象，并凭借这样的直观而是经过证明了的。在理智的矿井中曾只是理智的所有物的意象，现在有了外在性的规定，也还是理智所有。意象因此就同时被设定为能够同直观区分开的和能够同它沉没在里面的单纯的黑夜分离开的。这样，理智就是那种能够把它的所有物表示出来和为了这所有物在理智里面实存而不再需要外在直观的力量。内在意象同被回想起来的定在的这种综合就是本来意义上的表象，因为内在东西借助于这个定在现在也有了能够被提到理智面前和在理智中拥有定在的命运。

〔**附释**〕　在我们内心的黑暗深处隐藏着的过去的意象成为我们现实的所有物，是由于它们以同样内容的一种定在着的直观的明亮而生动的形象出现在理智面前，以及我们在当前直观的帮助下认识到它们是我们已经拥有的直观。例如，有这样的情况，一个人的意象在我们心灵里已经完全暗淡了，而一旦他本人被我们重新看见，我们就从千万人中认识出他来。所以，如果我要把某物保存在记忆里，那我就必须反反复复地拥有对它的直观。最初这个意象之被重新唤醒与其说是通过我自己，倒不如说是通过相应的直接的直观。但是，通过多次这样的重新唤起，这意象在我里面就得到一种如此大的生动性和在场性，以致我们为了想起它而不再需要外部的直观。儿童就是在这条道路上从直观走到记忆的。一个人越是受过教育，就越不生活在直接的直观中，而是——尽管他有那么多直观——同时生活在种种记忆中，以至于他很少看见彻头彻尾新的东西，大部分新东西的实体性内容对于他宁可说已经是某种熟悉的东西。同样地，一个受过教育的人首先是满足于他的意象，很少感到对直接直观的需要。相反地,好奇的大众总是一再拥向那有什么东西必须目瞪口呆地盯着看的地方去。

2. 想　象　力

§. 455

αα)在这种占有中活动的理智就是再生的想象力,即种种意象从那个作为支配它们的力量的自我的自己内部产生出来。诸意象的最切近的联系是其一起被保存起来的外部直接空间和时间的联系。——但是,意象在保存它的主体里只有个体性,它的内容的种种规定在这种个体性里都是结合在一起的;意像的直接的,即起初只是空间性和时间性的、主体以之作为直观活动中一个单位的凝结,则相反地松散开了。再生出来的内容,作为从属于理智与自身同一的统一性的和从理智的普遍性矿井中提取出来的,则有一个普遍的表象充当诸意象、即按通常情况更为抽象或更为具体的诸表象的联想性的联系。

〔说明〕　所谓观念联想律是饶有兴趣的,特别是在与哲学衰落同时的经验心理学的兴盛时期。首先,那些被联合(联想)起来的并不是什么观念(理念)。其次,这些联系的方式绝不是规律,之所以这样,正是因为关于同一个事情有那么许多的规律,由此出现的倒是规律的反面,即任意和偶然性;起结合作用的是否是一个意象东西或一个知性范畴,如相等和不相等,理由和后果等等,这是偶然的。按照起联想作用的想象所作出的意象和表象上的进展一般说来是无思想的表象活动游戏,在这种游戏中理智的规定还是形式上的一般普遍性,而内容则是在意象中给予的内容。——意象和表象,撇开上面提到的较为确切的形式规定不谈,按照内容它们的区别是由于:意象是感性-具体的表象;而表象——内容可能是一个意象式的东西或概念和理念——则一般地具有这样的性格:尽管是一个属于理智的东西,但按其内容来说却是一个给予的东西和直接的东西。表象仍然还是摆不脱存在,即理智发现自己受其规定的东西,而那种

263

材料通过表象活动得到的普遍性还是抽象的普遍性。表象是理智提升的推论中的中项;是自相联系的两种意义、即存在和普遍性的连结,而存在和普遍性在意识中是被规定为客体和主体的。理智用普遍性的意义来补充被发现的东西,而却用理智自己所设定的存在的意义来补充自己的东西,即内在的东西。——关于表象和思想的区别参阅导论§.20附释。

　　发生在普遍表象由以被产生出来的表象活动中的抽象——而诸表象本身已经在它们身上具有普遍性的形式——,常常被表达为许多相似意象的一种相互重合,并应以这种方式成为可理解的。为了这种相互重合264不完全是偶然碰巧,即无概念的东西,就必须假定相似意象或诸如此类的东西的一种吸引力,这种吸引力同时会是使相似意象的不相似之点互相磨掉的否定力量。这种力实际上就是理智本身,即与自己同一的自我,自我通过自己的回想(内在化)直接给予它们以普遍性,并把个别的直观纳入已经被内在化了的意象。(§.453)

　　〔附释〕　表象的第二个发展阶段,如我们在§.451的附释中预先指出的,就是想象力。表象活动的第一个形式,即回想之提高到想象力,是由于理智在从其抽象的自内存在涌出而进到规定性时,打破了那笼罩着其意象宝藏的黑夜般的黑暗并通意象出场的明亮清晰性消除了黑暗。

　　但是,想象力自己本身内又有它自己展开的三种形式。想象力一般说来是意象的规定者。

　　首先,可是想象力所作无他,只是促使意象进入定在。这样,想象力就只是再生的想象力。再生想象力具有一种仅仅形式上的活动的性质。其次,但是想象力不仅重新唤起存在于它里面的意象,而且使这些意象彼此相联系,并以这种方式把它们提升为普遍的表象。因此,在这个阶段上想象力表现为联想意象的活动。第三,这个范围内的第三个阶段是这样的,在这个阶段上理智使它的普遍表象与意象的特殊东西相同一,因而给予普遍表象以一种形象的定在。这个感性的定在具有象征和符号的双重形式,所以,这第三个阶段包含用象征表现的幻想和创造符号的幻想,后者形成向记忆的过渡。

再生的想象力。所以,最初的活动就是意象再生的形式上的活动。虽然纯粹思想也可以被再生;可是想象力并不与纯粹思想、而只与意象打交道。但是,意象的再生从想象力方面看是任意地发生的,并且不要直接直观的帮助。正是由于这点表象着的理智的这种形式就与单纯的回想区别开来了,回想不是这种自己能动的东西,而是需要一个当前的直观,而且是非任意地使意象显露出来。

联想的想象力。比单纯的再生更高级的一种活动就是使意象彼此相联系。意象的内容,由于内容的直接性或感性的缘故,具有有限性,即与他物联系的形式。既然我现在在这里一般地是规定者或设定者,所以我也就设定这种联系。通过这种联系理智给予意象的不是它们的客观的联系,而是一种主观的联系。但后者部分地还有相对于由此而联结起来的东西来说的外在性的形状。例如,我面前有一个东西的意象;与这个意象完全外在地联结在一起的则是有关那些我曾同他们一起谈过这个东西的人们或拥有这个东西的人们的意象等等。把意象排列在一起的常常只是空间和时间。通常的社交闲谈大都是以一种非常外在的和偶然的方式从一个表象扯到别个表象。只是当人们在谈话时有一个确定的目的时,闲谈才得到较为紧密的联系。不同的内心情绪给予每个表象以一种独特的联系,——愉快的情绪给予一种令人愉快的联系,悲伤的情绪给予一种令人悲伤的联系。这种情况还更适合于激情。甚至理智的程度也导致意象联系的差异性;因此,有才华的、机智的人在这方面也不同于普通的人;一个有才华的人探究那些含有某种纯正的、深刻的内容的意象。机智把那些虽然相距甚远而实际上有某种内在联系的表象连结起来。甚至双关俏皮话也必须列入这个范围;最深沉的激情可能沉湎于这种俏皮话;因为一个伟大的精神,甚至在最不幸的境遇下,都善于把他所遭遇的一切与他的激情联系起来。

§.456

因此,甚至表象的联想都必须理解为把个别表象包摄于一个普遍表

265

象,而普遍表象则构成诸个别表象的联系。但是,理智就它自己来说不仅仅是普遍的形式,相反地,它的内在性是自内确定的、具体的、有自己内含的主体性,这内含来自某一种兴趣、自在存在着的概念或理念,这是就可以预期地谈到这样的内容而言的。理智是支配那属于它的诸意象和表象的贮藏的力量,而这样一来就是 ββ)这个贮藏之自由联结和包摄于它特有的内容。所以,理智在自由联结中明确地向自己内在化,并使意象和表象的贮藏来想象它的这个内容,——这就是幻想,即象征性的、寓意性的或诗意的想象力。这些或多或少具体的、个体化的形象仍然是综合,只要主观的内含借以给予［自己］①一个定在的材料是来自直观所发现的东西。

〔附释〕　意象已经比直观更为普遍;然而它们还有一个感性-具体的内容,我就是这个内容与别的这样的内容的联系。但是,既然我现在把我的注意指向这个联系,那么我就达到普遍的表象,或达到这个词的严格意义上的表象。因为诸个别表象借以彼此相联系的那个东西正在于它们共同的东西。这个共同的东西要么是对象的某一个提高到普遍性形式的特殊方面,例如,玫瑰花身上的红色,要么是具体的普遍,即类,例如,在玫瑰花那里,就是植物,——但在每一种情况下都是一个表象,这个表象的成立是由于一种从理智出发的、对对象多种多样规定的经验性联结的一种分解。在产生普遍的表象时理智采取的态度因而是自动的;因此,那是一个愚蠢的错误:认为普遍表象的产生是——没有精神的助力——由于许多相似表象彼此相重合,例如,玫瑰花的红色寻找我头脑中存在的其他意象的红色,就这样地给我作为仅仅的旁观者提供了红色的普遍表象。属于意象的更为特殊的东西当然是一种给予的东西;但是对于意象的具体个别性的分析和由此而产生的普遍性的形式,如已指出的,是来自于我自己。

---

①　理论版编者增加,意为"自己(sich)",应删去。——译者

　　附带地说,人们常常称抽象的表象为概念。弗里斯哲学①主要就是由这样的表象构成的。如果主张我们通过这类表象达到真理的知识,那就必须说,事实恰好相反,因而深思熟虑的人在坚持意象的具体东西时,就有理由拒绝这种空洞的学院智慧。这点我们在此毋需再讨论。同样地,在此我们也不涉及内容的更为精确的性状,不管这内容是来自外部事物还是来自理性的东西,即法的、伦理的和宗教的东西。相反地,在这里这只不过一般地关系到表象的普遍性。我们有必要从这个观点出发谈论下面这点。

　　在我们在此所处的主观范围内,普遍表象是内在的东西,而意象则相反地是外在的东西。这两个在这里相互对立的规定最初还是彼此分开的,但在它们的分离中都是某种片面的东西。前者缺乏外在性,即形象性,后者没有提高到表达一个确定的普遍东西。这两方面的真理就是它们的统一。这个统一,即普遍东西的形象化和意象的普遍化之成立,更确切地说是由于普遍的表象不是与意象结合为一个中性的、或者这么说,化学的产物,而是作为支配意象的实体性的力量实现自己和证实自己,也就是使意象作为偶性东西从属于自己,使自己成为意象的灵魂,在意象中成为自为的、内在化自己、显示自己本身。在理智产生普遍东西和特殊东西、内在东西和外在东西、表象和直观的统一、并以这种方式把在直观中存在的总体重建为一个证实了的总体时,表象的活动,就其为创造性的想象力而言,就在自己本身内完成了。这种想象力构成艺术的形式的方面;因为艺术是在感性定在的、即形象的形式中表现真正普遍东西或理念。

267

———————————

　　① Jakob Friedrich Fries(1773—1843),理性的新批判,1807。——理论版编者[弗里斯,德国哲学家,先后任海德堡大学、耶拿大学教授,主要受康德的影响,以及耶可必的影响。捍卫批判主义,但抛弃康德的先验方法,企图代之以经验心理学的方法:先天知识事实上存在,但必须通过内在经验去发现和说明。主要著作:《知识、信仰、制裁》(1805)、《理性的新批判》(1828)、《实践哲学手册》(1818)等。——译者]

§.457

理智在幻想中,在其取自它自身的内含具有形象的实存的范围内,在成为自我直观时就完成了。理智的自我直观活动的这个产物是主观的;本身还缺少存在着的东西的环节。但是在这产物的内在内含和材料的统一中理智就自在地回复到了作为直接性的同一的自相联系。正如理智作为理性是从把在自身中发现的直接东西据为己有(§.445,参阅§.455附释),即把它规定为普遍东西出发一样,那么理智的行动作为理性(§.438)则是从现在的这个点出发而指向于把在理智中作为具体的自我直观而完成了的东西规定为存在着的东西,就是说使自己本身成为存在,成为事实。在这种规定中行动,理智就是表现着自己的、产生着直观的,——即是 γγ)创造着符号的幻想。

〔说明〕 幻想是普遍东西和存在、自己的东西和被发现的东西、内在东西和外在东西在那里完全被实现为一的中心点。直观、回想等的先行的综合都是一些同样因素的结合;但它们是综合;只有在幻想中理智才不是作为模糊的贮藏和普遍东西,而是作为个别性,即作为具体的主观性,在这主观性里面自相联系才既被确定为存在,又同样被确定为普遍性。幻想的产物到处都被承认是精神的自己东西或内在东西和直观东西的这样一些结合;幻想产物的更进一步确定的内容则属于别的领域。在这里这个内部工场只能按照那些抽象的成分来理解。——幻想作为这种统一的活动就是理性,但只是形式上的理性,因为内含对于幻想本身漠不关心,而理性作为自身则确实把内容规定为真理。

还必须特别强调的一点是,既然幻想使内含成为意象和直观这点被认为表达的是幻想把这内含规定为存在着的,那么下面这个说法看来也必定不会使人们感到惊奇:理智使自己存在着,使自己成为事实;因为理智的内含就是它自己,并同样是它给予这个内含的规定。由幻想所产生的意象只是主观上直观的;在符号里幻想才补充上真正的可直观性;在机械的记忆里幻想才在可直观性上完成存在这个形式。

〔**附释**〕　正如我们在前节附释中所看见的,在幻想中普遍表象是那 269
种在意象中给予自己以客观性并由此而证实自己的主观东西。可是,这
种证实本身直接地还是一个主观的证实,只要理智最初还是尊重意象的
被给予的内容,在使其普遍表象形象化时还是依照这个内容。我们把理
智的按照这种方式还是有条件的、仅仅相对自由的活动称之为象征性的
幻想。这种幻想为了表达其普遍表象只选择那种其独立的意义与必须加
以普遍化的普遍东西的确定内容相称的感性材料。例如,朱庇特①的力
量通过鹰来表现,因为鹰被认为是强有力的。——寓意更多地通过种种
细节的总体来表达主观的东西。——最后,诗意的幻想虽然在运用材料
上比造型艺术更自由些;但它必然只有选择那些与所要表现的理念的内
容相适合的感性材料。

但是,理智必然从在象征中存在的主观的、由意象所中介的证实前进
到普遍表象的客观的、自在自为地存在着的证实。因为,既然必须加以证
实的普遍表象的内容在用作象征的意象的内容里自己只与自己本身相结
合,所以那种证实,即那种主观东西和客观东西的统一的间接性的形式就
转化为直接性的形式。因此,通过这种辩证的运动普遍表象就达到这一
步:为了自己的证实不再需要意象的内容,而是自在自为地证实自己本
身,因而是直接有效的。因为现在摆脱了意象内容的普遍表象在一种由
它任意选择的材料中使自己成为可直观的东西,这样它就产生出那个我
们必须称之为符号的东西,以确定地区别于象征。符号必须被宣布为某
种伟大的东西。如果理智用符号标明某物,那么理智就同直观的内容断
绝了关系而赋予感性材料一种它所陌生的意义作为灵魂。例如,一个帽
徽,一面旗帜或一座墓碑,就意味着某种完全不同于它们直接显示的东
西。这里出现的感性材料与一个普遍表象的联结的任意性,其必然的后
果就是人们必须先学习符号的意义。这尤其适合于语言符号。

---

①　Jupiter,古罗马和意大利的主神,相当于希腊的宙斯,是天空的主宰,被尊为罗马
皇帝的保护神。——译者

§．458

在这种从理智出发的独立表象和一个直观的统一中,直观的质料起初完全是一个被接受的东西,某种直接的东西或给予的东西(例如帽徽的颜色等等)。但是,直观在这种同一性中并不被认为是确实的和自己本身,而是代表着某种别的东西。直观是一个意象,这个意象把理智的一个独立表象作为灵魂、作为它的意义接受到自己里面。这个直观就是符号。

〔说明〕　符号是任何一个这样直接的直观,它代表着一种完全不同于它自身所具有的内容;——它是其中放进和保存了一个外来灵魂的金字塔。符号不同于象征,即不同于这样一种直观,它自己的规定性按其本质和概念或多或少就是它作为象征所表达的内容;与此相反,在符号本身那里直观的自己的内容与它作为其符号的内容彼此毫无关系。因此,理智作为用符号进行标记的活动,比起它作为用象征进行表示的活动来,表明在使用直观上有一种更为自由的任意和支配权。

通常符号和语言是在某一个地方作为附录包括在心理学里或甚至逻辑学里,而没有思考到它们在理智活动的系统中的必然性和联系。符号的真正位置就是上面所指出的,即作为直观着的、产生时间和空间的形式的理智,却表现为接受感性的内容和从这个材料中给自己形成表象,现在则从自己里面给予其独立的表象以某种确定的定在,把充满了的空间和时间,即直观当作它自己的来运用,清除掉直观的直接的和特有的内容,而给予它一个另外的内容充当意义和灵魂。——这种创造符号的活动可以特别地称之为创造性的记忆(最初抽象的尼摩西尼①),因为记忆在日常生活中常与回想,甚至与表象和想象力混淆地和同义地加以使用,它一般说来是只同符号打交道的。

---

①　Mnemosyne,希腊神话中提坦女神之一,原为记忆的化身,后来成为记忆女神,与宙斯生缪斯女神(希腊神话中司诗歌、艺术和科学的女神,共有九位)。——译者

§. 459

直观作为直接的最初是一个给予的东西和空间性的东西,而直观只要当作一个符号来使用,就得到这个本质的规定:只作为被扬弃的而存在。理智就是直观的这种否定性;所以,作为一个符号的直观的真正形状是一个时间中的定在,——定在在其存在瞬间的一种消逝,而按照这定在进一步的外在的、心灵的规定性来看则是一种由理智根据其(人类学的)特有的自然性产生出来的、设定起来的存在,即声音,也就是正在表明自己的内心的足够的表示。为着种种特定的表象而进一步清晰发音的声音,即话语和话语的系统,即语言,就给予感受、直观、表象以一个比其直接的定在更高级的第二个定在,总而言之给予它们以一种在表象活动的领域里有效的实存。

〔说明〕　语言在这里只是就特有的规定性、即作为理智在一种外在因素中显示其表象的产物才在加以考虑之列。如果要以具体的方式来处理语言的话,那么就其材料(词汇方面)而言就必须回想起人类学的、进而心理-生理学的观点(§. 401),就形式(语法)而言就必须预想到知性的观点。对于语言的基本材料来说一方面单纯偶然性的观念已经销声匿迹了,另一方面模仿的原则则局限于其很小的范围,即发声的对象。可是,我们还是可能听到对德国语言因其富有许多对于特别声音的特别表达而给予赞美(Rauschen〈沙沙作响〉,Sausen〈发出嗡嗡声〉,Knarren〈嘎嘎作响〉等等;人们搜集了几乎上百个这样的词;一时心血来潮又随意创造出新的来);在有意义的和无意味的东西范围内的这种丰富不能认作是应当构成一种文明语言的财富的。语言所特有的基本原料本身与其说是建立在与外部对象相联系的记号表示法上,倒不如说是建立在内部的记号表示法上,就是说建立在仿佛是作为身体语言表现的姿势的人类学发音动作上。所以人们就曾为每个元音和辅音,以及其抽象的音素(唇的姿势、颚的姿势、舌的姿势),然后为它们的种种结合,寻找出特有的意义。但是,这些无意识的、模糊的发端由于其他的各种外在情况和文化需

272

要而被改变成为不起眼的和无足轻重的东西,主要的是由于它们作为感性直观本身[被]①降低为符号,而这样一来它们固有的原始意义就变得萎缩和被磨灭了。但是,语言的形式方面则是知性的工作,知性把它的范畴灌注到语言里;这种逻辑的本能就产生了语言的语法。关于那些人们在近代才开始全面熟悉的原始遗留下来的语言的研究,在这方面已经显示出,它们含有一种非常细致的语法并表达出一些在文化较高的民族语言中所缺乏的或已被弄得辨认不清的区别;好像文化最高的各民族的语言有较不完善的语法,而同一种语言在这个民族较不文明的状态时期,比起在其更高文化的状态时期来,具有一种更为完善的语法。参阅威·冯·洪堡先生关于双数的论文[柏林,1828]②第 1 部分,第10、11 节。

273　　在谈到作为原来的语言的声音语言时也可以提及书面语言,不过在此只是附带地提到;它只是在语言的特殊领域内借助于外部实践活动的一种进一步的发展。书面语言进展到直接的空间直观活动的领域,在这个领域里它采取和产生符号(§.454)。更仔细地说,象形文字通过空间的图形来标志表象,字母文字则相反地通过声音,而声音本身已是符号。因而这种文字是由符号的符号组成的,更确切说是这样的:它把声音语言的具体的符号,即词分解为其简单的要素,并给这些要素作出记号。——莱布尼茨由于其智力而使自己受到诱惑,把一种以象形的方式形成的完备的书写语言,这种情况也的确部分地发生在字母文字那里(如我们关于数目、行星和化学元素等等的符号),作为一种各民族、特别是学者们交往的普遍书写语言看作是非常值得追求的。但是,我们却可以认为,各民族的交往其实是曾经导致了字母文字的需要及其产生(这种情况也许

---

① 理论版编者增补。——译者

② 理论版编者增补。[洪堡,Humboldt,(Karl)Wilhelm,Freiherr von(1767—1835),德国语言学家、哲学家、外交家兼教育改革家,对 20 世纪语言科学的发展有深刻的影响,曾预示探索语言—文化关系的人类文化语言学的发展。《论双数》(1828)一书被学者誉为语言形而上学。——译者]

曾在腓尼基①,而目前在广州出现过,见斯汤顿著马嘎尔尼游记②)。无论如何一种包罗万象的完善的象形语言是不能考虑的;感性对象虽然能够有固定不变的符号,但对于精神东西的符号来说,思想文化的进步,逻辑的前进发展就导致对其内部关系,并因而对其本性的见解的改变,以至于这么一来也就会出现一种另外的象形文字的规定。在感性对象那里的确已经发生了这种情况,它们在声音语言中的符号,它们的名称经常被改变,例如在化学和矿物学里。自从人们忘记名称本身是什么,就是说是本身无意义的外在形式、仅仅作为符号才有一种意义,自从人们不要本来的名称而要求一种有关定义的标志,而且甚至经常也一再按照任意和偶然来形成定义,自从这以来,名称,即只不过是由类定义的符号或其他应是特征性的属性的符号而来的组合物,就依照人们对类或其他某种据说是专有属性所形成的看法的差异性而改变。——中国人的象形文字的书面语言只适合于这个民族的精神文化的缓慢进展;这种书面语言的方式本来就只能是一个民族中保持不变地独占精神文化的那小部分人应该占有的。——声音语言的进展是最精确地与字母文字的习惯联系在一起的,通过字母文字声音语言才获得其清晰发音的规定性和纯洁性。中国声音语言的不完善性是大家都知道的;它的大量的词都有好几种完全不同的意义,甚至多至 10 个乃至 20 个,结果是在说话时只有通过重读、强度、低声地说或大声喊叫才使区别成为可觉察到的。开始学习中国话的欧洲人,在他们掌握这些无稽的音调的微妙之处以前,是会笑话百出的。在这里完美在于 perler sans accent③ 的反面,而说话无须特殊口音在欧洲是正当地要求于一个受过教育的说话者的。由于象形文字的书面语言的缘

274

---

①　Phönicien(Phoenicia),今黎巴嫩及其与今叙利亚和以色列比邻地区的古名。古代腓尼基人以海上贸易和殖民著称。其政府的最初形式似乎是由富裕商人家族操纵的王国。腓尼基人创造了以 22 个字母表音文字,由腓尼基商人传播到整个地中海地区,后为希腊人所采取,成为现代西方字母的祖先。——译者

②　马嘎尔尼伯爵的出使中国……于 1792 至 1794 年……乔治·斯汤顿先生出版。译自英文,共 3 卷,柏林,1797—1999。——理论版编者

③　法文:说话无须特殊口音。——译者

故,中国的声音语言就缺少那种通过字母文字在发音中所获得的客观确
定性。

275　　字母文字自在自为地是更为智慧的文字;在这种文字里面,词,即理
智表达其表象的特有的最相称的方式,已被带到意识之中而成为了反思
的对象。在理智这样地思考这个反思对象时词就得到分析,即这个创造
符号的活动被还原为其简单的、少量的要素(发音的原始姿势);这些要
素就是以普遍性的形式给予了言语的感性东西,这种感性东西以这种基
本的方式就同时取得了完全的确定性和纯洁性。因此,字母文字也就保
持住声音语言的好处,即在它里面如在声音语言中一样,诸表象有了严格
的名称;名称是原来的、即简单的表象的、而不是分解为其种种规定和从
这些规定合成起来的表象的简单符号。象形文字语言不是像字母文字那
样,从对感性符号的直接分析中,而是从对表象的先行分析中产生;由于
这样,于是这个思想就很容易理解了:一切表象都可以还原为它的要素,
即简单的逻辑规定,以至于从为此选择的基本符号中(如在中国的卦中
简单的直的一画和分为两段的一画)通过它们的复合就会产生出象形文
字语言来。象形文字那里对表象分析地作出记号的这种情况曾引诱莱布
尼茨认为这比字母文字更为优越,其实这种情况是与一般语言的根本需
要,即名称相矛盾的,对于直接的表象来说,不管这直接表象的内容本身
被理解为多么丰富,对于精神来说在名称上都是简单的,也必须有一个简
单的、直接的符号,这个符号作为一个存在本身并不提供什么给思考,而
只具有意指着和从感性上代表着那个简单表象本身的使命。不仅进行表
276 象的理智做这件事:既在表象的简单性那里逗留,也把它们从被分析成为
的那些抽象成分中重新结合起来;而且思维也把具体的内容从它由以成
为一个许多规定的结合的那个分析中概括成为一个简单思想的形式。对
于两者来说也都需要有这样一些关于意义的简单符号,这简单符号由一
些字母或音节组成而也分解为这样的字母或音节,但它并不表示一些表
象的一种结合。——上面提出来的是决定书面语言的价值的根本规定。
这样一来也说明了,在象形文字那里具体的精神的表象的种种联系必然

变得复杂而纷乱,而对它们的分析,这分析的最近的结果又同样必须分析,看来总归在极其多种多样的和极其不一致的方式上才是可能的。分析中的每一偏离都会引起书写名称的另一次形成,正如在近代,按照前面所作的说明甚至在感性领域中盐酸就曾以多种方式改变过它的名称。一种象形文字的书写语言要求一种同样一再停顿的哲学,如一般中国人的文化一样。

　　从所说的还可以得出,学会读和写一种字母文字必须认为是一种难以估量的、无限的教育手段,因为它把精神从感性的具体东西引导到注意更为形式的东西,即发声的词及其抽象的要素,并且在奠定主体中的内在性的基础和使其纯洁上作出重要的贡献。——已养成的习惯后来也消除了字母文字的特殊性,即为着看的利益而作为一种间接的通过可听性以达到种种表象的方法出现,并使这些表象对我们成为象形文字,以致我们在使用这些表象时无需有意识地面对声音的中介;相反地,不那么习惯于读的人则大声念所读的东西,以便在其声音中去领会它。此外,把字母文字转变为象形文字的熟练技巧始终是通过起初练会所获得的抽象作用能力,尽管有这样的熟练技巧,象形文字的阅读就自己本身而言是一种聋子的读和哑巴的写;可听见的或时间性的和可见的或空间性的,虽然各有其自己的最初都与对方有同样效力的基础;但在字母文字那里则只有一个基础,而且是在正确的关系中:可见的语言对于发声的语言只是作为符号;理智直接地和无条件地通过说话来表达自己。——表象借助于声音的更加非感性因素所有的中介性对于随后从表象活动到思维的过渡——记忆——将进一步表现出特有的重要性。

277

§. 460

　　名称作为理智所产生的直观及其意义的联系起初是一种个别的、转瞬即逝的产品,而表象作为一种内在东西与直观作为一种外在东西的联系本身就是外在的,这种外在性的内在化就是记忆。

3. 记　　忆

§. 461

理智作为记忆在对待词的直观上经历了同样的内在化（回想）的活动，正如它作为一般表象在对待最初的、直接的直观上一样（§. 451 以下）。αα）理智在使那个本身是符号的联系成为它自己的符号时，就通过这种内在化（回想）把个别的联系提高为一种普遍的、即常住的联系，在这种联系中名称和意义对于理智来说是客观地结合在一起的，并使最初是名称的那个直观成为一个表象，以致内容，即意义，和符号同一起来而为一个表象，而表象活动在其内在性里是具体的，内容则是表象活动的定在；——这就是保持名称的记忆。

〔**附释**〕　我们在三种形式下考察记忆：第一，保持名称的记忆，第二，再现的记忆，第三，机械的记忆。

第一种记忆在这里因而是这样的：我们保持名称的意义，即我们能够凭借语言符号回想起与这符号客观地联系在一起的表象。所以，我们在听到或看到一个属于某种外语的词时就能清楚地想起它的意义，但我们还是不能因此就颠倒过来给我们的表象产生出那种语言的相应的语词符号；我们学会说和写一种语言比理解这种语言要更晚些。

§. 462

这样，名称就是像在表象的领域里存在和有效的事物那样的事物。ββ）再现的记忆在名称里拥有和认识事物，而且随着事物一起就有名称，而无需直观和意象。名称作为内容在理智中的实存就是理智自身在理智中的外在性，而名称作为由理智所产生的直观的内在化（回想）同时就是理智借以在它自身内设定自己的外化。种种特殊名称的联想在于感受着的、表象着或思维着的理智的种种规定的意义，理智作为感受着的等等在自身内熟悉着这些规定的诸系列。

〔**说明**〕　有了狮子的名称,我们既不需要对这样一种动物的直观,甚至也不需要意象,反之,在我们理解这个名称时,这个名称就是无意象的、简单的表象。我们正是用名称进行思维。

不久前重新被炒热起来而又合理地被遗忘了的古人的记忆术在于,279 把名称变为意象,并就这样把记忆重新贬低为想象力。记忆力的位置为一种在想象力中固定起来、永久不变的一系列意象的画面所代替,然后给这个系列连接上必须加以死背的作品,即作品的表象系列。由于这些表象的内容和那些持久的意象的性质不同,也不管这种连接可能发生的速度如何,这种连接必然只有通过种种肤浅的、无聊的、完全偶然的联系发生。不仅仅精神受到荒诞玩意儿折磨的痛苦,而且那以这种方式背熟了的东西也正因此而很快地被忘记了,因为为了背熟任何别的表象系列反正是要使用同样的画面,因而先前与这画面连接起来的表象系列就被抹去了。通过记忆术得到的印象不像在记忆中记得的东西那样是凭记忆,即真正从内而外地,也就是从自我的深深的矿井里取出来并这样地背诵出来的,而是照着想象力的画面,这么说吧,念的。记忆术是和人们把记忆比之于想象力的成见连在一起的,好像想象力是一种比记忆更高级、更智慧的活动。其实,记忆不再与意象打交道,意象是从理智的直接的、非精神的被规定的存在,——即直观采取来的,相反地,记忆与之打交道的是一种作为理智本身的产物的定在,——即这样一种仍然是被锁入理智的内部东西①里的外部东西②,这样的外部东西只不过是内在于理智本身中的理智的外部的、实存着的方面。

〔**附释**〕　词作为发声的在时间中消失;时间因而在词上表明自己是280 抽象的,即仅仅毁灭性的否定性。但对语言符号的真正的、具体的否定性是理智,因为通过理智语言符号从一个外在东西改变为一个内在东西并被保存在这个改造了的形式中。这样词就成为一种为思想所活跃起来的

---

①　德文原文为 inwendig 的名词化,以便与下文的 auswendig 相对。——译者
②　德文原文为 auswendig 的名词化,auswendig 的另一义为"凭记忆"、"熟记"。黑格尔在此同时用了这个词的上述两种意义:"外部东西"即指"熟记的东西"。——译者

定在。这个定在对于我们的思想是绝对必要的。我们知道我们的思想，我们具有确定的、现实的思想，只是当我们给予它们以对象性的、与我们的内在性相区别的存在的形式，即给予它们以外在性的形状，更确切地说是一种这样的同时打上最高内在性印记的外在性形状的时候。一种这样内在的外在东西就只是清晰发音的声音，即词。因此，企图不用语词去思维，如梅斯梅尔①曾经尝试过的那样，看来是一种丧失理智，它几乎曾经把那位人士如他自己所承认的那样引向疯狂。但是，把思想受词的约束看作思想的缺陷和不幸，这的确是可笑的；因为，虽然通常认为不可说的东西恰好是最优越的东西，可是这种怀着自负的意见绝对没有任何根据，因为不可说的东西实际上是某种模糊不清的东西，某种发酵着的东西，这种东西只有当它能够用言语表达出来时才获得清晰性。因此，语词给予思想以其最相称的和最真实的定在。当然人们也可能不抓实质而纠缠于言词。但这不是词的过错，而是一种有缺陷的、暧昧的、无内容的思维的过错。正如真正的思想是事情一样，同样词也是如此，如果它为真正的思维所使用的话。因此，在理智用词来充满自己时，它就把事情的本性接受到自己之内。但是这种接受同时具有这样的意义：理智由此而使自己成为一种中性的东西；以至于主体性，就其与事情的区别而言，成了某种完全空虚的东西，即成了语词的空洞无物的容器，因而成了机械的记忆。可以这么说，词的过度的内在化就以这种方式转化而为理智的最高的外化。我越是与词的意义亲密无间，因而词越是与我的内在性结合为一体，词的对象性以及因而词的意义的规定性就可能越是消失不见，从而记忆本身，连同词一起，就越是成为某种丧失了精神的东西。

281

§. 463

γγ）就诸名称的联系在于意义而言，意义与作为名称的存在的联系

---

①　见［边码］第150页脚注［①］。——理论版编者

就还是一种综合,而理智在它的这种外在性中还没有直截了当地回归到自己之内。但理智是普遍东西;其种种特殊外化的简单的真理和理智所实行的据为己有就是对意义和名称的那个区别的扬弃;表象活动的这种最高的内在化是理智的最高的外化,在这外化中理智把自己设定为存在,即诸名称本身、也就是无意义的语词的普遍空间。自我就是这个抽象的存在,这样的自我作为主体性同时是支配不同名称的力量,是把名称的诸系列固定在自己里面和保持在稳定的秩序中的空虚纽带。只要这些名称是仅仅存在着的,而理智本身在这里甚至是它们的这个存在,那么理智就是这个作为完全抽象的主体性的力量,——即记忆,这个记忆由于这些系列的各项在其中彼此对立存在的完全外在性的缘故和它本身就是这个虽然主观的外在性,就被称为机械的(§195)①。

〔说明〕 大家知道,一篇文章,只有在我们不给它的词句加上任何意义时,我们才真正死记住了它。背诵这种死记住的东西因而自然是没有特别的音调的。加进去的正确音调是指向意义的;而所唤起的意义、表象就会干扰机械的联系并因而很容易使背诵陷入混乱。死记住一串词的能力,对这些词的联系没有任何理解,或者这些词本身已经是没有意义(一连串的专有名词),是极其令人惊异的,这是因为精神本质上是这个在自己本身中存在的东西,但在这里精神像在它自身里外化,它的活动是像机器一样的。但是,精神只有作为主观性与客观性的统一才在自己中; 282 而现在在记忆里,精神起初在直观中是这么外在的东西以致它发现种种规定,而在表象中则使这个被发现的东西内在化到自己中并使之成为它自己的东西,在这以后,精神作为记忆使自己在自身中成为一个外在的东西,以致它自己的东西显得是一个被发现的东西。思维的诸环节之一,即客观性,在这里作为理智自身的质被置于理智中。——显然,这就是把记忆理解为机械的活动,即一种无意义的东西的活动,与此同时它大约只有通过它的用处,或许是它对于精神的其他目的和活动的不可缺少性才得

---

① 《哲学全书·第一部分·逻辑学》(或《小逻辑》)§195。——译者

到辩护。但是,这样一来记忆在精神里所具有的它自己的意义就被忽视了。

§. 464

存在着的东西作为名称需要一个他物,即进行着表象的理智的意义,以便作为事实,即真实的客观性。理智作为机械的记忆同时是那个外在的客观性本身和意义。这样,理智就被建立起来作为这种同一性的实存,就是说,理智是自为地作为这种同一性在活动,而理智作为理性自在地就是这样的同一性。记忆以这种方式就是进到思想的活动的过渡,思想不再有任何意义,就是说,主观的东西不再是一个与客观性有差异的东西,同样内在性凭着它自身就是存在着的。

〔说明〕　我们的语言给予记忆以同思想有直接亲属关系的崇高地位①,而轻视地谈论记忆已成了成见。——青年人比老年人,并非偶然地有更好的记忆,青年人的记忆不仅是为了有用而加以锻炼,相反地,青年人有良好的记忆,因为他们还没有采取反思的态度,他们的记忆是故意地或非故意得到锻炼,为的是把他们的内心的土地平整为纯粹的存在,即纯粹的空间,在那里面事实、自在自为地存在着的内容可以没有与主观内在性的对立而持续下去和阐明自己。在青年时期,全面的才能常常与良好的记忆结合在一起。但是,这类经验性的说明无助于认识记忆本身是什么。理解记忆在理智的系统化中的地位和意义、并把握它与思维的有机联系,是迄今被忽视而实际上是精神学说中最困难的要点之一。记忆作为记忆本身是思维的实存的仅仅外在的方式,即片面的环节;从记忆到思维的过渡,在我们看来或者说自在地是理性和实存的方式的同一性,这样的同一性就导致,理性现在实存在主体中,而且是作为主体的活动;所以,这样的理性就是思维。

---

①　德语在语源学上表明"记忆"(Gedächtniβ)和"思想"(Gedanke)有直接亲属关系。——译者

γ. 思　　维

§.465

理智是再认识着的;——理智认识一个直观,只要这个直观已经是它自己的(§.454);此外在名称中认识事情(§.462);但现在在它看来它的普遍东西具有普遍东西本身和普遍东西作为直接物或存在物的双重意义,因而是真正的普遍东西,这个普遍东西是统摄着它的他物、即存在的统一。这样,理智独自就它自身而言就是认识着的;——即是说理智就它自身而言就是普遍东西;理智的产物、即思想,就是事情或实质;即主观东西和客观东西的简单的同一。理智知道,凡被思维的,都存在;而且凡存在的,只有就它是思想而言才存在(参阅§.5,§.21);——即是自为的①;理智的思维是有思想的;这些思想是作为它的内容和对象。

〔附释〕　思维是理智的第三个,也是最后一个主要发展阶段;因为在思维里面,那在直观中存在的、直接的、自在存在着的主观东西和客观东西的统一,从在表象中产生的这两方面的对立中,作为一个为这个对立所丰富了的、因而自在自为地存在着的统一重新建立了起来,这个终点因而就弯回到了那个起点。所以,在表象的立场上部分地由于想象力、部分地由于机械的记忆所产生的主观东西和客观东西的统一——尽管我在统一时克制我自己的主观性——就仍然还是某种主观的东西,与此相反在思维中那个统一就得到了一种既是主观的又是客观的统一的形式,因为思维知道自己本身是事情的本性。虽然那些不懂得哲学的人,在听到思维是存在这个命题时,就大吃一惊。然而我们的一切行动都是以思维和存在的统一的预设为根据的。这个预设是我们作为理性的、思维着的人作出的。可是必须很好区别开这两种情况:是否我们只是思维着的,或者

① "是自为的";格洛克纳本原置于前面"主观东西和客观东西的简单的同一;"之后。——译者

是否我们也知道我们是思维着的。我们无论如何都是前一种情况;相反地,后一种情况只有在我们已把自己提高到纯粹思维时才会以完善的方式发生。纯粹思维认识到,唯有它自己,而不是感受或表象,能够把握事物的真理,因而伊壁鸠鲁的主张,被感受的是真实的,必须宣布为对于精神的本性的一种完全歪曲。但是,思维当然不可以始终是抽象的、形式的思维,——因为这种思维撕碎了真理的内容——,相反地,它必须发展成具体的思维,发展成用概念进行的认识。

§.466

但是,思维着的认识同样起初是形式的;普遍性及其存在是理智的简单的主体性。思想这样就不是被规定为自在自为的,而内在化为思想的表象就此而言就还是被给予的内容。

〔附释〕　首先思维知道主观东西和客观东西的统一是一种完全抽象、不确定的统一,只是某种程度上的统一,不是充实了的统一,不是证实了的统一。因此,理性内容的规定性对于这种统一来说还是一种外在的、从而是一种给予的规定性,——而认识因而也就是形式的。但是,因为理性内容的规定性是自在地包含在思维着的认识里的,所以那种形式主义就与思维着的认识相矛盾并因而被思维所扬弃。

§.467

在处理这个内容时,思维是 1.形式上同一的知性,它把内在化了的表象精制成为种、类、规律、力等等,总而言之精制成范畴,这样做的意思是,材料只有在这些思维形式中才有其存在的真理。作为自内无限的否定性,思维是 2.本质上的划分,——判断,可是判断不再把概念分解为过去那种普遍性和存在的对立,而是按照概念特有的种种联系来区分,并且γ)思维扬弃形式规定而同时建立起诸区别的同一性;——这就是形式的理性,推论的知性。——理智作为思维着的在认识;更确切地说,1.知性根据它的种种普遍性(范畴)来解释个别东西,所以它称自己是用概念来进行认识的;2.知性在判断中把个别东西宣布为一个普遍东西(种、类);在这些形式中内容显得是给予的;3.但知性在推论中通过扬弃那种形式区别,从自己出发来规定内容。在对必然性的洞见中形式思维所还没有摆脱的最后的直接性就消失了。

〔说明〕　思维在逻辑中,是在它起初自在地存在、也是理性在这种无对立的要素中发展的时候。思维在意识中同样是作为一个阶段出现的(见§.437 附释)。在这里,当对立在精神自身的范围内已经把自己确立起来了时,理性就是作为对立的真理。——因此,思维在科学的这些不同的部分里总是一再出现,因为这些部分之不同只是由于对立的基本成分和形式,而思维则是这个唯一的中心,种种对立都回到它去就像回归到它们的真理。

〔附释〕　康德以前,在我们中间没有在知性和理性之间作出过任何确切的区别。但是,如果我们不想陷入愚蠢地抹煞纯粹思维的不同形式的模糊意识的话,那就必须在知性和理性之间确立起区别:对于理性来说,对象是自在自为地规定了的东西、内容与形式的同一和普遍东西与特殊东西的同一,而对于知性来说,对象则相反地分裂为形式和内容、普遍东西和特殊东西、一个空洞的自在和从外面来到这个自在上的规定性,——因而在知性的思维里内容对它的形式是漠不相干的,而在理性的或用概念进行的认识里内容则从自己本身产生出它的形式。 ²⁸⁶

但是,知性虽然本身具有刚才指出的缺陷,它却是理性思维的一个必要的环节。知性的活动一般说来就在于抽象。如果现在知性把偶然东西与本质东西分离开,那么它是完全正确的并且是作为它实际上应当是的那种东西出现的。因此,人们称那种追求一种重大目的的人为一个理智(知性)的人;没有知性也就不可能有坚定的性格,因为属于坚定性格的是人对于他个人的本质特性的坚持。但是,知性也可以颠倒过来赋予一个片面的规定以普遍性的形式,并因而成了具有辨别本质东西的能力的人类健全理智(知性)的反面。

纯粹思维的第二个环节是判断。理智作为知性把各种不同的、在对象的具体个别性中直接结合在一起的抽象规定扯开,并使它们与对象分离,但理智必然首先进展到把对象同这些普遍的思想规定联系起来,因而把对象看作关系,看作一种客观的联系,看作一个总体。理智的这种活动人们经常称之为理解,但这是不对的。因为根据这种观点对象还是被领会为一个给予的东西,某种依赖于某个他物的东西,为这个他物所制约的东西。那些制约着一个现象的情况在此还是被认作独立的实存。因而相互联系的现象的同一性还是一个仅仅内在的、并正因此而是仅仅外在的同一性。因此,概念在这里还不是以它自己的形态出现,而是以无概念的必然性的形式出现。

287 只有在纯粹思维的第三个阶段上概念本身才被认识到。这个阶段因而才体现出本来意义上的理解。在这里普遍东西被认识到是自己本身特殊化着的和从特殊化聚集为个别性的,或者说,这是一样的,使特殊东西离开其独立性而降低为概念的一个环节。因此,在这里普遍东西不再是一个外在于内容的形式,而是真正的、从自己本身产生出内容的形式,——即事情的自己本身发展着的概念。所以,在这个观点上思维除了自己本身,即除了它自己的、构成形式的内在内容的诸规定以外,没有任何别的内容;思维在对象中只是寻求和发现自己本身。因此,对象在这里不同于思维只不过是由于它具有存在的,即独立持存的形式。所以,思维在这里对客体只有一种完全自由的关系。

理智在这种与对象同一的思维中达到它的圆满完成,即它的目标;因为现在理智事实上是它在其直接性中仅仅本当是的东西,——即自知着的真理,也即认识着自己本身的理性。知现在构成理性的主体性,而客观的理性则被建立为知。思维着的主体性和客观的理性的这种相互渗透就是理论精神经过先行于纯粹思维的直观和表象两阶段的发展的最后结果。

§.468

理智作为理论的理智把直接的规定性据为己有,它在完全占有后,现在就是在它的所有物中了;通过对直接性的最后否定就自在地设定了:对于理智来说内容是由它来决定的。思维,作为自由的概念,现在按照内容也是自由的了。理智知道自己是内容的决定者,而这内容是它自己的,同样也是被规定为存在着的,这时的理智就是意志。

〔**附释**〕 纯粹思维起初是一种无偏见的、沉没到事情中去的行为。但这种行动也必然成为对自己本身对象性的。由于用概念进行的认识在对象中绝对地在自己本身中,所以它必然认识到,它的规定都是事情的规定,而反过来,客观有效的、存在着的规定都是它的规定。通过这种回想,即通过理智的这种走进自己,理智就成为意志。对于通常的意识来说这 288 种过渡当然不存在;在表象看来思维和意志其实是分开的。但是,事实上,正如我们刚才看到过的那样,思维是自己本身成为意志的决定者,而且前者始终是后者的实体,以至于没有思维任何意志都是不可能的,而且甚至最没有受过教育的人也只有就他已经思维过而言才有意志,而相反地,动物由于它不思维也就不能够有任何意志。

b. 实 践 精 神

§. 469

精神作为意志知道自己是在自己内给自己作出决定和根据自己来实现自己的。这种实现了的自为存在或个别性构成精神的理念的实存或实在性的方面;作为意志精神进入现实,作为知精神是在概念的普遍性的基地上。——意志作为给自己本身提供内容的,是在自己中的,即一般地自由的;这是它的确定的概念。——意志的有限性在于它的形式主义,即它通过自己得到实现的这种情况起初只是抽象的规定性,即一般说来它自己的规定性,但还不是与发展了的理性同一了的。自在地存在着的意志的使命是使自由在形式的意志里成为实存,因而形式的意志的目的就是用它的概念来充实自己,就是说,使自由成为它的规定性,成为它的内容和目的,以及它的定在。这个概念,即自由,本质上只是作为思维;意志使

自己成为客观精神的道路是把自己提高为思维着的意志，——给予自己
以它只有作为思维着①自己的意志才可能有的那个内容。

〔说明〕 真实的自由作为伦理是这样的东西：意志不是以主观的，
就是说利己的［内容］②，而是以普遍的内容作为自己的目的；但这样的内
容只在思维中而且只有借助于思维；企图把思维从伦理、宗教虔诚和合法
性等等中排斥出去，那简直是荒谬的。

〔附释〕 理智已经向我们表明了自己是从客体走进自身的、在客体
里内在化自身的和认识到自己的内在性是客观东西的精神。反过来，意
志寻求客观化它还带有主观性形式的内在性。不过我们在这里，即主观
精神的范围内，对于这种外在化只需追踪到意愿着的理智成为客观精神
的那一点为止，就是说，追踪到意志的产物不再仅仅是享受，而开始成为
事业和行动为止。

现在，实践精神的发展进程一般说来如下。

首先意志出现在直接性的形式中；意志还没有把自己建立为自由而
客观地决定着的理智，而是发现自己只是这样的客观的决定活动。这样，
α）它是实践的感觉，具有一个个别的内容，并且自身就是直接个别的、主
观的意志，这个意志虽然感到，如刚说过的，自己是客观地决定着的，但却
缺乏摆脱了主观性形式的、真正客观的、自在自为地普遍的内容。所以意
志起初只自在地或按其概念是自由的。相反地，属于自由理念的是：意志
使它的概念，即自由本身，成为它的内容或目的。如果它做到了这一点，
它就成为客观精神，就给自己建立起一个它的自由的世界，并因而给予它
的真正的内容以一个独立的定在。但是，意志达到这个目标只有通过它
去掉它的个别性，即它把它的在这个个别性里仅仅自在地存在着的普遍
性发展成为自在自为地普遍的内容。

───────────

① 第 2、3 版："denkendes（思维着的〈东西〉尼科林、帕格纳："思维着的东西)"——
格洛克纳全集本、拉松全集本、萨米迈斯特全集本："思维着的〈意志〉"。——理论版编者
② 理论版编者将格洛克纳本中的"Interesse（利益或兴趣）"校改为"Inhalt（内
容）"。——译者

意志在这条道路上跨出最近的一步是在这个时候,那时 β)它作为冲动前进到使在感觉中只是给予的其内在规定性与客观性的一致符合成为一种应当通过它才设定起来的这样一种一致符合。

继续的一步在于 γ)使特殊的冲动从属于一种普遍的冲动,即幸福。但是,这个普遍东西只是一个反思-普遍性,所以这个普遍东西始终是某种在冲动的特殊东西之外的东西,并且只有通过全然抽象个别的意志,即任意,才与那个特殊东西相联系。

幸福的不确定的普遍东西与冲动的直接的特殊性,以及任意的抽象的个别性在彼此相对的外在性中都是某种不真实的东西,所以就结合为 290 要求着具体普遍,即自由概念的意志,这个意志,如已指出的,是实践精神发展的目标。

§.470

实践精神起初作为形式的或直接的意志包含有两重的应当,即 1.包含在根据意志设定出来的规定性与因此重新出现的直接的被规定的存在,即它的定在和状态的对立中,这个对立在意识中同时发展为对外在客体的关系。2.那第一个自我决定作为本身直接的,起初没有提升到思维的普遍性中去,因而这种思维的普遍性对于那个自我决定就自在地不仅按照形式而言构成、而且按照内容而言也可能构成应当;——这样一种对立最初只是为我们的。

α.实　践　感　觉

§.471

实践精神在自己里面最初是以直接的方式,因而是在形式上有其自我决定,所以它发现自己是在其内在本性中被决定的个体性。实践精神这样就是实践感觉。由于实践精神自在地是与理性简单同一的主体性,它在实践感觉中虽然有理性的内容,但却是一个作为直接个别的、从而也是作为自然的、偶然的和主观的内容,这个内容既受到来自需要、意见等等的特殊性和来自自为地把自己与普遍东西对立起来的主观性的决定,它又同样可能是自在地适合于理性的。

〔说明〕　如果向人自己内心具有的关于正义和道德以及关于宗教的感觉、向人的善意的倾向等等、即向人心一般、也就是向就所有不同的实践感觉都结合在它里面而言的主体呼吁,那么这种呼吁就具有 1.正当的意义,即这些规定都是人的自己的内在的规定,2.而且,就把感觉与知性对立起来而言,感觉相对于知性的种种片面的抽象概念来说可能是总体。但是,感觉同样可能是片面的、非本质的、坏的。那作为被思维的东西存在于合理性形状中的合理东西是与好的实践感觉所具有的内容相同的内容,只不过是在其普遍性与必然性中,在其客观性和真理性中而已。

所以,一方面那是愚蠢的,以为好像在从感觉到权利和义务的过渡中将会失掉内容和优越性;只有这种过渡才使感觉达到它的真理。同样愚蠢的是:把理智看作对于感觉、心和意志是多余的,甚至是有害的;真理和,这样说是一样的,心与意志的现实的合理性只能在理智的普遍性中,而不能在感觉本身的个别性中发生。如果感觉是一种真实的,那它们正是由于它们的规定性,即它们的内容,而内容是真实的,这只是就内容本身是普遍的,就是说以思维着的精神为其源泉而言的。对于知性来说,困难在于摆脱它曾经给自己在诸心灵能力,即感觉和思维着的精神之间任意作出的那种分离,而达到在人里面,即在感觉、意愿和思维中,只有一个理性的看法。与此相联系的一个困难是在这个事实中发现的:仅仅属于思维着的精神的那些理念,上帝、法、伦理,也可能被感觉到。但是,感觉无非是主体的直接的、特有的个别性的形式,上述内容和任何其他客观的、意识也把对象性归之于它的内容一样,是可以放在这种个别性的形式中的。

另一方面,这是令人怀疑的,也许甚至比这更糟糕,那就是坚持感觉和心而与被思维的合理性,即权利、义务、法律作对,因为那在前者中比在后者中更多的东西,只不过是特殊的主观性、虚荣和任性。——出于同样的理由,在感觉的科学研究中,开始参与比它们的形式更多的东西和去考察它们的内容,是不恰当的,因为内容作为被思维的,其实构成在其普遍性和必然性中的精神的种种自我规定,即权利和义务。对于实践的感觉和倾向的专门考察来说剩下来的就只是自私自利的、坏的和恶的东西;因为只有它们属于那逆着普遍东西紧紧抓住自己不放的个别性;它们的内容是权利和义务的内容的反面,但正因此它们就只有在同权利和义务的对立中来获得它们的这种进一步的规定性。

§.472

实践感觉含有应当,即其作为自在存在着的、与一个存在着的个别性相联系的自我决定,而这个别性只有适合于这个自我决定才是有价值的。由于两者在这种直接性中还缺乏客观的规定,所以需要与定在的这种联系就是完全主观的和肤浅的感觉——适意或不适意。

〔说明〕 高兴、愉快、痛苦等等,羞耻、悔恨、满足等等,部分地是一般形式的实践感觉的变形,但部分地是由于它们那个构成"应当"的规定性的内容之不同。

关于世界上恶的起源的著名问题,至少就恶之首先被理解为不适意和痛苦而言,是出现在形式实践的观点上的。恶无非是存在对应当的不相适合。这个应当具有许多意义,而且由于偶然目的也同样有应当的形式,这个应当就具有无限多的意义了。就这些偶然目的而论,恶只不过是由于它们的自负的空虚和无价值而加以实施的法。这些偶然目的本身就已经是恶。——生命和精神的有限性属于它们的判断,它们在判断中具有同时作为它们自身中的否定物的从它们那里分离出去的他物,而这样它们就是那称之为恶的矛盾。在死的东西里,既无罪恶也无痛苦,因为在无机自然界中概念并不面对它的定在,而且在区别中也并不同时保持为区别的主体。可是在生命中,尤其是在精神里,这种内在的区分已经有了,因而就出现了一种应当;而这种否定性、主体性、自我、自由就是恶和

293

痛苦的原则。——雅各·波墨①曾把我性理解为痛苦和苦痛,同时又理解为自然和精神的泉源。

〔附释〕 虽然在实践感觉里意志具有与自己本身简单同一性的形式,但在这种同一性中已经有差异存在;因为实践感觉知道自己尽管一方面是客观有效的自我决定,是一个自在自为地有规定的东西,但同时另一方面是直接地或为外部所决定的,是从属于外来影响的异己规定性的。因此,感觉的意志就是它的从外部来的、直接的被决定状态和它的由它自己的本性所设定的被决定状态的比较。由于后者具有应当是的那种东西的意义,所以意志就要求外来影响与那个应当是的东西相一致符合。这种一致符合就是适意,不一致符合就是不适意。

但是由于外来影响被联系到的那个内心的规定性是一个本身还是直接的、属于我的自然个别性的、还是主观的、仅仅被感觉到的规定性,所以通过那种联系而实现的判断就可能只是一个完全表面的和偶然的判断。因此,在重大的事情上,某种东西对我是适意还是不适意的情况是极其无关紧要的。

可是,除去刚才讨论的那些表面的规定外,实践感觉还获得了一些进一步的规定。

294　　这就是说,其次,有这样一些感觉,由于它们的内容来自直观或表象,它们在确定性上就优越于适意和不适意的感觉。例如,属于这类感觉的有高兴、愉快、希望、恐惧、忧虑、痛苦等等。——愉快在于我的自在自为地被决定状态对某一个别事件、某一事情或某个人的个别的赞同。满意则相反地更多是一种持久的、平静而不紧张的赞同。在兴高采烈里显示出一种更加鲜明的赞同。恐惧是对于我的自身和同时对于一种威胁着要

---

① Böhme, Jakob(1757—1624),德国哲学神秘主义发展的高峰,宗教改革后理性运动中最有影响的领袖人物之一。著有《曙光》、《论神性生活的三个原则》等30多种著作。他的哲学富有深刻的辩证法思想。黑格尔在这里引用的就是波墨哲学中一个富有辩证意义的双关语:Qual按字面意思是痛苦,但他不是把它理解为外来的痛苦,而是能动的本原,即黑格尔在这里所说的自然和精神的"泉源"(Quelle)。马克思、恩格斯在《神圣家族》中也引用了波墨的这个用语。——译者

摧毁我的自身感觉的恶事的感觉。在惊恐中我感受到一个外来东西与我的肯定的自我感觉之间的突然的不一致符合。

所以这些感觉都没有任何内在于它们的、属于它们特有的本性的内容；内容都是从外部来到它们里面的。

最后，第三类感觉的产生是由于法、道德、伦理和宗教的源于思维的实体性内容也被接受到感觉的意志中来了。在这种情况发生时，我们就得与这样一些感觉打交道，它们由于它们特有的内容而彼此不同，而又通过这种内容取得了它们的合法性。甚至羞耻和悔恨也属于这一类；因为这两者照例都有某种伦理的基础。悔恨是我的行为与我的义务或甚至只是与我的优点、因而在每种情况下都是与某种自在自为地规定了的东西不相一致符合的感觉。

但是，如果我们曾经说过，最后讨论的这些感觉具有一种它们特有的内容，那么这点不可以这样来理解，好像法、伦理和宗教的内容必然会在感觉中。那种内容不是不可分离地与感觉共生在一起的，这点我们凭经验从甚至对于一个好的行为都可能感到悔恨这件事就看出来了。这也完全不是绝对必然的：我在把我的行动与义务联系起来时会陷入情感的不安和激动；我其实也可以在表象的意识中去掉那种联系并因而平静地看待事情了事。

在前面讨论的第二类感觉那里内容同样地无须进入感觉之中。一个深思熟虑的人，一个伟大的人物，可能发现某种符合他的意愿的事而没有欣喜若狂的感觉，而反过来他可能经受一种不幸而不陷入痛苦的感觉。谁陷于这类感觉，谁就或多或少受到虚荣心的束缚而把特殊的重要性放在这件事上：恰恰是他，即这个特殊的自我，遭受到或者一种好运，或者一种不幸。 295

β. 冲动和任意

§. 473

实践的应当是实在的判断。存在着的规定性对于需要的直接的，仅仅是碰上的适合性,对于意志的自我决定来说是一个否定和对它不适合的。为了意志,就是说普遍性和规定性的自在地存在着的统一自己满意,就是说成为自为的,它的内在决定和定在的适合性就应当由它来建立。意志按照内容的形式起初还是自然的意志,即作为与它的规定性直接同一的意志,这就是冲动和倾向;但是,只就实践精神的总体全神贯注于被设定总是带有对立的许多受限制的决定中的单独某一个决定而言,[它就是]①热情。

〔附释〕　在实践感觉中直接的影响是否与意志的内在规定性相一致符合,这是偶然的。这种偶然性,即这种对于一种外在客体性的依赖状态,是与那个认识到自己是自在自为有规定的东西、知道客观性是包含在它的主观性中的意志相矛盾的。因此,这个意志不可能停止在把它的内在规定性与一个外在东西相比较上和只是去发现这两方的一致符合上,相反地,它必须前进到把客观性建立为它的自我决定的一个环节,因而亲自产生出那种一致符合,即它的满足。通过这种方式意愿着的理智就发展成为冲动。冲动是一种主观的、给自己本身提供客观性的意志决定。

冲动必须与单纯的欲望区别开。如我们在§.426中看见了的,欲望属于自我意识,因此是站在主观东西和客观东西之间尚未克服的对立的观点上的。它是个别东西并为个别的、一时的满足寻找个别东西。相反地,冲动由于是意愿着的理智的一种形式,就从主观东西和客观东西的扬弃了的对立出发,并包括一系列的满足,——因而包括某种整体东西、普遍东西。但同时冲动作为来自实践感觉的个别性和只构成对这种个别性的第一个否定,就还是某种特殊的东西。所以人就他沉溺在冲动里而言就显得是不自由的。

$$§.474$$

倾向和热情,同实践感觉一样,以同样一些规定作为它们的内容,并

---

①　理论版编者增补。——译者

且同样地一方面以精神的理性本性为它们的基础;但另一方面它们作为属于还是主观的个别的意志,是带有偶然性的,而且它们作为特殊的看来是外在地、因而是按照不自由的必然性来对待个人和相互对待的。

〔说明〕　热情在其规定中包含这么一点,就是它局限于意志决定的一种特殊性,个人的全部主观性都沉溺在这种特殊性里,而不管那个决定的内含是什么。而由于这种形式上的性质,热情就既不是好也不是坏;这种形式只表达出:一个主体把他的精神、才能、性格、享受的全部生气勃勃的兴趣都投入到一个内容中去了。没有一件伟大的事情是没有热情而被完成的,它也不能没有热情而被完成。只有僵死的,甚至虚伪的道德才肆意非难热情的形式本身。

但是,谈到倾向就直接提出了问题:哪些倾向是好的,哪些倾向是坏的,同样,直到什么程度好的仍是好的,而且既然倾向有许多而彼此相对都是特殊的,那么它们如何不能不受到至少相互的限制,因为它们毕竟是在一个主体里,而且按照经验不会所有倾向都能得到满足。首先这许多冲动和倾向的情况是和心灵力量的情况一样的,种种心灵力量的集合应 ²⁹⁷ 该就是理论精神——这样一种集合现在由于大量的冲动而扩大了。冲动和倾向的形式上的合理性只在于它们的这样一种普遍的冲动:不是作为主观东西存在,而是通过主体本身的活动扬弃主观性而得到实现。它们的真正合理性不能在一种外在反思的考察中出现,这样的考察是以独立的自然规定和直接的冲动为前提的,因而缺少适合于它们的一个原则和最后目的。但是,正是精神本身的内在反思超出了它们的特殊性和它们的自然的直接性,并给予它们的内容以合理性和客观性,在这个内容中它们是作为必然的关系,即权利和义务。正就是这种客观化揭示出它们的内含,以及它们的相互关系,总而言之它们的真理;正如柏拉图以一种真正的理解,甚至就他把精神的全部本性都包括在精神的正义之下而言,指出了的那样:自在自为的正义是什么,只能在正义的客观形象中,即在国家作为伦理生命的结构中体现出来。

因此,对于什么是好的、合理的倾向及其隶属关系的研究,就转变为对于精神在它作为客观精神发展时所产生的那些关系的陈述；——在这样一种发展中自我决定的内容就失去了偶然性和任意性。因此，关于冲动、倾向和热情的真正内含的讨论，本质上就是关于法的、道德的和伦理的种种职责的学说。

§. 475

298　　主体是满足冲动的活动，即形式上的合理性的活动，也就是把就其为目的而言的内容的主观性转变为主体在其中自己与自己结合起来的客观性的活动。如果把冲动的内容作为事情与使之实现的这种活动区别开，那完成了的事情就包含着主观个别性及其活动的因素，这就是兴趣。因此，没有什么东西是没有兴趣而完成了的。

〔说明〕　一个行动是主体的一个目的，而它同样地是主体实现这个目的的活动；一般说来行动起来只是由于主体以［甚至］①最不谋私利的方式在行动这种情况，就是说，只是由于他的兴趣。——人们一方面把对天然幸运的乏味梦想跟冲动和激情对立起来，通过这种天然的幸运种种需要就应得到它们的满足，而无须主体的那种产生出直接实存与其内心决定之间的适合性的活动。另一方面则尤其是把为义务而义务、即道德性跟冲动和激情对立起来。但是，冲动和激情不是别的，而只是主体的活力，主体自己就是依照这个活力而处于它的目的及其实现之中的。伦理的东西涉及内容，内容本身是普遍东西，没有行动的东西，而要在主体那里才有自己的实行者。内容内在于这个实行者里面，这就是兴趣，而要求着全部起作用的主体性的就是热情。

〔附释〕　甚至在仅仅以其概念、即自由为其内容的最纯粹的法的、伦理的和宗教的意志里，也同时包含有成为这一个个体，成为一个自然个体的个别化。个别性的环节必须在甚至客观目的的实现中得到满足；我作为这个个体不希望、也不应当在目的的实现中毁灭。这就是我的利益。

―――――――――――
① 理论版编者增补，意为"auch（甚至）"应当删去。——译者

这种利益不可以与利己主义混淆起来;因为比起客观的内容来利己主义更喜欢其特殊的内容。

§.476

意志作为思维着的和自在自由的,把自己本身同诸冲动的特殊性区别开来,并把自己作为思维的简单主体性置于诸冲动的多种多样的内容之上;这样它就是反思着的意志。

§.477

冲动的这样一种特殊性按这种方式就不再直接是,而是只有在意志与它相结合并从而赋予自己以确定的个别性和现实性时,才是意志自己的特殊性。意志站在诸倾向之间进行选择的立场上,就是任意了。

§.478

意志作为任意是自为自由的,因为它作为对其只不过是直接的自我决定的否定性是自内反思了的。可是,就它的这种形式上的普遍性在其中决定自己成为现实性的那个内容还只不过是冲动和倾向的内容而言,它在现实上仅仅是主观的和偶然的意志。意志在一种特殊性中实现自己,而在它看来这特殊性同时是微不足道的;它在这特殊性中得到一种满足,而它同时就摆脱那个特殊性,意志作为这种矛盾首先就是用另外一种倾向或享受来赶走和取消一种倾向和享受、和用另外一种满足来赶走和取消一种同样不是满足的满足的直到无限的过程。但是,诸特殊的满足的真理是普遍的满足,思维着的意志使这普遍的满足作为幸福成为自己的目的。

γ. 幸　　福

§.479

在这个通过反思着的思维所产生的一种普遍满足的表象里,种种冲

动按照其特殊性而被设定为消极的,并且应当部分地为着那个目的一个
300 接着另一个地被牺牲,部分地直接为这个目的而全部或部分地被牺牲。
一方面,这些冲动的相互限制是质的规定和量的规定的一种混合;另一方
面,由于幸福只有在冲动中才有肯定的内容,决定就在那些冲动中,而把
幸福放在什么上面,那必须作出最后决定的正是主观的感觉和愿望。

<h2 style="text-align:center">§.480</h2>

　　幸福是内容的仅仅被表象的、抽象的普遍性,这普遍性只是应当存在
的。但是,那既存在又同样被取消的特殊规定性和那在幸福中既给予又
同样不给予自己一个目的的抽象个别性、即任意,这两者的真理是意志在
它自身上的普遍的规定性,也就是它的自我决定本身,即自由。任意以这
种方式就是仅仅作为纯粹主体性的意志,这种主体性由于它只把那个无
限的规定性、即自由本身作为自己的内容和目的而同时是纯粹的和具体
的。在意志的自我决定的真理中概念和对象是同一的,在这样的真理中
的意志——就是现实自由的意志。

<h2 style="text-align:center">c. 自 由 精 神</h2>

<h2 style="text-align:center">§.481</h2>

　　现实的、自由的意志是理论精神和实践精神的统一;自由意志是那个
自为地是自由意志的自由意志,因为迄今为止的实践内容的形式性、偶然
性和局限性都已经自己扬弃了。通过那曾包含在里面的中介过程的扬
弃,意志就是由它自己建立起来的直接的个别性,但这个别性同样是被纯
化为普遍的规定、即自由本身了。意志有这个普遍的规定作为它的对象
301 和目的,是在它思维自己,知道它的这个概念,即是作为自由理智的意志
的时候。

§. 482

知道自己是自由的并要求自己是它的这个对象的精神,就是说具有以自己的本质作为使命和目的的精神,首先总的说来就是理性的意志,或自在地是理念,因此就只是绝对精神的概念。理念作为抽象的理念又只是在直接的意志里实存着的,[它]①是理性的定在方面,即作为对构成其内容和目的的那个使命的知的个别意志,而个别意志只不过是这个使命的形式的活动。所以,理念只出现在这样的意志中:它是有限的,但却是发展理念和将理念自己展开的内容作为定在建立起来的活动,而这个定在作为理念的定在就是现实,——这就是客观精神。

〔说明〕 人们对于任何理念都没有像[对于]②自由的理念那么一般地熟知的了,以致这个理念是暧昧的、多义的、能够遭到、并因此而实际上遭到了各种最大的误解的,也没有任何理念是那么少有意识地流行的。由于自由的精神是现实的精神,所以对于它的误解就有最严重的实践上的后果,如果个人和民族一旦在思想中把握了自为存在着的自由的抽象概念,那除此之外就没有什么别的东西会拥有这种不可制胜的力量,这恰好是由于自由是精神的本质,更确切地说是精神的现实本身。整整几个大陆,非洲和东方,从来不曾有过这个理念,现在也还没有;希腊人和罗马人,柏拉图和亚里士多德,甚至斯多亚派③都不曾有过它;相反地,他们只

---

① 理论版编者增补。——译者

② 同上。——译者

③ Stoiker,古希腊奴隶制衰落时期产生和形成的哲学派别,一直延续到罗马帝国时期。创始人为塞浦路斯的芝诺,他大约从公元前 294 年起在雅典的一条有壁画的长廊下办学,故被称作"画廊学派"(音译即斯多亚学派)。斯多亚派的哲学是和伊壁鸠鲁派的哲学直接对立的,主张永恒不变的自然规律是神决定的,它们是不管人同意还是不同意都必须服从的"天道"、"命运";人通过理性思维可以认识自然规律,从而自觉地服从"天道"或"命运";自觉地顺应自然,服从命运的生活即是道德的生活,也才是幸福的生活("美德即幸福");而这也就是真正自由的生活。黑格尔在正文中所说的"有智慧的人甚至作为奴隶和在枷锁中都是自由的"即是斯多亚派的观点。——译者

知道,人由于出身(作为雅典、斯巴达等等的公民)或由于性格刚强、教育、哲学(有智慧的人甚至作为奴隶和在枷锁中都是自由的)而是现实地

302　自由的。这个理念是通过基督教来到世上的,按照基督教,个人作为个人有无限的价值,因为他是上帝的爱的对象和目的,因而注定对于作为精神的上帝有其绝对的关系,并且有这个精神住在自己之内,就是说,人自在地注定达到最高的自由。如果人在宗教本身中知道与绝对精神的关系是他的本质,那么此外他就能清楚地想起神圣的精神也是进入世俗实存的范围的,作为国家、家庭等等的实体。这些关系是由那个精神造成并与它相称地建构起来的,同样地,由于这样的实存伦理的意向就成为存在在个人之内的,而个人于是在这个特殊实存的范围内,在当前的感受和意愿的范围内就是现实地自由的。

　　如果关于理念的知,就是说关于人,即人的本质、目的和对象是自由的这种知是思辨的;那么这个理念本身作为理念就是人的现实性,——不是他们因此而有现实性,而是他们是[现实性]①。基督教已经使这在它的信徒中成为他们的现实性,例如,不是奴隶;如果使他们成为奴隶,如果关于他们的财产的判决是听从专断而不是由法律和法庭作出,他们就会觉得他们的定在的实体受到了伤害。正是这种要自由的意愿不再是要求其满足的冲动,而是性格,——即已成为了无冲动的存在的精神意识。——但是,这种具有自由的内容和目的的自由,本身起初只是概念、即精神和心的原则和注定发展成为对象性,即法的、伦理的、宗教的以及科学的现实。

---

　　①　理论版编者增补。——译者

第二篇 客 观 精 神

§.483

客观精神是绝对理念,但仅仅自在地存在着;由于它这样就是在有限性的基地上,其现实的合理性身上就保留着外在显现的方面。自由意志在它身上首先直接具有种种区别:自由是它的内在的规定和目的并与一个外在的遇上的客观性相联系,这客观性分裂为:具有种种特殊需要的人类学东西,种种为意识而存在的外部自然事物,以及个别意志对个别意志的关系,这些个别意志对自己作为不同的和特殊的意志都有一种自我意识;这个方面对于意志的定在来说是外部的材料。

§.484

但是,这个意志的目的活动是在外在客观的方面里去实现它的概念,即自由,这个外在客观的方面是一个为那个意志所规定的世界,以至于意志在这个世界中就是在自己本身中,是与自己本身结合在一起,概念因而完成为理念。自由在塑造成为一个世界的现实时就获得了必然性的形式,这必然性的实体性联系是诸自由规定的系统,而显现出来的联系则是作为权力,即公认的存在,就是说在意识里赢得威信。

§.485

个别意志是理性意志成为现实的直接的和特殊的要素,理性意志和个别意志的统一构成自由的简单现实性。由于自由及其内容属于思维,

304 并且自在地是普遍东西,所以内容只有在普遍性的形式中才具有它的真正的规定性。当内容对于理智的意识是在这种形式中确立起来而被规定为有威信的权力时,内容就是法律——摆脱①它在实践感觉和冲动中所有的不纯洁性和偶然性,同时不再以实践感觉和冲动的形式、而是以其普遍性被置放在主观意志里作为它的习惯、性情和性格时,内容就是风尚。

§.486

一般说来,这种实在性作为自由意志的定在,就是法或权利②,法或权利不能只理解为有限制的法律的法或权利,而是要广泛地理解为自由的一切规定的定在。这些规定作为普遍的规定应当而且只能在主观意志中有其定在,它们就主观意志而论即是它的义务,如同它们作为主观意志里的习惯和性情就是风尚一样。凡是权利也都是义务,凡是义务也都是权利。因为一个定在只有以自由的、实体性的意志为根据才是法或权利;正是这同一个内容,就它与作为主观而个别地相互区别的诸意志相关而言,它是义务。正就是这同一个内容,主观意识承认它是义务并使它在诸主观而个别的意志那里达到定在③。在这个限度内,客观意志的有限性则是权利和义务的区别的外观。

〔说明〕 在现象的领域内权利和义务首先是相关物,即对于我这方面的权利有在某个他人那里的义务与之相应。但是,按照概念,我对于一事物的权利不仅是占有,而且是作为一个人④的占有,这就是所有物⑤,

305 即合法的占有,而占有事物作为所有物,这也就是作为一个人存在,这件事被安置在现象的关系中,即与另一个人相联系的关系中,就发展为他人

---

① 第3版"法律——内容,摆脱"。——理论版编者
② 德文 Recht 有法(法制)和权利(法权)两个意义,译文依据情况或译作"法",或译作"权利",有时则译作"法或权利"。——译者
③ 拉松本的注释:"使它在别人那里作为法或权利达到定在"。——理论版编者
④ Person,指法权意义下的人。——译者
⑤ Eigentum,有所有物,财产,所有权,所有制等义。——译者

尊重我的权利的义务。一般说来,道德义务是在我作为自由主体的内心同时也是我的主观意志、我的意向的一种法或权利。但是,在道德范围内出现了那只在我里面有其定在和仅仅是主观义务的单纯内在意志规定(意向、意图)与其现实性的差别,从而出现了那构成单纯道德观点之片面性的偶然性和不完满性。在伦理范围内这两方面达到了它们的真理,达到了它们的绝对统一性,尽管义务和权利甚至好像是以必然性的方式通过中介而彼此回复到对方和相互结合起来。家长对于家庭成员的权利同样是对他们的义务,正如孩子们服从的义务是他们被教育成为自由的人的权利一样。政府的刑事司法权、行政权等等同时是政府去处分、去管理等等的义务,正如国民纳税、服兵役等等是义务,而同样是他们的私有财产和他们扎根在其中的普遍物质性生活得到保护的权利;社会和国家的一切目的都是私人自己的目的;但是,他们的义务作为权利的行使和享受而回到他们那里所凭借的那种中介的道路则产生出分歧的外貌,此外还要加上价值在交换时借以获得多种多样形态的那种方式,虽然价值本身是同一个价值。但是,这在根本上是有效的:谁没有权利,谁就没有义务,反之亦然。

划　分

306

§.487

自由意志是:

A.本身最初是直接的,因而是作为个别的自由意志,——即人;这个人给予他的自由的那个定在就是财产。法本身是形式的、抽象的法;

B.映现到自己内,以至于它在自己内部具有它的定在,并因此而同时被规定为特殊的自由意志,这就是主观意志的法,——即道德。

C.实体性的意志作为在主体中和在必然性的总体中与其概念相符合的现实性,——这就是在家庭、市民社会和国家里的伦理。

由于我在我的法［哲学］原理（柏林 1821）中发挥了哲学的这一部分，所以我在这里比起对其他部分来可以说得更简略些。

A.
法

a. 财　　产

§. 488

精神在其自身自为地存在着的自由的直接性里是个别的精神,但这个别的精神知道他的个别性是绝对自由的意志;他是人(Person),即对这个自由的自知,这个自知作为自身内抽象的和空虚的,还不是在它自己身上,而是在一个外在的事物那里有其特殊法和实现。这个事物相对于理智和专断的主体性是一个没有权利的无意志的东西,而被那主体性改变为它的偶性,即它的自由的外部范围,——即占有物。

307

§. 489

事物由于占有的判断首先在外部的强占中得到我的东西这个自身仅仅实践的谓语,但这个谓语在这里具有我把我的个人的意志放进这个事物里的意义。由于这个规定占有物就是财产,占有物作为占有物是手段,但作为人格的定在则是目的。

§. 490

在财产中人和自己本身结合起来了。但事物是一个抽象外在的事物,而我在这事物中是抽象外在的。我在外在性中具体地回归到我里面来是说:我,即我与我自己的无限的联系,作为人是我从我自己本身的拒斥,而在别的人的存在里,在我与他们的联系和本身是相互的那种被他们承认的存在①里，我才有我的人格的定在。

§.491

事物是中项，通过它两端——那些在对其同一性的知中作为自由的而同时相互独立的个人——就结合在一起。我的意志对于他们来说有其在事物里的明确的、可认识的定在，这是由于对所有物的直接的身体把握，或是由于给事物以定形，或者甚至是由于对事物单纯作标记。

§.492

财产的偶然方面在于，我把我的意志放入这个事物；就我的意志是任意而言，我可以把我的意志放到这事物里面或不放到它里面，同样我可以把我的意志从事物中收回来或不收回来。但是，就我的意志是在一个事物中而言，只有我自己才可以把它收回来，而事物只可以由于我的意志而转移给另一个人，同样它成为另一个人的财产只是由于他的意志；——这就是契约。

b. 契　　约

308

§.493

两个意志及其在契约中取得一致，作为内在东西不同于这内在东西的实现，即执行。协议中相对观念地表明的意见包含有一个意志对于某个所有物或财产的实际的放弃，对它的转移和另一个意志对它的接受。契约是自在自为地有效的，而不是由于这一个或另一个意志的执行才有效，后面这种情况本身包含着一种无限的倒退或对事物、劳动和时间的无

---

① 第3版："des Anerkanntseins"（由于第2格，此句应译为："在我与他们的联系的存在里和在本身是相互的那种被他们承认的存在里，"——译者）——格洛克纳全集本："im Anerkanntsein"。——理论版编者（此句应译为："在我与他们的联系的存在里和在本身是相互的那种被他们承认的存在里，"——译者）

限的分割。协议中表示的意见是完备的和穷尽了的。放弃财产的意志和接受财产的意志的内在性是在表象活动的领域里,而言语在这个领域里则是行为和事物(§.462),[确切地说]①是充分有效的行为,因为意志在这里不是作为道德的意志(不管是认真地还是欺骗地以为)来考虑的,它其实只不过是支配一个外在事物的意志。

§.494

正如在协议中契约的实体性东西区别于作为降低为结果的执行的实在表现;这样,与此同时就把事物的直接的、特殊的性状和它的实体性东西、即价值的区别设定进事物或执行内去了,在价值里上述质的东西就变化为量的规定性;一宗财产就这样地成为可以与另一宗财产比较的,并能够使之等同于另一宗质上完全不同的东西。这样,财产就一般地被设定为抽象的、普通的事物。

§.495

契约作为来自任意而关于偶然事物的一种协定,就同时含有对偶性
309 意志的存在的假定;这种偶性意志尽管对于法是不适合的并因而产生不法,但是法是自在自为的,它并不因此而被取消,而只不过发生了一种法对不法的关系。

c. 法 与 不 法

§.496

法作为自由在外在事物中的定在,涉及大多数的与这个外物和与其他的人的联系(§.491、493以下)。这样就有 1.好几个权利根据,其中只有一个是正当的,因为财产无论按照人的方面还是按照物的方面都绝对

---

① 理论版编者增补。——译者

是个人的,而这些权利根据由于它们是彼此相对的,就共同一起被设定为法的假象,相对于法的假象这个正当的现在就被规定为自在的法。

§.497

由于与这种假象相反的那还在与各种权利根据的直接统一中的唯一自在的法被设定、被意愿和被承认为肯定的,分歧就只在于,这个事物被这些个人的特殊意志包摄在法之下;——这就是朴素的①不法。——这种不法是一个表示民事权利争讼的简单否定判断,为了调停这种权利争讼就要求有某种第三个判断,这个判断作为自在的法的判断是于事公正无私的,并且是赋予自己以反对那种假象的定在的权力。

§.498

2.但是,如果法的假象本身为特殊的意志所需要来反对自在的法,特殊意志因而成为恶意的;那么对法的外表上的承认就与法的价值分离开来了,而且只有前者受到尊重,后者则受到损害。这就有了欺诈的不法;——即作为同一判断的无限判断(§.173),——也就是保留着形式上的联系而删去了内涵。 310

§.499

3.最后,只要特殊意志在对自在的法本身和对自在的法的承认或承认的假象的否定中把自己与自在的法对立起来(这即是§.173中讲的否定的无限判断,在那里类和特殊的规定性被否定,在这里表面的承认被否定),这个特殊的意志就是犯罪的极端恶意的意志。

§.500

这样的行为作为违法是自在自为地无效的。行为者作为意志和思维

---

① unbefangen,亦译为"无犯意的"。——译者

着的东西在这行为中提出了一条只不过是形式上的和只为他承认的法律,即一种对他有效的普遍东西,并且他通过他的行为也同时把自己本身包摄到这个普遍东西之下。这种行为的无效之被显示出来,这种形式上的法律和自在的法之一并执行,最初是借助于一个主观的个别的意志,这就是复仇,复仇由于是从直接的,特殊的个人的利益出发的,就同时是一个新的违法,这样循环往复,以至无穷。这个过程同样在一个第三个判断中取消了,这个判断是公正无私的,即刑罚。

§. 501

自在的法借以赢得威望的是:α)一个与法相称的且旨在反犯罪的特殊意志,即审判者(这事最初在复仇中是偶然的),和 β)执行对罪犯所作出的对法的否定进行否定的(最初同样是偶然的)权力。对法的这种否定在罪犯的意志里有其实存;因而复仇或刑罚就转向 1.罪犯本人或其财311 产,2.对罪犯施行强制。一般说来,在法的这个范围内强制就已经针对事物在夺取和维护它而反对另一个人的夺取时出现了,因为在这个范围内意志直接在一个外在的事物(外在事物本身或身体)里有其定在,而且只能在这事物那里被抓住。——但是,强制就不再是可能的了,只要我能够作为自由的从任何的实存,甚至从实存的范围,即从生命解脱出来。强制只有作为对某个最初的、直接的强制的扬弃才是合法的。

§. 502

这就发展出来了一种有关法和主观意志的区别。个人意志起初以直接方式给予自己的那个法的实在性表现出是由主观意志,即这个赋予自在的法以定在或者又与这定在分离而与之相对立的环节所促成的。反过来,主观意志在这种作为支配法的力量的抽象中本身是一个无效的东西;主观意志拥有真实性和实在性本质上只是在它在其本身中是作为理性意志的定在的时候,——这就是道德。

〔说明〕 自然法这个术语对于哲学的法学说已经是常用的了,它含有这样的歧义:或者法作为某种以直接自然的方式存在的东西,或者它的意思是法通过事物的本性,即概念来规定自己。前一种意义是以前通常的意见;结果就是同时要虚构一种自然法在其中有效的自然状态,而与此相反,社会和国家的状态倒是要求并带有某种对自由的限制和对种种自然权利的牺牲。但是,实际上法和一切法的规定仅仅是基于自由的人格,即基于一种其实是自然决定的反面的自我决定。因此,自然权利就是强者存在和暴力有理,而自然状态即是暴行和不法的状态,关于这种状态除去说必须从它走出来以外,就没有比这更真实的话可说了。相反地,社会其实倒是那个只有在那里法才有其现实性的状态;必须加以限制和牺牲的正是自然状态的任性和暴行。

312

B.

道　德

§. 503

自由的个体,在(直接的)法里只是人,现在就被规定为主体,——即在自身内映现了的意志,以致一般的意志规定性,作为个体内的定在,即作为他自己的意志规定性,是不同于自由在一个外在事物中的定在的。由于意志规定性是这样地在内心里设定起来,意志就同时是作为一个特殊的意志,而且出现了意志的种种进一步的特殊化及其相互联系。意志规定性部分地是作为自在存在着的,即意志之理性的规定性,也就是自身公正的东西(和伦理东西),部分地是作为在行为的表现里存在的、发生着的和与那种表现发生着关系的定在。主观意志在道德上是自由的,因为这些规定是由它在内心作为他自己的规定设定起来的,并且是为他所意愿的。主观意志的带着这种自由的行动上的表现就是行为,它在行为的外在性上只承认它曾对之有所知和有所意愿的东西是它自己的东西,并让自己对此负责。

〔**说明**〕　这个主观的或道德上的自由尤其是欧洲人心目中称之为自由的那种自由。由于这种自由的权利,人必须特别拥有关于一般善恶区别的知识;伦理的和宗教的规定不得仅仅作为某个权威的外在的法则和规范来向人提出遵守它们的要求,而且要在人的心、意向、良心、理解等等里面拥有对它们的赞同、承认,甚至赞同和承认的理由。意志的主体性在意志本身里是自我目的,即绝对本质的环节。

道德的东西必须在广义上来理解,在这种意义上它就不止是意味着道德上的善。在法语里,“*Le Moral*①”是和“*Physique*②”对立的,意指一般精神的东西、理智的东西。但是,道德的东西在这里具有一种就其在一般意志内部而言的意志规定性,并因而在自身里包含有故意和意图,以及道德上的恶。

a. 故　　意

§. 504

就行为直接涉及定在而言,那么,我自己的东西是形式上的,因为外在定在也是独立于主体的。这种外在性能够使主体的行为发生转变并使不同于曾经包含在这行为中的东西显示出来。尽管由主体的活动所造成的一切变化作为这样的变化都是主体的行动;然而主体并不因此就承认这个行动是他的行为,而是只承认行动中曾经包含在他的知晓和意愿中的、即曾经是他的故意的那个定在是他自己的东西,——也就是他的责任。

b. 意图和福利

§. 505

行为 1.就其经验性的具体内容而言,具有多种多样的特殊的方面和

---

①　道德。——译者
②　物理、身体。——译者

联系;就形式而言,主体必须就行为的本质的、把这些细节都包括在内的 314
规定而言曾经知晓和意愿过这个行为;——这就是意图的法。——故意
只涉及直接的定在而意图则涉及定在的实体性东西和目的。2.主体同样
有权要求,行为中内容的特殊性就质料而言不是一个对他外在的特殊性,
而是主体自己的特殊性,包含着他的种种需要、利益和目的,这些东西同
样综合在一个目的里,如在幸福里那样(§.479),就构成他的福利;——
这就是福利的法。幸福不同于福利只是由于前者被表象为一个直接的一
般定在,而后者则被表象为就道德而言也是合法的。

§.506

但是,意图的本质性起初是普遍性的抽象形式,而在经验-具体的行
为那里,反思可以把这个或那个特殊的方面放到这个形式里去,并使它作
为本质的而成为意图或把意图限制在特殊方面上,这样一来意图的所意
想的本质性和行为的真实的本质性就可能陷入巨大的矛盾(如在某种犯
罪那里的一种良好的意图)。——同样,福利是抽象的,而且可以被建立
在这个东西或那个东西里;它作为属于这个主体的,一般说来是某种特殊
的东西。

c.善　和　恶

§.507

这些特殊性的真理和它们的形式性的具体东西是普遍的、自在自为
地存在着的意志的内容,即一切规定性的法则和实体,自在自为的善,因
而即世界的绝对的最后目的,而且是主体的义务,这个主体应当拥有对善 315
的洞见,应当使善成为自己的意图和通过自己的活动把它产生出来。

§.508

但是,虽然善是意志的在它自身上规定了的普遍东西,并因而在自身

里包含有特殊性；可是，在这特殊性起初自身还是抽象的范围内，是没有任何规定的原则存在的；因而规定活动也就出现在那个普遍东西之外，而作为自由的、对着普遍东西自为存在着的意志的规定活动，在这里就唤起了最深刻的矛盾。α）由于对善的模糊不清的规定，一般说来就有各种各样的善的东西和多种多样的义务，它们的差异是彼此辩证地对立的，并使它们陷入冲突之中。同时它们由于善的统一性之故又应当是谐和一致的，它们每一个虽然都是特殊的，但作为善和义务却是绝对的。主体应当是那种以排斥其他并因而以取消这种绝对有效性来对它们的某种结合作出决定的辩证法。

§. 509

β）对于在其自由的定在中本质上作为一个特殊东西的主体来说，由于他的这个自由的定在，他的利益和福利应当是本质的目的并因而是义务。但同时在那个并非意志的特殊东西、而仅是其普遍东西的善的目的中，特殊的利益就不应当是任何契机。由于这两个规定的独立性，它们是否和谐一致就是偶然的了。但是它们应当谐和一致，因为一般说来主体作为个别东西和普遍东西自在地是一个同一性。

γ）但是，主体不仅在其定中是一般的特殊东西，而且他也必须是作为抽象的自身确定性、即自由的抽象自内映现而定在的一种形式。所以，327 主体是不同于意志的理性而能使普遍东西对于自己甚至成为一个特殊东西、并因而成为一种假象。这样，善就被设定为一个对于主体而言的偶然东西，这个主体因而就能够决定自己成为一个与善对立的东西，即能够是恶的。

§. 510

δ）外部客观性同样也按照主观意志已出现的区别（§. 503）构成与意志的内在决定相对立的另一个极端，即一个独立的特有的世界。因此，这就是偶然的了：这个世界是否与主观的目的相一致，是否善在这个世界里得到实现,而恶,即自在自为地无效的目的,是否在它里面是无效的;——再者是否主体在它里面找到自己的福利,而更进一步说,是否善的主体在它里面成为幸福的,而恶的主体成为不幸福的。但同时世界应当让本质的东西、善的行为在它里面实现出来,给善的主体提供其特殊利益的满足,而对恶的主体则不给予满足,正如应当使恶本身破灭一样。

§. 511

这个多种多样的应当,即那个同时仍然还是不存在的绝对的存在,所表达的全面的矛盾,包含着精神在它自身中的最抽象的分析,它的最深邃的进入自身。自身矛盾着的诸规定彼此之间的联系只不过是抽象的自身确定性,而对于主体性的无限性来说,普遍意志、善、权利和义务是既存在又不存在的;正是这个主体性知道自己是选择者和决定者。这种上升到其顶点的纯粹的自身确定性,表现在两种彼此直接转化的形式中:良心和恶。前者是善的意志,但这善在纯粹的主观性中是非客观的东西,非普遍的东西,不可言说的东西,对于这样的东西主体知道自己在其个别性中是能决定的。而恶是同样的知,知道其个别性是能决定的东西,只要这个别性不停留在这种抽象性里,而是逆着善给予自己一种主观利益的内容。

317

§. 512

意志的现象的这个至高点,即意志一直被蒸发到的这种绝对的浮夸——一种非客观的而仅对它自身有把握的善性和一种在普遍东西无效的范围内的自身确定性——就直接在自身中崩溃了。恶作为主体性最内在的自身内映现,与在它看来只不过是假象的客观东西和普遍东西对立起来,是和给主体保留着善的规定的那个抽象的善的善良意向一样的东西;——完全抽象的映现、它自身的直接的颠倒和消灭。结果,即这种映现的真理,从其否定方面看就是那自为地反对善的意愿活动的绝对无效,正如那只是抽象地应当有的善的无效一样;从肯定方面就概念来看,那个自身如此萎缩下去的映现就是意志的同一个简单的、本身即是善的普遍性。主体性在它与善的这种同一性中就只是无限的形式,即善的实行和发展;这从而就是两者相互对立的单纯关系的立场与应当的立场的放弃和过渡到了伦理。

C.
伦　　理

§.513

318　　伦理是客观精神的完成,是主观精神和客观精神本身的真理。客观精神的片面性在于,它部分地直接在实在里,因而在外部东西、即事物里,部分地在作为一种抽象普遍东西的善里具有其自由;主观精神的片面性在于,它同样是跟普遍东西抽象对立地在其内在个别性里进行着自我决定。这两个片面性被扬弃了,那么主观的自由就是作为自在自为地普遍的理性的意志,这个意志在个别主体性的意识里具有关于自己的知和意向,以及它的活动和同时作为风尚的直接而普遍的现实,——这就是自我意识的自由成为了自然。

§.514

　　自由地自知着的实体,在它里面绝对的应当同样程度上是存在,它作为一个民族的精神而有现实性。这个精神的抽象的划分就是个别化为各个人,而民族精神则是各个人的独立性的内在统治力量和必然性。但是,个人作为思维着的理智知道那个实体是他自己的本质,他就在这种信念中停止其为这个实体的偶性,而把这个实体看成他在现实中的绝对最后目的,这个最后目的既是被看作已达到了的此岸,又是他通过他的活动产生的,可是又是作为某种其实是无条件地存在的东西;这样,个人就无须选择性的反思而完成着他的义务作为他自己的东西和作为存在着的东西,并在这种必然性里拥有他自己本身和他的现实的自由。

§.515

由于实体是自由的个别性和普遍性的绝对统一,所以每个个别人的现实和活动都是自为的和自顾的,既受到他只存在于其联系中的那个预先假定的全体的制约,也是向一个普遍的产物的过渡。——诸个体的意向是对实体和他们所有一切利益与全体的同一性的知;而其他个别人在这同一性中不只是相互知晓、而且是相互现实的,这就是信赖,——真正的、伦理的意向。

§.516

个别人在实体特殊化而成的环境里的种种联系构成他的伦理的义务。伦理的人格,也就是说那为实体性的生命所渗透的主体性,就是美德。就外在的直接性,即就某种命运来看,美德是一种对于作为非否定物的存在的态度,并因此而是在自己本身内的平静稳定;就实体性的客观性,即伦理现实的全体来看,美德是信赖,即有意为这现实工作和能够为它献身;——就与别人关系的偶然性来看,美德首先是公正,而后是仁爱的倾向;在后一领域内如在对其自己的定在和身体的态度中,个性将其特殊的性格、气质等等表现为种种美德。

§.517

伦理实体是

a. 作为直接的或自然的精神,——家庭;

b. 各个人作为独立的人的种种相对的相互联系在一种形式普遍性中的相对的总体,——市民社会;

c. 有自我意识的实体作为发展成了一个有机现实的精神,——国家制度。

319

289

a. 家　庭

§. 518

作为在其直接性中的伦理精神含有自然的因素,即个人在其自然的普遍性,即类中具有他的实体性的定在,——性的关系,但被提高到精神320 的规定;——爱和信任意向的一致;作为家庭的精神是感受着的精神。

§. 519

1.性别的自然区别同时作为智力规定和伦理规定的某种区别出现。各个人格在这里按照它们的唯一不二的个别性而结合为一个人;主观的真挚性,在被规定成为实体的统一性时,就使这种结合成为一种伦理的的关系,——婚姻。实体性的真挚性使婚姻成为个人之间的一种不可分割的纽带,——成为一夫一妻制的婚姻;身体上的结合是伦理上被连接起来的联系的后果。进一步的后果则是个人的和特殊的利益的共同体。

§. 520

2.由于构成家庭的各个个体就所有物而言同样处在共同体中,作为一个人的家庭的所有物,如收益、劳动和预防措施,就获得了一种伦理的关切。

§. 521

跟孩子的自然产生结合在一起的、首先作为原本(§. 519)在婚姻缔结中所设定的伦理,在孩子的第二次的、精神上的诞生中,即在使孩子成为独立的个人的教育中实现了。

§. 522

3.由于这种独立性孩子们就离开他们原来所属的家庭的具体生活环

境而成为独立的,而注定去建立一个新的这样现实的家庭。婚姻本质上
是由于它自身内包含的自然因素,即夫妻的死亡而走向瓦解的;但作为仅
仅感受着的实体性的真挚也自在地经受到了意外和无常。依据这种偶然
性家庭的成员就陷入了各个人彼此相对的关系中,而这样一来那对于家
庭纽带来说陌生的种种法的规定就开始进入到那种人与人的相互关系中
来了。

b. 市 民 社 会

§. 523

实体作为精神抽象地特殊化为许多人(家庭只是一个人)、各个家庭
和个别人,而所有这些都是独立自由的,并且作为特殊东西都是自为的,
这时实体就首先丧失其伦理的规定,因为这些人本身在他们的意识里所
有的和成为其目的的,不是绝对的统一,而是他们自己的特殊性和他们的
自为存在,——这就是原子论的系统。实体以这种方式只是成了独立的
各个极端及其特殊利益的一种普遍的、起中介作用的联系;这种联系的自
身发展了的总体就是作为市民社会或作为外部国家的国家。

α. 需要的系统

§. 524

1.各个人的特殊性首先在自身内包含有他们的需要。这些需要满足
的可能性在这里是包含在社会的联系中的,而这种联系是一切人从中获
得他们的满足的普遍财富。在这种中介性的观点已在那里得到实现的状
态里,直接地占有(§488)外部东西作为满足需要的手段不再会或几乎
不会发生;这些东西都是所有物了。获得它们,一方面为所有者的意志所
制约和中介,而所有者的意志作为特殊的意志以满足多种多样特定的需
要为目的,另方面则为通过自己的劳动永远重新产生可交换的手段这种

321

322

情况所制约和中介；借助于一切人的劳动以满足需要的这种中介就构成普遍的财富。

§.525

2.普遍性首先是这样地映现到种种需要的特殊性里：知性在这些需要那里进行区分，并由此而使这些需要本身和适合于这种区分的手段无止境地许多倍许多倍地增加，并使需要和满足需要的手段这两者越来越抽象；内容借助于抽象作用的这种个别化就产生了分工。这种抽象作用的习惯在享受、知识、知和行里构成这个领域内的教养，——即一般说来正规的教养。

§.526

那因此同时更加抽象的劳动，一方面由于其单调性而导致劳动变得容易和生产的增加，另一方面导致局限于一种技巧并因而导致对社会联系的无条件的依赖性。技巧本身以这种方式变成机械的并获得使机器替代人的劳动的能力。

§.527

3.但是，普遍财富同样是一种普遍事务，它之具体分配到按照概念的环节所规定的特殊人群，这些人群都拥有特有的生活基础和与此相联系的相应的劳动、需要和满足需要的手段的方式，还有目的和兴趣的方式，以及精神教养和习惯的方式，这就造成了等级的差别。各个体按照天生的能力、按照技巧、任意和偶然而分配到这些等级。这些属于特定的、稳定的范围的个体都有其现实的实存，——这实存作为实存本质上是一种特殊的实存，并在这特殊的实存里拥有他们的作为正直的伦理，拥有他们的被承认的存在和他们的荣誉。

〔**说明**〕　凡有市民社会和因而有国家存在的地方，就有各个不同的等级出现；因为普遍实体作为有生命的，只在它有机地特殊化自身的限度内才实存着;各个宪法的历史就是这些等级的形成的历史,各个体对这些等级和他们相互对待以及对他们的中心的法的关系的历史。

§.528

实体性的、自然的等级在多产的田地和土壤上拥有一种天然的和稳固的财富;它的活动通过诸自然规定获得其方向和内容,而它的伦理则建立在信念和信赖的基础上。第二个即反思的等级,依靠社会的财富,依靠在中介、表象和在偶然性的聚集中所提供的要素,而个体则依靠其主观的技巧、才能、理解力和勤奋。第三个即思维着的等级,以普遍的利益作为它的事务;像第二个等级一样,它拥有一种通过自己的技能所中介的生计,而又像第一个等级一样,拥有一种可是由社会整体所保证的生计。

β. 司 法

§.529

偶然的特殊性原则在被发展成为由自然的需要和自由的任意所中介的需要的种种普遍关系的系统,成为一个外在必然性的整体时,它就在这 324 个整体里初次有了作为自由的自身稳定的规定的正规的法。1.在这个理智的意识的范围内法应得到的实现就是它作为稳定的普遍东西而被带到意识上来,并在其规定性中被知和被确立为有效力的东西;——这就是法律。

〔说明〕 诸法律的实证东西首先只涉及它们一般地作为有效的和被知道的而存在的形式,这样,它们为一切人以通常的、外在的方式所知道的可能性就同时被给予了。在它们那里内容本身可能是合理的或甚至不合理的并因而是不公正的。但是,既然法,作为包含在明确的定在中的,是一个发展了的东西,而其内容为了获得规定性就要分析自己;这样,这种分析由于材料的有限性就将陷入单调的无限性进程;那个绝对是重要的和打断这个非现实的进程的最终的规定性,在有限东西的范围内,只能以一种与偶然性和任意连结在一起的方式获得;是否 3 年、10 塔勒①等等,或只 $2\frac{1}{2}$,$2\frac{3}{4}$,$2\frac{4}{5}$ 等等年,如此等等以至无穷是恰当的,这是不能以任何方式通过概念来决定的,然而更重大的事情是它要被决定。所以实证的东西就自动地、但当然只是在决定活动的那些终点上,在外在的定在方面,作为偶然性和任意性而进入到法里来了。这件事就这样发生了,而且在一切立法中从来就是这样自发发生的;只是必须对此有一种明确的意识以对付那种臆想的目标和暗中的议论,好像就一切方面看法律都是可能而且应当通过理性或正直的知性,通过纯粹合理的和明智的根据来规定的。对有限事物的领域作这样的指望和要求,实在是关于完善性的空洞意见。

325　　在有些人看来法律甚至是一种祸害和亵渎,而把出自天然的爱的世袭神权和贵族的统治和被统治,借助于信念和信赖看作是纯真的状态,却把法律的统治看作是腐败的和不公正的状态,这些人忽视了这个情况:星球等等,和牲畜一样,是按照规律②被统治的,而且被统治得很好——可是这些规律在这些东西那里只是内在的,不是为它们自身的,不是作为被建立起来的法律,然而人却是这个知道他的法律的东西,人因而能够真正地只服从这样被知道的法律,正如他的法律只有作为被知道的法律才能够是公正的法律,但在别的方面按主要内容来说确实必定是偶然性和任意性,或至少是和这些东西混合在一起而受到污染的。

对于完满性的同样空洞的要求也被使用来维护上述意见的反面,即认为法典是不可能的或不能实行的这种意见。在这里更出现了这样一种思想贫乏,就是把本质的规定与普遍的规定与特殊的细节放在一个类里。有限的材料是可以一直规定下去直到单调的无限;但这种进展不像例如在空间中被表象的那样产生一种和那些先行的规定一样的同质的规定,

---

① Taler,18 世纪还通用的德国银币。——译者
② 德文 Gesetz 有规律(法则)和法律两义。——译者

而是由于分析的知性的洞察力而进展到更特殊的东西和越来越特殊的东西,分析的知性创造出种种新的区别,这些区别又使新的决定成为必要。如果这种性质的种种规定也获得了新的决定或新的法律的名称,那么这些规定的兴趣和内含就与这种发展的继续前进成正比地减少。它们属于那些业已存在的实质的、普遍的法律范围之内,正如那些对于地板、房门的改进是[属于]①房屋范围之内的一样,它们虽然是某种新的东西,但不是一座房屋。如果粗野状态的立法是从各个个别的规定开始,而这些个别规定按其本性会不断地增多,那么,相反地,在这样一堆东西的进展中就会出现对于某种更加简明的法典的需要,即对于总括那堆个别性东西为它们的普遍规定的需要,善于发现和表达这些普遍规定是和一个民族的智力和文化相称的;——如在英国,将诸个别性条规以事实上才配称为法律的那些普遍形式表达出来这件事最近才由皮尔②大臣从几个方面开始,他因此而获得了他的同胞们的感谢,甚至赞扬。

326

§. 530

2.法律的实证形式,即作为法律被宣布和被知晓,是它们的外在拘束力的条件,因为它们作为严格的法的法律只涉及抽象的(即自身外在的)意志,而不涉及道德的或伦理的意志。就这方面来看,意志有权拥有的那个主体性,在这里就只不过是知道了而已。这种主观的定在,作为这个范围内的自在自为地存在着的东西、即法的定在,同时就是作为普遍有效力和必然性的客观的定在。

所有物和关于所有物的私人行为的法的东西,按照法的东西是一个被建立起来的东西、被承认的东西和因而有效力的东西的规定,就通过正式手续获得其普遍的保证。

---

① 理论版编者增补。——译者
② Sir Robert Peel,1788—1850,1821—1827,1828—1830,在其第一任内阁大臣期间,进行了一次刑法改革。——理论版编者

§. 531

327　　3.法的东西在司法中得到客观定在注定自己要有的那种必然性。自在的法必须向法庭、向个体化的法表明是被证明了的,与此同时自在的法与可证明的东西可能是不同的。法庭出自法本身的利益来辨认和行动,从自在的法的实存那里去掉其偶然性,并且特别把这个作为复仇那样而存在的实存转变为刑罚(§.500)。

〔说明〕　法官对于涉及被告的某种行为的事实真相的确信有两类或宁可说有两种成分:要么是由于单纯的情况或别人的见证,要么是由于要求被告进一步的供认,这两者的比较构成所谓陪审法庭问题中的主要事情。这是一个重要的规定:法官的判决的两个组成部分——对于事实真相的判断和法律之运用于这个事实真相的判断——,由于这两者本身是不同的方面,就被作为不同的职能来执行。通过所谓任命这两种职能甚至被分配给不同资格的委员会,其中的一个委员会明确地不应由属于官方法官行业的个人构成。把上述职能的区别推向这种法庭的分离的,更多地是以格外重要的考虑为依据;主要的事情仍然只是那些本身不同的方面之分别执行。——更重要的是,某个犯罪被告的自供是否成为某个刑事判决的条件。陪审法庭的任命是不顾这个条件的。问题在于,确实性,尤其是在这个基础上,是和真实性不可分割的;但自供必须视为证

328　实的顶点,而这种证实按其性质是主观的;因而,最后的决断在于自供;因此,被告对于证明和法官的确信之最后完成拥有绝对的权利。——这个环节是不完善的,因为它只是一个环节;但是,另一个环节,即同样这么抽象地加以理解的来自单纯的情况和证词的证明,还更不完善;而陪审员本质上就是审判员并宣告判决。只要陪审员依靠这样的客观的证据,而那种就其只限于这些证据内而言的不完备的确实性得到允许,陪审法庭就包含有那种(本来属于野蛮时代的)客观的证据和主观的所谓道德的确信的混合和混淆。——把非常刑罚宣告为荒谬是容易的,而且对单纯的名称如此反感就更是太肤浅了。就实质而论,这个规定包含的是,客观证

据是有还是没有那包含在自供里面的绝对证实的因素这样的差别。

§. 532

司法的职责只是把市民社会中个人自由的抽象方面实现为必然。但是这种实现首先是建立在法官的特殊的主观性基础上,因为这种主观性本身与自在的法的必然统一在这里还不存在。相反地,需要体系的盲目必然性还没有被提高到对普遍东西的意识并从这样的意识出发得到实现。

γ. 警察①和同业公会

§. 533

司法从自身中排除行为和利益的只属于特殊性的东西,而让犯罪的发生和对福利的照顾听其自然。在市民社会中,目的在于满足需要,而且同时是以一种固定不变的普遍的方式来满足作为人的需要,就是说,保证这种满足。但是,在社会必然性的机械过程中,这种满足的偶然性却是以多种多样的方式出现的,一方面是由于需要本身的可变性,对于这些需要来说意见和主观随意起很大作用,一方面是由于地区情况,一人群与其他人群的联系,由于可能被引入整个相互牵制的体系的各个别部分并能够使这个体系陷入紊乱的那些错误和欺骗,而且特别是由于个人从那个普遍财富中为自己谋利的有限的才能。上述必然性的进程也同时牺牲了它由以被引起的种种特殊性,它并不包含有自为地保证各个人满足的肯定的目的,而是对于各个人来说既可能是适宜的也可能是不适宜的,而在这里各个人对自己来说则是道德上正当的目的。

329

---

① 黑格尔所谓"警察"(Polizei)含义广泛,实际上指一般行政事务,即他所说的"公共权力"或"外部国家"的国家活动,其中包括规定日常生活必需品的价格、商品检查、强制教育、强制种痘等活动。——译者

§.534

对本质的目的的意识,对种种力量的作用方式和那种必然性由以合成的可变的种种成分的了解,以及在这必然性中和顶着这必然性而紧紧地抓住上述目的都一方面使某种外部普遍性的关系成为市民社会的具体东西;这个秩序作为行动的力量就是外部国家,而就这个秩序扎根于更高级的东西、即实体性的国家而言,这个外部国家是作为国家-警察出现的。另一方面,在这个特殊性的范围内,实体性的普遍性的目的及其实现始终是局限于特殊的部门和利益的事务;——这就是同业公会,在同业公会中特殊的市民作为私人找到其财富的保证,他同样在那里面从其个人的私利摆脱出来,而有一种为相对普遍目的的有意识的活动,正如在法和国家的义务中有其伦理一样。

c. 国　　家

§.535

国家是有自我意识的伦理实体,——家庭原则和市民社会原则的结合;在家庭里作为爱的情感的这同一个统一性就是国家的本质,只不过这个本质同时由于能知的和自发行动的意志这第二条原则而获得了被知道的普遍性的形式,能知的主体性就以这种普遍性及其在知中发展着的诸规定为内容和绝对的目的,也就是说就自为地要求这个合理的东西。

§.536

国家 α)首先是其内在形态作为自己与自己联系着的发展,——这就是内部国家法或宪法;β)它是特殊的个体,因而是在与别的特殊个体的关系中,——这就是外部国家法;γ)但这些特殊的精神只不过是精神的普遍理念在精神的现实发展过程中的诸环节,——这就是世界历史。

α. 内部国家法

§. 537

国家的本质是自在自为的普遍东西,意志的合理的东西,但是作为自知和自实现着的则完全是主体性,而作为现实性则是一个个体。它的工作,就作为一群个体的个别性这个极端来看,一般说来是双重的:一方面保持这些个体作为人(Personen),因而使法成为必然的现实,然后促进其原本是每个人自己照顾的、但绝对有共同方面的福利,保护家庭和引导市民社会,——但另一方面把这两者和力求独自成为中心的个人的全部意向和活动引回到普遍实体的生命中去,并在这个意义上作为自由的力量对从属于它的那些范围进行抑制,而把它们保持在实体性的内在性里。

§. 538

法律表达客观自由的内容规定。首先:对于直接的主体,即其独立的任意和特殊的利益来说,法律是限制。但是,其次,法律是绝对的最后目的和共同的作品;所以它们是通过那些不同的、根据普遍的特殊化而继续个别化着的等级代表们的作用和通过各个人的全部活动和私人操心而产生出来的;第三,法律是各个人因之而有的自由的意志活动和他们的意向的实体,而这么一来法律就被表现为通行的社会风气。

§. 539

作为有生命的精神,国家纯全只是一个有机的、被区分为种种特殊作用的整体,这些作用在从对理性意志的一个(尽管还不是作为概念被知晓的)概念出发时,持续不断地产生着这个理性意志作为它们的结果。宪法是国家权力的有组织的划分。它包含有种种规定,理性意志,就它在诸个体里只自在地是普遍意志而言,就是以这种方式,一方面达到对它自身的意识和理解并且被发现,另一方面通过政府及其各特殊部门的作用

331

而被转变为现实,并在这现实里保存起来和得到保护,以避免来自政府及

332　其各特殊部门与同样来自各个人的偶然主观性的侵害。宪法是实存着的正义,即自由在其一切合理规定的发展中的实现。

　　〔说明〕　自由和平等是一些简单的范畴,应当构成宪法的基本规定和最后目的与结果的那些东西常常被总括在这些范畴里。不管这是如何的真,这些规定的缺陷首先就是它们是完全抽象的;如果拘泥于这种抽象形式,那么正就是它们,要么不让具体东西,就是说一种国家的有组织的划分,也就是一种宪法和一般政府站起来,要么就是毁灭它们。随着国家就出现了不平等,出现了有关统治的权力和被统治者的区别,出现了当权者、官方、官厅、领导机构等等。一贯到底的平等原则否定一切的区别和不容许任何种类的国家状态存在。它们[那些规定]①诚然是这个范围的基础,但作为极端抽象的规定也是最肤浅的,正因为如此也是最流行的;因此更仔细地考察它们是有好处的。首先说到平等,那么所有人都是天生平等的这个熟悉的命题就包含着把天生的(自然的)东西和概念相混淆的误解;必须说的正是:人其实天生只是不平等的。但是,自由这个概念,照它没有进一步的规定和发展最初本身实存的样子来看,就是作为能够有所有权的人(Person)的抽象主体性,见§.488;人格的这个唯一抽象的规定构成人(Mensch)的现实的平等。但是说这种平等存在,也就是说正是人(Mensch)——而不像在希腊、罗马等等那里只是一些人——,他被承认是人(Person)并在法律上有效,这很少是天生的(出自自然的)、

333　而宁可说这仅仅是对精神的最深刻的原则的意识和这种意识的普遍性和发展的产物和结果。——公民在法律面前都是平等的,这包含有一个重大的真理,但这个真理这么表达出来就是一个同语反复;因为它以此所表达的只是法律在统治着这个一般法定的状态。但是,就具体情况看,公民们除去人格以外在法律面前一律平等,这只是就他们在法律之外一般

———————————

　　①　"sie"(它们)指自由和平等,是理论编者增加的,用以代替[那些规定],方括号是理论版编加,意指"那些规定"应删去。——译者

也是平等的而言的。只有通常不管以何种方式偶然存在的财富、年龄、体力、才能、技巧等等或者还有犯罪等等的平等,才可能而且应当使他们能够——在关于纳税、服兵役、允准担任公职等等方面——在法律面前具体地得到某种平等的待遇。法律本身,除去就它们涉及人格的那个狭小圈子而言以外,是以不平等的状况为前提并规定出由此而产生的种种不平等的法律上的权限和义务。

至于说到自由,那么很明显它部分地在否定的意义上被理解为反对他人的专横和不法的对待,部分地在肯定的意义上被理解为主观的自由。不过这种自由却被赋予了很大的幅度,既关系到本人的任意和为其特殊目的所进行的活动,又关系到在公共事务上有自己的见解、热心服务和参与的要求。从前,法律上规定的权利,一个民族、城市等等的私人权利和公共权利,都被称作它们的种种自由。事实上每一条真正的法律都是一种自由;因为它包含有客观精神的某种理性规定,因而包含有自由的某种内容。相反地,没有什么比这个观念更为熟悉的了:每个人在关系到他人的自由时都必须限制他的自由,国家就是这种相互限制的状态,而各条法律就是各种限制。在这些观念里,自由只是被理解为偶然的意愿和任意。——人们也说,现代民族只能够有平等,或平等多于自由,虽然其理由无非是人们在现实中跟自由的某种假设的规定(主要是一切人参加国家的事务和活动)确实不可能合得来,因为现实比那些抽象的假设更合理些,同时也更有力些。——与此相反,必须说,正是现代国家的高度发展和提高产生了个人在现实中极大的具体的不平等,而由于法律的更深刻的合理性和法治状态的巩固却导致了更大和更有根基的自由,而且能够容许和容忍这种自由。甚至自由和平等这两个词的肤浅区别都表明,自由趋向于不平等;可是,关于自由的种种流行概念则相反地只引回到平等。但是,自由,作为财产的保证、作为发展才能和优良品质并使之有影响的可能性等等,越是巩固,自由就越是显得不言而喻;于是对于自由的意识和评价就主要转向其主观的意义。这种主观的自由,即在各方面进行尝试性活动和按照自己的喜爱为着特殊的和普遍的精神方面的兴趣而

334

着迷地活动的自由,个人独特性的独立不依,以及主体在那里拥有原则、自己的见解和信念并因而获得道德上的独立性的内心自由,一方面本身

335 意味着人们在其中是不平等的、而由于这种教育会变得更加不平等的那种东西的特殊性的极大发展,另一方面主观的自由只有在那种客观自由的条件下成长,而且是、并且只可能在现代国家里成长到这样的高度。如果说随着这种特殊性的发展众多的需要和满足这些需要的困难、抱怨和自以为是及其不可满足的虚荣心没完没了地增多起来,那么这一切都属于那被暴露出来了的、在特殊性范围内给自己引起一切可能纠葛并忍受它们这样的事都始终听凭于它的那种独特性。这个范围当然同时也是种种限制的范围,因为自由受到自然性、意愿和任意的束缚,因而得要限制自己,而且这样做虽然也是根据别人的自然性、意愿和任意,但特别地和主要地是根据合理的自由。

但是,至于说到政治自由,也就是指个人的意志和活动之正式参与国家的公共事务,而这些个人通常是把市民社会的特殊目的和事务作为自己的主要职责的,那么这已部分地成为了习惯:只把国家涉及个人参与普遍事务的这个方面称为宪法,而把不正式有这个方面的国家看作是没有宪法的国家。关于这个意思只须首先指出,宪法必须理解为对权利,就是说一般说来种种自由权利的规定和实现它们的体制,而政治自由无论如何只能是宪法的一部分;关于宪法将在以下几节里谈到。

336

§. 540

宪法的保证,就是说法律是合理的和法律的实现是可靠的这种必然性在于全民族的精神,即在于民族据以而拥有对其理性的自我意识的那种规定性(宗教是这种在其绝对实体性中的意识),——于是也就同时在于与这种自我意识相符合的作为那个原则之发展的现实的体制。宪法以对精神的那种意识为前提,而反过来精神也以宪法为前提,因为现实的精神本身只拥有对其诸原则的明确的意识,只是在这些原则对于它是作为实存着的而存在的限度内。

〔说明〕　谁、什么和怎样组织起来的权威有权制定宪法的问题,与谁有权制定一个民族的精神问题是同一个问题。如果我们把宪法的表象同精神的表象这样地分开,就好像精神不拥有与自己相符合的宪法会实存着或实存过似的,那么,这样的意见就只表明关于精神、精神对自身的意识与其现实性的联系的思想的肤浅性。人们名之为制定宪法这样的事,由于这种不可分性的缘故,是在历史中绝没有出现过的,正如法典的制定一样;宪法是从精神中、只与精神自己的发展相一致地发展的,并且同时与精神一起经历着由概念决定的种种必然的形成阶段和变更。那曾经制定了和正在制定着种种宪法的,正是内在的精神和历史,确切地说这个历史只不过是精神的历史。

§.541

有生命的总体,即一般国家及其宪法的保持,就是说持续的产生,就是政府。自然必然的构成是家庭和市民社会诸等级的出现。政府是宪法的普遍的部分,就是说是以有意地保持上述诸部分为目的的、但同时抓住并实现着那些凌驾于家庭与市民社会的使命之上的整体的普遍目的的那个部分。政府的构成同样是它之区分为种种权力,这些权力跟它们的种种特性一样都是由概念决定的,只不过在概念的主体性中却相互渗透成为现实的统一性。

〔说明〕　因为概念的最直接的范畴是普遍性范畴和个别性范畴,而其关系是把个别性包摄到普遍性之下的关系,所以,就出现了这样的情况:在国家里,立法的权力和执行的权力被这样地区分开,以致前者单独地作为绝对至上的权力实存着,后者按照法律之运用于公共事务或私人事务而再分为政府权力或行政权力和司法权力。权力的这种划分被认为是本质的关系,意思就是它们在实存中的相互独立性,然而带有上面提到的那种个别权力包摄于普遍权力之下的联系。这些规定中的概念的要素是一目了然的,但这些要素是被知性连结为一种非理性的关系,而不是有生命的精神自己与自己本身的结合。国家的普遍利益的事务由于它们的必要的区别也是相互分离地组织起来的,这种划分是自由的深度和现实性的一个绝对的环节;因为自由只在它发展到它的各个区别和达到了这些区别的实存的范围内,才有深度。但是,使立法的事务(而且此外还连带有这样的想法,好像宪法和基本法知道在某一个时候——在一种诸区别在其中已经有了现有的发展的种种状态中——才能制定似的)成为独立的权力,并且成为第一位的权力,同时带有进一步的规定,即一切人都参与立法,而使政府成为从属于它的、仅仅执行的权力,——这种看法是以缺乏这样的知识为前提:真实的理念,因而活生生的和精神的现实性是自己与自己结合着的概念,因此是把普遍性只作为自己的环节之一包含在自身中的主体性。个体性是国家有机体中第一的、也是最高的贯穿一切的规定。只有通过政府权力和通过它把诸特殊事务,属于这些事务的也有那自身特殊的、独立抽象的立法事务,包括在自身内,国家才是一个国家。——在这里也只有逻辑东西的理性关系才是这样本质的和唯一真实的,而这种关系是与只达到把个别东西和特殊东西包摄到普遍东西之下的那种知性的外在关系相对立的。凡瓦解逻辑—理性东西的统一的都同样瓦解现实。

§. 542

在作为有机总体的政府里,a) 主体性,作为概念发展中概念与自己本身的无限的统一性,就是那保持一切、决定一切的国家的意志,国家至高无上的顶端,以及[国家的]①贯穿一切的统一性,——即君主的统治权力。在国家的完善形式里概念的所有环节都达到了它们的自由的实存,在那里主体性不是某个所谓道德个人,或由一个多数产生的决定——即进行决定的意志的统一性在那里没有现实的实存的一些形式——,而是作为现实的个体性,即一个进行决定的个人的意志;——这就是君主政体。因而君主制的宪法是发展了的理性的宪法;一切别的宪法都属于理

---

① 理论版编者增补。——译者

性的发展和实现的较低阶段。

〔**说明**〕 所有具体的国家权力之统一到一个实存里如在家长制的状态里或如在一切人都参与一切事务的民主制的宪法里,本身是与权力划分的原则,就是说理念诸环节的发展了的自由相冲突的。但是,划分、即诸环节之进展到了形成自由的总体,同样必须返回到观念的统一性,就是说返回到主体性。形成了的区分,即理念的实现,本质上包含有这个情况:这种主体性作为实在的环节发育成了现实的实存,而这个现实性唯独是君主的个体性,——即抽象的、最终的决断之存在于一个人里面的主体性。所有关于共同决定和共同意志的那些形式上面,——据说这种共同东西是按民主制或按贵族制从诸个别意志的原子聚集体中产生出来和计数出来的,——都粘上了某种抽象物的非现实性。关键只在于两个规定:某个概念环节的必然性和它的现实性的形式。对此只有思辨概念的本性才能够真正地理解。——上述主体性由于是一般抽象决定的环节,部分地就继续进展到这样的规定:君主的名字出现为一般政府内部所做一切事情的外在束缚和批准,部分地它作为简单的自相联系在它身上就具有直接性的、并因而是自然的规定,因此个人之被选定为拥有君主权力的高位是由世袭制确定的。

§.543

340

2.在特殊的政府权力内部分地出现了国家事务之划分为它通常特定的部门——立法权力、司法或审判的权力、管理的和公安的权力等等;并因而出现了这些权力之分配到特殊的官厅,这些官厅的工作必须依据法律,为此也因此就既拥有其活动的独立性,又同时从属于上级的监督;——这就部分地出现了好些人参加国家事务,他们一起构成了普遍的等级(§.528),这是就他们使普遍目的的事务成为他们特殊活动的主要使命而言的,而他们能够个别参与这种事务的进一步的条件则是为此所有的造就和熟巧。

§.544

c）等级会议①所涉及的是：所有那些属于一般市民社会和只要是私人就都参与政府权力，特别是立法，即参与这样一些利益的普遍事务，这些利益不涉及国家作为个体的露面和行动（如战争与和平），并因而不专门属于君权的范围。由于这种参与，主观的自由和自负及其一般意见就能在某种实存着的积极作用中显露出来并得到自己是有某些价值的满足感。

〔**说明**〕　国家制度之区分为民主制、贵族制和君主制总还是最明确地说明了它们就国家权力而言的区别。它们必须被看作是发展进程中、因而国家的历史中的一些必然的形态。因此把它们想象为选择的对象，是肤浅的和愚蠢的。这些有其必然性的纯粹形式，就它们是有限的和暂时的而言，部分地是与它们的退化的形式，即暴民政治相联系，部分地是与较早的过渡形态相联系，这样两种形式是不能与那些真正的形态相混淆的。由于一个个体的意志处于国家的顶峰这种相似性，也许东方的专制制度就会被包括在君主制的模糊名称之下，正如甚至立宪君主制的令人喜爱的名称也不会被拒绝给予封建君主制一样。这些形式与真正的君主制的真实区别是以在国家权力里有其现实性和保证的通行的权利原则的内涵为依据的。这些原则就是在先前诸范围内阐明了的财产自由的原则，不言而喻还有政治自由的原则，市民社会、其产业和社团的原则，以及各特殊行政机构之受到调控的、依赖于法律的效能的原则。

议论得最多的问题是：必须在什么意义上来理解私人参加国家事务。因为等级会议的成员首先必须认为是私人，不管他是作为独立的个体起作用，还是作为许多人的或人民的代表起作用。因为私人的聚集体都惯

---

①　黑格尔的原文为 Die ständische Behörde，直译为"等级的官方（当局）"，所指为市民等级通过同业公会、协会或自治团体选派的议员组成的等级会议。——译者

于经常称之为人民;可是作为这样一个聚集体它却是 vulgus①,而不是
populus②;而在这方面国家的唯一目的是:人民不是作为这样的聚集体达
到实存、取得权力和有行动;人民的这样的状态完全是无法的、无伦理的
和无理性的状态;人民在这种状态中只会是一种无拘无束的、粗野的、盲
目的力量,就像那激动的、不可抗拒的大海的力量一样,但大海本身不像
人民作为精神的元素会做的那样毁灭自己。我们常常可以听到这样的状
态被描绘成真正的自由。为了参与讨论私人参加普遍事务的问题有意   342
义,必须不以无理性的东西,而是以一个已经组织起来了的人民,即在人
民中有某种政府权力存在为前提。——但是,这种参与普遍事务的好处
既不能放在特殊见识的优点上,据说在拥有特殊识见这点上私人超过国
家官吏——而情况必然是恰好相反——,也不能放在对普遍利益的善良
意志的优点上,——其实市民社会的成员是这样的人,他们使自己的特殊
利益和,尤其是在封建状态里,自己享有特权的同业公会的特殊利益成为
自己最切身的使命。例如,关于英国,它的宪法被认为是最自由的宪法,
因为私人以优势参加了国家事务,经验表明,这个国家在民事和刑事的立
法上,在财产的权利和自由上,在举办艺术和科学的活动上等等,相对于
欧洲其他文明国家来说,都是最落后的,而客观的自由,也就是合理的权
利则反而为形式的自由和特殊的私人利益而被牺牲掉了(这种事甚至在
据说是奉献给宗教的设施和财产上也有)。——私人参与国家事务的好
处部分地必须放在对普遍需要有更为具体和更为紧迫的感受上,但主要
地必须放在这样一种权利上,即公共精神有权在对国家事务的有序的和
明显的影响上就会获得一种外在普遍意志的形象,而由于这种满足公共
精神自己本身就会振奋起来,同时这样一种振奋就会影响管理当局,使它
们因此而清醒地意识到,尽管它们必须要求义务,它们本质上同样面对权   343
利。市民在国家里是无比大多数的群体,而且是被承认为法律上称为人

---

① 拉丁文:群众。——译者
② 拉丁文:人民。——译者

的那样一些人的群体。因此意愿着的理性就在他们作为自由人的多数或在某种①反思的普遍性中体现其实存,而这普遍性在参加国家权力中就被赋予了它的现实性。但是,我们已经注意到了这是市民社会的一个环节(§.527,534):个人把自己从外在的普遍性提升为实体的普遍性,就是说提升为特殊的类,——等级,而他们之参与那种参政并不是以个人作为个人的这种无机的形式(以民主的选举方式),而是作为有机的成分,作为等级;在国家里,一种力量或活动必然从来不是以无形式的、无机的形态、就是说根据多数和数量的原则来出现和行动的。

　　因此,等级会议早已被错误地称作立法权,因为这些等级会议只构成这种权力的一个分支,在这个分支里特殊的政府机关[起]②主要作用,而君权则起最终决定的绝对作用。再者,在一个文明国家里立法本来只能是现存法律的一种完善,而所谓的新法律只能是细节和特殊情况这一极端的事(参阅§.529附释),其内容是通过法庭的实践已准备好了的或甚至目前已决定了的。——所谓财政法,就它得到各等级的参与决定而言,本质上是一种政府事务;它只是不认真计较的话才称之为法律,是在这种普遍的意义上、即它包括了政府的外在措施的一个广泛的、甚至整个的范围。财政涉及的虽然是总体,但按其本性而言只涉及特殊的、总是重复产生的变化的需要。如果需要的主要组成部分也被认作是持久不变的,——也许就是这样,——那么关于需要的规定就更多地具有法律的性质;但为了成为一条法律,就必须一次了结地制定出来,而不是每年或几年总是必须重新制定一次。随时间和情况而变化的那些部分实际上是有关数目的最小的部分,而对这部分的规定就更少具有法律的性质;可是正是而且可能只是这个少量而有变化的部分是有争论的和能够对其进行变化无常的、一年一度的规定的。这样一来,这种规定就错误地享有批准预算、即批准财政总额的响亮名称。普通人的意识都明白,一种为期一年和

344

---

　　①　第3版:"或在他的"——格洛克纳全集本:"或作为"——荷夫迈斯特、拉松本:"或在某种"——尼科林/珀格勒本:"或他们的"。——理论版编者
　　②　理论版编者增补。——译者

每年都须制定的法律是不合理的,因为这种意识把作为真正法律内容的自在自为的普遍东西与某种反思的普遍性、即只表面上包括一个按其性质为多的那种普遍性区别开来。法律的名称对于财政需要的每年确定来说,只不过是用来在立法权和行政权假定分离的情况下保持好像这种分离现实地发生了的错觉,并且用来掩盖立法权在就财政进行表决时事实上从事于严格意义上的行政事务这个事实。——但是,加在一再重新批准预算这种能力上的好处,即等级会议借此而拥有一种反对政府的强制手段和从而反对不法和暴行的保证,——这种好处一方面是一种表面的幌子,因为国家的存在所必须的财政措施不能以任何其他情况为条件,国家的存在也不能每年受到怀疑;正好像政府,例如,也不能总只是在某个限定的时间批准和安排司法的措施,以便以停止这个机构的活动作为威胁和以发生抢劫的恐惧来给自己准备一种反对私人的强制手段。但是,另一方面,关于掌握强制手段是有益的和必要的那样一种境况的种种观念,部分地是基于政府和人民之间有一种契约关系的错误观念,部分地是预先假定两方有这样一种精神分歧的可能,在这种分歧的情况下就根本不再能够考虑到宪法和政府了。如果我们设想通过这种强制手段得到帮助的空洞可能性得到了实存,那么这样的帮助宁可说是国家的破坏和瓦解,在这种情况下就不再有政府,而只有党派,而一个党派的暴力和压迫就只会由另一个党派来消除。——把国家的组织设想为单纯的知性-国家制度,即设想为使在其内部彼此外在的种种力量得到平衡的机制,是违反国家是什么的根本理念的。

335

§.545

最后,国家具有这个方面:它是个别的和自然地规定了的民族的直接现实性。国家作为个别的个体对其他同样一些个体是排他性的。在这些个体的相互关系中发生着任性和偶然性,因为法的普遍东西,由于这些个人①的

---

① "个人"(Personen)即上句中的"个体",指各个个别的国家。——译者

346　自主的总体性的缘故,在它们之间就只是应当存在,而不是现实地存在。这种独立性使得它们之间的争执成为一种暴力关系,即一种战争状态,为了战争普遍等级就使自己抱定抵抗其他国家以维护国家的独立自主的特殊目的而成为勇敢的等级。

§.546

这种状态表明国家的实体在其向抽象否定性进展的个性中是这样的威力,在它面前个人的特殊独立性及其沉没在财产的外在定在和自然生命里的状态都自觉是某种微不足道的东西,而这威力促成普遍实体的维持则是通过在那些个人的意向中生起的献出这种自然的和特殊的定在的牺牲精神,通过使与此相反的空虚自负成为泡影。

β. 外部国家法

§.547

战争状态是拿国家的独立自主来冒险,但是就一个方面来看是导致各自由民族个体的相互承认(§.430),并借助于据认为应当永久持续的和平协约而把这种普遍的承认以及各民族彼此相对的特殊权限确定了下来。外部国家法部分地基于正面的条约,但就此而言只包含着一些缺少真正现实性的权利(§.545),部分地基于所谓国际法,其普遍原则是各个国家预先假定的得到承认的状态,因而一向彼此相互没有约束的行动就受到限制,以致留下了和平的可能性,——个人作为私人也不同于国家,并且一般说来是基于风俗习惯的。

347　## γ. 世界历史法

§.548

由于一定的民族精神是现实的,而它的自由是作为自然,按照这个自然方面它就具有地理的和气候的规定性的要素；它是在时间中的，并且按照内容本质上具有一个特殊的原则和必须经历一种由此决定的其意识和现实的发展；——它有一个它自身内的历史。作为受限制的精神，它的独立自主性是一种从属性的东西；它过渡到普遍的世界历史，世界历史的事件呈现出特殊民族精神的辩证法，即世界法庭。

§.549

这个运动就是精神实体的解放的道路，是世界的绝对最后目的借以在世界中实现自己的行动，起初只是自在地存在着的精神把自己引导到意识和自我意识，并因而引导到其自在自为地存在着的本质的显示和现实，而且对自己也成为外在普遍的精神，即世界精神。既然这个发展是在时间中和在定在中，因而是作为历史，发展的诸个别环节和阶段就是民族精神；每一个民族精神作为在一种质的规定性中的个别的和自然的精神，是注定只占据一个阶段和只完成整个行动中的一个任务。

〔说明〕　预先假定历史有一个自在自为地存在着的目的和从这个目的来的按照概念发展着的种种规定，把这种主张称之为对历史的先天的看法，而哲学则因为这种先天的历史写法而受到责难；对于这种先天的历史写法和对于一般的历史写法必须作一个详细的评论。认为历史，尤其主要的是世界历史，是以一个自在自为的最后目的为根据，而这个目的实际上是而且将在世界历史里实现出来——，即认为历史以天命的计划为根据——也就是说认为一般说来历史中有理性，这种看法是必须从哲学上、并因而作为自在自为必然的来予以澄清的。理当受到谴责的是，预先假定一些任意的观念或思想，并企图去发现和表现种种事件和行动是与这些观念或思想相符合。但是在今天犯了这类先天处理历史方式的过错的主要是这些人，他们自称要做纯粹的历史学家，而同时有时明显地表示反对哲学思考，部分地反对一般的哲学思考，部分地反对在历史中作哲学思考；在他们看来哲学是一个令人厌烦的邻居，因为哲学反对任意的想法和突发的念头。这类先天的历史写法有时来自本来很少意料到的方

348

面,主要来自语文文献学的这样一个方面,而这在德国比在英国和法国影响更大,在德国历史写法已净化而达到了更为稳固和成熟的性格。制造一些虚构,如关于某种原始状态及其拥有对上帝的真正知识和一切科学的远祖民族的虚构,关于僧侣种族的虚构,以及更专门的,例如关于罗马史诗的虚构,认为它是那些关于古罗马史的有历史价值的报道的来源,等等,这类虚构代替了关于心理的原因和联系的讲究实用的虚构,并且在广泛的圈子内好像这已被看作是对于一种从原始资料吸取来的、有学问的和有才智的历史著述的要求:捏造出这样一些空虚的观念,并根据远离外部情况的学问垃圾、违背最可信的历史而大胆地把它们结合起来。

349 　　如果我们把对于历史的这种主观的处理放在一边,那就是与此严格对立的要求,不要按照一种客观的目的来考察历史,这个要求整个说来和那个显得更为有理由的要求是同一意义的,那就是要求历史学家不偏不倚地进行工作。这个要求经常特别地向哲学史提出来,好像在哲学史里不允许对某种观念和意见表现出任何的倾向,正如法官应当不对争执双方的任何一方有特别的关注一样。对于法官来说,他就会同时被认为是愚蠢而糟糕地履行其职责,如果他没有对公正的关注、甚至是唯一的关注,如果不以公正为目的和唯一的目的,如果他放弃作出判决的话。对于法官的这种要求我们可以称之为对公正的偏袒,并懂得把这里的这种偏袒很好地和主观的偏袒区分开。可是,在对历史学家所要求的不偏不倚那里,上述的区别就在无聊的、沾沾自喜的废话里消失了,而两类关注就被抛弃了,如果要求历史学家不带有他据以挑选、调整和评判事件的明确的目的和意图,而是以偶然的方式,如他发现它们那样,在其无联系和无思想的特殊性中来叙述这些事件的话。这点得承认,一种历史不能不有一个对象,例如,罗马及其命运,或罗马帝国由兴盛到衰落。只须稍加考虑,就会看出这就是作为那些事件本身和对它们进行评判的基础的预设目的,即这些事件中的哪一些[提供]①重要性,就是说它们与这个预设目

---

① 理论版编者增补。——译者

的的较远或较近的联系。没有这样的目的和这样的评判的历史就会只是
表象活动的低能的漫步,连童话都不是,因为甚至儿童在故事中也要求有
某种旨趣,就是说某种至少可以预感到的给予的目的和事件与行动对这
目的的联系。在一个民族的定在里,实体性的目的就是成为一个国家和
保存自己为国家;没有国家组织的民族(一个民族本身)实际上就没有历
史,就像在其国家形成之前实存过的那些民族和其他一些现在都还作为
野蛮民族而实存着的民族一样。一个民族所遭遇到的和在它内部所发生
的一切都是就国家而言才有其重要意义;单纯个人的种种特性是离属于
历史的对象很远的。如果一个时代的普遍精神总是在一个时期的杰出个
人的性格里留下印迹,而甚至个人的种种特性都是普遍精神还以淡薄的
颜色借以起作用的一些遥远而暗淡的中介,如果甚至往往一个微小的事
件、一句话的细节表达的不是一种主观的特性,而是以令人信服的鲜明性
和简洁性表达一个时代、一个民族、一种文化,挑选出这类东西是一个有
才华的历史学家的事,那么与此相反,一大堆平常的琐碎事实就是多余的
一堆,通过对这一堆琐事的忠实聚集那些对于历史有价值的东西就被挤
压和掩盖起来了;精神及其时代的本质特征总是包含在伟大的事件中的。
正是一种正确的鉴赏力导致了把这类特殊东西的描写和对其特征的精选
都驱逐到小说里去(沃尔特·司各特①的小说等等);这必须看作是优良
的鉴赏力:把对不重要的、特殊的生动性的描绘和不重要的材料结合起
来,如同小说取材于种种私人事件和主观激情一样。但是,为着所谓真理
的利益而把时代和人物的个人琐事编织到对普遍利益的表现中去,就不
仅是违反评判和鉴赏,而且是违反客观真理的概念的,在客观真理的意义
上,对于精神来说,真实的东西只是实体性的东西,而不是外部实存和偶
然事物的无内含的东西,而且这些无意义的事情是否为文件所证实了的
或者是像在小说里那样独特地虚构出来而归之于这个或那个名字和事态

350

351

---

① Scott,Sir Walter(1771—1832),英国小说家,历史小说的首创者。写了许多不同时
代的历史小说,常以中世纪为背景,但最好的作品都是描写苏格兰和苏格兰的历史,许多材
料取自民间传说。——译者

的,这是完全无所谓的。——在这种情况下要提到一下,传记的兴趣似乎是同某种普遍目的对立的,但传记本身是以个人与之交织在一起的历史世界作为背景的;即使是主观创见、幽默趣谈等等都暗示到那个背景的内涵,并由此而提高了它的兴趣;但是,纯属惬意的东西就有另外的基础和兴趣,而不是历史。

对哲学史——一般说来也对宗教史,部分地对教会史——提出的不偏不倚的要求通常还包含更为明确的禁止有关客观目的的预设。正如刚才国家曾被称为政治史中的判断必须将种种事件与之联系起来的主题一样,那么在这里真理就必须是精神的种种业绩和事件必须与之相联系的对象。但是,上述要求所作出的倒是这个相反的预设:哲学、宗教的历史只应以主观的目的,就是说只以意见和表象,而不是以自在自为地存在着的对象、即真理为内容,而且是根据因为没有真理这个简单的理由。按照这个假定,对于真理的兴趣同样表现为只是一种通常意义上的偏袒,即对352 于那些同样地无内含而统统被看作是无关紧要的意见和表象的偏袒。历史的真理本身因而就只有正确性的意义,即对外部事物的准确报道的意义,除去关于这种正确性的判断,没有别的判断,而就正确性的判断来说则只允许有质的判断和量的判断,而不允许有任何必然性的判断和概念的判断(参见§.172 和 178 的说明)。但是,事实上,如果在罗马或德意志帝国等等的政治史里有一种现实而且真实的对象和种种现象必须与之相联系并据以对它们进行判断的目的的话,那么在世界通史里,普遍精神本身、它对自身及其本质的意识就更加是一种真实而且现实的对象、内容和一个一切其他现象都自在自为地为之效劳的目的,以至于它们都是通过对这个目的的关系,也就是通过它们借以包摄于这个目的之下、而这个目的则内在于它们之中的那个判断才具有它们的价值以及甚至它们的实存。认为在精神的进程中(而就是这个精神,它并不是像飘浮在水上那样飘浮在历史上,而是在历史中活动着,并且是唯一的推动者)自由、也就是由精神的概念所决定的发展才是决定者,而只有精神的概念才是这发展的最后目的,即真理,因为精神是意识,或者用另外的话来说,认为理性在历史中,这个见解部分地将是一种可以理解的信念,然而部分地它是哲学的知识。

§.550

精神在其解放中达到自己本身并实现它的真理,精神的这种解放和解放的事务是至上的和绝对的法或权利。某一特殊民族的自我意识是普遍精神在其定在中这一次的发展阶段的肩负者和普遍精神将其意志摆在那里面的客观现实性。对于这个绝对的意志来说,其他特殊民族精神的意志是无权的,上述那个民族是支配世界的民族;但普遍精神同样跨越其 353 作为一个特殊阶段的每一次的所有物,然后就把它交付给它的命运和法庭。

§.551

由于现实性的这种事务是作为个人的行动、因而是作为个人的作品出现的,所以这些个人,鉴于他们劳作的实体性内容,就是工具,而他们的作为他们特有东西的主体性就是活动的空洞形式。因而他们通过他们在实体性的、不依赖于他们就准备就绪的和派定了的事务上个人所占的份额所独自获得的,就是一种主观表象的形式上的普遍性、即声誉,这就是他们的报酬。

§.552

民族精神包含有自然—必然性,并处在外部的定在中(§.483);它的自内无限的伦理实体单独地看是一种特殊的和受限制的实体(§.549,550),而其主观方则为偶然性所纠缠,无意识的风俗习惯和对其作为时间中存在的东西而与一个外部的自然和世界有关系的内容的意识。但是,民族精神是在伦理中思维着的精神,这个精神在自身内扬弃它作为民族精神在其国家和国家的暂时利益里、在法律和风俗习惯的体系里所具有的那种有限性,并把自己提高到对在其本质性中的它自己的知,这是一种还自身具有民族精神的内在局限性的知。但是,世界历史的思维着的精神,通过它之同时否定诸特殊民族精神的那些局限性和它自己的世俗性而把握住它的具体的普遍性,并上升到对绝对精神的知,即对作为永恒现实的真理的知,在这个真理中那知着的理性是自由自为的,而必然性、即自然和历史只服务于它的显示,而为其荣耀的盛器。

354　　〔**说明**〕　关于精神上升到上帝的正规的东西已在逻辑学的绪论中讲过了(特别参见§.51 的说明)。——关于这种上升的出发点,康德所采取的,就他把对上帝的信仰看作来自于实践理性而言,大体上是最正确的。因为这个出发点含蕴地包含有构成有关上帝概念的内容的内容或材料。但是,真正具体的材料既不是存在(如在宇宙论证明中),也不仅是合目的的活动(如在自然神学的证明中),而是精神,精神的绝对规定,即起作用的理性,就是说决定着自己和实现着自己的概念本身,——自由。在这种规定中出现的主观精神向上帝的上升在康德的阐述中又贬低为一个悬设,一个单纯的应当,这就是以前曾经说明过的那种不完全正确的做法:把有限性的对立,这种对立之扬弃为真理就是上述上升本身,又直接恢复为真实的和有效的。

正是关于那本身即是向上帝上升的间接性以前曾经指出过(§.192,参见§.204 说明):出发点的本质内容借以摆脱其有限性并因而自由地产生出来的那个否定的环节,必须特别予以注意。这个在逻辑形式中的抽象环节,现在就得到了最具体的意义。在这里由以出发的有限东西是实在的伦理的自我意识;这个自我意识借以把它的精神提高到它的真理的那个否定,就是它的知在伦理世界中所现实地完成的对于主观意见的清除和它的意志对于欲求的自私自利的清除。真正的宗教和真正的宗教性只从伦理中产生并且是思维着的、就是说对其具体本质的自由普遍性有自我意识的伦理。只有根据伦理和从伦理出发,上帝的理念才被知晓是自由的精神;因此,在伦理精神之外去寻找真实的宗教和宗教性是徒劳的。

但是,这种产生,正如在思辨东西里面到处都是的那样,同时赋予自己本身以这样的意义：目前作为随后出现的东西和产生出来的东西的这个被提供出来的东西，其实是绝对在先于它借以作为间接的出现的那个东西，而在这里在精神中也被知道是那个东西的真理。

因此，这里正是更深入地探究国家和宗教的关系和同时阐明那些与此有关的通行的范畴的地方。从上所述可直接看出，伦理是被追溯到其实体性内核的国家，国家是伦理的发展和实现，而伦理本身和国家的实体性则是宗教。按照这种关系，国家是以伦理的意向为基础，而伦理的意向则是以宗教的意向为基础。既然宗教是对于绝对真理的意识；那么应当被看作权利和正义、义务和法律，就是说在自由意志世界中是真实的那种东西，就只有在参与那个真理，被包摄在那个真理之下和是从那个真理得出的后果的限度内，才应这么看。但是，说真正的伦理东西是宗教的后果，为此就要求宗教具有真正的内容，就是说，宗教里所知的上帝理念是真正的上帝理念。伦理是存在在作为一个民族及其诸个体而现实在场的自我意识中的神圣精神；这个自我意识在从其经验的现实性进入到自身里并意识到它的真理时，其信念和良心中所有的只是它在自身确定性中，即在其精神现实性中所有的。这两者是不可分的；不可能有两类良心：一个宗教的良心和一个在内含和内容上与之不同的伦理的良心。但是在形式上，即对于思和知来说——而宗教和伦理是属于理智并且是一种思和知——，对在经验现实性中的伦理的认可是属于作为纯粹的、自在自为地存在着的、因而是最高真理的宗教的内容的；所以宗教对于自我意识来说是伦理和国家的基础。我们时代的最大错误，就是企图把这些不可分的东西看作彼此分离的，甚至看作彼此漠不相干的。所以宗教与国家的关系就曾经被看作，好像国家一向就是独立和依据某种力量和权力实存着的，而宗教作为个人的主观东西也许只是作为某种值得追求的东西为了国家的巩固而必须附加上去的，或者甚至是无所谓的，而国家的伦理、即合理的法和宪法则是独立地根据它们自己的基础确立起来的。在说明了双方的不可分性的情况下，使出现在宗教方面的分离引人注目是有好处的。这种分离首先涉及形式，就是说自我意识对于真理的内容的关系。

356

既然这个内容是作为在其现实性中的自我意识所固有的精神的实体,所以这个自我意识在这个内容中就具有对它自身的确定性,而且在这个内容里是自由的。但是,从形式上看,这就可能出现不自由的关系,尽管宗教的自在存在着的内容是绝对精神。这个巨大的区别,为了引用更为明确的例子,出现在基督教本身之内,在这个宗教里不是自然的元素构成上帝的内容,也不是一个这样的元素作为成分参加到上帝内容的内含中去,而是在精神和真理中被知晓的上帝才是内容。可是,在天主教里这个精神实际上是和自我意识的精神僵硬地对立起来了。上帝起初在圣体中作为宗教崇拜的外在物出现(与此相反,在路得教会里圣体本身只是唯有在领受时,就是说在圣体的外在性的消灭中和在信仰、就是说在那个同时是自由的、确知自身的精神中,才净化而被提升为当前的上帝)。从外在性的那个最初的和最高的关系里流出所有其他外在的、因而不自由的、非精神的和迷信的情况;特别是一个普通教徒等级,它从外面,即从另一个阶级那里接受对神圣真理的知以及意志和良心的指导,而这另一个阶级本身并不仅仅是以精神的方式达到对那种知的占有,而是为此主要地需要一种外在的祝圣仪式。进一步的东西则是祈祷的无精神的方式,部分地只是独自动嘴皮,部分地是主体放弃直接面向上帝而乞求别人祈祷,——把虔诚指向能行奇迹的偶像,甚至死骨,而借着这些东西来指望奇迹发生,——一般说来,就是通过表面的工作,即一种据说通过种种行动获得的、甚至可以转移给别人的功劳而得以称义,等等,——所有这一切都把精神束缚在一种己外存在之下,因而精神的概念就在最内在的核心上被误解和被歪曲了,而法和正义、伦理和良心、能对自己的行动负责和义务就都从其根子上被败坏了。

与宗教中的这样的原则和精神的不自由的这种发展相应的只不过是法和伦理上的不自由的某种立法和宪法,以及现实国家中的非正义和非伦理的某种状态。天主教曾经一贯地被如此大吹大擂地称颂为、而且现在还常常被称颂为政府的巩固赖以得到保证的这样一种宗教——而事实上这些政府是与那些以本当有法和伦理上的自由的精神之不自由为根据的制度联系在一起的,也就是说,这些政府是建立在不公正的制度和伦理的败坏和野蛮的基础上的。但是,这些政府不知道它们在狂热中有一支可怕的力量,这力量不起来与它们为敌只是在这样的期限内和在这样的条件下,就是它们仍然束缚在不公正和不道德的奴役之中。但在精神里面还有另外一支力量;与那种自外化和分裂化相反对,意识把自己集中到其内部自由的现实性上来;在各政府和各民族的精神里世界智慧觉醒了,这就是关于现实中自在自为地公正的和合理的东西的智慧。思维的产品,更确切地说哲学有权被称为世界智慧,因为思维使精神的真理生动地呈现出来,引导精神进入世界里,并这样地使精神在其现实性中和在它自身里得到解放。

这样,内容就给予自己以一种完全不同的形象。形式的不自由,就是说知和主体性的不自由对于伦理内容的后果就是自我意识被表象为不内在于内容,而内容则被表象为脱离自我意识,以至于内容据说只有对自我意识的现实是消极的,才是真实的。在这种非真实性中,伦理的内蕴就叫做神圣的东西。但是,通过神圣精神之把自己引进现实,通过现实之向着神圣精神解放,那在世界里据认为是神圣的那些东西就为伦理所排挤。代替贞操的誓言,婚姻现在才被看作是伦理的东西,因而家庭才被看作是人这方面的最高的东西;代替安贫的誓言(与这种誓言相应的是陷入矛盾中的把财产赠予穷人、就是说使穷人富有的事功),借助智力和体力以获得自己收入的活动和在财富的这种交易和使用中的诚实、即市民社会中的伦理才有效;代替盲目服从的誓言,对法律和合法的国家机构的服从才有效,这样的服从本身是真正的自由,因为国家是自己的、即自我实现着的理性;这就是国家中的伦理。这样一来于是法和道德才能存在。国王的东西归于国王,上帝的东西归于上帝①,宗教中的这个要求是不够了;因为问题正在于决定,什么东西是国王的,就是说什么东西属于世俗

---

① 见《新约全书》:马太福音,第 22 章,21—22;马可福音,第 12 章,17;路加福音,第20 章,25;原译为:"该撒的物当归给该撒,神的物当归给神。"——译者

的统治;众所周知,世俗统治也任意地自以为拥有一切,正如教会的统治在它那方面一样。神圣精神必定内在地渗透到世俗东西里去,所以智慧是具体地在世俗东西中,而世俗东西的合法性在其自身是确定的。但是,那种具体的内渗物就是上述伦理的诸形态,这就是:婚姻的伦理与独身等级的神圣性相对立,财富行为和职业行为的伦理与安贫及其懒散的神圣性相对立;奉献给国家的法的服从的伦理与无义务和无权利的服从、即良心受奴役的神圣性相对立。随着对于法和伦理的需要,以及对于精神的自由本性的理解的需要,产生了精神的自由本性和不自由的宗教之间的决裂。即使把法律和国家制度改造为合理的法的体制也会是无济于事的,如果不在宗教里扬弃不自由的原则的话。这两者是彼此互不相容的;那是一种愚蠢的想法:企图给国家和宗教指派一个彼此隔绝的领域,以为

360　它们的分歧将彼此和平相处而不会导致矛盾和斗争。法的自由的诸原理只能是抽象的和肤浅的,而从中引申出来的国家制度则必定是自身站不住脚的,如果上述诸原理的智慧如此地误解了宗教,以致不知道,理性对现实的诸原理在宗教的良心里、即在包摄于对绝对真理的意识里,才有其最后和最高的证实的话。如果——不论以什么方式出现——一种以理性的原理为基础的立法在某种程度上可以说是先天地同以精神的不自由的原理为基础的国家宗教发生了矛盾,那么立法的操作就会在政府本身和整个分为各级各部的行政部门的一些个人的手中;要是设想这些个人可能只按照法的意义和词句去行动,而不按照他们的最内在的良心和最高的职责所在的宗教精神去行动,这就会是一种抽象而空洞的想法。与宗教宣称为神圣的东西相反,法律显得是人所制造的东西;即使法律得到认可并从外输入进来,它们也不能持久地抵抗宗教精神对它的矛盾和攻击。纵然法律的内容是真实的,这样的法律也会在良心上搁浅,良心的精神不同于法律的精神,并且是不认可法律的。改变败坏了的伦理制度、国家宪法及其立法制度而不改变宗教,即完成了一种没有改革的革命,以为国家宪法能够和它与之对立的旧宗教及其种种神圣事物保持内部的和平与和谐,而且认为通过外部的保证——如所谓两院制及授予两院以决定

361

预算的权力(参阅§.544说明)等等,就会使法律得到稳定,所有这些都必须认为只不过是近代的愚蠢的想法罢了。想把法和法律同宗教分离开来,最多只能看作在无力下降到宗教精神的深处和把这种精神提高到它的真理这种现有情况下的某种权宜之计。上述那些保证本身是属于法律之列的,而这些保证同那些应当掌握法律的主体的良心相比,不过是腐朽的支柱;最高度的、最不神圣的矛盾其实是:企图把宗教的良心拴在在它看来是非神圣东西的世俗立法上并使之服从于世俗立法。

在柏拉图心中对这种分裂已经产生了比较清楚的认识,这种分裂在他那个时代以现存宗教和国家制度为一方与以正在意识到其内在精神的自由向宗教和政治状况所提出的那些更为深刻的要求为另一方之间已经出现了。柏拉图思考到,真正的国家制度和国家生活是更深刻地以理念、即永恒正义的那些自在自为地普遍而真实的原则为基础的。知晓和认识这个理念当然是哲学的使命和工作。柏拉图从这个观点出发写出了著名的或声名狼藉的一段文字①,他让苏格拉底在那里非常强调地声言,哲学和政治权力必须重合为一,理念必须是统治者,如果各民族的不幸要有一个尽头的话。柏拉图同时还有这样一个明确的观念:那当然自在地是自由的、自决的思想的理念,也只有以思想的形式才能意识到;理念作为一种内蕴,为了是真实的,它就必须被提炼而为普遍性并以这普遍性的最抽 362 象的形式而被意识到。

为了把柏拉图十分明确的立场和这里与宗教联系起来考察国家的这种观点作比较,就必须提到在此关键主要所在的那些概念差别。第一个概念差别在于,在自然事物中它们的实体、即类不同于它在那里面作为主体的它的实存;其次,但是类的这个主观的实存又不同于类或者一般说来普遍东西在被抽取出来单独作为普遍东西时在表象着的东西、思维着的东西里面所得到的那种实存。这个进一步的个体性,即普遍实体的自由

---

① 国家篇,斯特方本473。——理论版编者(见王晓朝译:《柏拉图全集》第2卷,人民出版社2003年版,第461—462页。——译者)。

实存的基地,就是思维着的精神的自身。自然事物的内蕴不是通过自己得到普遍性和本质性的形式;而它们的个体性本身并不是只有自为的主观思维是的那种形式;主观思维在哲学中才给予那普遍的内蕴以自为的实存。人的内蕴则相反地就是自由精神本身并在其自我意识中达到实存。这个绝对的内蕴,即自身具体的精神正就是这个东西:形式,即以自身为其内容的思维;亚里士多德在其作为 νοησιζ τῆs νο ἡσεωζ① 的思维的隐德来希②这个概念里上升到对上述规定的思维着的意识的顶点而超出了柏拉图的理念(类,实体性东西)。但思维一般说来,而且是由于上面指出的那个规定本身的缘故,既包含着主体性的直接的自为存在,又同363 样包含着普遍性,而自身具体的精神的真正理念恰好是如此本质地既在其规定之一,即主观意识的规定里,也同样在其规定的另一个,即普遍性的规定里,并且在这一个里和在另一个里都是同一个实体性的内容。但感觉、直观、表象是属于前一种形式的,而且后一种情况宁可说是必然的:对绝对理念的意识就时间而言首先是在这种形态里被把握到,并且作为宗教比作为哲学更早地在意识的直接现实性中定在。哲学这时才又从那个基础上发展出来,正如希腊哲学比希腊宗教晚些一样,而且正是只有当哲学在精神的完全确定的本质性中把握和用概念认识了那首先在宗教里显示出来的精神的原则时,它才达到了自己的完成。但是,希腊哲学只能站起来反对希腊宗教,而思想的统一性和理念的实体性对于幻想的多神教,对于诗意虚构的欢愉和轻浮的儿戏只有采取敌视的态度。在其无限真理性中的形式,即精神的主体性,起初仅仅作为主观的自由的思维迸发出来,这样的思维还不是与实体性本身同一的,与此同时这实体性就还没

---

　　① 形而上学第 12 卷,9,1074ᵇ34。——理论版编者(希腊文:思想的思想。见亚里士多德:形而上学,第 12 卷,8.1074ᵇ,34 以下,见苗力田译:《亚里士多德全集》第 7 卷,人民大学出版社 1993 年版,第 284 页。——译者)

　　② Entelechie(ἐντελ ἐχεια),这个希腊字的意思是"达到了目的"。亚里士多德认为完成了的、达到了目的的运动才是现实,隐德来希就是这种意义下的一种"完全现实性",唯有"纯形式",即以思想自身为对象的思想,"思想的思想"才是这种"完全现实性"。——译者

有作为绝对精神被把握。所以,宗教可能显得只是通过纯粹的、自为存在着的思维,即通过哲学才得到纯化;但那内在于实体性东西的形式,即被哲学所攻击的那个形式,原本是诗意创造的幻想。以同样的方式但早于哲学从宗教发展出来的国家则将其自在真实的理念在宗教那里所有的片面性在现实中表现为道德腐败。柏拉图,和他所有同时代的思想家一起,认识到民主制的这种道德腐败和其原则本身的缺陷而强调了实体性东西,但却不能把对他的心灵还隐藏着的主体性的无限的形式植入他的国家理念里去;因此,他的国家在其自身是没有主观的自由的(§.503 说明,513 等等)。所以,他对存在于国家之内、应当统一和控制国家的真理就只以推想出来的真理、即哲学的形式来理解,并作出了这样的判断:只要哲学家不统治国家,或者说,只要现在叫做国王或统治者的那些人不认真地和全面地研究哲学,国家、还有全人类就不会免于灾难;国家制度的理念就不会成为可能而见天日。① 没有什么给柏拉图可以继续往下说,只要真正的宗教不在世界上出现并成为国家的支配力量,国家的真正原则就没有成为现实。但是,只要这个原则还没有能够出现在思想中,国家的真正理念就不能够被思想所掌握,——即自为存在着的自我意识的自由与之同一的那个实体性伦理的理念就不能为思想所掌握。只有在知着自己的本质的、自在地绝对自由的和在其解放活动中拥有其现实性的精神的原则中,才有这种绝对的可能性和必然性存在:国家权力、宗教和哲学的原则重合为一,即一般现实与精神的和解、国家与宗教良心、同样与哲学知识的和解之实现。因为自为存在着的主体性与实体性的普遍性是绝对同一的,宗教本身如同国家本身一样,作为原则实存在其中的一些形式,在它们里面就包含有绝对真理,所以绝对真理在它作为哲学时自身就只不过是在其种种形式之一中。但是,既然宗教在其自身的发展中也发展着那些包含在理念中的差别(§.566 以下各节),所以〔宗教的〕定在就可能,甚至必然在其最初的、直接的、就是说自身片面的方式中出现,而

364

365

---

① 见〔边码〕第 361 页脚注〔①〕。——理论版编者

宗教的实存就可能,甚至必然变为堕落到感性的外在性,并因此而进一步堕落到压制精神自由和颠倒政治生命。但是,原则包含有绝对形式的无限活力来克服宗教的形式规定的腐败和由这些形式规定而来的内容的腐败,并导致精神在它自身内的和解。这样,宗教良心的原则和伦理良心的原则最终就在新教的良心里成为同一个东西,——这就是在其合理性和真理性中自知着的自由精神。宪法和立法及其种种活动都以伦理的原则和发展为其内容,而这个伦理是从那个在其本源的原则上恢复起来的、并因而首先作为这样现实的宗教真理本身中产生出来,而且是只能从那里产生出来的。这样,国家的伦理和国家的宗教智慧就是彼此互为巩固的保证的。

第三篇 绝 对 精 神

§.553

精神的概念在精神中有其实在性。这个实在性在与精神概念的同一性中是对绝对理念的知,在这里面有这个必然的方面:自在自由的理智在它趋向其概念的现实性中得到解放,以便作为与概念相称的形态。主观精神和客观精神必须看作是实在性或实存的这个方面形成发展的道路。

§.554

绝对精神是永恒地在自身内存在着的、同样是向自身内回复着的和已回到自身内的同一性;是作为精神性实体的唯一的和普遍的实体,又是分割为自己和一种知的判断,而它对于这个知来说就是实体。宗教,正如这个最高领域一般可以这么称呼的那样,必须既看作是来自主体并在这个主体中,又看作是客观地来自绝对精神,而这个绝对精神作为精神是在其宗教会社中。

〔说明〕 信仰在这里不是、而且根本不是同知对立的,反之信仰宁可说就是一种知,前者只是后者的一种特殊的形式,这点在前面§.63的说明中已经说明过了。现时关于上帝的知和在上帝的客观本质上花的功夫是如此的少,而更多地是谈到宗教,即这个客观本质之内在于主观的方面里,并且所要求的是这个主观的方面,而不是真理本身,这至少包含着这个正确的规定:上帝必须被理解为在其宗教会社中的精神。

§.555

对绝对精神的主观意识本质上是自身内的过程,这个过程的直接的
367 和实体性的统一就是在精神的见证范围内作为对客观真理的确定性的信
仰。信仰,同样这个直接统一和它作为包含着上述不同规定的关系,在默
祷、即内蕴的和外显的崇拜里,就过渡到了扬弃对立而走向精神解放的过
程,并且通过这种中介去证实那最初的确定性和获得这种确定性的具体
规定,和解,也就是即精神的现实性。

A.
艺　术

§.556

这种知的形态作为直接的,(艺术的有限性的环节)一方面是分解成
为一个有关外部通常定在的作品,成为产生着这个作品和直观着与崇拜
着这个作品的主体;另一方面这个形态是对于作为理想的自在的绝对精
神的具体直观和表象,——在这个从主观精神中所产生的具体形象里,自
然的直接性只是理念的符号,这个自然的直接性为想象着的精神所改变
容貌而成为理念的表达,以至于形象在它身上就不显示其他别的什么东
西;——这就是美的形象。

§.557

美的东西身上的感性外在性、即直接性本身的形式,同时是内容规定
性,而〔艺术之〕①神在拥有其精神的规定的同时在它里面还具有某种自
然成分或定在的规定。——神包含着所谓自然和精神的统一,——就是

---

① 英译本增补。——译者

说直接的统一,即直观的形式;因而并不是精神的统一,在精神的统一中
自然东西只会被设定为观念的东西、被扬弃的东西,而精神的内容则只会　368
是就自己本身而言的;那进入这个意识的并不是绝对精神。——从主观
方面看,宗教会社当然是一个伦理的会社,因为它知道它的本质是精神的
本质,而它的自我意识和现实性在这里面就提高为实体性的自由。但是,
带有直接性的主体的自由只是风俗习惯,没有无限的自内映现,没有良心
的主观内在性;于是在进一步的发展中默祷和崇拜也就在美的艺术宗教
中得到了自己的规定。

§.558

艺术为着必须由它加以创造的直观,不仅需要一种外在的、给予的材
料,主观的意象和表象也都属于这类材料之列,而且为着精神内蕴的表
达,还需要从艺术所必须预感到和掌握到的它们的意义方面来看的种种
给予的自然形式(参阅§.411)。在这些形象中,人的形象是最高的和最
真实的,因为精神只有在人的形象里才能具有它的形体性,并因而具有可
直观的表达。

〔说明〕 艺术中的模仿自然的原则就此结束了,用一种这么抽象的
对立是不可能领悟艺术的,只要自然东西只在其外在性里来了解,而不是
被了解为意味着精神的、表示性格特征的和意义深长的自然形式。

§.559

绝对精神不能在塑造的这种个别性里得到阐明;所以,美的艺术精神
是一种有局限的民族精神,这种精神的自在存在着的普遍性,在进展到对
其丰富内容作进一步的规定时,就分解为一种不确定的多神教。带着这
种内容的本质上的局限性,美一般地就仅仅成为精神东西对直观或意象　369
的渗透,——即成为某种形式的东西,以至于思想的内容或表象就像它在
想象时所使用的材料那样,只能是极其各种各样的甚至极其非本质性质
的,而作品却可能是某种美的东西和一个艺术品。

§.560

理想身上的直接性的片面性(§.556)包含着相反的片面性:它是由艺术家制作出来的东西。主体是活动的形式东西,而艺术品之为神的表达,只是在这个时候:在它里面孕育和产生出来的不是任何主观特殊性的符号,而是毫无杂质、未受偶然性玷污的内在精神的内蕴。但是,由于自由只一直进展到思维,那用这种内在的内蕴所充满的活动,即艺术家的兴奋鼓舞,就像一种他身外的强制力一样,是一种不自由的激昂振奋;创造就它自身而言具有自然的直接性的形式,属于作为这个特殊主体的天才,——并且同时是一种用技巧方面的智能和力学上的种种外在性所从事的劳作。因此,艺术品正是一种自由任性的作品,而艺术家则是神的宗匠。

§.561

在上述充满内蕴的存在中和解看来就这样开始了:它直接在主观的自我意识里得到实现,而这个自我意识本身是如此的有信心和愉快,而没有深度,也没有意识到它同自在自为地存在着的本质的对立。在这种和解里所实现了的古典艺术中美的圆满完成的彼岸,则有崇高的艺术,即象征的艺术,在象征的艺术里,与理念相称的形象还没有找到,相反地,思想370 被表现为向外走而又与形象挣扎,即被表现为一种对形象的否定态度,而它同时又力求使自己想起形象。这样,意义即内容就表明它还没有找到无限的形式,还没有被知道和意识到自己是自由的精神。内容仅仅是纯思维的抽象的神,或者说一种对神的追求,这是一种无休止地和不妥协地在一切形象里翻来覆去的追求,因为它不可能找到它的目标。

§.562

但是,理念和形象的不适合性的另一种方式是:无限的形式即主体性不像在前一个极端里那样只是表面的人格,而是最内在的东西,而神则被知道不是仅仅寻找自己的形象或满足于外在的形象,而是只在自身里找到自己,因而只给予自己以精神东西中的恰当的形象。所以,浪漫的艺术就放弃了在外在的形象中和通过美去显示神本身;它把神表现为只不过是屈尊于现象,把神性东西表现为在外在性中而同时又使自己本身从它里面脱离出来的内心情感,因而这种外在性在这里对于它的意义来说就只能作为偶然性出现。

〔说明〕 宗教哲学必须认识被知为绝对的那个本质的诸规定进展中的逻辑必然性,与这些规定相应的首先是崇拜的方式,以及进而世俗的自我意识,即对人的最高使命是什么的意识,和与此一起的一个民族的伦理的本性,它的法、它的现实的自由和它的宪法的,以及艺术和科学的原则,这一切都是和构成宗教的实体的那个原则相应的。一个民族的所有这些环节构成一个系统的总体,而且是一个精神创造它们和使它们生动起来的,这个见解就是宗教史和世界史是重合的这个进一步的见解的根据。 371

关于艺术和宗教的密切联系还得做更进一步的说明:美的艺术只能属于那样一些宗教,在它们里面作为原则的是具体的已成为内在自由的、但还不是绝对的精神性,在理念还没有在其自由的规定性里被显示和被知道的那些宗教里,虽然艺术的需要很突出,以便在直观和幻想中意识到本质的表象,甚至艺术是唯一的官能,借助于它那抽象的、自身不清楚的、由自然要素和精神要素混杂起来的内容才能试图使自己得到意识。但是,这种艺术是有缺陷的;因为它有一个如此有缺陷的内蕴,而形式也是这样的;因为内蕴之所以有缺陷是由于它不是内在地在它自身里具有形式。这种表现保持着索然无味和空洞无物的一面,因为内在东西本身还带有空洞无物的性质,因而不具有自由地穿透外在东西而成为意义和成为形象的力量。相反地,美的艺术则以自由精神的自我意识,因而以对感性东西和单纯自然东西与自由精神比起来的非独立自主性的意识为条件,它使自然东西成为完全只是自由精神的表达;这就是仅仅外化自己本身的内在形式。——与此相联系的更加广泛和深入的思考是:艺术的出现宣告了一种还束缚于感性的宗教的没落。在艺术似乎给予宗教以最高的美化、表达和光辉时，它同时就把宗教提高到了超越其局限性。艺术天才和观赏者在从艺术作品已获得其表达的崇高神性里，有一种特别的如同回到了家园的感觉和感受，得到了满足和解放；对于自由精神的直观和意识被给予了和达到了。美的艺术从自己方面作出了哲学所做的同样的东西，——使精神摆脱了不自由。在美的需要从中产生并正因此才产生出来的那个宗教在其原则里，有一个无思想的和感性的彼岸；被虔诚地崇拜的偶像是不美的神像，是种种指向某种彼岸的、非精神的客观性的、行奇迹的吉祥物，而死骨能起同样的作用，甚至比这样一些偶像起更好的作用。但是，美的艺术只是一个解放的阶段，而不是最高的解放本身。——真正的客观性只在思想的要素里，只有在这种要素里纯粹精神才是为精神的，解放才同时伴有敬畏，而这种真正的客观性在艺术品的感性美里是没有的，在那种外在的、不美的感性里就更没有了。

§.563

美的艺术（如同其特有的宗教一样）在真正的宗教里有其未来。理念的有局限的内蕴自在自为地过渡到与无限形式相同一的普遍性，——直观、直接的束缚于感性的知过渡到自身内自我中介着的知，过渡到一种本身即是知的定在，即过渡到启示；所以，理念的内容以自由理智的规定为原则，并且是作为为精神的绝对精神。

B.
启示的宗教

§.564

在真正的宗教，即其内容是绝对精神的宗教的概念里，本质上包含着这样一点：它是被启示的，确切地说是被上帝启示的。因为，既然知，实体借以成为精神的原理,作为无限的自为存在着的形式是自我规定着的东西,它就完全是显示;精神只有就它是为精神的而言才是精神,正是在绝对宗教中绝对精神不再显示它的抽象的环节,而是显示自己本身。

〔说明〕 按照涅墨西斯①的古老的观念,神性东西及其在世界上的作用被还抽象的知性仅仅理解为把崇高和伟大打得粉碎的拉平的力量,柏拉图和亚里士多德提出神是不嫉妒的来反对这种古老的观念。我们也可以用这话来反对近来关于人不能认识上帝的种种保证;——这些保证——不过是一些主张——就更加是前后矛盾了,如果它们是在一种明确地称之为被启示的宗教之内作出来,以致它按照这些保证其实就会是这样的宗教了,在它里面就会没有什么关于上帝的启示,在它里面上帝就会不曾启示过自己,而属于这种宗教的人就会是“对上帝一无所知”的“异教徒”了。如果一般说来在宗教里上帝这个词是当真的,那么规定也就可以和必须从上帝、即宗教的内容和原则开始,而如果否认上帝有自我启示,那么关于上帝的内容就只剩下把嫉妒归之于他这样一点了。但是此外,如果精神这个词应当有意义的话,那么精神就包含有它的启示。

如果我们考虑到关于上帝作为精神的知识的困难,这种知识不[可能]②是有一些信仰的朴素观念就够了,而是要进展到思维,首先进展到反思的知性,不过应该要进展到用概念进行的思维,那么这种情况就简直不足为奇了,这就是有那么多人,特别是作为被要求更深入地研究这些理念的神学家们,想到要比较轻松地了事而乐意接受为此目的而已提供给了他们的东西;而最轻松的就是接受上面陈述的这个结论:人对于上帝一无所知。上帝作为精神是什么,在思想里正确地和明确地理解这点,需要彻底的思辨。其中首先包括这样一些命题:上帝只有就其知自己本身而言才是上帝;进而上帝的自知就是上帝在人里面的自我意识和人对于上

374

———————

① Nemesis,又译为纳美西斯,希腊神话中的女神,起初是命运女神,后来成为惩罚女神,惩治人间破坏正常秩序者或在财富、名誉、权力、甚至快乐痛苦等等方面的过分享有者或遭受者,再后又成为报复或复仇女神。Nemesis 的转义为命运、报复。——译者

② 理论版编者增补。——译者

帝的知,而人对于上帝的知则进展到人在上帝中的自知。——参见这些命题引自的著作:关于知和不知等等的箴言,卡·弗·格……尔,柏林,1829。[①]

§. 565

在形象和知的扬弃了的直接性和感性中的绝对精神,就内容而言是自然和精神的自在自为地存在着的精神:就形式而言这个绝对精神起初是为表象的主观的知。表象一方面给绝对精神的内容的诸环节以独立性并使它们彼此相互成为前提,和相互继起的现象,而且成为发生事情依照有限反思规定的一种联系;另一方面有限表象方式的这种形式也在对于这唯一精神的信仰中和在崇拜的默祷中扬弃了。

§. 566

375　　在这种分离中形式离开内容,而在形式中概念的不同环节就离析为特殊的领域或成分,绝对的内容则表现在它们的每一个里;α)作为在其显示里始终在自身中存在的、永恒的内容;β)作为永恒本质与其显示的区分,这显示由于这种区别而成为内容进入其中的现象世界;γ)作为无限的回归和外化世界与永恒本质的调解,即永恒本质从现象返回到其丰富多彩内容的统一性里。

§. 567

α)因此,在普遍性的环节,即纯粹思想的领域或本质的抽象成分中,本质就是这样的绝对精神,它首先是预先假定的东西,但不是始终封闭的东西,而是作为因果性反思规定中的实体性力量而为天和地的创造者,但在这个永恒的领域内宁可说只是产生着自己本身作为它的儿子,它始终

---

① Carl Friedrich Göschel(卡·弗·格舍尔):关于与基督教信仰知识有关的不知和绝对的知的箴言,论对我们时代哲学的理解,柏林 1829——参阅《科学批判年鉴》1829 年第 11 卷中黑格尔对此著作的书译。——理论版编者

在与这个有区别者的原始同一性中,又同样永恒地扬弃着自己作为与普遍本质有区别的东西这个规定,并且通过这个扬弃着自己的中介的中介,最初的实体本质上就是作为具体的个别性和主体性,——就是精神。

§.568

β)但是,在判断的特殊性的环节中这个具体的永恒的本质是预先假定的东西,而它的运动就是现象的创造,即中介的永恒环节,即唯一儿子之分解为独立的对立:一方面是天和地、基本的和具体的自然,另一方面是作为与自然有关系的精神,因而即是有限的精神,这个有限精神作为己内存在着的否定性的极端独立成为恶,而它是这样的极端则是由于它与一个对立的自然的联系和由于因此而确立起来的它自己的自然性,在这自然性中作为能思维的同时指向着永恒的东西,不过因此就是在外在的联系中。

§.569

γ)在个别性本身,即主体性和概念自身,作为普遍性和特殊性返回到了其同一根据的对立这个环节里表明:1.作为预先假定的普遍实体从其抽象性中实现为个别的自我意识,而这个作为与本质直接同一的自我意识则把那个永恒领域的儿子置于时间性中,而且在这儿子里面恶是自在地扬弃了的;但是,进而绝对具体东西的这个直接的并因而是感性的实存则使自己受到判决,并在否定性的痛苦中渐渐死去,而在这个否定性中绝对具体东西作为无限的主体性而与自己同一,因而就从这个否定性中作为绝对的回归和普遍本质性与个别本质性的普遍统一而成为了自为的,——就是说成为了永恒的、但是活生生的和出现在世界中的精神的理念。

§.570

2.这个客观的总体对于个别主体的有限直接性来说是自在存在着的

预先假定,因而在个别主体看来首先是一个他物和被直观的东西,不过是对自在地存在着的真理的直观,个别主体通过在它里面的精神的见证,由于其直接本性的缘故,首先自为地把自己规定为微不足道的东西和恶,进而它按照它的真理的范例,借助于对这范例中自在地完成了的普遍本质性和特殊本质性的统一的信仰,也是这样一种运动:放弃它的直接的自然规定性和固有的意志,并在否定性的痛苦里与那个范例和自己的自在相结合,从而认识到自己是与本质结合为一的,3.这个本质通过这样的中介377 就使自己成为存在于自我意识中的,并且是作为普遍精神的自在自为地存在着的精神的现实出现。

§.571

这三个推论构成精神与自己本身的绝对中介的一个推论,它们是精神的启示,这启示说明在表象的具体形态的循环中的精神生命。中介的展开离开这些形态的相互分立和时间上的、外在的前后相继,而在其结果、即精神与自己本身的结合里不仅集中为信仰和虔诚情感的单纯性,而且也集中为思维,在思维的内在单纯性中这种展开同样有其扩展,不过被知是普遍的、单纯的和永恒的精神在自己本身内的一种不可分的联系。在真理的这种形式中,真理就是哲学的对象。

〔说明〕 如果结果,即一切中介都在那里面扬弃了自己的自为地存在着的精神,只是在形式上的、无内容的意义上来加以理解,以致精神不同时被知道是自在地存在着的和客观地自我展开着的精神;那么,那种无限的主体性就是仅仅形式上的、在自己内知道自己是绝对的自我意识,即讥讽,讥讽善于使一切客观内蕴破灭和成为一种无价值的东西,因而本身也就是无内蕴和无价值,这就是从自己内部并为此而提供出一种①偶然的和随意的内容给自己去规定,始终控制这个内容而不为它所束缚,而且保证自己是站在宗教和哲学的顶峰,其实是重新陷入空洞的任意。只有

---

① 第3版:"并提供出一种为此而偶然的……"——理论版编者

在纯粹的无限的形式,即在自身中存在着的自我显示,抛弃它在其中是思维的空虚的那种主观东西的片面性时,它才是自由的思维,这种自由的思 378维有其同时作为绝对的、自在自为地存在着的内容的无限规定,而且有这个内容作为它在那里面同样是自由的客体。思维就此而言本身就只是绝对内容的形式方面。

C.
哲　　学

§. 572

这门科学是艺术和宗教的统一,因为艺术的按形式而言的外在的直观方式,即艺术的主观的创造和把实体的内容碎裂为许多独立形象的活动,在宗教的总体性里、即其在表象中自我展开着的分离活动和对展开了的东西的调解活动里,不仅被束在一起成为一个整体,而且也被统一到单纯的、精神的直观里,从而被提高为有自我意识的思维。这种知就此即是艺术和宗教的思维地认识了的概念,在这个概念里内容上有差异的东西被认识到是必然的,而这必然的东西被认识到是自由的。

§. 573

据此,哲学确定自己为关于绝对表象的内容的必然性的认识和关于两种形式的必然性的认识,一方面是直接的直观及其诗歌和预先假定着的表象,即客观的和外在的启示的形式,另一方面是起初主观的进入自身,然后主观的向外运动以及信仰与预先假定的同一化的形式。所以,这种认识是对这种内容及其形式的承认和从形式的片面性中的解放和这些形式之提高为绝对的形式,这种绝对形式确定自己本身为内容,始终与内 379容同一,而在这内容里则是对那个自在自为地存在着的必然性的认识。这个运动就是哲学,这个运动在它最终把握到它自己的概念,就是说只不过回顾它的知时,就发现自己已经完成了。

　　〔**说明**〕　看来这里可能是对哲学与宗教的关系进行一番明确的讨论的地方。在这里全部的关键只在于思辨思维的形式和表象与反思知性的形式的区别。但是,正就是哲学的,特别是逻辑的整个进程,它不只是让人知道这个区别,而且评判它,或者不如说让这区别的本性凭借这些范畴本身来阐明自己和校正自己。只有在对这些形式的认识的基础上,才能获得全部问题所在的真正的确信:哲学和宗教的内容是一样的,而把不属于宗教范围内的关于外部自然和有限精神的更为广泛的内容撇开不谈。但是,宗教对于一切人都是真理,这个信念是以精神的见证为根据的,而这个作为出来作证的精神就是人里面的精神。这个自在实体性的见证就其不得不说明自己而言,最初表达在那种作为人的世俗意识和知性的通常教养中。由于这样,这个真理就陷入到一般有限性的规定和关系里去了。这并没有妨碍精神甚至在使用感性表象和思维的有限范畴时违背着这些范畴来抓住自己的内容,这个内容作为宗教的内容本质上是思辨的,对这些范畴进行曲解和对它们前后不一致。精神由于这种不一致性就来修正这些范畴的缺陷,所以对于知性来说,最轻松容易的事莫过于指出在信仰的阐明中的种种矛盾,并这样地为它的原则,即形式的同一性高奏凯歌作准备。如果精神对这种曾称为理性和哲学(理性主义)的有限反思让步,那么它就有限化了宗教的内容,并且事实上消灭了这个内容。于是宗教就有其充分的权利来抗议这样的理性和哲学,并对它们表示出敌意。但是,那就是另外一回事了,如果宗教反对概念式的理性和一般的哲学,特别是反对其内容是思辨的,因而是宗教的这样一种哲学的话。这样的对立的基础在于缺乏对于上述区别和一般精神的形式,特别是思维形式之价值的本性的洞察,而最确切地说在于缺乏对于那可能在上述两种形式中是同一的内容与那些形式的区别的洞察。正是由于形式,哲学受到来自宗教的责难和指控,而反过来说,正是由于其思辨的内容,哲学受到来自一种自称为哲学的和同样来自无内蕴的虔诚的责难和指控;对于前者来说哲学在它里面太少上帝,对于后者来说则太多。

　　人们过去常常对哲学做出的这种无神论的指责①，——即它里面上帝太少，这样的指责变得少见了；越来越流行的是指责哲学为泛神论，即它里面上帝太多；甚至到了这样的地步，它与其说被视为一种指责，倒不如说被视为一种证明了的，甚至不需要证明的、即显然的事实。特别是以其天真的高贵气派以为自己绝对无须什么证明的虔诚，与空虚的知性哲学，虔诚自称非常反对这种哲学，虽然它事实上完全以这种教养为基础，381 沆瀣一气地放肆保证，好像只不过是提到一件众所周知的事情似的，说哲学是一切是一的学说或泛神论。必须指出，指责一种哲学，例如斯宾诺莎主义为无神论，比起指责它为泛神论来，曾经给虔诚和神学本身带来了更多的光荣，虽然前一种指责乍看起来似乎更为严厉和引起反感（参见§.71 注释）。无神论的指责的确预先假设了一个内容丰富的上帝的明确表象，因而出现了这种表象在哲学的概念里再找不到它所依附的那些特有的形式的情况。因为，哲学虽然能够在宗教的表象方式的范畴里认识到它自己的形式，并因而在宗教的内容里认识到它自己的内容，而且公正地对待这个内容，但却不能倒过来说，因为宗教的表象方式不将思想的批判应用到自己本身上，和不理解自己，因而在其直接性中是排他的。以泛神论代替无神论来指责哲学主要属于近代的教养，即新虔诚和新神学，在它们看来哲学有太多上帝，多到按照他们的保证来说上帝甚至应是一切，而一切都应是上帝。因为这种新神学使宗教仅仅成为一种主观的感情并否认对上帝的本性的认识，因而它保留下来的无非就是一个没有客观规定的一般上帝。它对具体的、充实的上帝概念没有自己的兴趣，而把这个概念看作是其他人们曾经有过兴趣的，并因而把凡属关于上帝具体本性的学说的东西都只当作某种历史东西来处理。不确定的上帝在一切宗教里都能找到；任何一种虔诚的方式（§.72）——印度人对于猴、牛等 382 等的虔诚或对达赖喇嘛的虔诚，埃及人对公牛的虔诚等等，——总是对于

---

　　① 第 2、3 版和格洛克纳全集本："人们过去常常指责哲学为无神论。"——理论版编者

一个对象的崇拜,这个对象不管其种种荒谬的规定,还是包含着类的,即一般上帝的抽象。如果说这样的上帝对于上述观点来说已足以在一切被称为宗教的东西里面见到上帝,那么它至少必须看到上帝在哲学中也是被承认的,而且再也不能够以无神论罪责于它。因此,无神论的谴责减轻而为泛神论的谴责,只不过是以这种宽容将上帝稀释和抽空而成的那种表象的肤浅性为根据。现在,既然那个表象坚持其抽象的普遍性,一切规定性就都落在这普遍性之外去了,这样进而规定性就只不过是非神性的东西,即事物的世俗实存,而这世俗实存因此就留在固定不变的不可摧毁的实体性里了。由于这个预先假定,甚至在哲学中关于上帝所主张的、而外在事物在其里面并无真实性的自在自为存在着的普遍性那里,就一如既往地坚持这样的意见:世俗事物仍然还是保持着它们的存在,而且正是它们构成神圣普遍性中的确定东西。于是,那些新神学家就把神圣的普遍性变成了他们称之为泛神论的普遍性——一切,就是说经验事物毫无区别地,即无论备受重视的或普通的,都存在,都拥有实体性,而且世俗事物的这个存在就是上帝。——正仅仅是他们自己的漫不经心和由此而来的对种种概念的歪曲,产生出了有关泛神论的表象和保证。

但是,如果那些把任何一种哲学都说成是泛神论的人不能也不愿意理解到这点——因为他们所不愿意的事恰好就是对种种概念的理解——,那么他们也许首先得要证实这仅仅是事实:有任何一个哲学家或任何一个人事实上[曾]①把自在自为地存在着的实在性,即实体性归之于一切事物并把它们都看作上帝,以及除了他们自己以外有任何一个人曾经有过这种想法。我要在这公开的探讨中再说明这个事实;而所能做的只不过是指出事实本身。如果我们想把所谓泛神论在其诗意的、最崇高的,或者如果愿意的话,在其最粗陋的形态中来理解的话,那么我们为

---

① 理论版编者所加,编者可能认为被括进去的"曾"(habe)应删去,如果是这样,那似乎是不妥当的。——译者

此就得如众所周知的那样在东方的诗人里去看看,而在印度诗人中可以找到最铺张的描绘。在我们所看到与此有关的丰富材料中,我挑选出在我们看来当前最确实可靠的薄伽梵歌①,而且从其发挥和重复到令人厌倦的长篇激情独白中挑选出最富表情的段落。在第十课里(施莱格尔②本,第 162 页③)黑天④谈到自己说:

　　我是存在在有生命东西的身体里的呼吸;我是有生命东西的开始、中间,同样是它们的结束。我是星辰中发光的太阳,太阳星座中的月亮,圣书中的圣歌,感官中的感官,有生命东西的理智,等等。我是楼陀罗⑤中的湿婆⑥,群峰中的须弥⑦,众山中的喜马拉雅⑧等等。兽中的狮等等,我是字母中的 A,我是四季中的春等等。我是万物的种籽,没有什么东西是没有我而存在的等等。

　　甚至在这些完全感性的描述里黑天(而我们必须不要以为除去黑天以外这里还另外有上帝或一个上帝;如他前面说过,他是湿婆,也是因陀罗⑨,

――――――――――

　　① 梵文 Bhagavat-gitā 的音译,意译"世尊歌",印度教经典之一,源于史诗《摩诃婆罗多》的第六篇,共有诗偈 700 首,分为 18 章,约公元 2―3 世纪成书。阐述黑天对阿周那的说教,是综合性的哲理诗。――译者

　　② Schlegel,August Wilhelm von(1767―1845),德国学者、批评家、浪漫主义运动思想最有影响的传播者,莎士比亚作品的译者,也是东方学者和诗人。编译《东方文库》三卷,在德国建立起了梵文的研究和出版机构。――译者

　　③ 薄伽梵歌,August Wilhelm von Schlegel 出版,柏林 1823。――理论版编者

　　④ 梵文 Krsna 的译名,德文译为 Krischna,印度教崇拜的大神之一,他的种种英雄业绩受到大神湿婆的尊敬,承认他是宇宙大神。在《摩诃婆罗多》中,他是阿周那王子的御者和谋士、足智多谋的英雄。在《薄伽梵歌》中是最高实在,被称作"最高的宇宙精神"。――译者

　　⑤ 梵文 Rudra 的音译,意为"暴怒",婆罗门教、印度教所崇奉的较为次要的神,为后来大神湿婆的雏形。――译者

　　⑥ 梵文 Síva 的音译,婆罗门教和印度教的主神之一,是毁灭之神,苦行之神和舞蹈之神。――译者

　　⑦ 梵文 Sumeru 的音译,德语原文简作 Meru,印度教神话所传屹立在宇宙中心的金山,为世界之轴,其余脉即喜马拉雅山。――译者

　　⑧ 即喜马拉雅山。――译者

　　⑨ 梵文 Indra 的音译,印度教吠陀经所载众神之首,原为雷雨之神,后为战神。――译者

384 所以关于他在后来(11 课 15 诗段)有人说,梵天①也在他里面)只把自己说成是一切东西中最卓越的,但不是一切;无论何处都作出了诸外在的、非本质的实存与他是它们当中的唯一一个本质的实存之间的区别。甚至在这段的开头就说,他是有生命东西的开始、中间和结束,所以这个总体与诸有生命东西本身作为诸单个的实存是有区别的。因此,我们甚至就还不能把使它们里面的神性大大膨胀起来的这种描述称之为泛神论;我们其实只需说,无限纷繁的经验世界,即一切都被归结为比较有限数量的本质的实存,即归结为一种多神论。但是,在上面的引文里已经表明甚至连外在实存的这些实体性也没有保持住独立性,以便能够被称之为神;甚至湿婆、因陀罗等等都在这一个黑天里消融了。

在往下的描述中(第 7 课,第 7 及以下各诗段)这个归结就越发明显了;黑天说:我是整个世界的起源及其瓦解。没有比我更卓越的东西。宇宙挂在我身上,就像串串珍珠穿在一根线上一样。我是条条川流里的滋味,太阳和月亮的光辉,一切圣书中的不可思议的名称等等,一切有生命的东西中的生命等等,我是有理智者们的理智,强有力者们的力等等。然后他补充说,由于通过那个也不是什么独立东西,而只是他自己的幻②(Maya,施莱格尔:Magia),通过种种特有的质,世界受到迷惑,不认识他这个更高超者、永恒者,这个幻是难以冲破的;但那些分享他的人就克服了它,等等。——然后这场演出就总括为一个单纯的表达;黑天说,在许

385 多轮回结束之后,具有学问才能者走近我说:婆苏提婆③(即黑天)是大

① 梵文 Brahmā 的意译,婆罗门教、印度教的创造之神,与湿婆、毗湿奴并称为它们的三大神。认为世界万物、神和人都是他创造的。相传他自金胎(梵卵)出生,随卵壳分为两半,从而创造了天和地。他既是创造神,也创造了魔鬼、灾难。——译者

② 梵文 māyā 的意译,印度哲学中正统吠檀多派中不二论(非二元论)派的一个用语,指魔力,神用以使人相信实际上是幻象的东西,后指如此呈现的虚妄的现实。因此"幻"就是把无限的梵(最高存在)表现为有限的现象世界的一种宇宙力量,就个人而言则表现为对自我的真正本质之无知,误认自我是经验的个人,而实际上自我与梵是一回事。——译者

③ 梵文 Vāsudevā 的音译。在《薄伽梵歌》中,对婆苏提婆的崇拜,亦即对黑天的崇拜,婆苏提婆—黑天完全与大神毗湿奴融为一体。——译者

全;有这种确信的人,这种高尚之士是难以找到的。其他人都转向别的神;我按照他们的信念来酬报他们,但是这些极不明智的人的报酬是有限制的。愚人把我看作可见的,——而这个我,是不可见的,消失不了的,等等。——黑天宣称自己所是的这个大全,正如埃利亚学派的一和斯宾诺莎的实体一样,并不是一切。宁可说,这个一切、即有限事物的无限多的、感性的形形色色在所有这些表象里是被规定为偶性东西,这偶性东西不是自在自为存在的,而是在实体、一那里才有其真理,这个一不同于那种偶性东西,唯有它才是神性东西和上帝。印度教本来就达到了梵天的观念,即思想在它自身里的纯粹统一性,在这个统一性里世界的一切经验事物,甚至上述那些称为神的最接近的实体性,都消失了。科尔布罗克①和许多别的人因此都把印度教就其诸本质性方面规定为一神论。从上述不多的引文来看,这个规定不是不正确的。但是,上帝、更确切地说精神的上帝的这种统一性自身是如此不具体,可以这样说,是如此无力,以致印度教是惊人的混乱,同样是最放纵的多神论。可是,可怜的印度人的偶像崇拜,在他们向猴或别的什么东西朝拜时,仍旧不是泛神论的那种可怜的表象,即一切是上帝,上帝是一切。此外,印度人的一神论本身就是一个例子:光只说一神论是何等的不够,如果上帝的理念在它自身里不是深刻地规定了的的话。因为那种统一性,就其自身内是抽象的、因而是空洞的而言,甚至本身就导致一般具体东西,不管它是一堆神或是一堆经验的、386世俗的单个东西,在它之外有其独立性。那种泛神论我们甚至还可以坚定不移地按照其浅薄的表象称之为某种一神论;因为,如果按照这种浅薄观念上帝与世界是同一的,那么既然只有一个世界,因此在这种泛神论里也就只有一个上帝。对于世界的空洞的数目上的统一性虽然必须陈述出来,但这种抽象的规定再也没有任何特别的兴趣了;相反地数目上的统一性正是在其内容中有着有限事物的无限多数性和无限多样性的这种东

---

① Henry Tomas Colebroke(1756—1837),印度语言文化学的奠基者(黑格尔所引证的观点见于他1805年发表在《亚细亚学术研究》第8期上的论文:论吠陀。——理论版编者〔梵文Veda的音译,印度教最古老的经典〕或印度的宗教经典。——译者)

西。但是,就是那种对于空洞统一性的迷惑,才使某种泛神论的不正确的表象成为可能并且引起了它。只有对那种沉湎于暧昧遐想的有关世界作为一个物、作为大全的表象,也许人们才会有它能够和上帝联系起来的想法;只有根据这样的想法才可能认为那是意指上帝就是世界;因为,如果世界被如其所是的那样理解为一切事物,理解为经验性实存的无尽的堆积,那么就肯定不会把下面这件事哪怕只不过是看作可能的:曾经有过一种泛神论对这样的内容作出过这样的主张,说它就是上帝。

　　为了再一次回到事实,如果我们想要看见对于唯一①的意识,——不是按照印度人的分裂的方式一方面看作抽象思维的无规定的统一性,另一方面看作在特殊细节上令人困倦的,甚至变得冗长无味的展开,而是在最上乘的纯洁性和崇高性中来看它,那么我们就必须到伊斯兰教徒那里去看看。如果例如在杰出的德拉勒汀·鲁米②那里受到强调的特别是灵魂与唯一的统一和这统一之作为爱;那么这种精神的统一就是对于有限
387 东西和平庸东西的某种超越,就是自然东西和精神东西的某种神化,在这样的神化中直接的自然东西的外在性和暂时性,和经验的、世俗的精神东西的外在性和暂时性一样,都被排出和吸收了。*

　　*为了对此有一个更进一步的观念,我忍不住在这里引证了几个诗段,这些诗段摘自吕克特③先生的译著,它们同时也能对他的令人惊叹的翻译艺术提供一个印象:

　　Ⅲ. 翘首星空,座座星宫里看见唯一,

　　　　俯视汪洋,朵朵浪花里看见唯一。

————————

①　"Ein"现译为"唯一",以与小写的"ein"相区别,以下均此。——译者

②　Dschelaleddin Rumi(1207—1273),最伟大的伊斯兰教苏菲派诗人,生于今阿富汗,后定居土耳其,主要诗著为两行诗体的《玛斯维纳》(《训言集》),约 26000 个对句,反映了 13 世纪伊斯兰教泛神论神秘主义者的各个方面,被称为"波斯古兰经",在伊斯兰世界影响广泛至今。——译者

③　Friedrich Rückert,《梅拉拿·德拉勒汀》,载《1821 年少女手册》;黑格尔只引了一些个别的诗段,而非完整的诗篇。——理论版编者[Rückert, Friedrich(1788—1866),德国抒情诗人,自学东方语言,通过东方文学的翻译和模仿,把读者引入东方一些民族的神话和诗歌中去。——译者]

透视心灵,满怀万千幽梦的大海、大千世界,

在所有的梦里目睹了唯一。

地、水、火、风溶为一体,

敬畏你啊,不敢逆忤你这唯一。

天上人间一切有生命的心匆匆跳动,

顶礼膜拜,向着你这唯一。

Ⅴ. 太阳只是你光辉的一线微光,

可你我的光,原本只是唯一。

旋转的天是你脚下一粒微尘;

可你我的存在只是唯一,永远为唯一。

天变为尘,尘变为天,

可你我的本质只是唯一,永远为唯一。

穿过天空的生命语言,

怎只会休止在心灵呼号的狭小空间?

太阳光为了更加辉煌亮丽,

怎只会躲进宝石易碎的外壳里?

正在盛开怒放的玫瑰丛,

388

怎只会食于腐土,饮于污水?

无声的贝壳汲吮着小小的一滴,

怎只会变为珍珠的光泽、阳光的欢愉?

心啊,你在洪潮中游泳,在火焰中闪光;

潮和焰是唯一的水;只是你的、纯净的水。

Ⅸ. 告诉你,人怎样从泥土形成:

是神给泥土吹进了爱的气息。

告诉你,天体为何永远旋转运行:

是用爱的反光填满了神的宝座。

告诉你,为何东风劲吹:

为了爱的玫瑰丛永远新妍盛开。

　　　　告诉你,为何夜幕降临大地:

　　　　为了世界落成为爱的新房。

　　　　我可以告诉你造化的一切谜:

　　　　因为只有爱是一切谜的谜底。

XV. 生命的死亡结束了苦难,

　　　　生命却因死亡而战栗。

　　　　心同样因爱而发抖,

　　　　好像它受到死亡的威胁。

　　　　因为当爱觉醒,

　　　　自我这个黑暗的暴君就死去,

　　　　你让他在夜里逝世,

　　　　在晨曦中自由呼吸。

　　谁会在这种在外在东西和感性东西上飞翔盘桓的诗里看出所谓泛神论造成的平淡无味的观念,这样的观念宁可说是把神性的东西降低为外在东西和感性东西? 托鲁克①先生在其著作《东方神秘主义集粹》中关于德拉勒汀和其他人的诗所提供的丰富报道,都正是在这里所谈的这个观点里提出来的。托鲁克先生在导论中表明,他的心情是怎样深深地为神秘主义抓住了;他在那里甚至进一步规定了东方神秘主义的特性以及西方的和基督教的神秘主义跟东方神秘主义对比的特性。不管它们如何不同,它们有着共同的规定:都是神秘主义。他在第 33 页上指出,神秘主义与所谓泛神论的结合包含着心情和精神的内在活力,这种活力本质上在于消灭掉通常归之于泛神论的那种外在的一切。除此之外,托鲁克先生满足于通常有关泛神论的模糊观念;更深入地讨论这个观念,对作者先生的情感观点来

---

　　① Tholuck,Friedrich August Gottreu(1799—1877),德国神学家,代表当时理性派与极端正统派神学之间的所谓中间派神学,著有《东方神秘主义集粹——附录:关于一般神秘主义,特别是东方神秘主义导论》等。——译者

说,是会毫无兴趣的;我们看到,他本人由于一种按通常术语有必要称之为泛神论的神秘主义而为一种令人惊异的热情所激动了。然而在他从事哲学思维的地方(第 12 页以下),他没有超出知性形而上学的平常观点及其非批判的范畴。

我克制自己不去增多通常称之为泛神论的宗教与诗歌的观念的例子。关于人们恰好给以这个名称的那些哲学,例如,伊利亚学派或斯宾诺莎的哲学,前面已经指出过(§.50 的说明),它们何以不是把上帝和世界同一起来而使上帝成为有限的,以至于在这些哲学里这个一切反而是没有任何真理,而我们有必要更正确地把它们称之为一神论,并且就关于世界的观念而论称之为无世界论。最确切的是把它们规定为那样一些把绝对只理解为实体的体系。关于东方的,特别是伊斯兰教徒的表象方式,我们可以更多地说,绝对显现为存在在种和实存里的完全普遍的类,不过它是这样地存在在那里面,以致没有任何现实的实在性应归属于这些种和实存。所有这些表象方式和体系的缺陷就是没有进展到实体作为主体和作为精神的规定。

这些表象方式和体系都是从一切哲学和宗教的一个共同需要出发的,这就是作出关于上帝以及进而上帝与世界的关系的某种表象。在哲学中更进一步认识到,上帝与世界的关系是由对上帝的本性的规定所决定的。反思的知性是从这点开始的:摒弃那些表达上帝与世界的联系的心情的、幻想的和思辨的表象方式和体系;而为了在信仰和意识中纯粹地拥有上帝,上帝就被当作本质而与现象分开,当作无限东西而与有限东西分开。在这种划分后,就出现了一种有关现象与本质、有限东西与无限东西等等相联系的信念,并因而出现了对于这种联系进行反思的问题。事情的全部困难正在于对这种联系的反思的形式。正就是这种联系被那些不想对上帝的本性有所知的人称之为不可理解的东西。在哲学的结束阶段不再是、在通俗化的考察中甚至根本不是讨论什么是概念式理解的地方。但是,既然对于一般科学的理解和对科学的一切责难都是与对上述联系的理解有关联的,那么对此就还可以提出这样一点来:哲学诚然是和

389

390　统一有关,但它并不是和抽象的统一、单纯的同一性和空洞的绝对有关,
而是与具体的统一(概念)有关,并且在它的全部进程中完全只与具体的
统一有关,——它的进展的每一阶段都是这个具体统一的特有的规定,而
统一的诸规定的最深刻的和最终的规定就是绝对精神的规定。因此,对
于那些想对哲学进行判断和发表意见的人,必须苛求他们从事于统一的
诸规定,而且费力去认识它们,至少要知道,这些规定是大量繁多的,而诸
规定之间又有着很大的差异。但是,他们却表现出对这些东西了解得如
此之少,更不肯费力去了解它们,他们一听见谈统一——而联系就包含着
统一,——就宁可停留在完全抽象的、无规定的统一那里,而不顾一切兴
趣唯一所在的那个东西,即统一的规定性的方式。所以他们对于哲学不
能说出什么,而只会说枯燥的同一性是哲学的原则和结果,以及哲学就是
同一性体系。在坚持同一性的这种无概念的思想的同时,他们正好丝毫
没有把握到具体的统一,即哲学的概念和内容,他们把握到的其实是这概
念和内容的反面。他们在这个领域中行事就像物理学家在物理学领域中
一样,这些物理学家同样清楚地知道,他们面前有多种多样的感性特性和
材料——或者说,通常只有物质(因为在他们那里特性也同样地变成了
物质)——而且知道这些物质也处在相互联系之中。于是问题就是,这
种联系是属于哪类的,而一切自然的、无机的和有生命的东西的特殊性和
全部区别只是基于这种统一性的不同规定性。但是,通常的物理学(包

391　括化学在内)不去认识这种在其不同规定性中的统一性,而只抓住一种
最外在的、最单调的统一性,即合成,在自然构成物的全部系列里只应用
这种统一性,因而使得理解这个系列的任何一个构成物成为不可
能。——那种浅薄的泛神论就是这样直接地从那种浅薄的同一性中产生
出来的;那些运用他们自己的这种产物来指控哲学的人,他们从对上帝与
世界的联系的研究中获悉,属于联系这个范畴的一,这个一只是这个范畴
的一个因素、更确切地说是不确定性的因素,就是同一性;于是他们就停
留在理解的半途上,而且事实上是错误地保证说,哲学主张上帝与世界的
同一性,而因为在他们看来这两者,即世界和上帝同时具有坚固的实体

性,所以他们就推论说,在哲学的理念里上帝是由上帝和世界合成起来的;而这就是后来他们所作出的关于泛神的观念,而他们就把这个观念归之于哲学。那些在其对思想的思维和理解中不超出这些范畴的人,就把诸如此类哲学那里没有的范畴搬到哲学中来,使哲学染上这类疾病,以便能够使它烦恼不安,而他们就是从这些范畴出发来逃避在理解上帝与世界的联系时所出现的一切困难,其办法就是立即而且很轻松地承认这种联系在他们看来包含着某种他们对之一窍不通的矛盾;因此,他们就不得不以对于这种联系的完全模糊不清的表象和对它同样模糊不清的一些进一步的说法,例如,全在、天命等等为满足。在这种意义上信仰无非是意味着不要进展到确定的表象,不要进而从事内容的讨论。说没有有教养的知性的人和等级满足于模糊不清的表象,这是可以同意的;可是,如果 392 知性有教养和对反思性沉思有兴趣的人在被承认是有更高的,甚至最高的兴趣的那种事情上,愿意满足于模糊不清的表象,那就难以分辨,精神对这个内容事实上是不是当真的。但是,那些对上述冷冰冰的知性依恋不舍的人,如果他们例如会在下述意义上认真对待上帝全在的命题,即他们使对此的信仰在明确的表象里呈现给自己,那么他们对感性事物的真实的实在性的信仰将会使他们陷入何等的困难呢?他们也许不愿意像伊壁鸠鲁那样让上帝住在事物之间的空隙里,即物理学家的细孔里,作为那样的细孔是否定的东西,而这种东西应当是和物质—实在的东西并列的。就是在这种并列里他们将会有自己的空间性的泛神论,——他们的一切都会被规定为空间中的彼此外在。但是,既然他们把作用于充满的空间而又在这充满的空间之中、作用于世界而又在这世界之中的这样一种作用归之于在其与世界的联系中的上帝,那么他们就会把上帝的现实性无限地分裂为无限的物质性,就会拥有他们称之为泛神论或一切是一论的坏表象,而这个坏表象实际上只不过是他们关于上帝和世界的那些坏表象的固有的必然的结论。这类事情,如把已成了陈词滥调的统一性或同一性归咎于哲学,实在是对公道和真理的一种如此厉害的漫不经心,以至于它只有通过对思想和概念,就是说不是对抽象的统一性,而是对其规定性的变化多端的种种方式进行领悟的那种困难,才可以得到理解。如果被提出来的是事实的论题,而且事实就是思想和概念的话,那么去理解它
393 们就是绝对必要的了。但是,甚至这个要求的实现都是多余的了,这是由于长久以来哲学是泛神论、同一性体系、一切是一论已成了某种不容置疑的成见,以致不知道这个事实的人就会被看作要么只是对众所周的事情无知,要么是为了某个目的而寻找借口。由于众口一致反复地这么说的缘故,我认为我不得不详尽地和通俗地对这个所谓的事实的外在的和内在的非真实性予以说明;因为对于诸概念作为事实的外在理解,那些概念正因此而被歪曲到反面去了,首先也就只能通俗地谈谈了。但是对于上帝和同一性的深奥的研究,正如对认识和概念的深奥的研究一样,就是哲学本身。

§.574

这种哲学的概念就是思维着自己的理念,进行着知的真理(§.236),具有这样一种意义的逻辑东西:它是那在具体内容中即是在其现实性中得到了证明的普遍性。科学就以这种方式回到了它的开端,而这样逻辑东西就是科学的结果,即是这样的精神性的东西:它从预设的、在那里面概念只是自在的、而开端则是一个直接东西的判断中,因而从它在那里面它身上所具有的现象中出来而上升到了它的纯粹原则、同时即是上升到了它的要素。

§.575

正就是这个现象过程首先奠定着进一步发展的基础。最初的现象构成推论,这个推论以逻辑东西为基础作为出发点,而以自然为中项,这个中项把精神和逻辑东西结合起来。逻辑东西向自然生成,而自然则向精神生成。居于精神和精神的本质之间的自然,虽然并不把它们①分离为

---

① 第1版,格洛克纳全集本:"它们"——第3版:"自己"。——理论版编者

有限的抽象性这样的极端,也并不使自己与它们分离而成为一个仅仅作 394
为他物去把其他两者结合起来的独立物;因为这个推论是在理念中,而自
然本质上只是被规定为通道点和否定的环节,并且自在地是理念;但是,
概念的中介作用有着过渡的外在形式,而科学则有着必然性的进程的外
在形式,以致概念的自由只是作为它与自己本身的结合而被设定在这一
个极端里。

§.576

这个现象在第二个推论里,在这个推论已经是精神自身的观点的范
围内被扬弃了,精神是这个过程的中介者,它预先假定着自然并把它与逻
辑东西结合起来。这就是精神的映现在理念中的推论;科学显现为一种
主观的认识,这种认识的目的是自由,而认识本身就是自由把自己产生出
来的道路。

§.577

第三个推论是哲学的理念,这个理念以自知着的理性,即绝对—普遍
东西为其中项,这个中项分裂自己为精神和自然,使前者成为预先假定,
作为理念的主观活动的过程,而使后者成为普遍的极端,作为自在地、客
观地存在着的理念的过程。理念之自我分割为两方面的现象
(§.575/6)就把这两方面的现象规定为它的(自知着的理性的)种种显
示,这两个方面就在它里面结合起来,这就是事情的本性,即概念,事情的
本性自己在向前运动着和发展着,而这个运动同样是认识的活动,即永恒
的自在自为地存在着的理念永恒地作为绝对精神实现着自己、产生着自
己和享受着自己。

亚里士多德形而上学 XI.7. ①

　　Ἡ δὲ νόησις ἡ καθ' αὑτὴν τοῦ καθ' αὑτὸ ἀρίστου, καὶ ἡ μάλιστα τοῦ μάλιστα.

　　Αὑτὸν δὲ νοεῖ ὁ νοῦς κατὰ μετάληψιν τοῦ νοητοῦ· νοητὸς γὰρ

---

　　①　1072b18-30, H.Bonitz 的德译本。——理论版编者

　　[黑格尔在这里引了亚里士多德《形而上学》第 12 卷(正文中 XI 显系 XII 之误)第 7 章中的一段希腊原文(1072b 18—30)作为整个《哲学全书》的结束。下面的中文译文引自苗力田译的《形而上学》(见《亚里士多德全集》第 7 卷,人民大学出版社 1993 年版,第 278—279 页):

　　"就其自身的思想,是关于就其自身为最善的东西而思想,最高层次的思想,是以至善为对象的思想。

　　理智通过分享思想对象而思想自身,它由于接触和思想变成思想的对象,所以思想和被思想的东西是同一的。思想就是对被思想者的接受,对实体的接受。在具有对象时思想就在实现着。这样看来,在理智所具有的东西中,思想的现实活动比对象更为神圣,思辨是最大的快乐,是至高无上的。如若我们能一刻享到神所永久享到的至福,那就令人受宠若惊了。如若享得多些,那就是更大的惊奇。事情就是如此。神是赋有生命的,生命就是思想的现实活动,神就是现实性,是就其自身的现实性,他的生命是至善和永恒。我们说,神是有生命的、永恒的至善,由于他永远不断地生活着,永恒归于神,这就是神。"

　　黑格尔在其《哲学史讲演录》的"亚里士多德"部分中,对这段话几乎是引用原话进行了逐句的讲解,因此他也就事实上比较自由地按照自己的意思和用语把这段话译成了德文(见:《哲学史讲演录》第 2 卷,三联书店 1957 年版,第 298—299 页)。尼科林(F. Nicolin)和珀格勒(O. Pöggeler)本《哲学全书》的注释中所附这段话的德文译文就是整理上述黑格尔本人的译文和补足黑格尔所未引的两句话而成的(见:Enzyklopädie der philosophischen Gewissenschaften im Grundrisse(1830), Felix Meiner Verlag, Hamburg1975, S. 496)。

　　现将它译为中文,供读者参考(译文大部分采自《哲学史讲演录》中译本,文字上作了某些必要的修订):

　　但纯粹为自己本身的思维,就是对那自在自为的最美好东西本身的一种思维;而思维越是纯粹为自己本身的,它就越是对最美好的东西的思维。

　　但是,思想由于接受被思维的东西而思维着自己本身。而思想成为被思维的,是由于它接触和思维着;这样,思想和被思维的东西就是同一的。因为思想是被思维的东西和本质的接受者。思维活动着,只要它具有,所以前者[活动、行动]比起思维理性自以为具有的某个神圣东西来,是更为神圣的。因此,思辨是最使人愉快的,也是至善的。如果神永远是在愉快状态中,而我们则是偶尔这样,那么神就是值得赞美的;越多愉快,就越值得赞美。而神就是如此的。

　　但神也有生命。因为生命是思想的现实活动。但神是现实活动;指向自己本身的现实活动就是神的最美好的和永恒的生命。我们就说,神是一个永恒的和最好的生命。因此,生命和持续的、而且永恒的定在应归于神。因为这就是神。——译者]

C. 哲 学

γίγνεται θιγγάνων καὶ νοῶν, ὥστε ταὐτὸν νοῦς καὶ νοητόν. Τὸ γὰρ δεκτικὸν τοῦ νοητοῦ καὶ τῆς οὐσίας νοῦς. Ἐνεργεῖ δὲ ἔχων. Ὥστ᾽ ἐκεῖνο μᾶλλον τοῦτον ὃ δοκεῖ ὁ νοῦς θεῖον ἔχειν, καὶ ἡ θεωρία τὸ ἥδιστον καὶ ἄριστον. Εἰ οὖν οὕτως εὖ ἔχει, ὡς ἡμεῖς ποτέ, ὁ θεὸς ἀεί, θαυμαστόν· εἰ δὲ μᾶλλον, ἔτι θαυμασιώτερον. Ἔχει δὲ ὧδί.

Καὶ ζωὴ δέ γε ὑπάρχει· ἡ γὰρ νοῦ ἐνέργεια, ζωή· ἐκεῖνος δὲ ἡ ἐνέργεια· ἐνέργεια δὲ ἡ καθ᾽ αὑτὴν ἐκείνου ζωὴ ἀρίστη καὶ ἀΐδιος. φαμὲν δὲ τὸν θεὸν εἶναι ζῷον ἀΐδιον, ἄριστον· ὥστε ζωὴ καὶ αἰὼν συνεχὴς καὶ ἀΐδιος ὑπάρχει τῷ θεῷ. Τοῦτο γὰρ ὁ θεός.

351

人 名 索 引

（索引中数码为理论版页码，见本书边码）

术 语 索 引

(索引中数码为理论版页码,见本书边码)

责任编辑:张伟珍

封面设计:薛　宇

责任校对:方雅丽

图书在版编目(CIP)数据

哲学科学百科全书　Ⅲ　精神哲学/〔德〕黑格尔 著;杨祖陶 译.
　-北京:人民出版社,2015.6(2022.6重印)
(黑格尔著作集;10)
ISBN 978-7-01-013734-6

Ⅰ.①精…　Ⅱ.①黑…②杨…　Ⅲ.①精神哲学　Ⅳ.①B022

中国版本图书馆 CIP 数据核字(2014)第 167081 号

哲学科学百科全书　Ⅲ
精 神 哲 学
JINGSHEN ZHEXUE

〔德〕黑格尔 著　杨祖陶 译

人民出版社 出版发行
(100706　北京市东城区隆福寺街 99 号)

北京新华印刷有限公司印刷　新华书店经销

2015 年 1 月第 1 版　2022 年 6 月北京第 2 次印刷
开本:710 毫米×1000 毫米 1/16　印张:26.25
字数:361 千字　印数:5,001-8,000 册

ISBN 978-7-01-013734-6　定价:75.00 元

邮购地址 100706　北京市东城区隆福寺街 99 号
人民东方图书销售中心　电话 (010)65250042　65289539